The Rule of Laws:
A 4,000-Year Quest to Order the World

Fernanda Pirie

法の人類史

文明を形づくった世界の秩序4000年

フェルナンダ・ピリー
高里ひろ［訳］

河出書房新社

1. 16世紀のカリカット。ヨーロッパ商人がイスラムや中国の帝国と取引するうえで最重要の港のひとつだった。

2. フランス人学者ポール・ペリオは1908年に中国西部に旅行し、900年ぶりに開かれた敦煌の石窟で発見された文書数千点を調査した。

3. チベットのバ氏による年代記「バシェ」の断片。敦煌で見つかった。

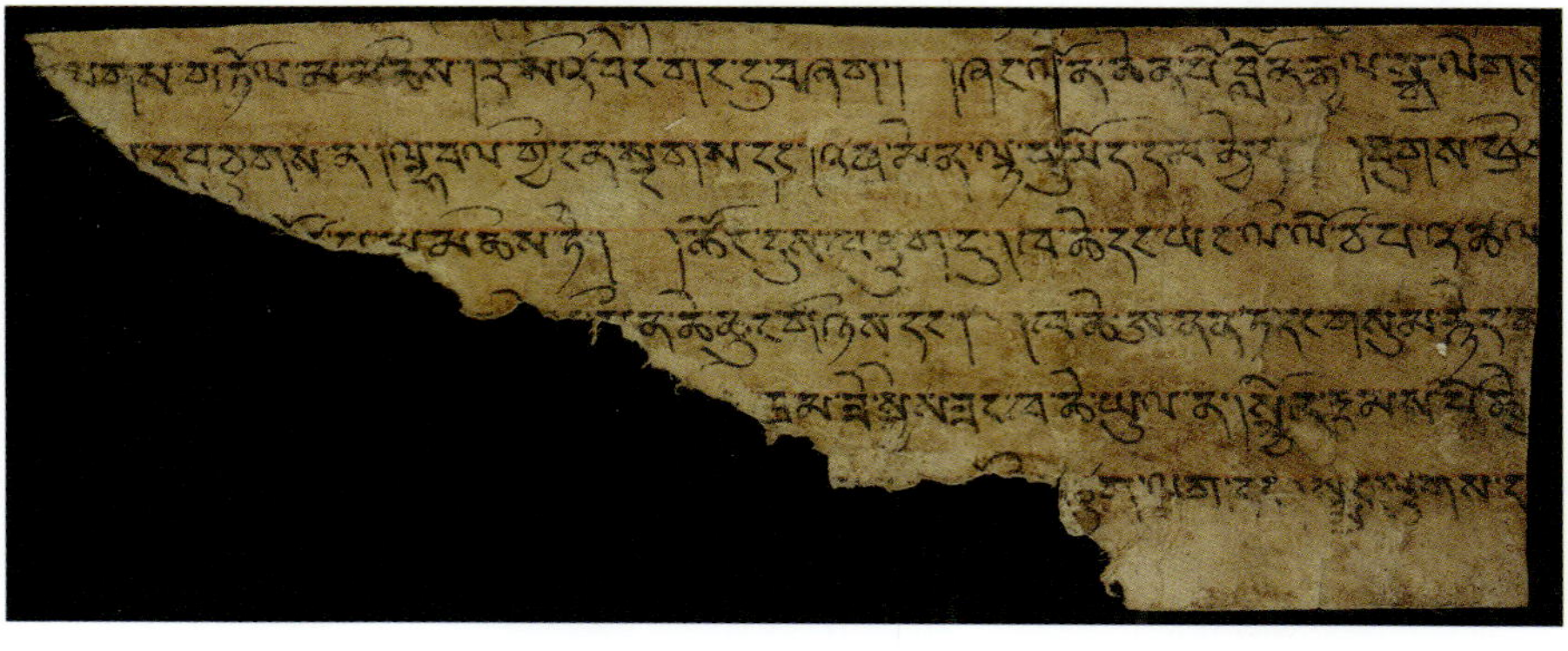

4. 紀元前1770年頃にバビロニアのハンムラビ王がつくらせた花崗岩製の石碑。王は太陽神シャマシュの前に立ち、石碑の両面に楔形文字で法典が刻まれている。

5. アッシリア王アッシュールバニパル（在位前669-前631年頃）は膨大な粘土板文書を収集した。同時代に描かれた王はライオンと戦っているときでも腰帯に尖筆を差している。

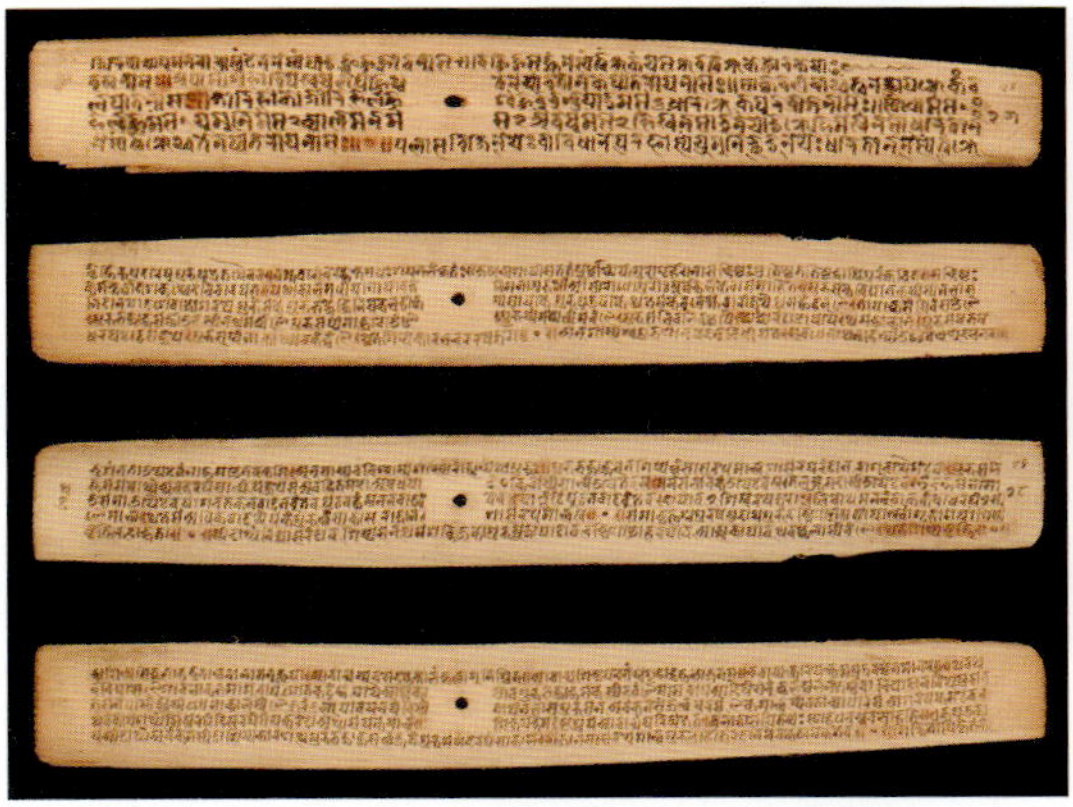

7. 15 世紀につくられた、ダルマ・シャーストラのなかでも専ら法規定を記した「ナーラダ法典」の写本。

6. 2 世紀にインド西部を統治したルドラダーマンは、長大なサンスクリット語の碑文をつくらせた。これによりバラモンとその法文書の権威が確立された。

8. シバージー。17 世紀のラージプート人の軍事指導者。自分の王族としての地位を証明するために著名なバラモンに法的な見解書を依頼した。

9. 唐皇帝太宗（在位626-649年）は宮廷でチベット王国から遣わされた使節ガル・トンツェン・ユルスンを迎えた。641年に制作された原画の写し。

10. トゥルファンあるいは敦煌で見つかった唐王朝の試験答案用紙。葬儀用の靴に再利用された。

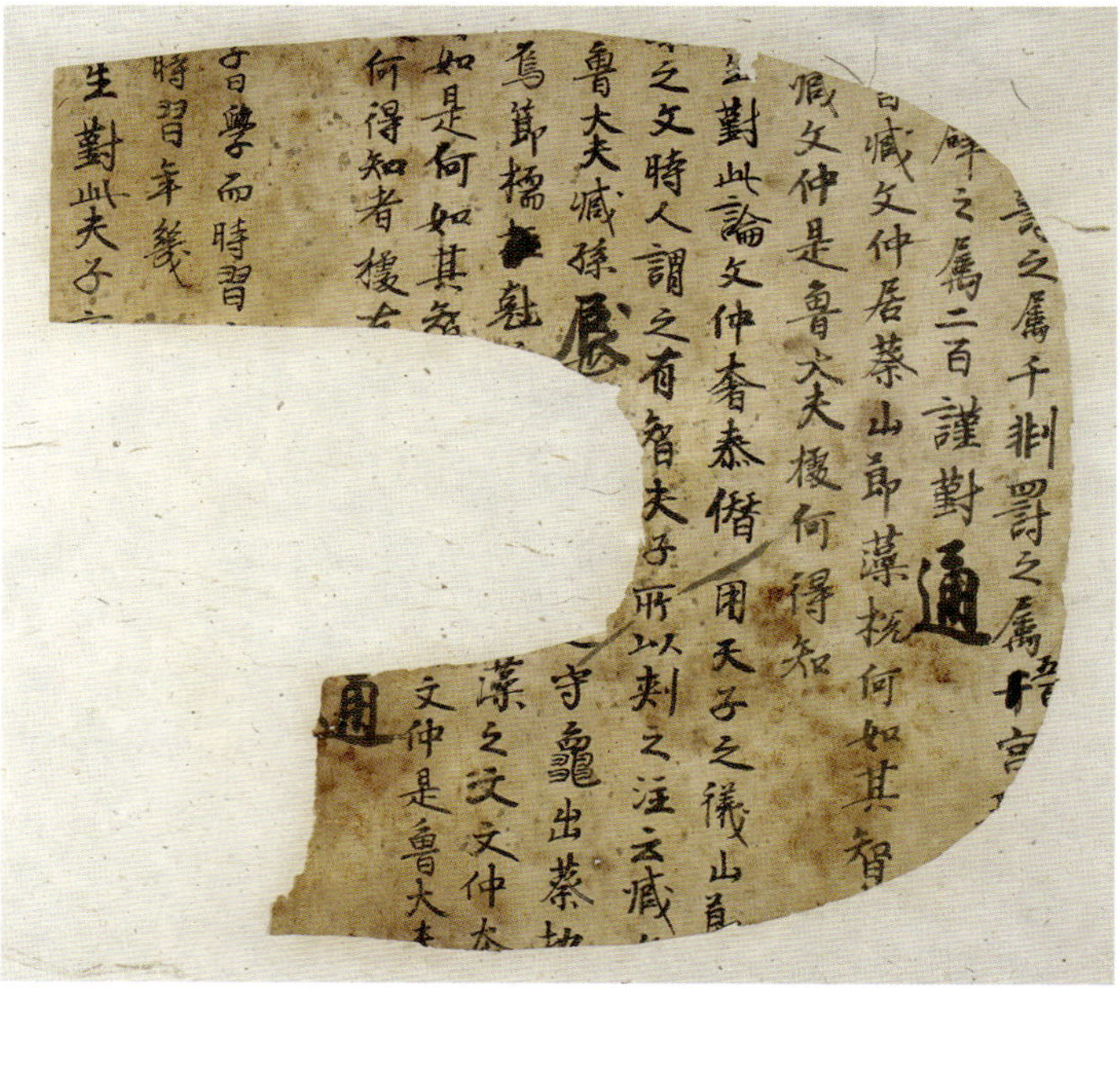

11. 上流階級のローマ市民はフレスコ画で装飾されたヴィッラに住み、働いていた。ここに描かれたポンペイの女性たちは少女に読書を勧めている。

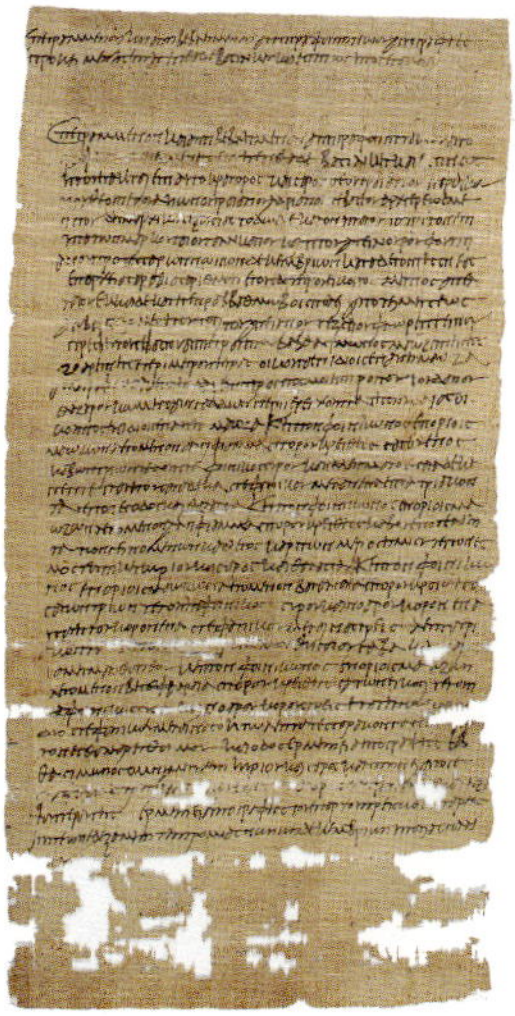

13. 127年にローマがおこなったアラビアの人口調査の準備のために不動産登記を記録したパピルス。バル・コクバの反乱の後、ローマ人から逃れたユダヤ人女性によって洞窟に隠された。

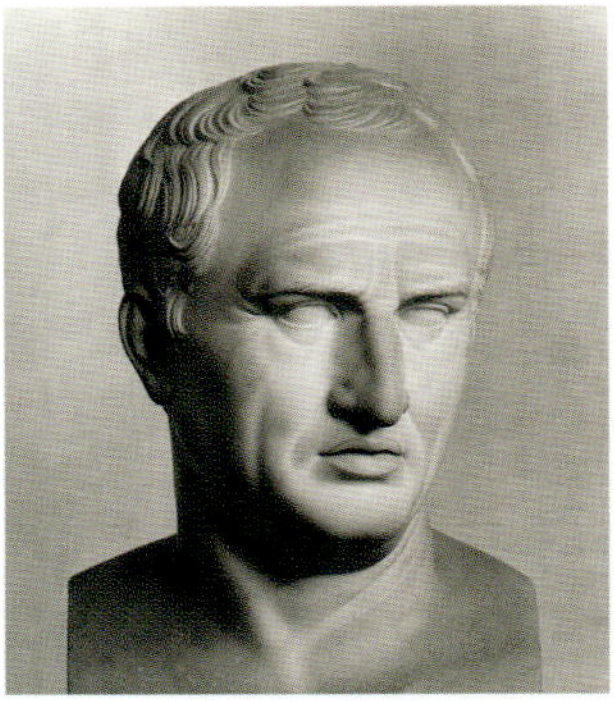

12. マルクス・トゥリウス・キケロ。偉大な法学者、雄弁家。

14. アッバース朝では学問と文学が隆盛した。バグダードの図書館に集まった学者たち。13世紀の写本から。

15. 高位のユダヤ人学者たちもバグダードを学問の中心地とし、それは20世紀まで続いた。1910年の写真。

16. カスティーリャのアルフォンソ10世はユスティニアヌス帝の「ローマ法大全」に影響を受け、1265年、「七部法典」として知られる法典を定めた。

17. 800年に西ローマ皇帝に即位したカール大帝（シャルルマーニュ）の像を刻んだデナリウス貨。

18. アングロサクソン王エセルスタンの法典。10世紀に制定され、王政の及ぶ範囲の拡大が反映された。後世の「*Leges Angliae*」から。

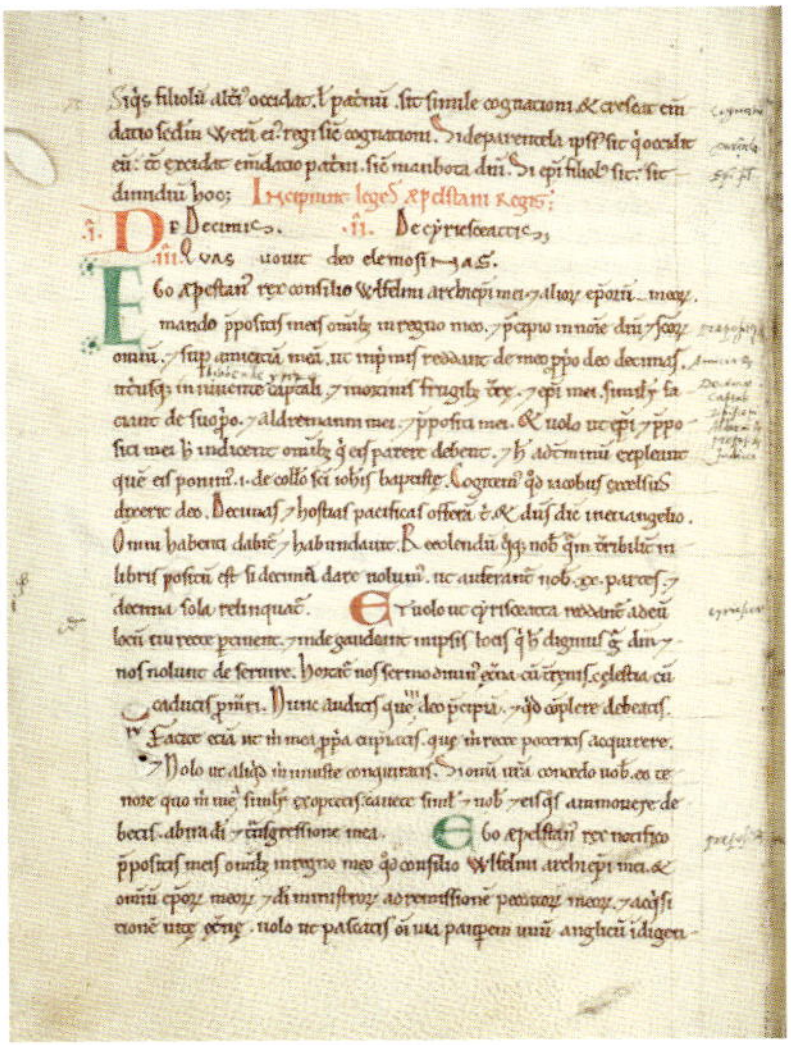

19. アストルと呼ばれるこのポインターは、9世紀にアルフレッド大王がつくらせた。王が国中に配布した文献の文章を追うために使われた。

20. アルシンギの会場となったシンクヴェトリル。毎年アイスランド人はここに集まり、新法が読まれるのを聞き、法を公布した。

22. 10世紀にあったリューリク朝ウラジーミル大公の洗礼が15世紀の「ルーシ原初年代記」に描かれている。ルーシにおける立法の時代の始まりを告げたできごと。

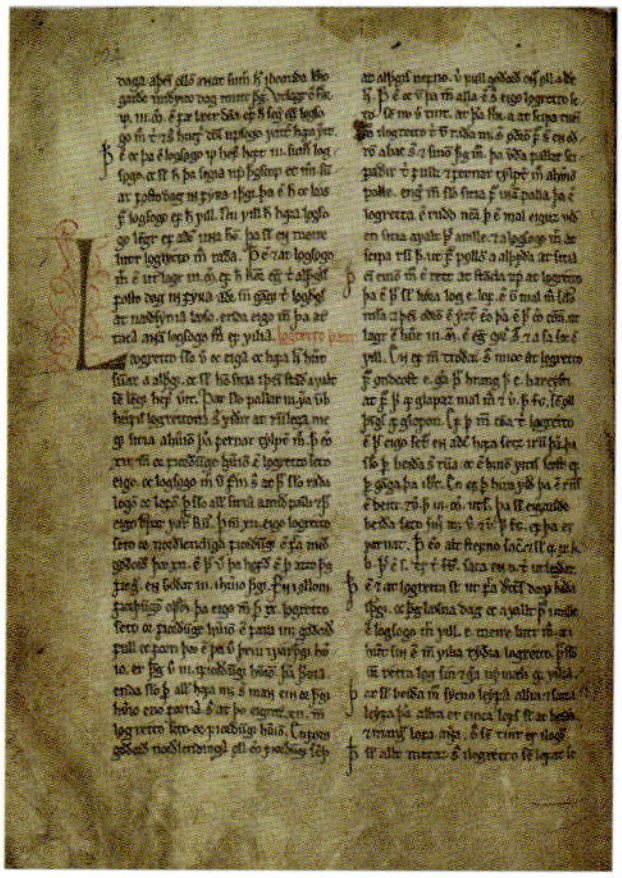

21.「グラーガース（灰色の鵞鳥）」。12世紀に編纂されたアイスランドの法書。

23. アルメニア人司祭兼教師ムヒタル・ゴーシュは1184年に法書を編纂した。このタテヴ修道院は当時、建立から300年がたっていた。

24. 11世紀あるいは12世紀にエジプトのフスタートにあったシナゴーグのゲニザ（古文書保管庫）で見つかった法文書。借金の契約について記されている。

25. アルジェリア中央部、トゥアトのすぐ北にあるオアシスの用水路。村人たちはイスラムの法形式を用いて数千の文書を作成・保管した。

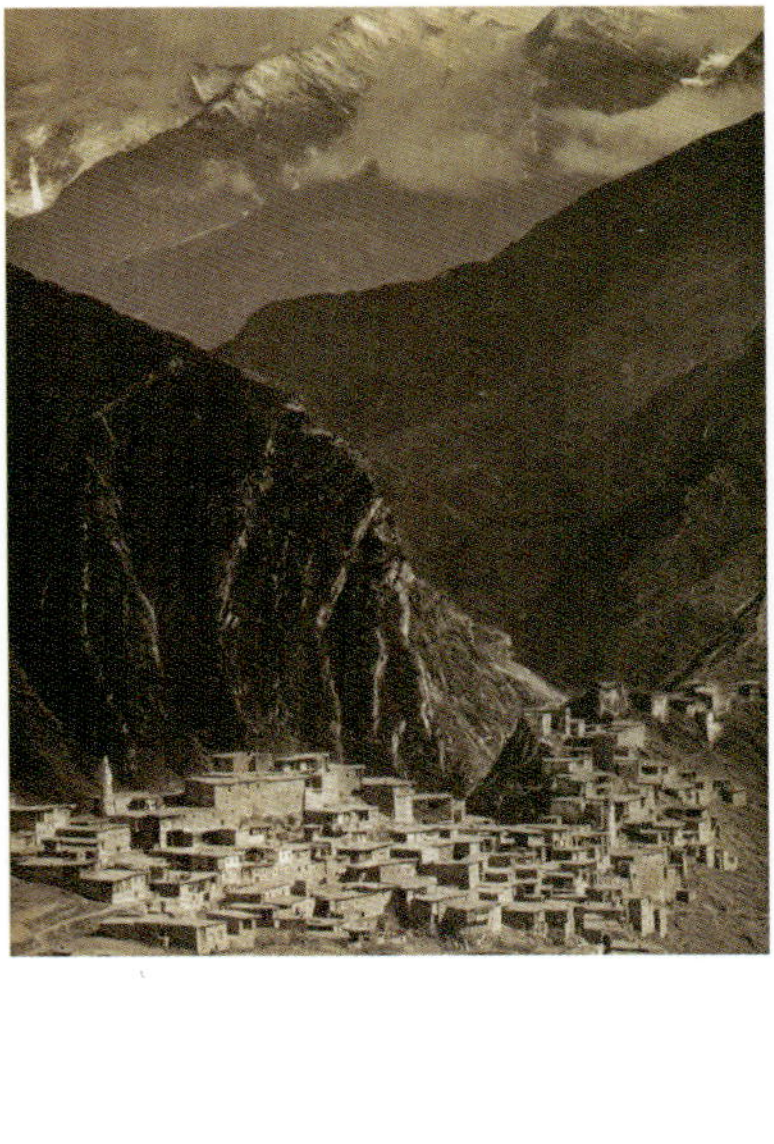

26. ダゲスタンのティンディ村。1890年代後半。

27. 宋の皇帝たちは、この絵の徽宗（1082-1135年）を含め、文官たちをもてなす優雅な宴会を催した。

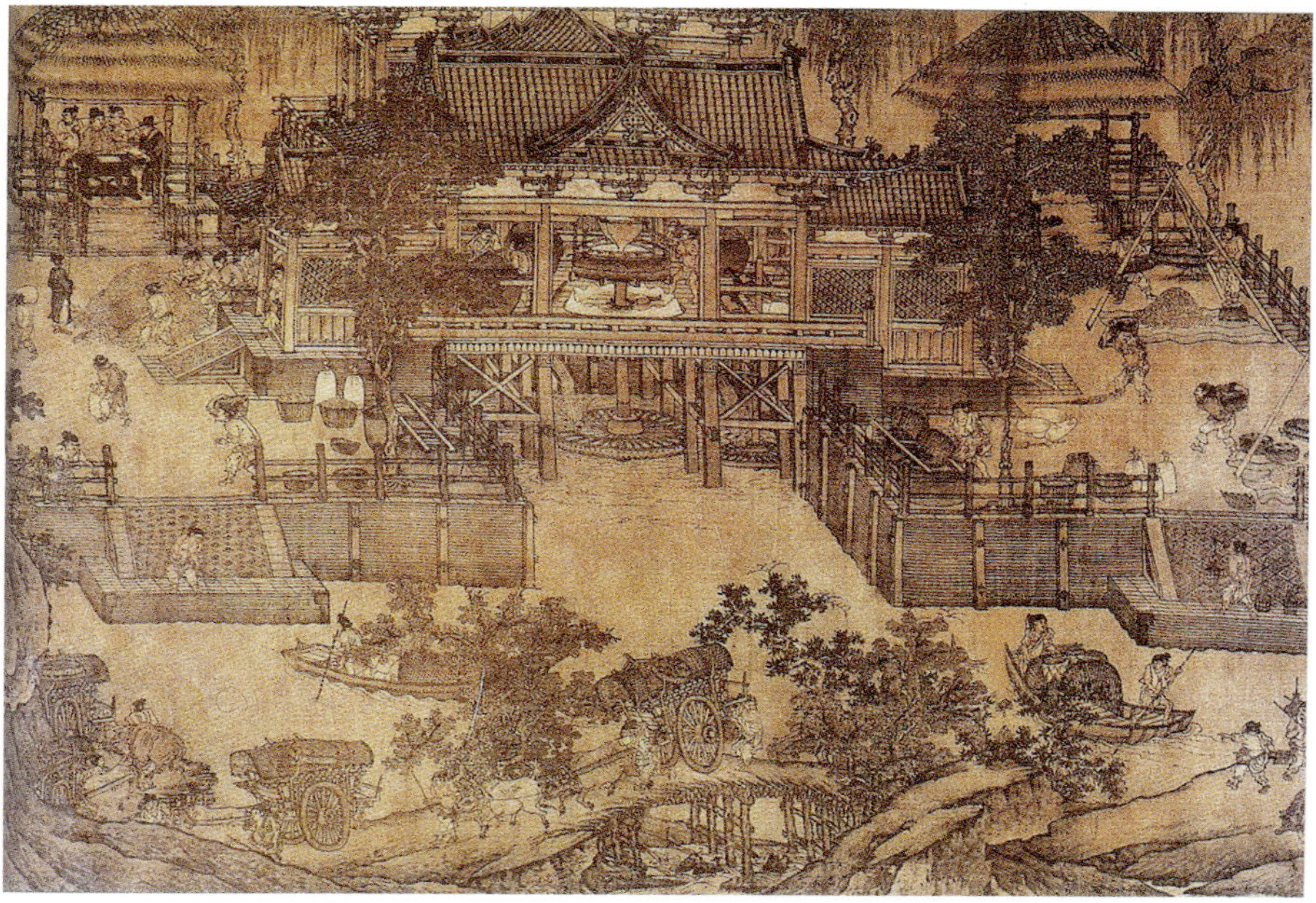

28. 北宋（960-1127年）では、中国人はさまざまな技術革新を実現した。水力を利用した製粉はその一例。

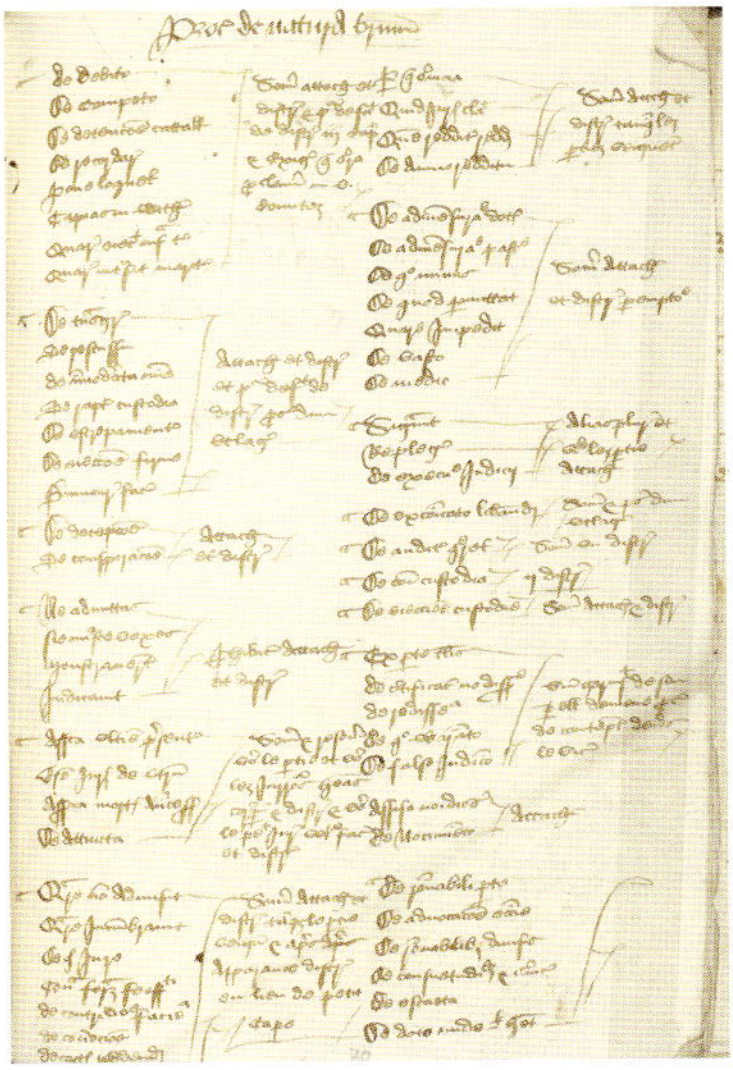

29. イングランドの法学生は備忘録に重要な法文書や判決を写していた。この備忘録は15世紀または16世紀のもので、令状に関する解説書「*Natura Brevium*」を含む。

30. ブラックバーンハンドレッドにあった、ダウナムのアシェトン家の荘園記録。1621年から1622年。

31. コーンウォールのロスウィディル宮殿。13世紀にコーンウォール伯爵が錫鉱区行政のために建設した。内部には議会ホール、精錬所、鋳造場、錫鉱区裁判所、錫鉱区刑務所があった。18世紀の版画。

32. 1470年、ハンス・ヘーゲンハイムという少年は窃盗で有罪となり罰として縄で縛られてロイス川に投げこまれて舟で引きずられた。少年はこれを生き延び、贖罪したとみなされ、長生きした。

33. ローマ皇帝ハインリヒ2世の皇后であるクニグンデ・フォン・ルクセンブルクは1010年頃、不倫の疑いをかけられた。彼女は潔白を証明するために赤く焼けた鋤の刃の上を歩いた。バンブルク大聖堂の浅浮き彫りにその様子が描かれている。

34. 12世紀のヨーロッパの文献に描かれた、焼けた鉄による神判。

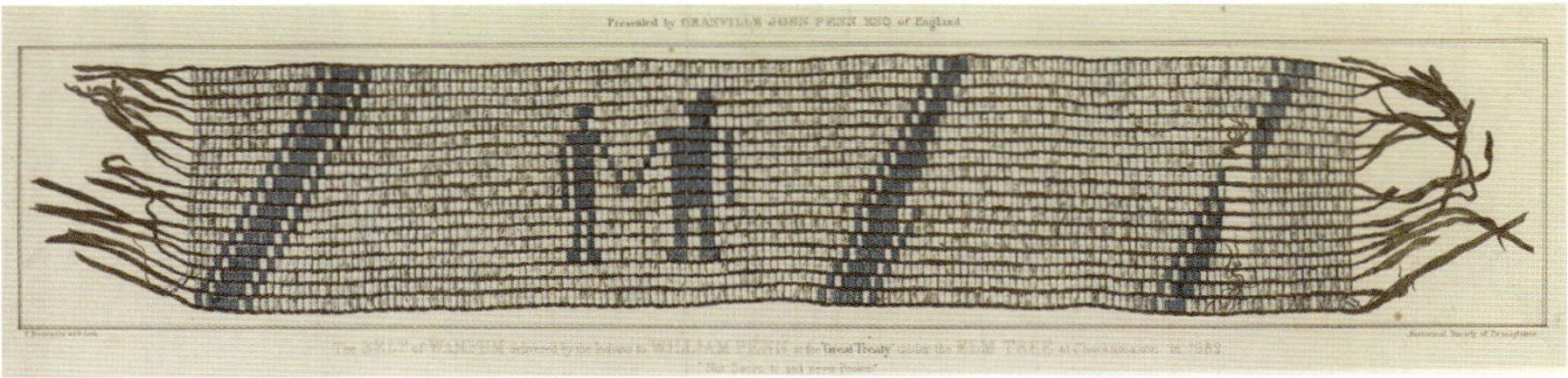

35. 1682年、ウィリアム・ペンとシャカマクソン条約を結んだレナペ族はワムパムのベルトを彼に贈った。ネイティブ・アメリカンが重要な取り決めを確認するために用いる象徴的なものだった。

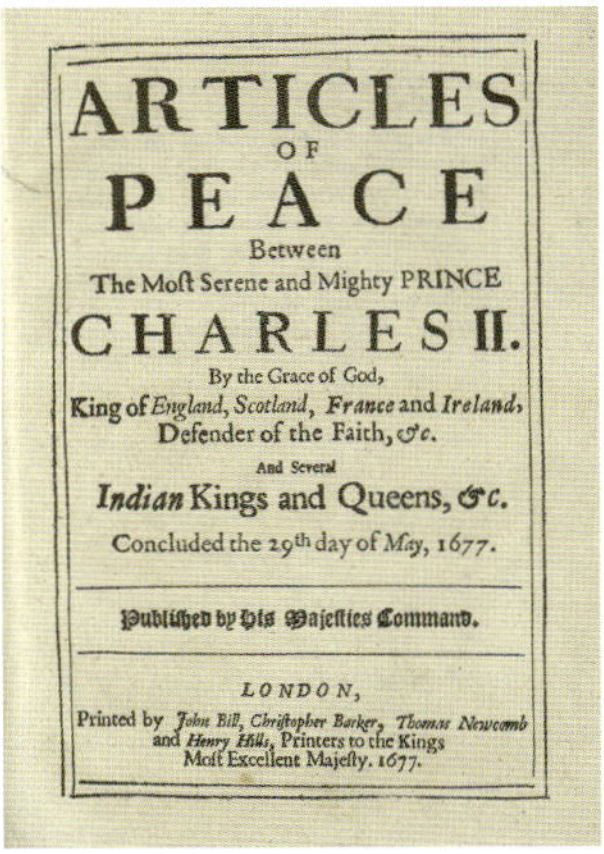

ARTICLES
OF
PEACE
Between
The Most Serene and Mighty PRINCE
CHARLES II.
By the Grace of God,
King of *England*, *Scotland*, *France* and *Ireland*,
Defender of the Faith, &c.
And Several
Indian Kings and Queens, &c.
Concluded the 29th day of *May*, 1677.

Published by His Majesties Command.

LONDON,
Printed by *John Bill*, *Christopher Barker*, *Thomas Newcomb* and *Henry Hills*, Printers to the Kings Most Excellent Majesty. 1677.

36. イングランド王の代理人らは独自の形式で条約を確認、記録した。

37. ウィリアム・ブラックストンは1765年に「イングランド法釈義」の第1巻を発表した。

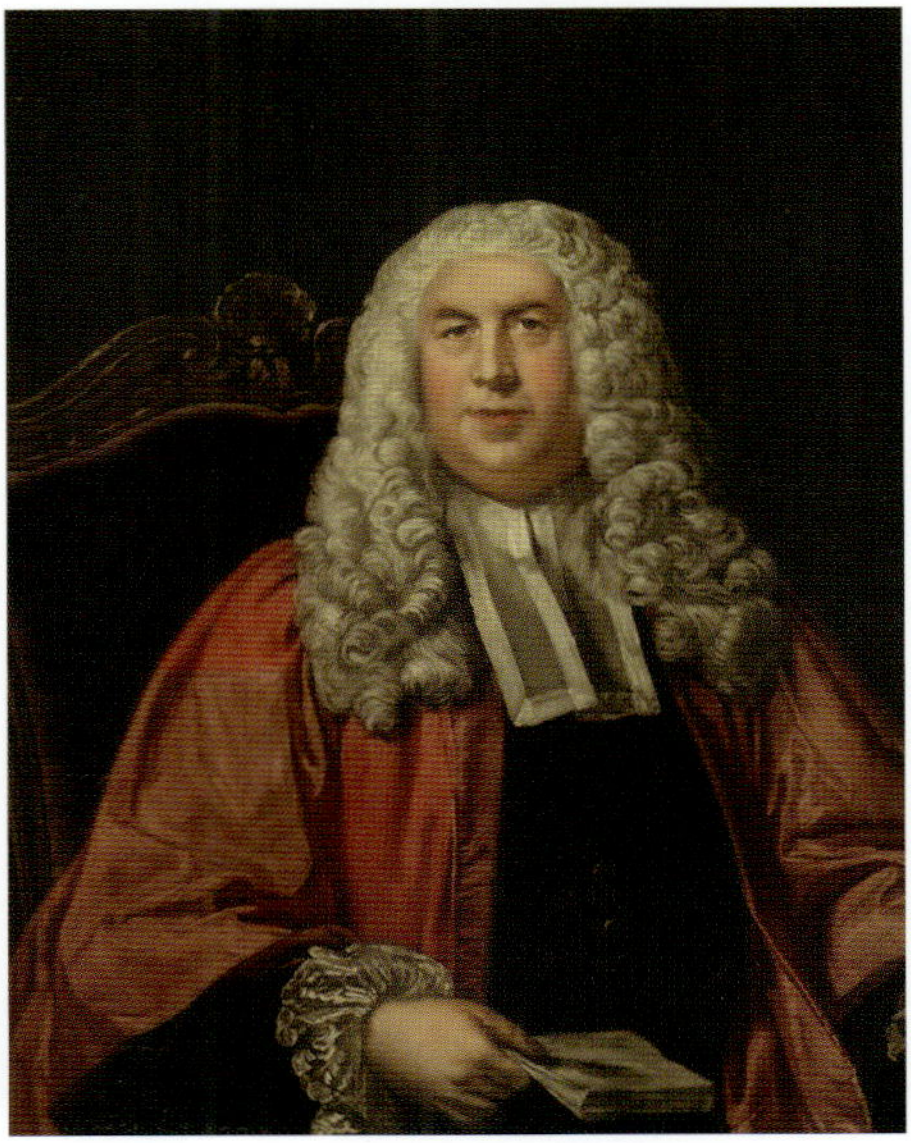

38. 19世紀末には法とその執行者は「パンチ」のような雑誌で風刺のネタとなった。

40. ベルリン会議を描いたこの戯画は1884年に制作された。ベルギー王レオポルド2世がコンゴのカボチャを切り分け、隣にはドイツの皇帝ヴィルヘルム1世とロシア帝国の王冠をかぶった熊が描かれている。

39. イギリスの植民地行政官であったウォレン・ヘイスティングズ（1732-1818年）は英領インドの創立者のひとりと考えられている。ジョシュア・レノルズによるこの肖像画では書類の山とペルシア語の印とともに描かれている。

41. イギリスの植民地行政官は現地のナイジェリア人を職員として雇った。この裁判所書記官の後ろにいるのは部下の配達人たち。1914年10月撮影。

42. オスマン帝国の主要な神学者のひとりであるアブー・アルサウード。法律を教えている。図版は16世紀の写本から。

43. 1960年アフガニスタンで、カーディーとムフティー（左）が仕事の合間にお茶を供されている様子。

44. 90歳の大アーヤトッラー、アリー・スィースターニーは2021年3月イラクにおいて教皇フランシスコと会談した。

45. シェイヒ・スレイマン・カスリオグル。ロードス島のトルコ人ムフティー。1957年。

46. チベットのラダック地方の村民たちは、21世紀になっても法と法定記録に背を向けている。

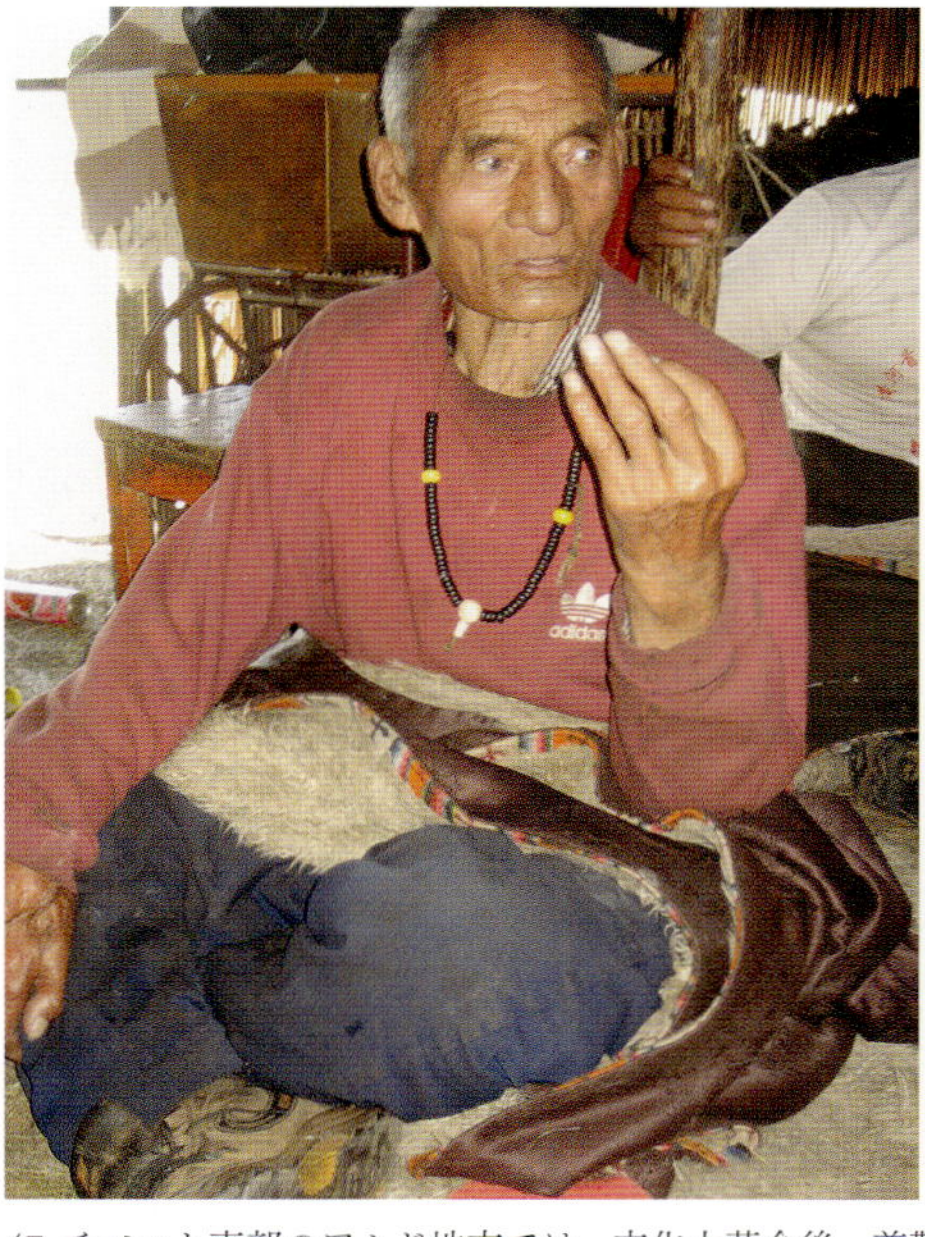

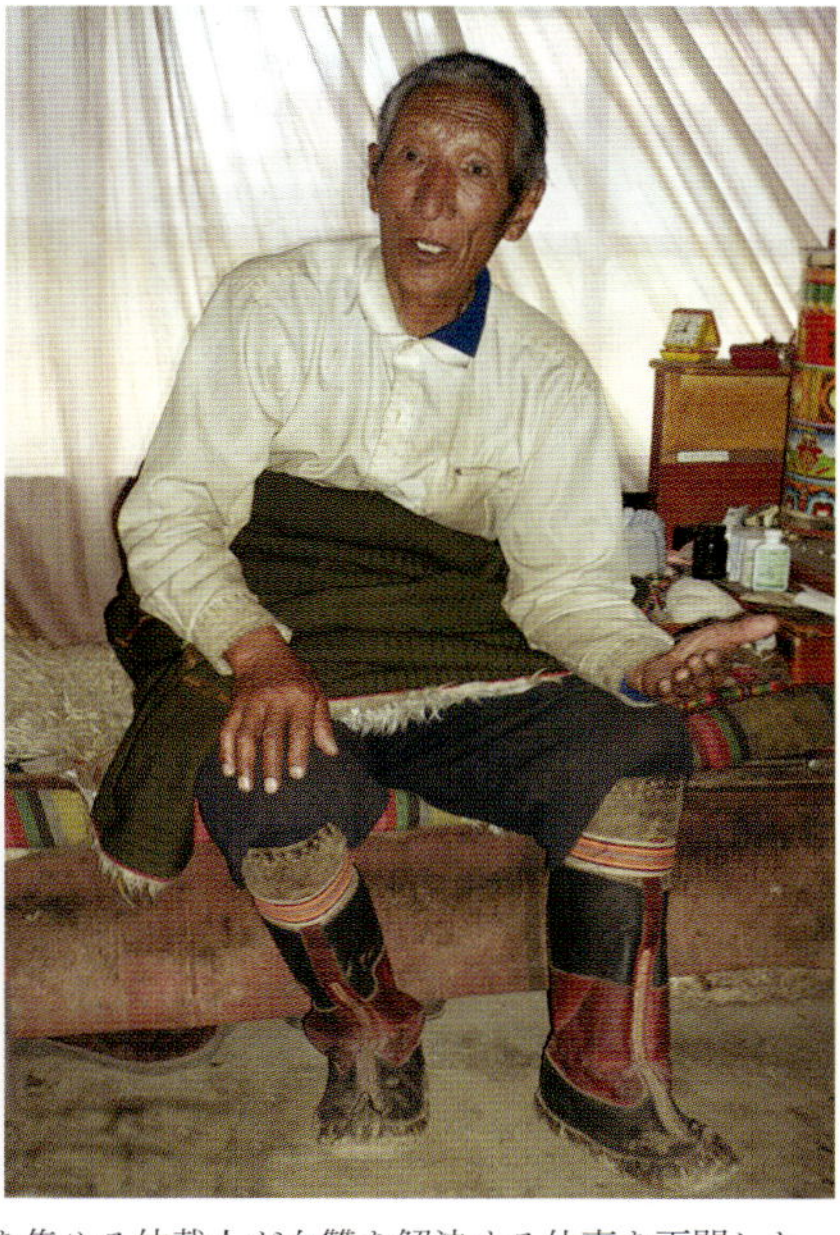

47. チベット東部のアムド地方では、文化大革命後、尊敬を集める仲裁人が血讐を解決する仕事を再開した。

法の人類史　目次

第一部　秩序の展望　VISIONS OF ORDER

第二部　文明の約束

THE PROMISE OF CIVILIZATION

第三部　世界の秩序化　ORDERING THE WORLD

法の人類史　文明を形づくった世界の秩序４０００年

・本文中の〔　〕は訳者による補足を示す。

序章　法の約束

一四九七年、ポルトガル人航海者バスコ・ダ・ガマは喜望峰を周回しインド洋へと船を進めた。彼の使命は、豊かな東方への交易ネットワークを開くことだった。その航海によってヨーロッパは、裕福で洗練されたアジア世界、そしてその幅広い商業・技術の発展ぶり、複雑な統治機構、法に目を開かされた。ガマら一行はインド西岸のカリカット〔現在名はコジコーデ〕に到達した。カリカットの港では毎日、香料諸島〔現在名はモルッカ諸島〕、インド平野部、東アフリカやペルシア湾にある港とのあいだでやりとりされる穀物、砂糖、香辛料、コーヒー、織物、金属、馬等の積み降ろしがおこなわれていた。そうした交易への参加を希望するガマは、地元の支配者ザモリン〔ヒンドゥー領主の称号〕の宮殿を訪問した。ザモリンはガマの貢物に感心せず、使節団を追い払った。しかしポルトガル人らはあきらめなかった。その後何度も使節を派遣し、暴力で脅して、インド沿岸に交易所を設置した。[1]

　ガマのあとに続いた商人や冒険家らは、中国の交易人がもたらす商品に感嘆し、イスファハーンやデリーにあるムスリム王の宮廷の贅沢に魅了され、古代アジアの法の話に興味をかきたてられた。遠く都の北京では、中国の支配者たちは紀元前三世紀にさかのぼる法制度を維持していた。カリカットのザモリンはほかのヒンドゥー領主らと同様に、ダルマ・シャーストラに精通する司祭階級バラモンの助言を採り入れていた。ダルマ・シャーストラは、インドのヴェーダ時代の哲学と祭式の伝統にさかのぼる古い法文書だ。ムスリムの法の専門家は七世紀のムハンマドが受けた啓示に基づく原典法学を参照した。スルタンの宮殿では、熟練の裁判官が裁判をおこない、学者は法学意見を発行し、法学者は古い法文書についての深遠な議論を積み重ねていた。そうした精緻な司法はヨーロッパには存在しなかった。ヨーロッパの法はいまだに、地域の慣習や裁判にローマ法学の残滓《ざんし》の入り交じった不均一な寄せ集めの域を出なかった。

　一八世紀のはじめまでには、そのすべてが変わりはじめていた。中国では清が強大な王朝を建て、ムガル帝国の第五代皇帝シャー・ジャハーンはタージ・マハルを建設すると同時にインド全土に道路網を広げ、オスマン帝国はウィーンを脅かした。しかしアジアの王朝の勢力には衰えが見えていた。フランス人の法哲学者モンテスキューは中国の精緻で安定した法制度を称賛するいっぽうで、「専制的」であるとの非難も述べている。啓蒙哲学者らはヨーロッパの支配者らに対して、その政治体系はもっとも合理的な原則に沿ったものであり、その法はより優れた私有財産制度を促していると説いた。ヨーロッパが産業および軍事面の進歩によってアジアを凌駕すると、その支配者らは自分たちの政治や教育や法制度が世界一優れていると考えるようになった。彼らの目には、ムスリムの法学者の精密な学識やヒンドゥーのバラモンの知識、中国法の精緻な法典は、退行した東洋の非合理的かつ時代遅れな制度として映った。

現在、世界中で見られる国の法制度はほぼすべて、一八世紀と一九世紀にヨーロッパの国々でつくられた制度を手本にしている。二〇〇年続いた植民地支配のあいだに、ヨーロッパの国々はみずからの法体系を世界に押しつけ、国家が明確に区切られた新たな国際秩序を推し進めた。今日、国連に加盟する国々は自国の法体系・裁判制度を維持し、民主主義と人権と法の支配を標榜することが求められている。しかし人類文明の長い歴史のなかで、国家や国内の法体系が隆盛し主流となったのはここ最近のことにすぎない。ヨーロッパ人が追しのけたのは、バスコ・ダ・ガマがインドに到着した時点ですでに長い歴史をもっていた法制度であり、ローマ人でさえ、先行する法に影響を受けていた。現在世界中にあるほとんどの法制度が今のような形になったのは、けっして必然ではなかった。

最古の法典

歴史上の法のほとんどは、近代国家で適正とされる法とは大きく違っていた。第一、法はかならずしも領地の境界にとどまるものではなかった。法は商人や宗教学者によって新たな土地へと伝えられ、しだいに地元の慣習や規則と共存するようになった。また法と宗教の区別がはっきりしていないことも多かった。とくにヒンドゥーやユダヤやイスラムの伝統では、法の規則はいつのまにか道徳的また宗教的規範になっていった。古代の法の多く、さらにごく最近の法にも、効率、権限、効力といった、明らかな基本的要件に反しているものがある。歴史的には、多くの裁判官は支配者のつくった法を無視していたし、法の多くは執行されることなく終わった。ところが、とうてい実行不可能で社会の円滑な運営になんら資することのないそうした規則が、高価な羊皮紙にていねいに書かれたり、石板に彫られたりした。古代の法の目的について、歴史学者たちは首をひねってきた。ときにはそれは古い偉大な文明を書き写そうとする試みにも見えた。しかしガマが出会った中国人商人、ヒンドゥーの王、ムスリムの君主は全員、古い法制度の規則に敬意を払っていた。彼らの法は、四〇〇〇年前に初めて法があらわれて以来くり返し刷新されてきた技術の最新のものにほかならなかった。

最古の法典はメソポタミアでつくられた。現在のイラクにある、チグリス川とユーフラテス川に挟まれた地域だ。紀元前三千年紀、ウルの王は粘土板に「法典」を書き留めるよう書記官に命じた。そして人民に約束する正義について大胆な声明が出された。数世紀後、中国中原の好戦的な指導者らは、竹簡《ちくかん》〔細長い竹の札〕や青銅器に表意文字を刻み、犯罪と刑罰の数々を記した。その後継者たちも、官吏《かんり》および拡大しつづける帝国の臣民に規律を課すために同じ方法を採用した。いっぽうガンジス川流域の平野では、インド人の学者らが、ヴェーダの古い教えにもとづいた典礼文書をつくっていた。紀元後数世紀、バラモンはヤシの葉〔貝葉。多羅葉（タラジュの葉）とする資料も〕にサンスクリット文字を刻んでヒンドゥー法の基礎となる文書、ダルマ・シャーストラを作成していた。彼らの後継者たちは南アジア各地を旅して、カリカットのザモリンのような君主たちに対し、自分たちの祭祀にならい、ダルマ・シャーストラを法典として採用するようにと説いた。彼らは宗教信者集団を道徳の道筋に導こうとしていた。

メソポタミア、中国、インドにおいて発展した基本的な法制度はそれぞれ、言語も、論理も、目的も異なっていた。メソポタミアの王は人民に正義を約束し、普通の人々が、少なくとも建前上は頼りにできる規則を定めた。中国の支配者は、拡大しつづける領地に規律と秩序をもたらすために犯罪と刑罰の体系を確立した。ヒンドゥーのバラモンはヒンドゥー教の伝統の宇宙の秩序、すなわちダルマの道へ普通の人々を導こうとした。これら三つの法制度はそれぞれ独自のものだが、三者はともに後続の法が採り入れる形式をもたらした。現代の国家が、三者すべての要素を世界の多数を占める法制度に統合したのは、間違いなく最高の成果だろう。しかしこれが実現するまでには何世紀もかかった。その間、法の技術は伝播し、王や支配者にさまざまな野心をいだかせた。また諸侯《しょこう》や議会や村人や部族民などによって、地域背景に応じて採り入れられた。

トーラー（モーセ五書）

初期の法は実用的で日常的な規則にすぎなかった。その具体的な目的は支配者が複雑な社会を管理することであり、その大部分は殺人、傷害、窃盗、姦通など人々の共同生活でかならず生じるさまざまな問題に割かれていた。また土地の使用や所有権、相続、家族関係、子供の養育責任といった人類の歴史をとおして多くの法が対応してきた問題も規制した。長いあいだ広くおこなわれていた奴隷制に付随する問題に対処し、事実をめぐる争いを解決するための誓約や神判の形を規定した。やがて支配者たちは法が人民を管理するための便利な道具だと気づいた。中国の皇帝、インドの王、イスラムのカリフはいずれも人口調査を実施し、田畑や牧草地の正確な地図を作成し、世帯を分類したり税を徴収したり軍隊を招集したりするのに法を利用した。村の会合や部族の会議も、社会的ふるまいを規制したり、いざこざを解決したりするよりどころとなる決まりをつくった。

しかし初期の立法者らのねらいは、実践的なことだけではなかった。メソポタミアの王たちは法で、人々に約束する社会正義についての立派な声明を述べると同時に、神々の加護を祈願した。中国の皇帝は、法を施行することで宇宙の秩序を維持すると主張した。ヒンドゥーのバラモンは、自分たちは世界の理想的秩序であるダルマの要件に従って人々を導くための規則をつくっているのだと説明した。その他多くの、人々に尊重されていた法は、非常に不可解なことにまったく実行不可能だった。旧約聖書の書き手らが記したトーラーもそうだ。古代イスラエルの祭司たちは、法が王によってつくられたメソポタミアの伝統に影響を受けながら、明らかに宗教的な法をつくろうとした。

トーラー（モーセ五書）と呼ばれる旧約聖書の最初の五書が現在われわれの知る形になったのは、紀元前九世紀から前五世紀のあいだのことだった。[2] 人々を安全な土地に導いたモーセは、信仰、祭儀、生贄についての法および非常に複雑な食事規則一式を彼らに与えた。これらの規則がイスラエル人に〝忌むべきもの〟、すなわち汚れた動物や魚や鳥を食べることを禁じたが、その区別は以来学者たちを困惑させている。[3] ギリシアの哲学者が考えたのは、規則にはユダヤ人に危険な肉を食べさせないという医学的な目的があったのだろうかということだ。しかし健康や嗜好《しこう》の問題なら、なぜカメレオン、モグラ、ワニ、ほとんどのバッタ（すべてではない）を避けなければならないのか？ そして野兎の何がいけないのだろう？ 偉大なユダヤ人神学者マイモニデス〔スペイン生まれ。一一三五－一二〇四年〕は、トーラーに意味を見つけることをあきらめ、「これらの詳細な規則の目的を発見しようとする人間は、わたしから見れば、正気を失っている」と断言した。ほかには、トーラーがもとは衛生的・審美的・宗教的目的のあった昔の規則の混合だったという考えもあれば、たんに敬虔《けいけん》なユダヤ教徒に規律や服従、考えずに法規に従うことを求める命令一式だったという考えもあった。しかしレビ記の作者らは明らかに秩序ある社会を目指していた。それなのになぜこのような不合理なリストをつくったのか？[4] その答えは法のより広い目的にある。その多くは身体的な完全を奨励しており、たとえば祭司は身体障害者であってはならない。さらに祭儀の純粋さを求める。ユダヤ人は正しい方法で食べ、眠り、服を着て、セックスをしなければならない。戦士の野営地は、汚染を避けるために戦争の商売から離して設置された。またユダヤ人は雄牛とロバをいっしょにつないだり、ウールとリネンを織りあわせたりしてはならない。これは異なる種類のものを混同しないためだ。すなわちトーラーは、イスラエルの人々に対して、分類の秩序をつくり、実際にも精神的な意味でも清浄なものを汚れたものから分けることで敬虔な生活を送れると伝えるものだった。

　こうしたイスラエル人のトーラーのより大きな目的から、清いものと汚れたものをどう区別したのかがわかってくる。牛、羊、山羊といった地域の基本的食物は、蹄のある動物で反芻《はんすう》もする、だから祭司はそうした性質によって清い動物は定義されると定めた。その結果、アンテロープや野生の山羊など一部の野生動物はそのなかにふくまれたが、家畜すべてが入ったわけではなく、豚ははずれた。さらにひれと鱗のない魚、羽があって四本足で歩くもの、手を歩行に使う動物、地に群がるもの〔「地を這うもの」の意〕も汚れていると決められた。彼らの考えでは、まっとうな動物は歩き、魚は泳ぎ、鳥は飛ばなければならない。跳ねるのは歩くのにじゅうぶん近いので、バッタ、コオロギ、イナゴの一部は清いとした。だが地に群がるのはだめだ。これらの決定の裏にどのような論拠があったにせよ、それらの規則は、ユダヤ人を汚れた食べ物から救うかもしれないということよりも、清いものと汚れたものを分ける、その規則が象徴するもののために重要だった。イスラエルの人々を神の法に従う人々として、非ユダヤ人と区別したのだ。トーラーの背後には選ばれた民のための宗教的ビジョンがあった。

　ヒンドゥー、ユダヤ、イスラム、キリスト教の学者らはすべて、伝統を発展させるなかで詳細で広範な法を定めた。現代の法が宗教から距離を置いていると考えられるのは、中世ヨーロッパにおける教会と国家のいさかいの結果だ。そのような区別は、世界の主要宗教における初期の立法者らには理解不能だっただろう。

　その他の、明らかに政治的目的をもつ立法者らは、偉大な文明にインスピレーションを得て、やはり実行不可能そうな法一式のなかに社会秩序のビジョンをこめた。七世紀から八世紀にかけて、中国の西方の広大な高原に住んでいたチベット人はいまだ好戦的な部族民だった。強力な指導者らが彼らを束ねて中国と中央アジアへ遠征して忠誠の誓いを求め、もっとも成功した一部は最終的に王としての地位を確立した。王朝は宮廷と官僚制を設け、役所と大臣階級がつくられた。間違いなく中国皇帝らの精緻な行政に触発されて、チベット人の王も法を制定した。この時代についてわれわれが知ることの大部分は、チベット北方を通るシルクロードの中継地であった敦煌《とんこう》の石窟で、一九〇〇年に地元の学者によって発見された大量の文書のおかげだ。石窟は一一世紀以来封鎖されており、一九〇七年にハンガリー生まれのイギリス人探検家オーレル・スタインはそこで、およそ四万点にのぼる中国語、チベット語、その他のアジアの言語で書かれた古文書を発見した[5]。スタインは地元の研究者を説得して石窟に入ると、何日もかけて蠟燭《ろうそく》やランプの明かりを頼りに破れそうな文書に目をとおした。最終的に彼はもっとも重要な古文書を何箱も運びだし、それらをパリとロンドンの博物館に預けた。この宝の箱から歴史学者は古いチベット法の一部を発見した。

そのうち二つは、猟場で誰かが負傷した場合の賠償について定め、加害者と被害者双方の地位によって金額に段階のある賠償金の詳細な一覧を示していた[6]。四人いる上位の大臣のうちひとりを殺した者は金貨一万枚を払わなければならない。トルコ石の地位にある〔吐蕃の官位一二階の上位一、二位〕官吏を殺した者は六〇〇〇枚、金の地位にある官吏を殺した者は五〇〇〇枚、オパールでは四〇〇〇枚、銀では三〇〇〇枚、黄銅では二〇〇〇枚と一〇〇〇枚。平民の地位二つに対してはそれぞれ三〇〇と二〇〇。だが被害者が加害者よりはるかに高位の場合、被害者が負傷しただけの場合（けがの重傷度による違いはなかった）、傷害は事故だったと証明できた場合はまた違った。地位による差の裏にある論理は明らかだ。貴族の命は下僕の命よりも価値がある。だが敦煌が栄えていた頃、金貨は共通通貨ではなかったし、罰の幅が大きすぎるし、法の細部は非現実的なほど複雑だ。チベットの王たちは隣人である中国を模倣したがっていたものの、チベットの社会はそれほど明らかに階層化されていなかった。広大な高原の統治は地域の部族長頼りで、彼らが人々を管理し、遠く離れた中央からの命令や書簡のやりとりを騎手が中継した。つまり法はチベットの王たちがつくりだしたいと願った、想像上の国の階級制を象徴していたのだ。その法は、より偉大な、より統一された文明を想定していた。それは文明のための地図であり、現存する社会秩序の地図ではなかった[7]。

現代でも古代でも、表面上は機能的な法の裏により大きな野心や目標が存在することはよくある。アメリカ合衆国憲法は、連邦を構成する州のあいだで調整および統治の実用的手段の確立を当初は目指していたが、早々に団結の理想と願望のシンボルとしての神秘的なオーラをまとった。ときにアメリカの〝市民宗教〟の土台とも言われる最初の憲法〔一七八七年アメリカ合衆国憲法のこと〕は、ワシントンDCにある仰々しい円形のホールで保管・展示されており、そこは聖地にたとえられることもある[8]。それはアメリカ合衆国の建国と秩序の象徴になった。その文章はほかの場所で同様の試みを触発した。苦労して独立を達成した元植民地の国々は、若い民主主義のために真新しい憲法をつくった。それぞれの憲法は新政府の資質と現在の世界秩序に参加するというその主張を示すものだった。新しい国々は憲法の条項を実施するための司法体系、職業人材資源、あるいは政治的意志を欠いていることもしばしばだったが、その法文書は政治的に一人前であること、国家としての地位、そして国連の加盟国となることを示していた。彼らの目指したものは、石板に法の長い一覧を刻んだが誰も適用しなかった古代の王たちのそれとも、文字を読める者はまれで紙も高価であるのにもかかわらず、書記官を雇って非現実的なほど詳細な賠償金支払いの一覧を書かせた中世の支配者たちのそれとも、さほど違いはなかった。法はより大きな秩序への願望だった。

社会問題への対応としてつくられた現代の法も、政府がわれわれに思わせているほど実用一辺倒ではない。拳銃や危険な犬による痛ましい事件が起きたり、犯罪者が司法から逃れることにメディアが過熱したりすると、政治家は急いで法律をつくろうとする。しかしたいがい新法は非実用的だったり適用不可能だったりする。ヘイトスピーチの問題がイギリスで法的規制の対象となったとき、多くの評論家は、それが適用されることはあるとしてもまれだと考えていた。[9] しかし政府は何かをしているように見せる必要がある。法をつくれば、政治家たちは事態を掌握しているという印象を市民に与える。それほど皮肉ではない見方をすれば、少なくとも一般社会の道徳的反発の表明になるともいえる。法は、われわれの支配者がつくりだせると主張する文明化社会の道徳的条件を、誰にでもわかるように定める。正義と秩序、その両方の可能性を秘めている。

法の役割

すべての社会が法をつくったわけではない。歴史のどの時代にも、法なしで社会集団を形成し、人々を管理し、争いを解決していた人々はいた。狩猟採集民は争いごとに向き合うのではなく忌避することを選んできた。部族や血族は報復を追求し、敵に対して団結するいっぽうで、仲裁人が賠償によって争いを収める余地を残した。同質な共同体は融和的仲介を好み、当事者全員を満足させようとしてきた。新興の指導者らは権力を集中させて命令を下し、従わない者を罰する。数えきれないほどのバリエーションがあるが、パターンはくり返され、それによって生まれる秩序の形は、はっきり定められた法なしでも安定し長続きする。

複雑で洗練された社会でもその一部は法を制定していない。古代エジプトの古王国、中央・南アメリカのアステカ帝国およびインカ帝国、アフリカのサハラ以南で栄えた王国はすべて、考古学者の理解する限り、法規集を定めたり司法判断を前例として記録したりすることなく秩序を維持した。古代エジプトの文書や碑文によれば、二〇〇〇年のあいだ歴代のファラオは役人が土地所有、神殿、財団、税収などの詳細な記録を残す複雑な会計制度を統括していた。記録官は国王令や命令を記録し、裁判官は審理をおこなって罪人に懲役刑を科した。すべて全体的な法規をつくることなくおこなわれていた。[10] 紀元前三〇〇〇年から紀元前六世紀までの古王国、中王国、新王国は、小規模で非効率的で崩壊寸前の官僚制度でも国は栄えた。[11] 縁故で任命されたり、世襲で地位を受け継いだりした官僚は、王の求めに応じてさまざまな業務をこなした。ある碑文には、まるで情け深い教師である王が生徒に直接英知を授けているかのように首席大臣の任務が説明されている。ものごとを実行し裁決するのには認められたやり方があったはずだが、エジプトの記録によれば裁判官を務める個人の裁量が重視されていた。アケメネス朝ペルシアのダレイオス一世によってようやくエジプトで法の成文化が命じられたのは、紀元前六世紀になってからのことだった。

初期の立法者らがやろうとしていたのは異なることだ。彼らがつくった法は刑罰、賠償金、契約や離婚の基本的なルールを書きだした簡単なリストだったかもしれないが、それは行政的技術や裁判審理の手段以上のものだった。メソポタミアの王たちは正義を約束し、中国の皇帝たちは宇宙の秩序を守っていると主張し、ヒンドゥーのバラモンは、法則慣習が具現化するダルマを説明した。その始まりから彼らの法は文明世界を象徴していた。文字をもたない共同体の慣習や部族間紛争の仲裁や古代エジプトのファラオが発する国王令とは異なり、新たな法は客観的な基準、ほかの人々が参考にしたり引用したりできる明文化された規則一式をつくりだした。そうした法はそれ自体が生命をもつこともある。初期のメソポタミアの立法者らは石板に法を刻み、明らかに永続させるつもりだった。たとえ粘土板が割れても、鐘鼎が溶かされても、ヤシの葉が劣化しても、人々は法規を思いだし、ふたたび書きだせる。彼らの法には、立法者の権威よりも長くもちこたえる永続性があった。

法は支配者に、社会の秩序を保ち統制する道具を提供した。だが同時に法は人々に、正義を求め、恣意的な権力行使に抵抗する手段を与えた。法が明文化されると、さまざまな人々がそれを読み、参照することが可能になる。中国の支配者らは政府の実用的な道具として法をつくったが、書記官が竹簡に法を記し、それが門柱や市場に掲示されれば、市井の人々は書かれた法規を引用して、権力の濫用や不当判決について地元の役人に抗議することもできた。インドでは裁判の審理の際、学者と裁判官と係争当事者が法律文を調べて、どのように財産を分配するかを論じた。裁判官は何が不法行為でどうすれば正義をもたらすことができるのかを勝手に決めることはできず、法規を適用しなければならない。彼らの法は客観的で権威をもっていた。

だから一見単純な立法の技術が普遍の人々に強力な議論を与えることができた。実用レベルでは、法は複雑な関係をより予測可能にするような形で行動を導く。貿易商人らは昔からそれを知っている。法は階級、職業、社会的関係に左右されることなく、行動を許容されるもの、禁止されるもの、効力のあるもの、無効なものに分類する。法は道徳的なおこないの規則を示す。法は人々が参照できる基準と決断を下す手段を提供する。法を参照することで裁判官は、弁護士がそうすべきだと求めるとおり、同じような事件を同じように裁くことができる。争議の結果がどうなるか確信をもって述べ、以前の判決からあらわれる原則を説明し、慣習法の核となる判例体系を設けることも可能になる。成文法と判例はともに、ただちに執行する手段がなくとも、規則の序列と区分をつくりだす。概念的また物理的に世界を整理する。これこそ、本質において、あらゆる法がおこなっていることだ。そして法は、ヤシの葉に書かれたり粘土板に刻まれたりして明文化されれば、客観的になる。法は権力を行使する道具、それを正統化する方法、そしてそれに抵抗する人々の手段となりうる。

法の支配

王や政府は法を利用して権力を固め、領地を広げ、人民を統制した。メソポタミアの法はいくたびも死刑について言及している。中国の皇帝たちは法で認められた懲役刑を用いて国の奴隷による軍隊をつくった。バラモンらはインドの王たちの政治的事業を支援した。そしてムスリムのカリフたちは厳しい刑事罰を科し、それはイスラム法の方向性と一致していると主張した。法は支配者が増税したり徴兵したり、土地や資源を徴用したり、帝国を拡大したりするのに役立つ。複雑な官僚制度を生みだし、拡大する帝国を管理するのに法を利用したのは中国の支配者たちに限らない。ヨーロッパの列強もまた植民地事業の中心に法を置いた。ペルシア、ムガル、オスマンといった帝国が一八世紀から一九世紀にかけて崩壊するなか、フランスとイギリスの軍隊がムスリムのスルタンやヒンドゥーの王たちを退位させ、植民地政府は自分たちの法が〝遅れた〟東洋に文明をもたらすと力説した。法が彼らの征服を正当化したのだ。

しかし法は権力者のための道具というだけではない。人々は法を引いて政府の決定に異議を申し立てたり、権力の濫用に抵抗したり、正義を求めたりした。四〇〇〇年のあいだ、人々は法がよりよい世界をつくるとくり返し信頼してきた。聖職者、村の評議会、部族の首長たち、そして改革者や運動家も、道徳的秩序を確立し、争いを解決し、正義を追求するために法をたくみにつくりあげてきた。メソポタミアの王たち、中国の皇帝たち、ヒンドゥーのバラモンたちが革新的だったのは、それ自体が生命をもつ規則を生みだしたことだ。それらの法が記録されて公《おおやけ》になれば、人々は正義を求めて法に訴えることができた。筋金入りの独裁者は法典を破り捨てようとするかもしれない。だがそんなことをすれば誰かが気がつく。現在の人権法は権力の悪用を防ぐためにつくられた法的手段の最新の形であり、ときにはその目的を達成することもある。これが法の支配であり、その歴史は法そのものと同じくらい古い。

＊＊＊

法はけっして単なる規則の集まりではない。法は文明の複雑な地図をつくりだしてきた。法は純粋に具体的でもなければ実際的でもないが、その歴史をとおして法が社会的ビジョンを提示し、正義を約束し、神によって命じられた道徳的社会を築き、民主主義と人権の原則を守ってきた。たしかに法は権力の道具であったが、同じくらい人々が権力に抗う手段にもなった。しかしながら法の支配は普遍でも必然でもない。支配者のなかには法の制約に従わない者もいる。中国の皇帝たちは二〇〇〇年のあいだそうしてきた。法の支配には歴史があり、法とは何か、法は何をするのか、法はいかにして社会をよい方向に、あるいは悪い方向に導くのかを真に理解するために、わたしたちはその歴史を知る必要がある。

第一部

秩序の展望

VISIONS OF ORDER

第1章　メソポタミアと聖書の土地

紀元前二一一二年、野心的な軍事指導者であったウルナンムはメソポタミアの都市ウルで権力を掌握した。勢力をもつ冷酷な軍閥を駆逐した新王は、貧困におちいった農民、労働者、職人たちを安心させる策を導入して、社会的不平等を是正すると約束した。ウルナンムは大胆にも宣言した。「私は、（寄る辺なき）孤児を富める者に引き渡すことなく、寡婦を権力者に引き渡すことをしなかった。私は、一シュケル（所持する）人を一マケ（所持する）人に引き渡すことなく、一匹のオス羊（を所持する）人に一頭のオス牛（を所持する）人に引き渡すことはしなかった……私は、敵意や暴虐や不平を取り除き、国土に正義を確立した」[1]（『シュメール時代の法(1)ウルナンム「法典」』大江節子、二〇〇二年）

　ウルナンムは先例に倣い、みずからの立派な功績を粘土板に刻むように書記官に命じた。だが彼はそこに新しいもの、一式の規則を書き加えた。今日の観点から見れば、その規則はありふれた、補償と処罰についての実際的な指示のように映る。だがこれらは考古学者が発見した世界最古の法なのだ。この法はその後二〇〇〇年間にわたり発展してゆく法の伝統の起源にあり、さまざまな国の立法者がまったく異なる秩序の展望を描く際の手本となった。メソポタミア文明がペルシア人侵入者らによって滅びたあとも、その法の伝統は生きつづけ、現在われわれの世界を支配している法を間接的に生みだした。

　ウルナンムの法典が最初の法典だったのかどうかはわからない。前の王たちを手本にしていた可能性もある。はっきりしているのは、チグリス川とユーフラテス川に挟まれた肥沃な土地では、乾燥した気候のおかげで、石板に刻まれたり、粘土板に押しつけられたりした楔形文字で書かれた世界最古の文書の遺物が保存されたということだ。その文書は、紀元前三千年紀の時点でメソポタミアの王たちが法をつくっていた証拠を示している。

ウルナンム法典

紀元前四千年紀、肥沃な三日月地帯に灌漑が豊かさをもたらした。二つの大河に挟まれた平地に水路をつくることで、現在のイラクにあたる土地に水がいきわたり、農民は大麦や小麦を耕作できた。収穫された大麦や小麦は粉にされ、茹でられ、焼かれて、主食であるパンやビールになった。周囲の牧草地で飼われていた家畜は乳、肉、羊毛をもたらした。女たちが羊毛を紡ぎ、織って上質な衣服をつくり、そのもっとも手の込んだものは、北西へ数週間行ったところにあるアナトリアの銀と交換された。盛んな農業と好調な貿易のおかげで町は発展し、職人は陶業や金属加工の腕をあげ、繊細な装飾品や、神殿や宮殿の柱を装飾する象嵌《ぞうがん》細工の細かな模様をつくりだした。紀元前四千年紀の終わりには、都市ウルクには二万五〇〇〇人の人口があり、人々の住宅が中央の神殿の周囲に建ち、全長一〇キロメートルの壁に囲まれていた(2)。

　最初に楔形の文字を生みだしたのはおそらく神官だった。それは守護神である女神イナンナへのたくさんの貢物を記録するための手段だった。人々は、神官が神殿で執りおこなう複雑な儀式の資金にするために、各地から家畜、バター、穀物を運んできた。粘土板に尖筆《せんぴつ》を押しつけてしるしを残すというやり方はやがて商人にも採り入れられ、在庫を記録したり遠い土地からやってきた取引相手との決めごとを書き留めておいたりするのに使われた。都市の長官たちも、公共の建物を装飾した職人や都市の壁を強化した労働者への支払いを管理するのに、そのやり方が役立つと気づいた。彼らは金属加工職人、紡績工、織工、陶器職人、商人に異なる記号を割り当て、それぞれが受けとる配給を書き留めた。

　神官らは古代メソポタミアの都市で上流階級を構成したが、紀元前二九〇〇年頃、都市ラガシュのある一族が王族となり、新たな王らは自分たちが人民のために神にとりなすことができると主張した。まもなくメソポタミアのほかの都市でも、野心をもつ人間が同じことをおこなった。新たな支配者らは、その正統性を人々に認めさせるために、みずからの信仰心や功績を大げさに主張した。神殿に刻まれた立派な献納の辞のなかで、王たちは神々とその子孫の両方に呼びかけた(3)。新たな支配者たちは神殿建立や灌漑計画を記録すると同時に、正義を約束した。ラガシュで出土した紀元前二四五〇年頃の粘土製の円錐には、ウルイニムギナ王の改革の記録が刻まれていた。王は強欲な役人たちが葬儀をふくむあらゆる活動に課税して人々を苦しめていることを知り、腐敗役人たちをくびにして、減税をおこない、貧民の搾取をとめた、と書かれている。「孤児や寡婦が強者の手で苦しめられるのを、わたしはけっして許さない」と王は神々に誓った(4)。文字は王たちが正義について立派な宣言をする手段となった。

　支配者らが土地や水源の支配をめぐって争い、メソポタミアの都市はしばしば戦火に見舞われた。ウルクとラガシュが衰退するとウルの支配者が権力を握り、驚くべき王墓を残した。この軍事抗争のなかからアッカドの王サルゴンが台頭し、次々と都市を征服してかつてない規模の帝国を築いた。帝国の商人はアラビア半島や遠くインダス川沿いの商人と取引し、銅や紅玉髄《べにぎょくずい》やラピスラズリを輸入していた。大量の家畜や原料が船で運ばれた。サルゴンは政府を拡大し、多数の書記官が役所に雇われ、納税証明書を書いたり人口調査を記録したり、配給や賃金を書き留めたり、王令を刻みこんだりした。都市は成長し、職業が専門化した。再分配の仕組みがなく、困窮した貧しい人間は穀物や食べ物を借りなければならなかった。貸借のパターンが生まれ、豊かな人間が貧しい人間の財産を没収できるようになった。貧富の差を生むのはこうした慣行であり、かつてラガシュ王はそれを是正したと主張した。事実上、どの新王も負債の免責で不均衡を正そうとし、神の言葉を伝える預言者は王に対して、誰かが裁きを求めるときはつねに公正にふるまうようにと直接指示することさえした[5]。

　紀元前三千年紀の終盤、ウルナンムがウルを征服し、周囲の町を〝解放〟した。王はアッカド帝国だったほぼ全域を掌握し、徴税制度を導入し、度量衡を標準化して、人々に正義を約束した。書記官に命じてみずからの正義の計画を記録させ、続いて一式の条文を記した。これらの条文は決疑法形式（もし……ならば、（その罰は）……）を用いて、犯罪にどう対処すべきかを定めている。たとえばそのひとつに、「もし男性が（不法に）男性を監禁したならば、牢屋に入れられ、銀一五シェケルを量り与わなければならない」。つまりこれらの法は将来の関係を規制するものであり、ウルナンムがしたのは、申し立てをした人々に正義をもたらすだけでなく、永続すべき決まりを確立することだった。

　ウルナンム法典のうち三七の条文が残っている。けっして包括的ではないし、後世の規準によれば、それほど洗練されてもいない。殺人、傷害、不法監禁、さまざまな性犯罪に対する罰や贖《あがな》いが定められている。主人と性的関係をもったり悪事を働いたりした奴隷はどうなるのか。また離婚や結婚、誓いや告発、農業にかかわる争いについての規則もあった。それらは裁判官が法廷に適用可能な規則だった。だが裁判官が実際にそうしたという証拠は存在しないため、規則が実際にどのように利用されていたのかを知るのは難しい。ウルには裁判所があり、現存する粘土板には判決が記録されているが、ウルナンム法典への言及はない。おそらく法典は既存の慣行を反映していたはずだ。人々が裁判官に訴えていた問題とその解決方法である。人々が社会的また職業的関係、とりわけよく知らない人間とそうした関係を築くような複雑な社会ではどこでも、争いを解決する手段が必要になる。おそらくウルの裁判官は、慣習に従って、確立されたやり方に沿った合意に至るように人々を説得したり圧力をかけたりしたはずだ。そして王は犯罪者への刑罰を決める専門の裁判官を任命し、別の強力な役人がそれを執行したのだろう。ウルナンム王は法典を定めることによってそうした慣行を定例化しようとした、いやそれどころか新たにより公正な伝統を形づくろうとしたのだろう。だがその法典はやはり、執行する規則というよりは、原則の表明や優れた慣習の例示に近いものだった。

しかしそれは、法典が空疎な約束だったということではない。この頃には、神に認められた王は、たとえその成功が戦争や略奪や奴隷によるものであっても、人民のために正義を保証する義務があるという考えがじゅうぶんに確立されていた。法典をつくることで、ウルナンム王は不法に監禁された人や債務奴隷にされた人は誰でも解放されると約束した。王はウルの社会を新たな基盤の上に築こうとしていた。法典を誰でも見られるように公にすることで、人々が役人に責任をとらせることが容易になった。誰でも王が公布した法を引用できるようになった。それはまさに法の支配の始まりだった。

ウルナンムが最初の立法者だとすれば、彼の革新性は決疑法形式で条文をつくったことにある。以後のメソポタミアの法典はすべてそのパターンを踏襲した。現代の視点から見れば大したことではないように思える。というのも現代の法のほとんどがその形で書かれているからだ。われわれの刑法でさえ、単純に罪をおかすなと人々に説示するのではなく、犯罪に対する刑罰を具体的にあげている。これはメソポタミアで初めて考案された。最初の法典はプロパガンダの表明だったが、それは同時に、その後何世紀にもわたりくり返し採用され、さまざまな利用に供される技術を確立したのだった。ウルナンムの定めた離婚や農業の争いについての規則は重大なものには見えないが、その法形式はそれ自体の権威をもつようになった。法の規則は引用されることも誤引用されることも、支配者が誇示することも、正義を求める訴えの中心に置かれることもある。そして人間関係のあり方をよくも悪くも変化させる力をもつ。

ハンムラビ法典

紀元前二〇〇〇年頃、ウルがエラム人の侵入によって滅び、メソポタミアに統一王朝が不在となると、その後数世紀にわたりいくつかの都市国家の支配者らが同盟を結び、権力掌握を目指して争った。彼らはときに互いの領地を急襲して奴隷を連れ去ったが、たいていの人々は、農民や遊牧民、商人や神殿の役人、職人や船乗りや労働者としての生活を営んでいた。そして新たな王たちはウルナンムの先例に倣い、法典をつくった。たとえばイシンの王リピトイシュタルは紀元前一九三〇年頃に新たな法典を制定した。ウルナンム法典と同様のことがらを、より詳細に定め、後書きでリピトイシュタルは、彼の法典を順守する未来の王たちに恵みがあることを祈った。王はこの法典を永続させるつもりだった。

ほかの王たちもあとに続いた。紀元前一八〇〇年頃の練習用粘土板のかけらに、賠償金支払いに関する詳細な規則が記録されている。書記官らは技術を身につける際に手本として法を使い、不完全ではあるがその練習成果を神々に捧げた。書記官らが契約書を作成する際に使った手引きの遺物も、考古学者によって発掘されている。この頃には識字能力が広まり、メソポタミアの人々は建設業務の依頼や、家族の争いの解決、結婚や相続についての合意、農地の賃借料の決定、航海や船の使用計画や家畜の売却や抵当の決定に契約書を使っていた。手引きには役立つ言い回しの一覧があり、「に対する」「彼に対する」「彼に対する訴えがなされた」「誰も彼に対する訴えをすべきではない」など文法のバリエーションとともに示された。それを書いた人々は、用語を標準化して、商人や一般市民が取引を調整するためのさまざまな取り決めを明確にしようとした。以前の支配者たちが公布した法典と同様に、書記官らの慣行は複雑な社会に秩序をもたらすのに役立った。

この時期、アモリ人がメソポタミアに侵入した。現在のパレスチナとシリアからやってきたこの遊牧民たちはしだいにユーフラテス川の東へと移動し、地域の政治的分裂につけこみ新たな牧草地を占拠した。一部は家畜を売って町をつくり、そのもっとも大きなものが古代都市バビロンになった。紀元前一八八〇年頃、バビロニア人たちはみずからの王朝を開き、都市を要塞化し、大きな宮殿を建て、砂漠の奥地まで運河や用水路を開削した。

バビロニア市民は一世紀以上、安定かつ繁栄して安全な暮らしを享受した。しかし紀元前一七九三年、亡くなった父王の跡を継いだ若き王子ハンムラピは大きな野心を追求することを決意した。新たな王は周囲の諸王と戦略的な同盟を結び、離れた敵国の領地を襲撃した。ハンムラピは当時メソポタミア最強の軍隊をもっていたエラム人を打倒し、次にエシュヌンナを征服した。さらに南へ進軍し、繁栄する都市ラルサを併合した。最後に軍を北に向け、地域最大にしてもっとも精巧に建設された都市であり、元同盟相手のジムリリム王の国マリを攻めた。敵の抵抗を撃破したハンムラピ軍兵士たちは都の財宝を略奪し、巨大な宮殿を焼き払い、人々を奴隷にした。メソポタミアを制覇した王としてバビロンに帰還したハンムラピは新たな建設計画に着手し、都を手の込んだ宮殿や壮麗な神殿で飾った。人民へも関心を向け、新たに法典をつくり、それが末代まで地域の正義を保証すると宣言した。

ハンムラピの祖先がメソポタミアにやってきたのはほんの数世代前のことだったが、王はメソポタミアの伝統を受け継ぐ支配者を自認した。法典の前書きでハンムラピはみずからを神々の委託を受けた支配者とし、軍事的な成功は神々の取り計らいのおかげだと述べた[6]。さらには情け深く、人々に恵みを与え正義を保証するとも。実際ハンムラピはすでに何度か、これまでの王たちと同様に社会を不安定化させる不平等を是正するために負債の免責を命じていた[7]。ハンムラピは法典を背の高い石碑に刻み、領地の各所に建てて誰でも見て読めるようにすることを命じた。もっとも大きな花崗岩の石碑には、太陽神シャマシュの前に立ち、神の委託を受けている王の絵が刻まれた。絵の下の部分は繊細な楔形文字で埋められ、三〇〇近くの条文が記されている。

ハンムラピ法典は、王が厳かにこの法の効力を約束する長い後書きで締めくくられる。

> これらの判決は、王たるハンムラピが、真実と正しい秩序をもたらすために下した。［……］係争に巻き込まれその権利を剥奪されし者は、法を定めし王たる余の彫像の前に進み出で、余の石碑を読み、余の貴き詞に聞くがよい。余の記念碑がその事例を明らかにせん。その者は判決を見い出し、おのが心に安堵すべし。［……］余はハンムラピ、正義の王、シャマシュが真実を与えた者[8]。
> （『古代オリエントの法と社会』H・J・ベッカー、鈴木佳秀訳、ヨルダン社、一九八九年、一部訳者による）

条文は、ウルナンム法典の未発達な法よりもはるかに詳細で精巧だが、同じ決疑法形式を採用している。明らかに、バビロニアの社会で争いになるような問題を反映した内容だ。バビロンの富の大部分は貢物と貿易によるものだったが、依然として基本的には農耕社会であり、条文は耕作、灌漑など農業から生じる多くの問題に対処していた。また牧草地や果樹園に関する規則もいくつかある。たとえば、不注意に用水を引いて隣の畑を水浸しにしてしまった農民は、だめになった作物を賠償しなければならない。条文の多くは単純で容易に理解できる。

> ある人が、ほかの人の許可なく、その人のナツメヤシの果樹園の木を切り倒した場合、銀三〇シェケル払わなければならない。
>
> ある人が果樹園の造園のために土地を園丁に貸し与えた場合、園丁はその土地に造園し、四年間はその果樹園を育成しなければならない。五年目から果樹園の所有者は園丁と（収穫を）互いに分かたなければならない。果

樹園の所有者が最初に自分の収穫分を取ることができる。[9]

（『古代オリエントの法と社会』H・J・ベッカー、鈴木佳秀訳、ヨルダン社、一九八九年、一部訳者による）

地域の共同体では以前からこうした種類の慣行にならっていたのだろう。だがそれが書き留められたことで、人々はだまそうとする人に対する防御手段を得た。偉大な王が石碑に刻んだ法典から規則を引くことは、不注意な隣人にただ文句をいうよりもずっと説得力があったはずだ。

　この頃、農民の土地と畑は商業資産として売買したり貸借したり抵当に入れたりすることが可能になっていた。それが新たな問題を生んだ。一部の条文が、宮殿から土地を借りた人の賦役を明記している（王は都に広大な土地を所有していた）いっぽうで、別の条文は私的な借地を取り扱っている。またハンムラピ王は借金をせざるをえなかった農民に一定の保護を与えようとしていた。「ある人に利息の債務があり、神アダトがその畑を水で押し流すか洪水が畑を寸断し、また水不足のゆえに畑から穀物を収穫できなかった場合、その年は、彼は債権者に穀物を支払う必要はない。粘土板を水に湿らせて良いし、その年の利息を支払うこともない」[10]（『古代オリエントの法と社会』H・J・ベッカー、鈴木佳秀訳、ヨルダン社、一九八九年）負債の免責とともに、これらの条文は、容赦のない金貸しの要求によって基本的な食料の供給が乱されることはないと保証していた。

　多くの市民が貿易や商業に従事していたので、条文には金利や売上や負債や差し押さえや商品の保管についての決まりが多数存在した。商人は複雑な取り決めをしたり洗練された金融手段を利用したりしており、条文は相手をだまそうとする人に厳しい罰を科している。この商業活動によって生みだされる利益と税金がバビロンのインフラとすばらしい建造物にかかる費用の大部分をもたらしたが、略奪も財源になった。しかし戦争はそれ自体の問題を生みだした。法典はハンムラピの軍事攻勢が終わってまもなくつくられた。遠征で兵士は数カ月間、ときには何年間も家と家族から離れ、おそらく手軽な通信手段もなかっただろう。一組の条文が、兵士が思いがけず帰還した場合に生じる状況を扱っている。たとえば、「ある人が捕虜に取られ、その家に十分な食料がなく、その人の妻がほかの人の家に入り子供を産んだ場合に、その後先夫が帰宅すれば、妻は先夫のもとに帰らなくてはならない。ただし子供はその父（後夫）に従わなければならない」[11]家族関係と相続は同様に複雑な問題であり、条文は持参金、花嫁の財産、寡婦への補償、子供の相続について詳細に規定している。

　ハンムラピ法典は、人々が兵士、役人、医師、裁判官、商人など異なる職業に就く階層化された社会を反映している。人々は自由人、半自由人、奴隷という三つの階級に分けられ、それぞれ異なる権利と特権をもち、損害に対して異なる額の賠償金を得た。バビロニアの社会に統合された奴隷、とくに妾は独特な問題を引き起こした。奴隷と自由人のあいだの結婚は禁じられていなかったが、死亡や離婚に際して問題が生じがちで、子供の養育費が確保されるよう配慮する必要があった。「ある男の妻が彼の子供を産み、彼の奴隷妻も彼の子供を産み、父が存命中に奴隷妻の産んだ子供を『わたしの子供』と呼び、その妻の子供とともに数えていた場合、父の死後は妻の子供も奴隷妻の子供も、父の家の財産について平等に受け取ることができる。妻の子供はその分配においては最初に選択し取ることができる[12]」

ハンムラピ法典は、対面の仲裁ですべてを解決できるわけではない複雑な社会で生じる問題に対処している。裁判官への手引きとなるのはもちろん、法典は人々が属するさまざまな階級や職業を明記し、それらの人々が互いにどうつきあえるのか、どうつきあうべきなのかを定め、社会的関係の構造に骨組みを与えた。その条文は、バビロン市民たちの諸権利や義務、活動、そして社会的構造を精密に示した。

基本的な原則

それではハンムラピ法典は実際に、バビロニア人社会に平和と正義をもたらしたのだろうか？ 過去の支配者たちの例に影響を受けたのか、それとも自国の裁判官たちに諮問したのかはわからないが、どうやらハンムラピは純粋に、市民が正義を求めることを可能にする法をつくろうとしたようだ。しかし、ウルナンム法典と同様に、彼の法典も実際の訴訟事件で参照された形跡はない。訴訟における合意や取り決めの記録に法典への直接的な言及は皆無だった。実際、合意や取り決めと法典の内容との直接的な対応はほとんど見られない[13]。法典は包括的でもない。たとえば農業に関する条文数は牧畜に関する条文の数を大幅に上回っているが、牧畜は作物の耕作・収穫と同等に重要であり、おそらく同程度の争議があったはずだ。それらの争議は昔ながらの慣例による仲裁によって解決されたに違いない。条文によっては、傷害に対する賠償に一貫性がないものも、ありえないほど罰が厳しいものもある。人殺しや窃盗の虚偽の告発、貴人の子供の誘拐、不貞には死刑が命じられた[14]。身体の一部を切り落とす肉刑もあった。「子が父を殴打したときには、その手を切断されなければならない」「ある人が同じ身分の人の歯を折った場合、彼の歯も折られなければならない[15]」（『古代オリエントの法と社会』H・J・ベッカー、鈴木佳秀訳、ヨルダン社、一九八九年）だが窃盗の被害者が、ほんとうにその人の所有物だと認証する人を誰も見つけられなかったらどうするのか？　土壇場で悪意のある隣人に背かれたら？　もしバビロンの裁判官たちが、現代の裁判所に期待されるような厳格さでこれらの条文を適用していたら、極端に厳しい正義の裁きを下していたということになる。バビロンの市民はこの〝正義〟の厳しさに憤慨しなかったのだろうか？

　われわれはこの法典によって、奴隷の軍隊を率いて残酷な戦争をおこなった独裁的な王というハンムラピのイメージを強化するのではなく、人民のための正義を打ち立てるという彼の主張を真剣に受けとめるべきだ。法典はおそらく、もっとも重大だと考えられた犯罪に焦点をあてていた。極刑と明記することで、ハンムラピは誘拐や偽証を殺人や窃盗と同列に並べた。法典はバビロニア人に、窃盗の偽証をすることは、実際に窃盗をすることと同じく悪いことだと示した。なんといっても、偽証によって無実の人間が死刑になることもある。人殺しや泥棒、密売人その他の悪党が死刑になることも、たまには、いやむしろしばしばあったはずだ。軍隊が敵の都市を略奪破壊し、人々を奴隷にするような社会では、有力な役人は厳しい刑罰を執行していただろう。だが征服した人々に向けた身体的残虐行為を自国民に適用したら、バビロンは不安定になったはずだ。法典が死刑を定めたすべての犯罪で、裁判官が実際に極刑を命じたとか、ハンムラピがそれを意図していたと考えるべきではない。ハンムラピはむしろ法典を用いて、死刑を科されてもおかしくはないような行為、平和で公正な社会でもっとも抑制されるべき行為を示したと考えるべきだ。法典は過去の事件を反映して、従来いかにして正義がもたらされてきたのかをバビロンの人々に示した。だが同時に、ウルナンムの決疑法形式を借りて、未来の原則をも確立したのだ。法典は、誰もが知る正義の基本的原則を背景にして例を示し、限度を明記し、例外を定めた。

　ハンムラピは、人々がさまざまな社会階級や職業に分かれている社会で複雑な社会的関係を築くのに役立つ条文をつくった。王は法典の後書きで条文は〝判決〟、つまり実際の事例の記録だと述べている。さらに王（または王の顧問）は、特定の原則をはっきり示すための例を選んでいる。その原則のひとつはバビロン市民の三つの階級間の差異だ。ある条文一式は、医師が青銅のメスで人命を救ったとき、それが自由人の場合には銀一〇シェケル、半自由人の場合には五シェケル、奴隷の場合にはその主人から二シェケルを受けとることができると定めている。[16] これらの指示はかならずしもつねに守られたわけではない。貨幣価値の変動によって実際の条文はすぐに陳腐化した。しかし条文は三つの階級に分かれた市民の差異を象徴している。自由人は半自由人の二倍の価値があり、奴隷には半自由人の二分の一以下の価値しかない。そして奴隷は主人の所有物なので、主人が奴隷の負債に責任をもつ。別の条文群は、過失のある医師が支払うべき賠償を、階級ごとに差をつけて定めている。[17] これらの条文では、医療過誤に科される刑罰を明示することと、それが階級によって変わると示していることが同じくらい重要なのだ。つまり法典は、裁判官や仲裁者に、さまざまなケースにおいて適切な賠償の交渉を始める出発点を提供したのだろう。それらは賠償についての具体的な規則から見た、身分と等価性の原則を表したものだ。

ハンムラピ法典には、「ある人が奴隷を買い入れてから一カ月以内にその奴隷がてんかんの病にかかったら、主人は奴隷を売主に返し、支払った金銭を返還されなければならない」という条文もある。[18] これは実際の事例を反映しているはずだが、この原則がてんかんにしか適用されないとしたら奇妙だ。つまりこの条文は、一般的な原則を表している。売主は妥当な期間、奴隷の健康を保証しなければならないということだ。また医師にかかわる条文では青銅のメスを使った治療と明記されているが、もちろんそれ以外の治療法がうまくいってもこの原則は適用されたはずだ。けがを負わせた刑罰や賠償について取り扱っている条文のなかには、ある人が被害者を殴打し、故意に傷を負わせたのではないと誓えば、治療費だけを払い、多額の賠償を払わなくてもよしとするものがある。[19] この条文も重要な原則を確認している。すなわち、裁判官および仲裁者は、過失による傷害は故意の加害とくらべて軽く扱うべきだという原則だ。また別の条文では、もし羊飼いの不注意のせいで囲いのなかに病気が広がったら、その羊飼いは所有者に家畜を返還しなくてはならない、ただし感染症やライオンが原因の場合、その損失は所有者に帰するとある。[20] こうした条文は具体的で、バビロンの羊飼いらを脅かしていた捕食者まで明示し、実際の訴訟における判決を反映している。だがこれも基本的な原則を例示したものだった。過失による傷害や不可避の損害は、故意の加害や不注意による損害と区別するべきだという原則だ。ハンムラピはまず間違いなく、裁判官たちがこれらの条文を現代の法のように文字どおり適用することは意図していなかった。

実際には、ほとんどの訴訟はおそらく、役人や地方の領主や長老による仲裁や介入によって地域で解決されたはずだ。[21] 農民は、金貸しの利息が高すぎると感じたら地元の役人に訴えただろう。都市の自由人は逃亡奴隷の捕獲に政府役人の支援を求めたかもしれない。そして職人は友人や隣人を集めて、自分は不当に詐欺の告発を受けていると仲裁者を説得しようとしただろう。仲裁者は個々のケースを事実にもとづいて扱うが、ハンムラピ法典で示された一般原則を考慮に入れた。

地域の裁判所で伝統的に実践されてきた正義という背景を考慮すれば、誰でも知っていることは詳しく説明する必要はなかっただろう。殺人や傷害や窃盗が悪いことであり、犯人は賠償しなければならないということを否定する人間はいない。法がしなければならないことは、商人が矛盾する証言をしていたり、犯人がみずからの行為を故意ではないと主張したり、現行犯で捕まった窃盗犯が怒った所有者に殺されたりといった難しいケースでどうするのが最善なのかを明確にすることだ。父は子供たちに財産を残すべきなのは誰でも知っている。だが妾がいたり、自由にした奴隷とのあいだに子供がいたりしたらどうだろう。法典はもっとも難しいケースの一部を扱い、ごく基本的な原則は自明のこととしている。法典に空白や不整合が多い理由がこれで説明できる。

ハンムラピは法典の後文でみずからの法典が「優れた判断力をもち、領地に公正な方法をもたらす能力のある」支配者にインスピレーションを与えるだろうと主張した。ハンムラピが以前の王に倣ったように、後世の王たちは臣民に正義をもたらすのに彼の法典を手本とすべきである、と。そして彼は、法典を敬わない未来の王に対するおそろしい呪詛をひと続き唱えている。ハンムラピ法典は日常語で書かれ、読み書きができる人だけでなく、読みあげられたときに聞こえる範囲にいる人にも理解しやすく、だまされそうになったり虐げられそうになったりした人が引用して言い返すことができた。そして永遠に続くと考えられていた。法典はあらゆる人に正義を約束していた。ハンムラピは法の支配を約束したのだ。

メソポタミアの法

この新しい技術の可能性はすぐにメソポタミアと周辺の支配者たちに認められた。ハンムラピと後継者がバビロンを支配している時期に立法の慣習はアナトリアへと伝わり、紀元前一七世紀から一二世紀にかけて同地を支配したヒッタイトの王たちに採り入れられた。これらの王たちによる多数の法典はその後数世代にわたって複製されたが、メソポタミアの王たちのような長い前書きはなかった。[22] ハンムラピのつくった法典は地域で長年影響を保ち、大部分が彼の後継者である王たちに引き継がれ、それがまたその後の王朝に影響を与えた。紀元前一五九五年にハンムラピの王朝〔バビロン第一王朝のこと〕が滅ぶと、東からアッシリア人が侵入し、紀元前一四〇〇年頃にはバビロンに定住してみずからの国を築いた。彼らが最初にしたことのひとつが法をつくることであり、おそらく以前のメソポタミア法をまねて同じく決疑法形式を採用した。アッシリア人の帝国〔中アッシリア時代〕は紀元前九五〇年頃まで続き、その間ずっと、彼らはもとの法典を書き写しつづけた。[23] ハンムラピの文章は書記官たちが技術を身につけるための筆記の練習、あるいは法的文書の手本として使われた。初期のメソポタミアの王たちによる、法典は末永く生きつづけるという主張は、一〇〇〇年後の後継者らによって実現した。

キュロス二世（大王）率いるアケメネス朝ペルシアは、紀元前五三八年にメソポタミアに侵入した。ペルシア軍は地域の文明の大部分を一掃し、都市を滅ぼし、宮殿を焼き払い、人口のほとんどを奴隷にした。メソポタミアの王たちが互いにしていたのと同じだ。だが征服者が力だけを頼りに統治することは不可能だ。キュロスはバビロニア人に正義をもたらし、その都と建造物を再建すると約束した。王は新しい法をつくることはせず、エラム人によってペルシア西部に運び出されていた石碑から、ハンムラピ法典の複製をつくるように命じた。完成した複製はバビロン近くの図書館内に置かれた。またキュロスは王の裁判官を任命するという伝統を維持した。息子カンビュセス二世が妹との結婚を望んだとき、キュロスは裁判官らに許可を求めたが断られたと、一世紀あとのギリシア人歴史家のヘロドトスが記している。結局カンビュセスは裁判官の意見を無視して結婚したが、その権限は認めていた。

カンビュセス二世の跡を継いだダレイオス一世は立法者を自認し、自分の目的のためにメソポタミアの法形式を採り入れた。[24] ダレイオスは帝国の行政を構築するにあたり、地域の首長らの忠誠と献貢を確実にすることを考えていた。またメソポタミアのそれまでの王たちと同様に、一般市民を保護したいと思っていた。ダレイオスは、人々が彼の法をおそれれば、強者が弱者を襲うことはないと説明した。そして征服された人々にとっては彼らの伝統を守ることが必要であると知ると、明文化されていなかったエジプトの慣習を書き留めるように書記官に命じた。また彼の後継の王たちは、古代イスラエルのイェフドという地方において裁判官が地域住民にユダヤ教のトーラーを教えるように命じ、世界三大宗教法のひとつになるユダヤ法を保護した。

その間にもメソポタミアの立法の技術は遠くまで達した。ハンムラピの時代の紀元前一七七〇年代からバビロンは貿易と商業の中心となり、インド、中央アジア、ペルシア、アラビア、エジプト、アルメニア、ギリシアとの間で貿易商人やその他の人々が行き来した。商人は法形式を使う利益を評価し、法的な考えを祖国にもち帰った。紀元前七世紀から前六世紀にかけて、ギリシアのアテナイが政情不安に陥り、独裁に反乱を起こした市民たちは、将来の独裁者から身を守るために一連の法律の制定を要求した。[25] しかしアテナイの立法者ドラコンによってつくられたこの法は刑罰が苛烈で、富裕層と貧困層のあいだの緊張を緩和することはなかった。そのため人々に人気のあった指導者ソロンがよりよい法を公約した。ソロンは債務の帳消しをおこなうとともに、ドラコンの法のほぼすべてを廃止して、農民の貧困を救済し、借金問題に取り組む新たな法を制定した。その内容はとくにアテナイの問題を解決するために策定されたものではあるが、ソロンは決疑法形式を採用しており、ほぼ確実にメソポタミアの法を参考にしていた。決疑法形式は、贅沢品や装飾美術品やアルファベットとともに西方へと伝播した。(26)

後世のギリシア人は、一部の法を石版に刻んだものの熱心な立法者ではなかった。それでも自分たちの法の伝統を誇りに思っていた。一世紀半後にその伝統が、イタリア半島の小都市ローマの書記官の一団に影響を与えた。アテナイと同様の政情不安と民衆の暴動を経たローマで法の制定を任された彼らは、のちに世界でもっとも重要な法の伝統のひとつとなるものの基盤となる法を生みだした。

その頃、メソポタミアの法の伝統はまったく異なる人々に影響を及ぼしていた。現在のイスラエルとパレスチナにあたる土地で家畜を放牧していたイスラエル人の部族だ。

イスラエル

メソポタミアの諸都市の支配者らがすばらしい宮殿を建造し、入り組んだ運河系を整え、洗練された官僚制を発展させているあいだに、六〇〇マイル西の地中海東岸の草地ではさまざまな羊飼いたちが羊や山羊を飼って暮らしていた。紀元前二千年紀にそれが、いくつかの部族に分かれた。旧約聖書によればその数は一二だが、各集団が拡大したり縮小したりまとまったり消滅したりして、実際の数については諸説がある。多くが遊牧民だったが、定住して、穀物やブドウやオリーヴを耕作する畑や果樹園のそばに家を建てた部族もあった。(27)

紀元前千年紀のはじめにサウル、ダビデ、ソロモンといった王たちがあらわれてイスラエルの部族を統一するまで、その土地に支配者がいたという記録は存在しない。旧約聖書によれば、統一がなされたのはイスラエル人がモーセの導きでエジプトから脱出し、数十年間荒野をさまよったあとのことだ。この長旅の歴史的また考古学的な証拠はわずかで、初期の聖書に見られる記述はほとんどが数世紀後に書かれたものだ。出エジプトをふくめた民族の起源についての物語がその最終形に近い形で書かれたのは、おそらく王の時代になってからだった。しかしその記述には古い情報源が使われ、文書または口頭による話の再録だったのだろう。法の説明もふくめて内容の多くは、イスラエル人部族の生活様式および社会組織に起源をもっていたはずだ。(28)

トーラー、すなわちモーセ五書には、礼拝、典礼、犠牲に関しての法がふくまれている。その道徳的な教えの多くはことわざの形をとり、よいおこないをする動機を示している。「レビ記」には非常に複雑な食事規則が提示されている。「出エジプト記」ではモーセが山に登って神の教えを受け、人々に「十戒」と実務的な法をもち帰った話が出てくる[29]。十戒では、イスラエル人は唯一神を崇めなければならないということが述べられ、守るべき重要な倫理的規範が列挙される。それに続く法は人々に社会的関係について示し、とくに殺人や暴行、手に負えない家畜によるけが、窃盗、誘惑などについて部族の一員がどのように対処すべきかを規定している。農業や取引の基本形式について定めた規則もある。また別の規則では、イスラエル人が奴隷をどう扱うべきかが書かれている。実際、神はモーセに対して規則を詳しく述べる際、奴隷のことから始め、次のように命じた。「あなたが彼らの前に置くべき法は次のとおりである。あなたがヘブライ人の奴隷を買った場合、彼は六年間仕えれば、七年目には無償で自由の身として去ることができる。[……]もし主人が彼に女を与え、彼女が彼とのあいだに息子または娘を産んだなら、その女と子供たちは主人のものであり、彼は一人で去らなければならない[30]」(『聖書』聖書協会共同訳、日本聖書協会、二〇一八年)最初の一一節は、実際には債務奴隷である奴隷について述べ、次に暴行および負傷を取り上げている。

「出エジプト記」の二一ほどの法はバビロニアの法よりはるかに短い[31]。扱うのは一握りの基本的なことがらに限られ、バビロニアの法にあるような細かい区別や例外は存在しない。おそらく王の時代もその後もほとんどの争いは地域で仲裁され、エルサレムやその他の町の長老らは〝門のなか〞、すなわち町に入る門のすぐ内側の広場で裁決をしていた[32]。法は人々の慣習を貫くもっとも重要な原則の一部を包含していた。ハンムラピ法典と同様に、多くの規則は奴隷制を許容し、死刑や暴力的な報復を多用した[33]。

イスラエル人の部族の世界はバビロンとは大きく異なっていた。ハンムラピは強大な力をもつ支配者であり、読み書きができる人々、安定した官僚政治、複雑な財政、繁栄する商業が存在する社会を治めていた。いっぽうイスラエル人は紀元前一一世紀から前一〇世紀にサウルとダビデが王国を築く以前には中央集権的な国家をもたず、考古学によればその時期でさえ都市基盤はほとんど整備されていなかった。それ以前の部族の長たちは国家の首脳というより仲裁人に近かったはずだ。もめごとや争いが部族の安定を脅かすときに呼ばれて和解をとりまとめたり、部族会議を招集して遊牧民の移動や牧草地の利用について戦略的判断をおこなったりした。法に示される類いの争い、小さな喧嘩によるけが、放牧や迷子の家畜をめぐる口論、窃盗や不貞の申し立て、雄牛を野放しにする者に対する告発——そうしたことすべてが地域で、また口頭で解決された。

イスラエルの法でもメソポタミアの法と同様に決疑法形式が用いられ、その多くが同様のことがらに関するものだった。奴隷の扱いや、暴行や窃盗に科すべき罰則や、不貞や処女を誘惑した責任といったことだが、細部は異なる。たとえばイスラエルの法では襲撃や裏切りによる殺人は死刑でつぐなうとされているが、襲われて反撃したことによる殺人では、加害者は安全な場所に避難することができる。相手にけがをさせたが、のちにそのけがが治った場合、仕事を休んだ分と治療費を補償しなければならない。羊を一匹盗んだ場合は四匹の羊で、牛を一頭盗んだ場合は五頭の牛で賠償しなければならないが、盗人がまだ動物を保持している場合、盗人は、その動物ともう一匹を返せばよかった。処女を誘惑した人は婚資を支払って彼女と結婚しなければならないが、父親が拒んだ場合には婚資を支払うだけでよかった。これらはイスラエル人が遊牧する部族民だった頃の生活を形づくっていた慣習や原則だった。

トーラーの法は報復を非常に重視していた。争いの最中に人にけがをさせたときについてのよく知られた節では、「命には命を、目には目を、歯には歯を［……］やけどにはやけどを、生傷には生傷を、打ち傷には打ち傷を」と定めている。[34] 報復の原則は現代の世界では野蛮に見えるかもしれない。また、より中央集権的で都市化された社会のためにつくられたハンムラピ法典では、報復はこれほど顕著ではなかった。しかし遊牧民の部族社会では血讐のパターンが非常に多く見られた。中央アジアの大草原や北アフリカの砂漠、またチベット東部の草原では今でも報復の習わしが当然のこととされている。そうした土地では、相手の遊牧民の野営地まで馬で行って、何も知らない所有者が幕屋で眠っているすきにその牛や羊を数頭選んで連れ去っていたし、今でもそうしている。動物は農地のように固定されていない。家畜泥棒をおそれる遊牧民は、報復は迅速で厳しく、盗まれた人だけでなく親類も報復に加わるということを言いふらしておく。血讐およびその脅しは、防御の一形態でもある。部族の一員は部族長に対して無条件の忠誠を誓い、召集されればただちに仕事を投げ出して馬で駆けつけなければならない。トーラーでは、神もモーセもしばしばイスラエルの部族民の忠誠心に言及し、よそ者や敵の悪事に対しては報復してもいいしすべきだと述べる。民数記にはさまざまなイスラエル人の部族とその土地が正確に記されているが、敵であるミデヤン人の過去の悪事に報復するための戦争では全部族が団結するようにと神は命じている。そしてイスラエル人が本当に奴隷にできるのは敵だけだった。[35]

血讐の関係で形作られた社会とはいえ、見境のない報復を許すことはない。復讐はつねに釣り合いのとれたものであるべきで、それは争いがエスカレートして双方にひどい結果となるのを防ぐためだ。モーセが（神の指示で）言った「命には命を」もそういう意味だ。悪事に対してはつねに報復するべきだということではなく、報復を制限するために法がつくられた。争いが収拾のつかなくなるのを防ぐためにつくられたのだ。東アフリカ、中東、地中海沿岸など、血讐が実践されている地域には、よく考えられた調停の手続きが存在する。熟練の調停者が反目する双方のあいだをとりもち、賠償金の支払いと受け入れによる和平を実現する。人殺しには殺人償金〔殺人者が遺族に償いとして支払う金〕、けがには傷の償金が支払われる。モーセが「目には目を、歯には歯を」と告げたときに意味していたのはこのことだった。モーセが定めた等価のルールは、長年の血讐の厄介な問題を交渉で解決する出発点になる。この文脈ではイスラエルの法は完全に理にかなっており、周期的に争いが起きがちな地域における正しい和解の方法に重点が置かれている。数世紀後、イエスが「隣人を愛しなさい」と言ったとき、彼はイスラエル人のあいだの社会的ダイナミクスに劇的な変化を引き起こした。

しかしイエスが中東、そして世界に大変革をもたらす以前にも、イスラエルとユダの土地では多くの変化があった。トーラーを最初に明文化したのはおそらく、紀元前八世紀にダビデとソロモンの後継の王たちの宮廷で働いていた特別な書記官だったのだろう。その頃には人口が増え、町ができ、都市エリートのような人間が王の周囲に集まって政府の中央集権化を進めようとしていた。やがて北と南でイスラエル王国とユダ王国に分裂した。出エジプト記の法には王についての言及はないが、裁判官が適当な罰則を定めることについては記されている。つまり難しい事件の際に人々が頼りにする専門家がいたということだ。民数記と申命記で神はイスラエル人に、復讐する者から逃れてきた人々の避難所となり、そこでは適切な裁判がおこなわれる逃れの町をつくるように命じた。過って人を殺した者は報復で殺されるべきではないと定めた法を活かすためには、保護する場所が必要だった。債務奴隷についての法は出エジプト記よりも申命記のほうが詳しく、おそらくこの時代につくられたのだろう。メソポタミアと同様にイスラエルでも、社会や金銭や金貸しが中心部に集中するにしたがって借金や債務奴隷が増えていった。申命記ではイスラエル人が王を立てることについて書かれているが、この時代でも部族のやり方は存続しており、人々は古い家族集団への忠誠心をいだいていたはずだ。復讐の衝動は残っていただろうし、家族集団への忠誠を重視する集団では損害に対する賠償の基本的なパターンは維持されていたに違いない。

出エジプト記の法はこの時代に段階を経て記述され、見直され、組み合わされ、増補された。しかし最終的に現在の旧約聖書に書かれている形で明文化した際、書記官らが選んだのは、ハンムラピが石碑に刻んだ法典と驚くほどよく似た言葉と文章だった。

ある人がほかの人の子の目を潰した場合、彼の目も潰されなければならない。

彼がほかの人の骨を折った場合、彼の骨も折られなければならない。

［……］

ある人が同じ身分の人の歯を折った場合、彼の歯も折られなければならない。[36]

奴隷についての法の一部もハンムラピがつくった法に非常によく似ており、聖書学者らはより微妙な一致を指摘している。[37] イスラエル人の生活様式は都会のバビロニア人のそれとはまったく異なり、言葉は相互に理解不可能だった。紀元前千年紀のイスラエル人の大部分は、ハンムラピ法典の石碑に刻まれた楔形文字を読めなかった。それでも彼らは、メソポタミアの法の技術およびその法の中身の両方を採用した。[38] もちろん、人々が集まって住むところには必ず生じる問題がある。どの社会でも、過失による殺人にどう対処すべきか、盗難についての相矛盾する証拠をどう扱うか、強姦にどのような刑罰を科すべきかなどについて決める必要があり、異なる人々が似た解決方法を考えても驚くにはあたらない。しかしいくつかの細部はあまりに特殊であり、偶然の結果ではありえない。昔から商人や兵士は遠くまで旅をして、奴隷や妻や助手を連れていった。メソポタミアの人が新しい土地で重要な規則を口伝で引用し、ほかの人々がそれを受け入れて自分のものにしたこともあっただろう。また、イスラエル人が旅先で、何世紀にもわたって石碑や石板に複製されたハンムラピ法典を目にして、ギリシア人の立法者と同様に、そこに書かれていること、読みあげられることに影響を受けた可能性もある。どのようなからくりであれ、メソポタミアの法はいまだ部族の力学で形作られているまったく異なる社会にもちこまれ、自分たちを周囲の異邦人と差別化することに腐心していた宗教的指導者らによって採用された。

数世紀にわたり、アッシリア王がイスラエルとユダの土地を支配した。ある学説によれば、アッシリア支配下で出エジプト記を書いたのは少数の学識あるイスラエル人エリートであり、それは彼らの歴史や伝統を尊重しない支配者の横暴なやり方への抵抗でもあった。法典を編むことは征服者に対して、また同胞に対して、イスラエル人には独立した部族としての長い歴史があるということを示すひとつの方法だった。始祖の物語や口承やことわざや古い知恵、さらに部族の法や習わしも集めて、彼らは自分たちが何者であるかについての永続する記録をつくろうとした。アッシリアの支配地内を旅したイスラエル人エリートはハンムラピの法について見聞きし、自分たちの法をつくる際にそれを利用しようと考えた。神がモーセに与えた十戒を記述したときにはそれらの有名な法の一部を書き写し、自分たちの状況や習慣に合わせて簡略化したり、改良したり、適合させたりすることから始めた。[39] それはバビロンの古代文明に対する敬意のしるしであると同時に、自分たちの支配者に対する反抗の表明でもあった。

最初期の聖書の記述の大部分は長い歳月のあいだに失われ、その起源や端緒については今も学術論争が続いている。当時の、あるいはそれ以前の時代の書記官らは、長年のあいだにつくられ、変化してきた古い文書や言い伝えを集め、そこに新たな言葉や法を加えて、ハンムラピ法典に影響を受けた形式の法典を生みだしたのだろうか？　それはアッシリア王の支配下で都会の書記官がおこなったことなのだろうか？　それとも、そのさらにあと、ネブカドネザルがエルサレムを陥落させて多くのイスラエル人を捕囚として連れ去ったのちの、新バビロニア王国の支配下でイスラエル人エリートらが編纂《へんさん》したのだろうか？

イスラエル人のトーラーがいつ、誰によってつくられたのかを特定するのは非常に難しい。実際にどのように使われていたのかもわかっていない。しかしその起源は、イスラエル人が重要だと考えていた社会組織の基本的原則である、等価と正当な補償の考えにありそうだ。それらは生活および社会構造がつねに流動的でも、正義について共通の理想をもつ部族民たちにとって明確な原則だった。復讐は相応であるべきだ。過失による殺人は死によって償われるべきではない。損害は適切に賠償されるべきだ。女性と子供は敬意をもって保護されなければいけない。奴隷は適正に扱われるべきだ。法が約束したのはこうしたことであり、実際にそれを実現する一助となったかもしれない。知恵として尊重され、何世代にもわたってくり返されて、帝国の支配下でようやく学識のある書記官によって明文化された。専門の裁判官の仕事にも精通し、債務奴隷というその時代の問題に直面して、法の書き手は古くからの伝統と司法の習わしをメソポタミアの支配者たちがつくりだして普及していた法および法形式と組み合わせた。

その経緯はどうであれ、イスラエル人の法を書いた人たちは、法の技法を用いて自分たちが何者かということ、すなわち独立心が強く、部族に忠実で、祖国に誇りをもち、貧しい者を思いやり、唯一の神を信じる民だという認識を強固にした。

＊＊＊

法は正義を実現する事業として始まった。最初の立法者らは規則を書き記すと同時にみずからの功績や信仰心、公正な社会を実現するという崇高な声明を併記した。裕福な人が貧しい人を債務奴隷にできる、役人が搾取的な税を課すことができる社会では、ウルイニムギナ〔紀元前二四世紀のラガシュの王〕のようなポピュリスト支配者はみずからを改革者として売りこむ。しかし悪事を抑え、公正な賠償を定義する法をウルナンムが定めたとき、彼は未来について の約束をしていた。彼の改革と名声は永く続き、彼の言葉は神々と後世の人々を感服させるだろうということだ。

ウルナンム以降のメソポタミアの王たちは明文化された規則の力を認め、それを用いて社会を規制し、商人に将来の見通しを示し、社会問題に対処した。内容はありふれたことで、基本的な犯罪に対する罰則、損害に対する賠償、契約の規則と家族関係について具体的に定めたものだったが、法は新たな形の秩序をもたらした。商取引関係の標準形式をつくった書記官のように、王たちは階級と職業、権利と義務を定義することによって、規則と序列をつくりだした。人々やものを分類し、その関係を明記し、社会により長続きする骨組みをもたらした。メソポタミアの法の単純な決疑法形式が、誰でも参照できる客観的な基準を生みだした。

初期の法は都市生活を規制したり個々の中立人の問題に対処したりするための実用的な道具ではなかった。裁判官や調停者らが争いを仲裁するのに法は必要なかった。国王にとっても法は、増税したり犯罪を抑止したり好ましくない人間を牢屋に入れたりするためにつくったものではなかった。正義の手段として、また迫害者に対して引用できる基準としての法を必要としていたのは、普通の人々だった。ハンムラピはそれを人々に与えると言ったのだ。法典の長い後文のなかでハンムラピは、彼の法典の正義に敬意を払わぬ未来の王たちに必ず降りかかるおそろしい呪いと不幸について述べた。何行も何行もかけて、そうした王に罰を与えるように神々に祈願している。「その者の王笏が折れるように」「その者の運命が呪われるように」「その土地が飢饉と貧乏で損なわれるように」ハンムラピは全世界に対して、彼が神々の寵愛を受けた重要な支配者であるということだけでなく、彼の法が未来に及ぶ正義を請けあっているということも告げた。これはまさに法の支配だった。

実用的な序列をつくるとともに正義への道順を示すことの可能性は遠い土地の人々にも理解され、メソポタミアの法の技術はまったく異なる望みをいだく宗教指導者に採り入れられた。イスラエルの神官らはばらばらな部族をまとめてひとつの民族をつくろうとしていた。彼らの法は儀式として正しい善き生き方を規定し、権利よりも義務と責任を示すものであるが、同時にイスラエル人たちが強力な王やライバルの部族に向かってみずからとその信仰を守る方法を教えている。

メソポタミアで確立された法の決疑法形式は、ほかの土地で導入されたのちにローマ市民に採り入れられ、長い歴史をもつことになる。いっぽう、東方ではまったく独自に法の技術が生みだされた。インドのバラモンと中国の支配者らもまた世界に秩序をもたらそうとしたが、そのビジョンは根本的に異なり、つくられた法はかなり独特な形をとることになった。

第2章　インドのバラモン――宇宙の秩序

インド大平原でつくりだされた法は宗教の専門家、祭司者であるバラモンによって書かれた。彼らの使命は古いサンスクリット語で書かれた聖典ヴェーダで明らかにされた宇宙の秩序を守ることであった。ヴェーダでは権利よりも義務が規定され、そしてそれらは、世界の理想的な秩序、すなわちダルマを守るために人が果たすべき義務なのだ。ヒンドゥーの伝統では法と宗教のあいだに明確な区別は存在しない。法典ダルマ・シャーストラは、日常生活の規則を示し、人々がそのカーストに従ってどのように生きるべきかを述べ、儀式、純潔、商活動、証拠の法則について指示している。バラモンはつねに最高の法的権威であると自認し、その法は王をも導くと主張した。彼らは数世紀にわたって有力支配者の保護と支援を当てにしていたが、少なくとも理論上は、善きヒンドゥーの王はバラモンの法を順守するべきとされていた。王は法を施行することはできるが、法をつくることはできない。

バラモンが最初の法文書を記したのは二世紀のことだったが、その規則と原則はそれより一〇〇〇年以上前のヴェーダの起源にまでさかのぼる伝統に根ざしている。祭式を専門に執り行う人々が口承文献や知識の集成をつくりあげ、世代を超えてそれを受け継いできた。

南アジア最初の偉大な文明社会であるハラッパーは、アーリア人がインド北部に侵入してきた頃にはすでに衰退していた。好戦的なこの騎馬民族についての論争は数十年間続いたが、彼らの馬から起源は中央アジアだと考えられている。アーリア人は紀元前一五〇〇年から前一三〇〇年のあいだにガンジス平原に入り、先住民を周囲の森林や沼地に追いやった。[1] アーリア人は戦闘を好み、ほかの民族の家畜を盗んだ。ラージャと呼ばれた首長は国の元首というより軍司令官に近かった。二輪戦車で移動し、弓矢を使い、酒を飲み、襲撃の遠征に出かけた。[2] アーリア人は家畜と畜産物から栄養と生活用品を得るいっぽうで、銀、金、銅、青銅を利用して装飾品や祭祀の用具や武器をつくっていた。

ラージャは壮大な式典で贈り物を配った。式典ではしばしば凝ったやり方で生贄が捧げられた。直接神から恩寵を受けて神聖な権威を有すると主張したメソポタミアの王たちとは異なり、アーリア人の支配者らはそうした供犠を執り行う司祭階級を後援した。彼らはもとは預言者や神託を伝える神官だったか、それとも悪霊を鎮《しず》める力をもつと称した放浪のシャーマンであったかもしれないし、戦の武運や雨季の豊かな降雨を祈る司祭だったのかもしれない。起源は何であれ、彼らは人々にものごとには正しいやり方があるという考えをいだかせた。来世の話をしたり、自然災害の脅威に対処すると請け合ったりしたのだろう。ラージャの後ろ盾を得た司祭たちはマントラや祈禱の集成をつくりあげ、それらは瞑想によってもっとも博学な者である自分たちに与えられたとして、口承で伝えた。これらがヴェーダの始まりだった。

紀元前一〇〇〇年頃になると、アーリア人は東方のガンジス川、ヤムナー川に挟まれた沼地と季節風林から成るドアーブ地方に進出した。ここで彼らは新たな鉄器を使って耕せる土地を得て、多くが農耕民になった。彼らは米を育て、灌漑の技術を発達させた。農業の成功によって余剰が生まれれば、一部の階級が富を蓄えることが可能になり、彼らが全体の支配者や庇護者となる。アーリア人にもそれが起きた。かつては毎年賽《さい》の目によって各自に割り振られていた共同の牧草地が土地を所有する形に取って代わり、それは集められたり、貸し出されたり、売買されたりした。後世の文献には、一〇〇エーカーの土地、五〇〇本の鋤、四万頭の牛を有する農園も登場する。[3] 誇張された数字かもしれないが、それでも小農地とは明らかに違う。族長たちは余剰の家畜や米やギー［インド発祥とされる澄ましバター］を蓄積し、成功した農民は商売をおこない、繊細な花柄や幾何柄の高級陶器を購入した。

アーリア人はやがて町や都市をつくり、それらは都市文明の特徴を備えていった。依然として大部分は農村文化だったが、兵士、商人、店員、職人、象や馬の調教師、〝ラージャ（王）〟の祭式の舞台主任など専門の職業人もいた。商人のネットワークはおそらく、西はバビロン、南は現在のスリランカまで広がっていた。商業には貨幣制度、銀行、識字能力がつきものだ。一〇〇〇年前のメソポタミアと同様に、商取引の複雑さが文書記録の発達を促した。最初は経理目的で使われた記号という形で、やがて紀元前六世紀頃には文字で、記録を残したり、メッセージを送ったり、契約書をつくったりするようになった。

都市を統治する支配者は富み栄え、都市にはさまざまな地方から人々が流れこんできた。ラージャたちは富を築き、大勢の召使をかかえ、複数の妻をめとり、軍司令官、戦車の御者、吟遊詩人、肉屋、料理人、さらに戦でラージャと同じ戦車に乗りこみその身を守るためにマントラを唱えるプローヒタ（宮廷祭司）を雇い入れた。[4] ラージャたちはいまや地域の氏族の長ではなく、境界が引かれた領地の王となり、その地位を息子に継承させた。ラージャがいなければ人々は活力を失い無政府状態に陥るというのが彼らの言い分だった。しかし新たな王を正統とするのは祭司の役割だった。王は祭司による承認を必要とした。

アーリア人の社会はしだいに階層化していった。兵士のほうが農民より上だという古くからの優越感がいまや固定化され、クシャトリヤ（ラージャおよび有力者）、ヴァイシャ（農民、商人、職人）、その他に分かれた階級となった。ラージャの氏族の成員は、古い王の地位を保ち、自分たちはほかの誰よりも上だと考えていただろう。成功した農民や商人は召使を雇い、雇われた人たちはシュードラという下層階級を形成した。シュードラには土地をもたない農民、賃金労働者、奴隷もふくまれた。奴隷には征服された先住民と債務奴隷がいた。

社会の階層化が進むと、祭司は生贄の残った肉を食べられるのは自分たちだけだと主張し、シュードラを祭式から完全に締め出した。彼らは徐々に世襲の階級を構成し、みずからを〝バラモン〟、祭式の効験の秘密を知り、ヴェーダの知恵を守る者と称した。この知恵というのはおもに、普通の人々には理解できない古いサンスクリット語のマントラと祈禱のことだ。もっとも手の込んだ祭式は長い儀式となった。ラージャはそれに莫大な資源を費やし、みずからの権力とその正統性を誇示した。

やがて階級は祭式の浄性によるヒエラルキーを形成した。上からエリートのバラモン、クシャトリヤ、ヴァイシャ、そしてもっとも不浄とされたシュードラだ。これらが四つのヴァルナ（種姓）であり、ヴェーダの知恵ではそれぞれ異なる特徴をもつ人体の各部に喩《たと》えて説明される。実際にこうした区別は、さまざまな民族的出自をもつ人々やさまざまな職業に就いている人々といった異質な人々の集団を、ひとつの社会的祭式構造に組み入れることを可能にした。これが現在まで続くインドのカースト制度の土台になった。

紀元前五〇〇年頃のこの時期は、〝インド文化の形成期〟として知られている(5)。マントラやスートラ（祭式のやり方を記した綱要書）の知恵を口伝で継承していたバラモンは、ますます精巧かつ難解になるそれらを記述して文書にした。それらが合わさって四ヴェーダ聖典となり、それに供犠の解釈書であるブラーフマナ、難解な哲学論文のウパニシャッドが加わった。バラモンの関心の中心は祭式の正しさであり、日常生活の行動の規則、まして政治や行政ではなかったが、それでも彼らは普通の人々に祭式の秩序の感覚をもたらした。バラモンらは、全生命は神秘的な不変の法、ダルマによって支配されており、人々は宇宙の調和を保つためにダルマをおこなわなければならないという考えを広めた。ダルマは倫理的行動、社会的行為、司法手続きの基準を教える。いずれダルマの義務はヒンドゥー法を構成する文書であるダルマ・シャーストラで説明されることになる。[6]

バラモンに訪れた危機

紀元前六世紀半ばには、ガンジス平原に小さな国家が生まれ、もっとも力をもつラージャらは都市を要塞化しはじめた。[7] 都市経済は成長し、硬貨が広まって、支配者は度量衡を統一し、陶工は新技術を採り入れた。稲作が拡大したことで人口が増え、新しい土地を探して移動する小集団もあった。バラモンが司るヴァルナのシステムはいまや平原の都市にも及び、次第に周辺に広がっていった。

祭式の秩序の守護者としての地位を保ちながら、バラモンの一部は多大な富と威光を手に入れた。ところが紀元前五世紀に都市中心部に多くの改革者があらわれ、バラモンの支配に異を唱えはじめた。[8] ゴータマ・ブッダはジャイナ教の教祖であるマハーヴィーラとともに、バラモンに対しいっせいに反発した。彼らは正統派バラモンの祭式や供犠に背を向け、より簡素な宗教的実践、非暴力的原則、祭式の清浄さを目指した。ジャイナ教は極端な禁欲主義を説き、ブッダは〝中庸〟を説いて日常の倫理的な行動と救済への道を強調した。不可避の苦しみをのがれられると約束するブッダの道は、地位にかかわらず誰でも同じだった。仏教とジャイナ教は、目指す倫理的、宗教的実践では異なっていたが、どちらもヴァルナの階層システムには反対した。

その後数世紀、さまざまな支配者が権力を求めて争い、さまざまな宗教を後援した。バラモン教、仏教、ジャイナ教はしだいに独自の集団に分かれ、そのいずれかの宗教がインドで優勢となる法をつくってもおかしくなかった。実際、現在のビハール州にあたるマガダ国の支配者は近隣国に宣戦布告をし、武装二輪戦車や投石器を使って広大な領土を併合した。次に勃興したナンダ朝の創始者マハーバドマは、当時インド北西部に侵出していたギリシア人によれば二〇万の兵士、二万の騎兵、二〇〇〇の二輪戦車、三〇〇〇の象を擁する軍隊をもち、インド北部の大部分を支配下に置いた。たとえギリシア人の話が誇張であっても、マハーバドマの支配が広域に及んだのはたしかだ。だがその息子たちは、西方でアレクサンドロスの退却軍の前哨部隊に攻勢をかけたチャンドラグプタによって滅ぼされた。チャンドラグプタは紀元前三二〇年にマガダ国の王位に就き、インド北部一帯を征服してマウリヤ朝を開き、その帝国は一五〇年間続いた。

大規模な帝国を治めるため、マウリヤ朝の支配者らは新たな統治テクニックを必要とした。そこでチャンドラグプタの宰相《さいしょう》カウティリヤは国政術の助言をまとめた。[9] これを土台に編纂されたアルタ・シャーストラ（実利論）は、宰相が王に、いかにして権力を増強し、敵の力を弱め、帝国の繁栄を維持するかを助言するという新たな形式をとっている。カウティリヤは王に対して増税するように進言するいっぽうで、支配者は人民の福祉に気を配るべきだと考え、司法手続きについての指針を与え、専業の裁判官や、証人と証拠に関する規則の必要性を提言した。アルタ・シャーストラは当初は書き留められなかったものの、後世の法文書に影響を与えた(10)。メソポタミアの王たちと同様に、マウリヤ朝の支配者たちもみずからの征服を記録するために石板や石柱に碑文を彫らせた。だがもっとも有名な王、紀元前二六八年頃に即位したアショーカ王は、あらゆる戦いを放棄すると宣言した。アショーカは新たな方針を支持するよう大臣たちを説得し、人々に対して肉食を避けて異邦人にも善行を施すようにと説く石柱を帝国の各地に建てさせた。のちに、仏教徒はアショーカを仏教の偉大な庇護者である王だと称えたが、アショーカはバラモンも保護している。しかし彼が動物の供犠を禁じたことで、バラモンの地位は脅かされた。なんといってもバラモンは王のための重要な供犠である馬祀祭を取り仕切っていた(11)。アショーカはまた仏教の実践者らを促して増えつづける仏教徒を収容する僧院を設立させた。そうした僧院には人々も資源も集まった。

この時点でもいずれの宗教が優勢になるかは定かではなく、法規を書いた宗教はまだなかった。紀元前一八五年、マウリヤ朝の最後の王が閲兵式で部下の将軍に暗殺されると、権力はふたたび移行し、新王朝が興った。クシャーナ朝の王たちは、キリストの生誕と同じ頃、インド北部を支配し、中央アジアからガンジス川までの版図を誇る帝国を築いた。その保護下で商業、芸術、上位文化が発展し、貿易ネットワークは海の向こうに広がった。異なる地域出身の人々が文化的思考や工芸品を交換し、新たな美術技法がペルシアから伝わった。インドの文学者たちが、英雄時代の物語をふくむ偉大な叙事詩『ラーマーヤナ』および『マハーバーラタ』をまとめたのもこの頃のことだ。彼らは世俗的な詩や戯作も盛んにつくり、王の宮廷で厚遇された(12)。しかしマウリヤ朝の王たちと同じく非アーリア人であったクシャーナ朝の王たちはバラモン教と距離を置き、より門戸の広い教えと儀式をもつ仏教を保護することを選んだ。それがバラモンに危機感を与え、一部のバラモンは自分たちの知識をまとめて新たな文書を書き記した(13)。彼らは明らかにバラモン中心の、ヴァルナの重要性をあらためて強調するダルマ理論をつくりだした。イスラエルの司祭たちのように、彼らも祭儀から生活全般に指導を広げ、人々が何を食べるべきか、誰と結婚できるかといったことを盛りこんだ。これが彼らの法の始まりだった。

マヌ法典

それまで自分たちの小さな学びのグループで固まり、都市の中心部で起きた新たな改革や万人救済論の仏教の教えに懐疑的だったバラモンの学者らが力を合わせはじめた。独自の解釈のダルマを発展させ、知恵と祭式の体系を構築することによって、あらゆるヒンドゥー〔「インダス川の流域の人々」の意、のちに「インド人」を意味するようになった〕が同じ原則に従って生き、同じ規則を守るという意識をつくりだした。学者らは、現在「ヒンドゥー教」として知られる宗教の土台を築いた。ヒンドゥー教は共通する神々や祭式の技術を中心とし、古いサンスクリット語の文献への崇敬をもつ、かなり多様な信仰と実践一式だ。バラモンらはさらに、新たな様式の祭儀書である「ダルマ・スートラ(法律教)」をまとめた。[14] これらの文献では警句や短くしばしば謎めいた格言が使われ、ダルマの意義と哲学が示されるとともに、正義感と正しいおこないが述べられている。

スートラは個人に対して祭式上正しい生活を送る方法を提示した。たとえば供犠が廃れて異端が目立つ土地に旅をした人は不浄となり、浄化の必要がある。スートラにはまた、エリートであるバラモン自身の日常の生活指導も書かれている。若い男はその成長期には学生として過ごし、ヴェーダや正しい祭式の意味と実践、正しいおこないの規則および原則を学ぶ。そして結婚して家庭をもつと、拡大家族や側近に対して多岐にわたる儀式や日常の責任を引き受け、それに伴う業務上の義務を負う。人生が終わりに近づくとバラモンは俗世を離れて隠居し、最終的には放浪する苦行者として生きる。もちろん実際にはバラモン全員が洞窟に移ったわけではなく、文献は理想像を描いたものだ。スートラは古いヴェーダに起源をもつとされ、時代を超えた権威を感じさせる。実のところスートラは、高い倫理観に基づいて上流階級の慣習を再記述したもので、その後何世紀にもわたってインド社会を特色づけるイデオロギーをつくりだした。[15]

新たな文献はおもに祭式について書かれていたが、政治や支配階級であるクシャトリヤの役割についても言及していた。それによれば、王の義務は、敵や社会秩序を乱す者や社会の〝トゲ〟から人民を保護することだ。バラモンは悪いおこないに対する正しい償いを規定することはできるが、犯罪者が罰せられるようにするのは王の務めだ。そしておそらく二世紀の終わり近くに、自信に満ちた学者が単独またはグループで、「創造主」本人からの知恵をまとめた文献を書くことにした。創造神ブラフマンの息子であるマヌが著したとされるマヌ法典は、最初のダルマ・シャーストラだ。スートラは学者の仕事で、現代の弁護士向けの教科書のようなものだったが、シャーストラは具体的な規則を定めた。そこに包含されていたのは法であり、法の規則の形をとったヴェーダの知恵だった。

マヌ法典は、これが不滅のものであるブラフマンの生みだしたものだと宣している。二行の二六八四詩句から成り、その教えは日常生活の規則として示された[16]。スートラよりはるかに具体的ではあるが、スートラと同様に上流階級に対しての規則が主だ。前半ではバラモンのふるまいの義務を定めている。バラモンが幼児期から、学生、夫、親になり、そして最後に選んで行者となる各ステージにおけるふるまいだ。学びと祭式と浄性の人生を生きるにはどうするべきかを示しているのだ。その次に書かれているのは王侯、つまりクシャトリヤ階級の規則だ。王にはバラモンを支え人民を保護する義務があるとして、論争への対応の仕方、さまざまな犯罪に対する適切な刑罰や司法手続きの決まりについて長文を費やし、ある程度詳細に述べている。ヴァイシャのふるまいについて書かれた部分はほんの少しで、おもに勤勉を心掛け、それぞれの職業をしっかり学ぶこととされている。シュードラについての規則はさらに少なく、その務めはただバラモンに仕えることだ。彼らは来世でよりよい地位に生まれかわることを願うべきだとされている。

法典で何よりも強調されているのは、カースト、家族、住期（アーシュラマ）によって決まる個人の行動であり、権利の定義ではなく義務の規定だ[17]。個人は社会的な関係や責任の網のなかに生まれるという事実が反映され、強調されている。バラモンの若者は教師に対しては恩義、父親に対しては息子としての務め、神々に対しては供犠をおこなう義務を負う。そして人生が進むにつれて、ビジネスパートナーとして、財産の所有者として、抵当権者として、同業者集団の一員として、夫として、また父親として、さらに多くの役割を引き受ける。地位や役割によってその義務は異なる。何よりも法典ではバラモンの家とその家長の役割、とくに死や離婚の際の役割を強調している。法典は、食事や入浴や睡眠や結婚、セックスをすることや商売をすること、また学生であることなど、あらゆることに正しいやり方があるという意識を生みだす。

法の規定、つまり一般的な行動の規則が、より一般的な知恵や実例を述べた文章のなかに存在する。マヌ法典のもっとも厳密な法的箇所は王の訴訟に臨む心得を記したところだ。一八の主題に分けて、どのように処罰を下すべきか、通商を規制すべきか、結婚その他家族関係の紛争を解決すべきかなどの規則が書かれている。最初の八つの主題は負債の不払い、売買契約、共同事業の形式、適正な賃金、団体や会社の規則を実施することなど商売に関係がある。二つは牧畜や村の財産の統合で生じるような種類の紛争を扱っている。六つは暴行、窃盗、侮辱、姦淫など、現代のわれわれが犯罪と考えるようなことを記述している。さらに結婚、相続、賭博についてのセクションもある。主題そのものに驚きはなく、およそ一〇〇〇年前にハンムラピがバビロニア人のための法を定めた際に考えていたものと大差はない。どちらも都市化された社会であり、通商、財産、家族関係からもめごとが生じ、人々は自分の利益のために争った。

マヌ法典の記述は、争われている負債をどのように扱うか、どのように利息を決めるか、担保や保証人はどのように設定し、実行するのか、協同はどのように管理すべきか、境界をめぐる紛争はどう解決すべきか、裁判官は窃盗犯をどう扱うべきかなどについて、きわめて具体的な規則を設けている。[18] 一部は決疑法形式で、たとえば「利益とともに抵当が提供された場合、債権者はその融資についていっさい利子を受け取ってはならない」というものがある。しかし作者は、それが誰であれ、概して命令形で規則を記している。このセクションはさらに続く。「債権者は無理やり抵当を利用してはならない。そうすれば、債権者は利子を失う」[19] 法典のほかの部分と同様に、記述は権利ではなく義務に集中している。

マウリヤ朝とクシャーナ朝の頃、紛争の大部分は地域の話し合いや総意によって解決されたが、マヌ法典はより困難な紛争をかかえた人々が王の裁判所で従うべき正式な手続きを説明している。マウリヤ朝の王たちはすでに人民の福祉を保護する措置を導入しており、裁判所も設置していたはずだ。[20] 四、五世紀になると司法の実践は公式かつ規則に縛られたものになり、申立人は同業者集団や地域共同体の裁判所から王の裁判所に上訴できるようになった。[21] そこでは各当事者がアルタ・シャーストラの伝統までさかのぼれる規則に従って自分の言い分を主張しなければならなかった。[22] それは明らかに敵対的な手続きだった。後世のヒンドゥー評論家が言ったとおり、「司法手続きでは一方が勝てばもう一方は負ける」[23]。その背景に、王はダルマ・シャーストラに示されているダルマの優れた法を適用して、何が正当で的確かを決定しなければならないという考えがある。

ダルマ・シャーストラ

マヌ法典の作者のバラモンらは明らかに、自分たちの社会的また祭式上の特権を守り、インド社会の階級の頂点における王と司祭者の特別な関係を強調したがっていた。その意図は、同時代の著述家が述べたように、バラモンに真のバラモンとしてのふるまいを教え、王に真の王としてのふるまいを教えることだった。バラモンはヴェーダの教えと徳に尽くし、王はバラモンと人民を公正に治めることに尽くす。[24] 多くの宗教が競い合っていたインド北部で、バラモンは自分たちがより高次で永遠の真理を知っていると主張し、それを王侯に解説し、不確実な事例では何が法かを言明した。王と官僚は法を施行し、つくることはしない。ダルマの従者なのだ。

クシャーナ朝の王たちは仏教を保護し、カニシュカ王(在位一二七－一五〇年頃)は領土内各地に仏舎利塔を建立した。しかし一五〇年、クシャーナ朝の南の土地を支配したシャカ王朝のルドラダーマン王は、バラモンの知恵に帰依することを正式に決めた。王は自分が文法、音楽、シャーストラ、論理に精通し、優れた剣士、拳闘家、馬術家、戦車乗り、象の騎手、詩人であると誇り、大きな石に彼の功績を記録する詩を彫るようにと命じた。彼は碑文をサンスクリット語で刻ませた[25]。これによって、古い祭式の言葉であり、バラモンの独占したサンスクリット語が王権のシンボルかつ表現様式となった。まもなく、インド中の支配者がこれに倣い、この複雑な雅語でみずからの考えを述べることに腐心した。サンスクリット語は公正な統治をおこなうことのできる、善き王のしるしとなった[26]。同時にそれはバラモンの権威を再確認することにもなった。バラモンたちは熱心に新たな文献の執筆や収集および注釈に取り組んだ。

研究者らは、少なくとも一〇〇のダルマ・シャーストラがつくられたと考えているが、残ったのは一〇だけだった。歴史学者にとってはあいにくなことに、熱帯にあるインドの気候では布やヤシの葉に書かれたもの、さらには銅版に書かれたものでさえ、すぐに劣化する。残るのは、もっとも人気が高く、何世紀にもわたってくり返し写され、書き直されてきたものだけだ。しかし八、九世紀以降、学者らは古い文献の解釈をおこない、彼らが最重要と見なす文献の要約をしはじめ、それらが伝統とその教えの保存に役立った。おそらく中世のインドの王たちがそうした編纂物を注文し、資金を出したのだろう。一〇世紀からイスラムの征服者がインドに進出してきたこともヒンドゥーの学者らに自分たちの古い法の伝統を整理、宣伝するさらなる動機を与えた。

バラモンは、ダルマ・シャーストラの作者また解釈者として、強力なヒンドゥーの王たちに対して祭式の権威を主張できた。しかしインドは一六世紀にムガル帝国が出現するまで政治的統一はされず、王のなかにはバラモンが自由に権威を行使することを嫌がる者もいた[27]。そこでバラモンの一部は遠方で後援者を見つけた。グプタ朝が北部の大部分を支配していた四世紀頃から、多くのバラモンが祭式と法を携え、国境を越えて南へと進出した。六世紀には新天地を求める職人らとともに、現在のカリカットを含む西海岸の豊かな地域ケーララへと移り、地元の支配者に新しい考えを売りこんだ。土地の王や有力な氏族長は、バラモンの凝った祭式、その崇める神々の資質、ダルマの規則に従う人生から得られる恩恵に感心したに違いない。おそらく、この名高い司祭者らを後援することによってみずからの地位を高められるとも期待した。バラモンは土地の人々と支配者をヒンドゥーの祭式と信仰に改宗させて、宗教的権威としての地位を確立し、寺院を建て、大きな富を築いた。

六世紀後半にグプタ朝が崩壊すると、勢いのあるムスリム支配者が多数インド北部に侵入し、一連のスルタン朝〔スルタンの領土〕を樹立した。しかしその大部分は忠誠と引き換えにヒンドゥーの王たちに引き続き権威をもたせ、その領地と人民を統治させた。信心深い王たちは引き続きバラモンの権威とダルマ・シャーストラの文献および伝統の導きを尊んだ。

ダルマ・シャーストラの規則は範囲が限られていたが、後世の学者らは土地の支配者、同業者集団、評議会とともに、社会の規制と司法手続きのためのより詳細な規則を考案した。その際、司法手続きや負債がどのように証明されるかといったことはシャーストラの規則が踏襲された。規則ではもともと、さまざまな書類の価値が明記され、訴訟で誰が証人として召喚されるか、証拠はどのように評価されるか、裁判官はいつどのようにして誓約や神判を使うか、偽証に対してどのような刑罰を科すかといったことが明記されていた[28]。

ダルマ・シャーストラによれば、バラモンが法を定め、王がそれを施行する。実際には、支配者の多くは何よりもまず権力を保持し、敵に対抗して安定した経済基盤を築き、そこから税と賦役を確保することを重視していたはずだ。より強く、戦好きで、容赦のない王たちはおそらく、バラモンの意見にかかわらず、権威主義的な命令を下し、それに反する者は誰でも罰するようにと役人に命じた。それでもヒンドゥーの王たちはほぼ例外なく、編纂させた年代記や、石や柱に彫らせた碑文では、自分は土地の法を広く行き渡らせ、申し立てには耳を傾け、ダルマの要件に従って紛争を解決したと主張した。

訴訟記録はほとんど残っていないが、中世の物語や詩に王が紛争を解決する様子が描写されている。実際には文献や法の解釈の難解な点について、王たちはバラモンの評議会である「ヨーガム」に諮ることが可能であり、しばしばそうしていた。一六世紀のカリカットはザモリンによって統治されていたが、地元のバラモンはヨーガムを組織していた[29]。ヨーガムは大きな法的争いを裁き、もっとも重大な犯罪の告発を聞き、その決定や判決をザモリンにゆだね、刑罰を執行させる。こういうやり方でバラモンは、法の伝統の保護者としての地位を保ち、古い文献を解釈してその考えを新たな文脈に適合させる役割を担った。バラモンは何が法であるかを定め、支配者にはそれを施行する責任がある。ダルマ・シャーストラで定められているとおりに。

数世紀にわたり、インド各地のバラモンの評議会は地域の規則を運用し、その意味を新たな文献や解釈書のなかで説明してきた。たとえば一八世紀のケーララでは性的不品行に特別な懸念が示され、バラモンが王に対して不倫の申し立ての取り扱い方を詳細に指示するということもあった(30)。それによれば、妻の不倫を疑う夫は、王に直接申し立てをして「ダルマを守り保つ」ように嘆願しなければならない。調査は法典の専門家であるまた別のバラモンによっておこなわれる。調査官は四人、ときには原告の代理人が専門家に説明する。調査する専門家は王の代理のバラモンとともに原告の家に行き、壁の裏に隠れる。壁の裏から被告人の妻を尋問する。王の代理のバラモンは頭にヴェールをかぶり、黙って尋問を聞いて、専門家が間違ったときにヴェールを落とす。調査が終わったら、専門家は王に報告することになっている。そのあいだも王の代理のバラモンは手続きを監視し、非難すべきことがあればヴェールで意思表示する。ダルマ・シャーストラの文献のなかに書かれていたこのプロセスは一見、非現実的なほど入念に思えるが、バラモンが中心にいることははっきりしている。ダルマの役割は、申し立ての深刻さ、そして申し立てられた犯罪や正義の道を悪用しようとすることの道徳的宗教的影響をすべての人々に思い知らせるように働く。これがヒンドゥー教の、性的不品行を裁くという普遍的な問題に対する答えだった。

植民地時代になってもしばらくのあいだ、ヒンドゥーの王たちはバラモンの助言とダルマ・シャーストラで定められた司法手続きに従った。たとえば一八世紀、現在のビハールにあたるミティラで金持ち二人がある奴隷とその子供の所有権を主張した。この一件は土地のラージャであるマードゥー・シンフの開く法廷にもちこまれたが、裁判官たちは訴訟がどのように提起されるか、それが却下されうる可能性、さらには休廷と証拠集めに費やされる時間などについて、たびたびダルマ・シャーストラの文献を参照した。別の奴隷が原告のために提供した証拠と、被告人が実際に所有しているという証拠のどちらが強いかを、どのように判断するのかを説明するためにシャーストラを引いた。結局、訴訟記録に書記官が記したとおり、裁判所は躊躇なく申し立てを却下し、慎重にダルマ・シャーストラの指南に従い報告書を作成した(31)。

バラモンの支配

王とバラモンと地元の人々の関係はすべて、地域の力学と、特定の一族や個人の相対的な力次第だ。多くの場合、バラモンは裁判官としてふるまい、殺人、窃盗、放火、あるいは宗教犯罪の訴訟の審理をする。ときには有力なバラモンの一族が法と秩序維持に直接の責任を引き受けることもあった。一二世紀、マールワール（現在のラージャスターンのジョードプルにあたる）出身の強力なマハラジャが領地の八つの地域からバラモンのグループと、地域の銀行家や商人を集め、吟遊詩人、弁士、王の門番、巡礼者、物品運送業者が被害を受けた窃盗の捜査を命じた。これは王が自分の側近を保護しようとする取り組みのようで、王は彼らの仕事に対して必要な資金を提供した。バラモンは地元の評議会にそれらの事件を捜査させることに同意し、「地域の慣習に従って」おこなうと言った。同意書によれば、しくじれば彼らは「犬のように死ぬ[32]」。実際に多くのバラモンは王よりもうまく法と秩序を実現することができた。もっとも犯罪者を捜査し、特定して、罰するためには地域で力をもつ一族や同業者集団に頼らなければならなかった。

地域のラージャの後援を受けたバラモンのなかには有力な地主になる者も出てきた。ケーララでは、一部のバラモンはインド西岸のマラバル地方に定住した。長い山脈によって亜大陸のその他の地域と分離され、特徴的な伝統を発展させた地域だ。一六世紀には、カリカットのヒンドゥー領主ザモリンが、地域の下位のラージャらとともに海洋貿易に力を入れ、やってきたポルトガルやオランダの商人たちは沿岸部の町に住みついた。バラモンはダルマ・シャーストラやその他の文献の写本を持ちこみ、後代の学者たちはそれを研究して現地の言葉に翻訳した。そうした写本には、たとえば地域の結婚の慣習を是認するなど地域の規則や慣習が書き加えられることもあり、人々はしだいにそうした混成の文献を自分たちの法と見なすようになった。

マラバル地方の南部では、バラモンのヴァンジェリ家が、ほぼ自治状態の土地を実質支配しており、そこには彼らが管理人を務める重要なシヴァ寺院があった[33]。支配者らは人々に、祭式の慣習だけでなく、法的取引（とりわけ土地の売買や抵当に関するもの）や商業会計でも標準形式に従うように求めた[34]。それらの形式の多くにダルマ・シャーストラの言葉と密接に関係する語句や用語が使われていた。たとえば、資金を調達するときには、シャーストラの文献に書かれている種類の抵当を利用することで、土地だけでなくその生産物も担保として差し出すことができた。生産物には米、ココナッツ、マンゴー、ギー、コショウ、さらには小作人が支払う予定の税が含まれた。土地が売れると、関係者は水をこぼして取引の印とした。古い文献に出てくる贈答の合図でもあり、土地販売の禁止を避ける方法でもあった。このように、ダルマ・シャーストラに由来する法形式が地域に広まった。しかしバラモンが人々に地元の慣習について教えてくれるよう頼むこともあった。たとえば、畑や庭や家や家畜の適正な値段のつけ方といったことだ。さらにバラモンは地域の犯罪を捜査し解決する責任を引き受けていた。ある事件では、ヴァンジェリ家の長がザモリンから許可を受けて評議会を開き、地元の法に従って殺人の容疑者を裁いた。しかし通常はダルマ・シャーストラで定められているとおり、犯罪者をラージャに引き渡して処罰させた。

このようにして、バラモンの影響、祭式の務めや浄性についての彼らの考え、ダルマ・シャーストラに規定された法形式、文献で構想されているヒエラルキー全体が、司祭者を通して日々の現実に浸透していった。バラモンはおもに人々が土地取引や訴訟を起こす形式を指定することによって、ダルマ・シャーストラの解釈と地域の不文律の実行を統制した。規則や慣例やダルマの行為（宗教的な寄付）、王令を指すのにシャーストラで使われていた用語は、地域の法や文献に取り入れられることになった。

シバージー

バラモンのなかには、宮廷で世俗の生活を楽しむ者もあり、後援者である王たちを褒め称える長い賛辞を発表した。それらは王の輝かしい祖先やめでたい結婚や戦場における英雄的な手柄を詳述するものだった。しかしすべてのバラモンが富を追求したわけではない。飾り立てた詩とは対照的に、バラモンの多くはさらに禁欲主義的な生き方を求めた。[35] 一一世紀、インド南部のチャールキヤ朝の王に後援されたビジュニャーネーシュバラという賢者は、数十年を費やして重要なダルマ・シャーストラの文献の詳細な注釈書を編纂した。痛々しいほどの痩身で、托鉢の椀と三本の葦を束ねた杖をもっていたこのバラモンは、パラソルや扇をもつ者、将軍や護衛、妃やその子たち、商人の同業者集団の代表者、遠くの国からやってきた外交官らが集うヒンドゥー王の宮廷ではさぞ場違いで目立ったことだろう。ほかの苦行者らと同じく、ビジュニャーネーシュバラはヒンドゥー社会の道徳的基盤を象徴しているとして崇敬された。

祭式の権威である彼らは、少なくとも理論上は、不変のヴェーダの伝統を守り解釈する者であり、法を執行し適用することは王の務めだが、法の最高権限をもつのは自分たちであるとバラモンは主張した。しかしバラモンの影響力がアーリア人の支配地域を越えて広がりはじめて、その文化圏に新しい人々が引きこまれると、こうした考えが緊張の高まりをもたらした。学者らは、有力な非アーリア人首長や将軍をどのようにヴァルナの制度に組みこむかを議論したが、一部の学者は妥協しなかった。厳密にいえば、よそ者はシュードラにしかなれない。あるバラモンは、インド西部の強大な戦闘的部族ラージプート人でさえ、混血だからシュードラとして扱うべきだと主張した。

この意見はラージプート人の権力を損なうことはなかったが、彼らをいらだたせた。一七世紀半ばにラージプート人の軍事指導者のひとり、シバージーが頭角をあらわした[36]。戦争、征服、要塞の建設、戦略的同盟をとおしてシバージーはしだいに地域を支配していたイスラムの首長に比肩する力をつけ、一六七四年に王に即位することを決意した。ところがラージプートとしての地位が問題となり、彼がラージプートであるということさえ作り話だという可能性もあった。厳格な正統派である地域のバラモンの敬意を集め、ムガル帝国皇帝のアウラングゼーブに堂々と対抗するためには軍事力と政治力に加え、クシャトリヤの地位が必要だった。そこでシバージーは、ヒンドゥー法の専門家であり、ラージプートの地位について重要な見解を著した作者の甥でもある有名なバラモンを頼った。バラモンを遠方のバナラス〔ワーラーナシー〕から呼びだし、シバージーは自分の祖先がクシャトリヤであると裏付ける家系が欲しいと伝えた。バラモンは言われたとおり、シバージーは正統なクシャトリヤの子孫である高位のラージプート人の子孫だという内容の見解書を届けた。

そのような専門家によって書かれた見解に異を唱える者はなく、シバージーは褒美として大量の金《きん》をバラモンに与えた（シバージーはのちに金には関心がないと述べている）。それから、建前上は不幸にも失われていたクシャトリヤの地位を回復するため、華々しい式典が執りおこなわれた。シバージーは妻ともヴェーダにのっとった祭式で再婚し、王族のしるしを受けとり、「王の傘をもつ諸侯」となった。七日間にわたり、廷吏、司祭者、楽師、外国の要人、大勢の見物人が戴冠式、即位式、凱旋行列に参加した。催しには沐浴と祭式の食事も含まれ、地域中からやってきた人々が新王に牛や馬や象や宝石や絹織物を贈った。バラモンはサンスクリット語のマントラを唱え、見物人は催しを繁栄のしるしとして記録し、王が新たに任命した大臣や将軍らは王のまわりに集まり、忠誠と支持を表明した。式典が終わると王は巡行に出発し、行く先々で贈り物を配り贅沢な宴を開いた。庶民は誰もが感心したが、のちに王の大盤振る舞いの費用を払うことになったのは彼らだった。式典はシバージーの富と力を世界に誇示した。しかし何よりもまず彼は、自分が法的にその地位に就く資格をもつと示さなければならなかった。それには有名なバラモンの承認が必要だったのである。

カースト制度

バラモンのカースト制度についての考えは揺らぐことはなかった。たとえ殺人、飲酒、窃盗、性的不品行といった不道徳なふるまいでカーストの地位が失われたとしても、人にはそれぞれの職業があると主張した。[37] しかし最初のシャーストラが書かれた頃でも職業は急速に増殖していたし、サブカーストはつねに生みだされている。職業とカーストの結びつきは完璧とはいかなかったが、職業はしだいに世襲になった。新しい集団は祭式的また経済的な階層を形成し、それはさまざまな形で今日まで存続している。[38] 本質的に平等主義のブッダの教えとは異なり、バラモンはあらゆる法をカースト、住期、ジェンダー、家庭環境、職業に関連づけた。こうしてダルマ・シャーストラはマントラ、断食、瞑想、供物を重視し、それぞれの階級が従うべきとされた理想的な生き方とともに、厳格なカーストのヒエラルキーを強固なものにした。[39] この制度では、女性は飲酒にふけり、よくない人々とつきあい、目的もなく歩き回り、ほかの人の家に住むなどの堕落につながる行動をしがちだとして、かなり懐疑的に見られている。[40]

当然のことながら、低いカーストの人々の多くがその分類に異議を唱えたり、その意味に反論したりした。複雑でこみいった訴訟を提起した者もいた。バラモンの主張する構造と古くからの家族、職業、地域的な区分との折り合いをつける必要があった南インドでは、とくにそうしたことが多かった。[41] 一二世紀、カンマラの職人は寺院建築の急増で栄えた。[42] かなりの収入を得る者も出てきて、自信をつけた彼らは自分たちがより高位の、戦車や荷車をつくったり大工仕事、金属細工、住宅建設などの関連事業を請け負ったりして、当時すでにバラモンと比肩するほど高位の集団になっていたラタカラ・カーストであると主張した。バラモンらは危惧の念をいだいた。評議会を開いて問題を検討し、議論を呼びかけ、学問的文献を参照したが、それらはつねに一貫した解釈を提供するわけではなかった。結局、二つの異なる評議会が同じ結論に達し、後代のために石に彫りこんで記録した。どちらも妥協した内容だった。より単純な作業をおこなっているカンマラには、ラタカラの技能や専門的な建築作業をおこなう権限はない。しかしすでにより技能を使う仕事をしていると言って差し支えない者は、その仕事を続けられる。しかしながら、人々はカーストを変えることはできないので、二者の区分はその後永続することになった。ある評議会は、カンマラの職人が彫刻や工学に従事したり、科学道具を作成したり、塑像《そぞう》や宮殿や集会場や「ゴープラ」と呼ばれる建造物〔ヒンドゥー教建築の寺院の楼門〕を建てたり、王宮で使われる王冠や腕輪や糸をつくったり、偶像や絵に彩色したりする権利を認めた。

このような事態を踏まえて、バラモンはさらにシュードラの不変のダルマを裏付ける論文を書き、絶えずその権威を脅かす実際的、経済的、道徳的な力に対してカースト制度とそのなかにおける自分たちの地位を確固たるものにした。

ダルマの理想

インドのさまざまな王朝が興亡し、侵入したイスラムの帝国が盛衰し、ヨーロッパ商人が南インドや東インドに足掛かりを築くあいだも、バラモンは文献をくり返し読みこみ、書き写し、注釈し、照合しつづけた。とくに宗派間の緊張が高まるときには、学究的活動を追求する人々は互いに意見を交わし、遠くの土地の見解を求めた。マハラシュトラ〔インド中西部の州〕の評議会や個人はバナラスの人々と書簡や司法判断や意見を交換し、広域におよぶ学びのネットワークをつくりあげた。彼らはそのあいだもバラモンの家長の理想像を広めた。すなわち、シャーストラの規則に述べられているとおり、ダルマの理想に従って祭式的に清浄な生活を送る人々のことだ。低いカーストの人間が同じ規則を守ることは不可能でも、来世の高い地位を志すことはできる。こうして、シャーストラやその他のヒンドゥー教文献を学ぶことによって、ヒンドゥーの王の下ではけっしてまとまらなかった人々のあいだに共通の感覚を生みだした。

日常生活を規制し、正義をおこない、紛争を解決するための実用的な規則は王たちや小規模な社会集団の評議会がつくるものとされた。シャーストラにはどの共同体がどのような時に独自の規則をつくるべきかが明記されている。〝異端〟である仏教徒やジャイナ教徒にさえ一定の法的自治が認められた。伝統に根ざした地域の法は農民や職人や商人の集団を団結させ、そのメンバーに求められるふるまいを定義したが、ダルマ・シャーストラは社会の構造と関係の共有ビジョンを提供した。ある学者の言葉を借りれば、ダルマ・シャーストラはメタレベルの法であり、インドの人々がさまざまな場所でさまざまに利用できる考えや仕組みの情報源だった。[43] カースト制度の頂点にいるバラモンたちはこうして、王国や共同体のパッチワークであった近代以前のインドの隅々にまで、比較的統合された考えや規則を維持できた。

ダルマ・シャーストラはヒンドゥー教徒がどのように生きるべきか、王はどのように社会秩序を保つべきかを、ヴァルナの階層に従って詳細な規則を提示しているが、機能する法制度を生みだすものではなかった。より重要なことに、ダルマ・シャーストラがもたらしたのは、正義を実施する裁判官を導く思想および原則と法の実践とを結合させる意識だった。シャーストラはヒンドゥー法の本質と、その実施を任された人間の義務を示した。あちこちの町や村、同業者集団、寺院に属し、さまざまな職業や伝統をもつインドの人々が、善きヒンドゥー教徒として、自分自身とその義務のことを、ダルマ・シャーストラに記されているカーストにふさわしい役割、義務、責任という観点から考えるようになった。

ダルマ・シャーストラの伝播

バラモンの知識と文献は、王と人民がすでに別の宗教に改宗していた東南アジアの一部の国の立法者らにも影響を与えた。たとえば、ヒンドゥーのバラモンがマヌ法典を作成してから約七〇〇年後、現在のミャンマーのモン人の僧は、王に法をつくるように命じられてマヌ法典を手本とした[44]。王たちはすでに仏教を採り入れており、首都パガン〔現在のバガン〕にすばらしい仏塔を多数建立していた。しかしベンガル湾を挟んだインドの高度な文明に触発された王たちは、学者らに独自の法をつくるようにと指示した。モン人の僧たちは東南アジアの仏教の言語であるパーリ語で、「ダムマタッ」と呼ばれる成文法をつくった。これらの法はダルマ・シャーストラの形式に倣い、訴訟を同じく一八の主題に分けている。しかし彼らは法典の成り立ちについて別の物語を生みださなくてはならなかった。いわく、最初の仏教王は、彼らの土地で起きた社会の混乱を終わらせるために人民によって選ばれ、隠遁者であるマヌに、天上界で学んだ法を語ってくれと頼んだ、というものだ。実際には法には土地の慣習が多く採り入れられていたが、モン人の僧はインドのバラモンと同様に、宇宙の法によって律される理想的な社会のイメージをつくりだした。そしてインドでそうだったように、仏教徒の王は法を解釈するだけで、つくることはしないとされた。ダムマタッが土地の文脈に浸透すると、慣習や慣例に合わせて大幅に改変されたが、この法は繁栄する王国の重要な求心力となった。二世紀後に王国が滅びるまでに、モン人は一〇〇以上の法をつくった。

ダルマ・シャーストラは数世紀後には仏教国のタイに、やがてカンボジアやジャワにも伝わった。タイの法はより多くの項目に分かれていたが、多くの点でパガン朝の法に似ており、作者は明らかにそれに倣っている。理論的には、王は王令を発することはできても、新たな法をつくることはできなかった。タイの王は法を体現すると考えられていた。あるいは現代のある作家が言ったように、「君主の命令は、それが適切な行為であれば、法になった」[45]。社会の秩序を乱す者を罰することで秩序を保つのは王の務めだったが、王自身も人々と同じようにダルマの原則の支配下にある。これは何世紀も前にヒンドゥーのバラモンが導きだした王と司祭者の関係の本質だ。これも法の支配のひとつの形だった。もちろん、タイやビルマの王でも、インドの王と同様に独裁的で権威をふりかざし、すぐに法文書に記された義務や原則から逸脱する者は多かった。しかし少なくとも理論上では、法は王の権力を制限し、そのふるまいを方向づけた。

＊＊＊

ヒンドゥーの法はつねに政治的というよりはむしろ宗教的な事業であり、不変の伝統という意識に根差している。その背後には、古く曖昧なヴェーダの啓示の知恵に記された宇宙の秩序の考えがある。あらゆる人間の務めは、人がどのように生きるべきかを記したダルマの定めに従ってその秩序を維持することであり、バラモンはそれを法文書にまとめあげたのである。義務と、できごとや活動の結果を述べる単純でしばしばありふれた文が、規則と区分の秩序を生みだす。それはメソポタミアの法と同様に不変性を感じさせた。しかしメソポタミアの王たちが社会正義を示したいっぽうで、バラモンは宇宙の秩序を念頭に置いて個人の義務を明記した。

実際に、ヒンドゥーの伝統は世界有数の厳格な階層を確立し、定着させた。しかし、宗教の法は政治の力を超越するという感覚はつねに存在した。バラモンは、相手が王であっても、どのようにふるまうべきかを命じることができた。

第3章　中国の皇帝――法典、刑罰、官僚

世界の偉大な法制度で三つめに現れたのは中国の法体系だ。こちらも規則と区分に基づいた秩序を示していたが、それは刑罰の秩序であり、義務や社会正義を目指すための秩序ではなかった。二〇〇〇年以上にわたり、中国の法制度は懲罰的、懲戒的で、弾力的だった。それが形成した伝統は驚くほど長寿だったが、ときの王朝は権力を掌握すると法を見直し、改定した。そして同じくらい驚きだったのは、それらの法がつくりあげた体制が二〇世紀になるとごく短期間で消滅したということだ。

中国の法はつねに権力と統制の道具だった。最初に竹簡に長々と刑罰を刻みこんだ野心的な支配者は数世紀前のメソポタミアの王たちとそれほど違わなかった。その試みの背景には、インドのバラモンの考えとある意味では似ている、宇宙の秩序の意識があった。しかし中国人はメソポタミアの王たちやヒンドゥーのバラモンらとはまったく異なる法体系をつくりだした。中国の皇帝は祭司者階級にも、ほかの専門家階級にも、王の立法者としての権威に異を唱えさせなかった。皇帝はみずからが法の支配下に入ることをうまく回避した。そしてその秩序のビジョンは、懲戒と刑罰の秩序だった。

秩序と刑罰

紀元前七〇〇〇年にはすでに、中国北部の農民は黄河《こうが》の岸に堤を築いていた。[1] 堤によって河畔の肥沃な沈泥を耕し、キビを植えて豚を飼育することが可能になった。集落が大きくなると、農民たちはヒスイを彫って装飾品を作ったり、銅や青銅製の道具を製作したりした。支配者たちは甲骨占《せん》卜《ぼく》をおこなって未来を予言し、やがて手の込んだ埋葬儀礼を発展させた。紀元前二〇〇〇年頃には広い地域の人々が共通する信仰や慣習をもち、初の小国家出現の準備が整った。最古の王朝である夏《か》の支配者については、最後の王が紀元前一六〇〇年頃に殷《いん》の初代の王によって滅ぼされたということ以外、ほとんどわかっていない。

殷は、同一の祖先をもつと主張する集団、つまり宗族に分かれた人民を統治しなければならなかった。[2] 遊牧する者

もいれば、定住する者もいたが、しだいにまとまって小さな城壁都市を築いた。殷の王たちは蓄えた富で巨大な地下貯蔵穴をもつ宮殿や寺院を建て、五〇〇年にわたりその工房では青銅、ヒスイ、石の工芸品、陶器、磁器、漆器、武器、楽器を生産しつづけた。コヤスガイの貝殻が商人の通貨となり、どの集落にも亀甲や家畜の骨を使って未来を占い、重要な行事の吉日を突きとめる占い師がいた。王自身も占い師だった。強力な軍を率いるいっぽうで、祖先や神々にきわめて豪華な供物を捧げ、宗教的な地位と政治的な権力を組み合わせた。このパターンは中国史を通じて続いた。

　殷は比較的安定した中国北部を数世紀にわたって治めたが、紀元前一〇二七年、周《しゅう》が西方から中原に侵入してきた。周は殷を滅ぼし、一連の軍事侵攻によって多様な人々の住む広大な地域を支配下に置いた。そうしたさまざまな人々を統治するために、中世ヨーロッパの封建制度に似ていなくもない分権制度を確立した。王は諸侯や臣下に土地を与えるいっぽうで、子や兄弟や親戚を戦略的な国や国境の都市に封じた。周公旦が弟である康叔を新国の領主に任じたとき、訓示の手紙「康誥」を書いた。この手紙は今に伝えられている。[3] そのなかで康叔に対し、前代の王たちの政治を調べて、そこから人民を保護し統治する方法を学ぶようにと指示している。たとえば、殷の遺民によって訴訟が申し立てられ、とくに死刑や肉刑が求められる場合には、以前の規則を熟知し、正確にそれを適用できる特別に任命した役人に任せるべきである。周の人々が犯罪をおかした場合には、領主みずから刑罰を科す。しかしその際にも寛大と穏健をもって臨むべきであり、厳罰に処すべき故意の常習犯と過失による初犯を見分ける必要がある。そして家族の犯罪はとくに重く扱わなければならない。息子が父に、弟が兄に敬意を払わなければ、「天がわが人民にくだされた規範が無秩序に陥る」と「康誥」には書かれている。王たちは刑罰を科すことが秩序を保つ方法だと信じて疑わなかった。王はたびたび、役人が務めを適切に果たさず正しい刑罰を科していないとこぼしていた。インド平野部のアーリア人と同様に、中国人は、神聖な理想である宇宙の秩序が存在し、社会が繁栄するために人々はそれを敬い王はそれを支援するべきだという考えをもっていた。

　周の王たちは訴訟の申し立てを受けつけ、判決を下す裁判官を任命していた。[4] 軍人その他の役人や貴族が、土地取引や商取引に関する告発や、窃盗や偽証行為などの申し立てをおこなう。多くの判決が、青銅の器に彫りこまれて記録された。この器は祖先を祀る際に生贄や供物を入れるのに使われ、重要な会合や軍事行動の記録を刻んで寺院に保管された。紀元前一〇世紀から前八世紀につくられて現存する器は、周が東に移ったときに土中に埋められたもので、そうした訴訟手続きの一定のパターンと形式を示している。裁判官は結論を下すときに訴訟当事者に誓いを立てるよう求めていた。たとえば土地を横領して有罪になった男は、土地を返す、もしそうしなかった場合には自分に天罰を与えるよう神々に請願すると誓った。鄺という男の使用人が胡という男から大量の穀物を盗み、胡が王の役人に告訴した。担当した裁判官は鄺に対して二倍の穀物を返すようにと命じたが、使用人が失踪して鄺は命令に従うことができなかった。一連の審議で、鄺は補償として土地と使用人を提供すると申し出たが、補償を増やしても胡は納得しなかった。裁判官は法の厳格な適用を命じた。

役人はまた通貨の規定をつくった。コヤスガイの貝殻とともに、商人は絹の反物やヒスイの平板や鹿や虎の毛皮、ときには使用人も支払いに使っていた。しかしある訴訟で債権者は、労働力の代価として払うと同意した馬と絹を譲渡することができなくなったと訴えた。新しい規則に反するからだ。こうした訴訟の判決からパターンが現れ、最初の成文法の先例となった。成文法がつくられたのは周が衰退期に入ってからのことだった。

刑罰の体系化

紀元前七七一年、蛮族が周の都を襲い、王を殺した。後継者らは東の洛邑《らくゆう》に移った。しかし周はその後も中国中原の大部分を支配していると主張した。王は祭式を執りおこない、会議を招集し、ときには兵力を集めて〝反抗的な〟国を攻撃した。以後数世紀は春秋時代として知られる。周の王たちは人民をほとんど統治せず、各国を治める諸侯に多くの権限を委託したが、あるいはそのおかげでこの時代には科学や技術が大きく進歩した。鉄が導入され、農業技術が発達し、青銅貨が鋳造され、通商は拡大し、装飾的な贅沢品がつくられた。人々は、とくに都市部では、古くからの宗族よりも家族とより密な一体感をもつようになった。このようにして、中国の人民という共通のアイデンティティが形作られはじめたのだろうというのが学者らの考えだ。[5]

周は依然として大規模な会議を招集し、諸侯たちは周王への忠誠を誓い、書面での盟約を生贄の動物とともに埋めた。[6]別の言葉で言えば、王は法文書によって崩壊する王国をつなぎとめておこうとしていた。そのあいだも諸侯は平和と安定を保つために、政府と刑罰を拡充させた。紀元前七世紀、斉《せい》の宰相であった管仲《かんちゅう》は、王に新たな政策を説得するために政治論を書いた。支配者は人口の増加を促進し、塩と鉄と酒を専売とし、徴税制度を中央集権化するべきであり、力をもつ王は強力な軍隊と厳格な法によって平和を実現できると管仲は断言した。著した論文のなかで、幅広い行動を規制する政治体系が示されている。ほかの諸侯も官僚制を整え、成文法をつくりはじめた。晋《しん》の新しい領主は、紀元前六二〇年、広範な行政改革計画を作成し、官職を体系化し、法と犯罪を〝是正〟して、司法手続きを標準化し、契約の利用を導入し、階級の区別を回復させ、もっとも有能な個人が公職に就くよう提案した。彼はこの計画を周王のもっとも高位の臣下に提案し、国中で実施するようにと訴えた。この文献やつくられた法についてはほとんどわかっていないが、この計画から、秩序を断行するには大量の新法を施行して刑罰を体系化すればいいという領主の考えがわかる。

これはトップダウンの改革だ。領主は王に、法を正確に体系化すべきだと訴えている。整った法制度は整った国家の土台だ。その他の諸侯たちも刑罰の実務を体系化し、書記官を雇って竹簡に判決を記録させた。竹簡は一文字分の幅の細長い竹で、大きな板に釘で留められ、誰でも見られるように町中、停車場、市場、門柱、宿場などに掲示された。しかし竹簡は劣化しやすく火事で燃える危険もあることから、金銭的余裕のある者は青銅の鼎《かなえ》に文字を刻んだ。この文は持ち運びには不便だがより長もちした。鄭《てい》のある宰相〔子産〕は、紀元前五三六年に「刑書」を青銅の器に刻み、紀元前五一三年には晋の宰相も後に続いた。このやり方はすぐに広まった。

この時代の原本はひとつも残っていないが、「刑書」には犯罪の種類や犯罪者の階級によって異なる刑罰が記されていたという証拠がある。たとえば貴族には自死、追放、収監などだった。(7) ヒンドゥーのバラモンと同様に、中国の官吏たちは明らかに、社会の秩序のためには適切なふるまいが必要で、無秩序な社会を秩序正しい社会にするためには、人々や仕事や犯罪を区分けするべきだと考えていた。中国の支配者たちは法の力で社会を設計すると主張すると同時に、秩序を実現するのは刑罰制度をとおしてであって、祭式における清浄の規則によるものではないと考えていた。彼らは、この頃同じように政治的に分裂していたインドやイスラエルの支配者たちよりもはるかに野心的で、法の力に自信をもっていた。中国の多くの国は派閥争いや反乱で混乱していたが、支配者たちは法によって社会全体に秩序をもたらそうとした。

孔子

ところが、周王とその同盟国のしていることに対しては、満足している人間ばかりではなかった。影響力のある思想家が多数、周の厳しい統治に強い懸念を表明した。孔子もそのひとりだ。紀元前五五一年から四七九年に生きた孔子は、急進的な新しい国家観を提唱した。(8) 社会の安定に必要なのは強力で権威主義の王ではなく、支配者と人民、父と子、兄と弟、友人どうし、夫と妻のあいだの基本的な秩序の実現にかかっているというのだ。孔子は才と徳を兼ね備え、みずからの能力と努力によって運命を決定する人間、君子を重視した。君子はそういう人間が支配者にもっともふさわしい。王が法や刑罰によって秩序を押しつけるのではなく、むしろ、規範に従い、きちんと祭式を執りおこない、教育を追求し、そして何よりも親を大切にするといった個人のふるまいから社会秩序が生まれる。孔子が展望を示した国は、多くの意味で基本的家族の延長のようなもので、バラモンの家長中心主義とよく似ていた。孔子が、法の発布は社会的階層を乱しかねないとして反対していたのはよく知られている。おそらく晋のものである新法について、孔子はこう言った。「人々は鼎のことしか考えない。それでどうして貴族を尊敬するだろう？　貴族はどうやって世襲財産を守るのだろう？　貴賤《きせん》の区別なしで、どうして王国が存在できるだろう？[9]」孔子の考えでは、秩序というものは、支配者が誰に対しても適用する法からではなく、安定した社会的階層から生じるものだ。

　孔子の考えは同時代の多くの思想家の心をとらえた。「左伝」〔「春秋左氏伝」のこと〕として知られる注釈書で、孔子の弟子といわれる作者は、鄭の法典に対する痛烈な批判を長々と展開している。まず、先代の王たちが法をつくらなかったのは、人々を訴訟好きにさせせないためだと指摘している。[10] 王たちは「正しさで人々を抑え、「善き」政治で人々をしばり、仁によって人々を育てた」。あらゆる刑罰に反対するわけではないが、刑罰は――そして褒賞も――思いやりをもってしっかりと与えるべきであり、ただの文書にしてしまうべきではない。王は人々を導き、鑑とならなければいけない。同様に鋭敏な官吏、信頼できる年長者、情け深い上司も、社会に秩序が行き渡るようにしなければならない。人々は法文書があると知ると、目上に対する敬意を失い、論争好きになり、法に訴えて自分の目的を果たそうとする。そのような人民を統治することは不可能だ。逆上した訴訟が増え、賄賂《わいろ》が横行する。国が法を制定するのはその国が滅亡しかかっているときだ、と作者は結論づけた。

　これはほぼ孔子の法に対する見方と同じだった。偉大な哲学者である孔子とその弟子たちにとって問題だったのは、賞罰制度ではなかった。「左伝」の作者は、強大で権威主義的な支配者や、臣下や貴族の階層をはっきりとは批判していない。むしろ彼が矛先を向けるのは、法を成文化し、それを公にすることだ。少し前の歴史のせいで、法に不信感をいだいていたのだろう。しかし結果としてこの作者は、法が存在し、権力者から独立して施行されるべきだという法の支配を拒絶した。儒教の学者たちは、新たな政治家階級による権力の集中に腹を立てていたにもかかわらず、専制的権力を抑制したり役人の情実を防いだりする法の力を明らかに信用していなかった。

理由が何であれ、また成文法の危険性について断定しているにもかかわらず、「左伝」の作者は、支配者はときに、とくに社会変化の時期には平和と安定を促進するために成文法を制定する必要があるということは認めている。彼でさえ、中国の役人たちには自明の理であった、支配者には人民を統制し秩序を実現するために規則と刑罰の体系が必要だということには、頭から反対することはなかった。

商鞅《しょうおう》

周王は反抗勢力を従わせようと努力したが、紀元前四〇三年に起きた重大な戦が長引き、戦国時代が訪れた。多くの地域で強力な大臣が宮廷の派閥を動員して、中には領主を殺す者も出てきた。君子である支配者が道徳にかなった手本となることによって平和を維持するといった考えは、遠い夢のように感じられただろう。地位に留まることができた者は、新たな統制の形を緊急に必要とした。秩序と中央集権化した権力を保つために、彼らは明快で、万人に等しく、例外なく適用される法に頼ることにした。

儒学者らは、土地の支配者に自分たちの考えの叡智を納得させることはできなかったかもしれないが、政治家たちはそれでも学者の助言を重視した。周の中心地から西に行ったところにある秦《しん》は、数十年にわたる権力闘争で政府が機能不全に陥っていた。そこで紀元前三六一年に権力の座についた新しい支配者は、〝高潔な人物〟を広く求めることにした。多くの学者が応募し、誰もが、自分の考えを実行すれば富と権力が手に入ると力説した。当時ほかの国の大臣を務めていた商鞅が進み出て、何度かの面会を経て秦の王に彼の政策を実行するように説得した。(11) 商鞅の考えでは、社会問題は法と現実のずれから生じ、それが矛盾した慣行、腐敗した政府、無責任な大臣につながる。つまり明快で一貫した法的規範が必要不可欠だった。商鞅は、秦が古い法を新たな成文法に替えることを提案した。新法は賞罰を用いて農民を勤勉に、兵士を忠実にさせるものだった。支配者が奨励しなければならないのはそれだけだ。商鞅は商人、芸術家、職人のおこなうこと、ほとんどの学問、祭式、音楽を軽蔑していた。彼の考えはこうだ。人々は昔、政府など必要なく平和に暮らしていたが、無秩序がはびこる今のような時代には、王が効果的に統治するために、重い懲罰を定めた成文法をつくらなければならない。刑罰が階級を問わずあらゆる人に科されれば、犯罪を抑止できる。商鞅の見方では、法はあくまでも実際的なものだった。そこに正義はほとんど関係ないし、旧来の伝統に従う価値もない。

儒学者のなかにはこれらの政策を批判し、中央集権化した権力の危険を警告した者もいたが、新しい支配者はいっさい耳を傾けず、儒教の書物をすべて燃やすように命じた。秦は商鞅の提言を採用して、有給の官吏による、個人的な感情をまじえない官僚制度をつくりあげた。官吏の権限と職務は中央政府によって定義され管理された。官吏は記録を残し、人口調査をおこなった。人々は五戸から一〇戸に分けられ、それがまとまって県とされ、その長である行政官の県令が任命された。戸主は家族を登録する義務があり、それによって国が戦時に召集したり公共事業の際に賦役を課したりできるようにした。人民は許可なく住居を変えることを禁じられ、旅行も抑制された。

　こうした改革はおよそ一世紀半かけて徐々に導入された。支配者はさらに官僚制の成員を管理するための多くの法をつくり、官吏にはそれを厳密に適用することを義務づけ、上司にはそれを怠った者も同じく懲罰するようにと命じた。王たちはもっとも重要な王令——たとえば徴兵に関連するもの——を金属性の物品に刻み、それほど重要ではない規則や命令は竹簡に書いて絹の紐で結んだ。この形は持ち運びが容易だった。秦王は度量衡を統一し、承認された用語や語句の一覧を公表して行政用語まで統制しようとした。

　この厳格に管理された体制のおかげで秦は急速に力と富を増し、やがてライバル諸国を倒し、紀元前二二一年には中国初の帝国を確立した。

喜の墓

　秦は紀元前二〇七年に突然崩壊した。現在、秦の法制度についてわかっていることは、秦の官吏らの墓から見つかった文書による。[12] 墓からは暦、占いに関する文書、数学の計算、公務手引きなども出土したが、大部分は法的な文書だった。[13] 喜という名前のある官吏は紀元前二四四年に一九歳で書記官に任命され、九年後には訴訟の審理をしていた。その墓に埋まっていた文書〔睡虎地秦墓竹簡〕から、彼が日常的に数十の異なる法を参照していたことがわかる。[14] 出土した文書のほとんどは、共同穀物倉の管理、王の狩猟場の保護、道路の補修、馬や牛の繁殖事業の監督、作物の出来高の記録などの行政文書だった。ほかには通貨、市場、国境警備地点、労働者の徴用と登録、役人の任命、階級制度、廷吏への食糧配給などの関係文書や、高位への連絡記録など。喜はまた、刑法およびそれをどのように運用すべきかについての注釈書を参照し、調査と審問の記録をとっていた。そのなかのひとつは、職務をきちんと果たさなかった県の役人の事件だった。[15] その男の職務怠慢の最大のものが、兵役の命令を該当する人々に転送することを怠っていたことだ。あるケースでは、ミカンを栽培しているはずの男が放浪者になっていて兵役を課すことができなかった。また別のケースでは、その県の倉庫にあった広い天窓に、鳥が出入りしていた。書記官として雇われた者が、正式に登録される前に仕事を始めていた。石弓が一〇〇張、政府の武器庫から紛失したということもあった。

文書からは、命令が広範な刑罰制度をとおして維持されていたことがわかる。何か問題が起きると誰かが別の誰かを不正行為で告発し、それを書記官のひとりが担当し、捜査することになる。書記官は行政官〔前近代中国では行政と司法が分化していなかった。行政官である県令や刺史が末端の裁判官を務め、重大事件は中央の尚書刑部が担当した〕に報告書を提出し、行政官は不正の重大さに応じて適正な罰を与える。彼らの等級システムでは、もっとも軽い罰が罰金だ。[16] 次が追放、さらに衛兵や警備員や使用人としての軽い労役刑がある。そうしたケースでは不名誉のしるしとして犯罪者のひげが剃り落とされた。追放よりも厳しい労役刑は男女それぞれに〝薪集め〔鬼薪〕〟と〝穀物ふるい〔白粲〕〟があった。より重い労役刑は、〝土木〔城旦〕〟と〝穀物つき〔舂〕〟で、鼻をそぐなどの目に見える肉刑が併用されたが、高位の者はそれを罰金で済ませることが可能だった。最後に、死刑があった。実際には、行政官は犯罪者の階級によって刑罰を軽減していた。肉刑に関してはとくにそうだ。しかし行政官は、犯罪の種類や、たとえば従犯だったり共謀だったりといった犯行状況等の要因によって決まる適正な刑を決めるためには、洗練された刑罰体系を熟知している必要があった。犯人が自首した場合にも、刑を減じなければならなかった。そして子供を訴追できる最低年齢も決まっていた。商鞅の提言によって、秦は連帯責任の制度を導入した。つまり家族や同じ五戸に所属する人々も、犯罪者よりは大目に見られたが、いっしょに罰を受ける。

官吏は報告書を受理して目をとおしたり、容疑者を逮捕したり、最重罪犯の財産を押収して査定したり、あらゆる業務で正しい手続きを踏む必要があった。容疑者を取り調べる際にはさらなる規則が適用され、拷問をする場合には、虚偽の自白を引き出してしまわないように、とくに慎重におこなわなければならなかった。行政官が、適正な手続き、証拠の評価、適切な罪状または刑罰について自信がない場合には、より高位の権限をもつ人間の見解を求めることができた。そうした多くのケースが、喜の墓にあった竹簡に記録されていた。行政官はまず同僚たちに相談し、意見が分かれた場合には、事実、証拠、異なる意見を県レベルの官吏に報告する。しかしこれにはリスクが伴った。県の官吏は行政官の判決が間違いだと判断し、判断ミスに罰金を科すこともあった。法を司る官吏はいずれも独立した専門家ではなかった。彼らは役人で、そのおもな職務はより高位の政府当局に仕えることだった。行政と司法の分権もなかった。

現代の視点から見てもっとも驚きなのは、法制度全体が犯罪と刑罰に基づいていることだ。中にはわれわれの考える〝民事〟事件——たとえば遺産や財産所有に関してのもの——もあったが、中国の政府はそれらを犯罪と見なした。ある事件では、非常に高い階級の、既婚で子供のいない裕福な商人が女奴隷とのあいだに息子を二人つくった。[17] おそらく当時はよくあることだったのだろう。妻が死ぬと、商人は奴隷を自由にして妻として扱い、宗族のメンバーに相談して認められた。しかし商人が死んだとき、妻は全財産を当局に報告しなかった。どうやら子供たちのために一部の財産を隠しておこうとしたらしい。のちに妻は白状した。誰かに通報されるのをおそれたのだろう。この妻をどのように罰するかが問題となった。報告を怠るのは重罪であり、解放奴隷はもっとも厳しい労務刑、「舂」に処せられるのが普通だった。しかし第五級の身分である商人の妻としては、「白粲」に減刑されることも可能だった。そして自白したことも、罪を軽くする。官吏らが迷ったのは、商人が結婚の届け出を適切にしていなかったので、妻を正式の妻として扱うべきかどうかという点だった。政府は結婚の認証をみずからの責任だとしていたが、多くの人々は依然として宗族に承認してもらっていた。問題はそれだけではなかった。使用人のひとりが、商人は自分に財産の一部を遺贈すると約束したが、遺書にそれを記さないまま亡くなったと主張したのだ。一方で妻は、その使用人に財産分与しろと脅迫されたと述べた。最初の取り調べをおこなった官吏は矛盾する証拠に直面し、商人の遺書を示してふたたび使用人を聴取した。使用人は訴えを取り下げた。脅迫がおこなわれたかどうかは証拠ではっきり示されなかったため、県の判断をあおぐことになった。この事件の争点は、妻と使用人のどちらが商人の財産を相続するかということだった。しかしながら、秦の法制度ではこれは報告や賄賂にかかわる刑事事件となり、双方が刑罰を受けることとなった。

商売上のもめごとに見舞われた商人も、土地使用に関して争う農民も、中国の訴訟当事者は全員、刑法のカテゴリーに訴えを押しこめなければならなかった。裁判所に訴訟を申し立てることは、自分自身も不正行為で罰せられるリスクを伴ったので、紛争の大部分は裁判には至らなかったに違いない。財産、負債、契約、小競り合いや暴行はおそらく村落や地域もしくは宗族内で解決された。そのパターンは今も続いている。だが事件が裁判所にもちこまれると、広範囲に及ぶ犯罪と刑罰のリストに照らして判断されることになった。

喜やその他の秦の官吏の墓に埋められた事件記録から、公務がこまやかに管理されていたことがうかがえる。官吏は軍隊、国境、道路、水道だけでなく、公共穀物庫、倉庫、市場も運営していた。放浪者や職場から失踪した人間を追跡し、結婚や相続の制度も統制した。政府の長い腕は大部分の中国人の日常生活の奥まで入りこんでいたのだ。現在、秦と言えば、西安《せいあん》の陵墓から出土した陶製の兵馬俑《へいばよう》が有名だが、帝国の北側に大規模な壁を築いたり、複雑に入り組んだ道路網をつくったりといった公共事業も実施した。そうしたことすべてが、多大な労働力を必要とした。農民に重い負担がかかっており、徴募、労役、放浪や失踪の犯罪について多くの法があるのはそのためだった。皇帝はひと握りのエリートが権力をもつ中央集権化を組織的に進め、それは地元貴族の地位と権威の低下を招いた。やがて一部の貴族が不満をもつ多数の農民を煽《あお》りたて、反乱を起こさせた。紀元前二〇七年、秦が帝国となって二〇年とたたないうちに、反乱軍は皇帝の死による好機をつかんで都を攻め、政府を転覆させた。

法の伝承

反乱軍の将である劉邦《りゅうほう》は漢王朝の初代皇帝となった(18)。劉邦は秦とその政府組織、とくにその厳罰主義の法を批判していたが、秦の中国統一政策を引き継ぎ、行政組織を拡大するとともにその法的諸制度を維持した。現在の西安の近くに新たな都を築き、市場を設け、シルクロード貿易を発展させ、官吏登用のための試験を導入した。孔子の教えに惹かれていた劉邦とその後継者らは、みずから〝天子〟〝東の領袖〟と称し、供犠や占いや祖先崇拝をおこなった。秦時代のように迫害されることのなくなった儒学者らは古典の注釈書を多数執筆し、官職に就く者を選抜するためによい教育は不可欠だと皇帝に進言した。しかしながら、そうした考えは法律尊重主義の制度や官僚制の慣習とは相容れなかったし、大部分の官吏はそれらを変えるべきだとは考えなかった。漢の時代をとおして、儒教の考えに近く、腐敗や貧富の差の拡大を警告し、徳の実現による統治を主張する人々と、政府による独占を推進し、人民を統制して厳しい法を押しつけることを目指す人々のあいだで論争が続いた。

漢の歴代の皇帝たちは、自分たちの政府と法は秦のものより慈悲深く、複雑でもないと宣伝していたが、秦の過酷な法は少しずつしか緩められなかった。農業、公文書の監査、命令の伝達、役所の設置、食料配給、市場などに関する秦の法令は維持・模倣された。漢も秦と同様に、法制度をとおして経済を管理し、官吏を統制し、重要な情報の流れを保ち、賦役を課し、思想と宗教的慣習を制御し、家族構成を把握し、相続や財産関係を管理しようとした。個人が国の統制に抵抗しようとするなら、失踪したり、密輸したり、不倫したり、反乱を組織したり、法制度そのものを利用したりするしかなかった。

漢では、法を扱う官吏はかなり下級でも大きな権力をふるっていた。彼らは年少のときに勉学を始め、大量の法令や難解な法律用語や文書の区分をよく理解した。誰かの申し立てがあれば、初動捜査をおこない、告発を記録し、当事者および証人を取り調べて、自白を得るのに必要な場合には拷問もする。次に証拠を照合し、論拠をまとめ、行政官に送って判決を出させる。秦の時代と同じく、行政官は適正な手続きに従い、過去の判例、とくに高位の者に照会した事件例を記録する。竹簡に記録されたこれらは、イングランドのコモン・ローとよく似た判例システムを確立した。湖北省のある墓から出土した事件記録のうち約半数が、職務を果たさなかったり、記録を偽造したり、横領や賄賂、拷問によって虚偽の自白を引き出したりといった、官吏による事件だった。[19]その他は捕虜や受刑者が失踪したり、逃げたり、撲殺されたりした事件だった。ある事件では、新たに征服された土地を支配していた一族出身の女が、首都へ護送される途中で政府の護衛兵と駆け落ちした。別の事件では、男が知らずに逃亡奴隷の女と結婚していた。一般的に、問題となる事実に細かく定義された犯罪が複数あてはまるとき、刑罰が適度かどうかについての疑問が生じる。

湖北省で見つかった事件記録のうちの四つは生々しい法廷ドラマを提供しており、あるいは法的な目的だけでなく文学的な目的もあって記録されたものかもしれない。秦時代にさかのぼるある文書によれば、紀元前二四一年、イナゴの大群が首都の作物に大きな被害を与え、健康な男は全員、イナゴ駆除のために畑に送られ、町は閑散とした。[20]この機に便乗した強盗が女を襲い、大金を奪ったが、強盗の男は犯行現場に絹商人の契約書の断片を落としていった。白昼堂々おこなわれたこの暴力犯罪は、都の住民を震えあがらせ、当局は書記官を派遣して捜査させた。初動の捜査では何も手掛かりが見つからなかったので、行政官はこの事件のヒーローとなる、巨鹿という書記官にあらためて捜査を命じた。巨鹿は契約書の断片について何か知っているかもしれない絹商人らに慎重な聞き込みをしたが、はっきりした手掛かりはなかった。そこで、不良少年や市場の業者の使用人、奴隷の男、債務奴隷、外国人の賃金労働者など〝社会の低層の人々〟に目を向け、彼らのふるまいを観察してあやしげな行動に気をつけた。ついには、闇市場の業者やホームレス、貧困者、男娼などよりあやしげな人間を探した。巨鹿はついに、孔という名前の容疑者を見つけ、反対尋問でその矛盾した信じがたい話を論破した。最後に巨鹿は、孔がかつて所有していた刀の鞘《さや》が凶器と一致することを見事に突きとめた。こうして容疑者が自白し、巨鹿は〝敏腕で、清廉で、真面目で、忠実な〟官吏として昇進候補者になった。これを記録した書記官は、事件の法的な細かい点よりも、巨鹿の英雄的行為を記録し、おそらく話を飾ることに関心があったのだろう。

別の竹簡のセットは、愛人と姦通したとして起訴された寡婦の事件記録だった。[21] さらにひどいことに、二人は寡婦の姑の家の、亡夫の棺桶の隣で性交しているところを発見された。行政官は寡婦を、姑に対する親不孝の罪で起訴したが、その根拠には明らかに議論の余地があった。そして判決が読みあげられる直前に、若い書記官が上司に立ち向かった。若い書記官は、判決に異議を唱え、寡婦には元姑に対する子としての義務はすでにないと示し、寡婦に対する訴訟と行政官の論理を打ち崩した。これらの事件を編纂した書記官は明らかに、ドラマを盛りあげ、同僚の活躍を称えるために、話を大げさにしている。

湖北省で見つかった文書にはほかにも、皇帝と上席の裁判官のあいだで交わされた、裁判官が承認を求める事件についての対話の記録があった。裁判官はつねに法令を引用し、判決につながった事件の事実から話を始める。皇帝はどの事件でも、最初は驚き、渋面をつくる。裁判官は勇敢にも食いさがり、その判決に至った理由を詳細に説得力豊かに述べ、皇帝はその結論を承認するしか選択肢はなくなる。書記官はこうした記録を、研修中の官吏の教育に役立つ事例として集めたのかもしれないが、法に携わる官吏を英雄のように描くその筆致のせいで、文学作品のように読めるものもある。遺族はそうした竹簡を副葬することで、亡くなった書記官が死後の世界でもそれらに楽しみと満足を覚えるようにと願ったのかもしれない。

漢は四〇〇年にわたって、儒教の影響を受けた政策と、混乱し無秩序に陥った社会にふさわしいような厳格な法とのあいだで揺れ動いた。[22] その間も新たな法令や規則をつくりつづけた。紀元後九四年の時点では、死罪が六一〇、労役刑が科せられる罪目が一六九八、その他の罪目が二六八一あった。ある皇帝は〝煩わしいほど多い〟法と冗長な手続きについて不満をこぼした。[23] それでも、おそらくは儒学者による批判に妨げられて、政府は法を合理化したり統合したりしようとはしなかった。そのため法は増えつづけ、ますますまとまりがなくなっていった。

漢王朝後半の後一世紀と二世紀には、宮廷の陰謀や腐敗、摂政や后や母や宦官による謀略の問題が起きた。文学、哲学、美術は盛んで、科学技術の革新もあったが、社会の秩序が崩壊し、人々の多くは儒教の教えへの信頼を失った。儒教は安定をもたらすことができないと思われた。道教や、紀元前二世紀頃中国に伝わった仏教に傾倒する人々もいて、漢は二二〇年に滅びた。中国は三国に分かれ、数世紀にわたって政治的混乱が続いた。政治の動乱にもかかわらず、漢の法令の多くは存続した。支配者たちは自国の行政の必要に応じて法令をつくり、修正し、廃止した。一部の優れた学者がそれらをより筋の通った分類に整理しようと試みた。

五八一年、北方の王国の将軍であった楊堅《ようけん》は、支配者一族の皇太子を追放し、皇子五九人を殺害して新たな帝国、隋の皇帝に即位した。数年のうちに南朝を滅ぼし、中国全土を統一して支配下に置いた。再統一を記念して、楊堅は新しい法典〔開皇律〕を発表した。楊堅は以前の支配者たちと同様に、より公正な体制を整備し、もっとも残酷な刑罰を廃止すると公言した。しかし実際に楊堅の書記官らがしたのは、その一部は七〇〇から八〇〇年前の周や秦に由来するものである、漢の法令一七三五項目の多くを書き写しただけだった。法体系の基本形はほぼすべて刑罰であり、多くの犯罪に厳しい罰を科していたが、赦免によって緩和される可能性もあった。しかし中国を再統一して南北を結ぶ大運河を開削するという楊堅の壮大な計画、さらに度重なる軍事遠征は、大規模な賦役と徴兵を必要とし、人民には重い負担となった。数十年後、疲弊し虐げられた人々による多数の反乱が相次ぎ、王朝は転覆した。

権力争いのなかからある貴族〔李淵〕が頭角をあらわし、六一八年に唐を建国した。その息子である世民《せいみん》は、六二六年に兄弟二人とその息子たち一〇人を殺して皇帝に即位した〔唐朝二代目の皇帝。太宗〕。暴力的な始まりにもかかわらず、後代の唐の皇帝たちは注意深い支配者となり、よき相談役を選び、その統治下で中国は繁栄した。その後一五〇年間、都の長安《ちょうあん》（現在の西安）は極東でもっとも重要、かつ世界最大の都市となり、約一〇〇万人が暮らしていた。

〝天子〟となった支配者に、外国からの使節団が貢物をもって訪れた。仏教の僧院には学生が詰めかけ、中国人巡礼者は中央アジア全域からインドにまで旅した。ジャワやイランからの輸入品が、外国人もたくさんいる長安の市場や通りで売られていた。才能あふれる詩人や芸術家が宮廷で裕福なパトロンを探し、職人たちは繊細な磁器や陶器をつくりだした。最初の印刷された本があらわれたのもこの時代だ。仏僧向けの聖典の写本だった。

新たな支配者らはゆっくりと帝国内の政府を統合し、都会の市場を管理して穀物、衣服、労務に課す税金を標準化した。農民に土地を割り当てる均田法を見直し、税の登録を広げ、まもなく九〇〇万戸、人口にして五〇〇〇万人近くを記録した。皇帝はまた、公職に就く者は家族の縁故や軍での功績ではなく、個人の技能で採用するようにと命じた。高位の官僚を目指す者は試験〔科挙。隋の文帝の時代から清朝末期までおこなわれた官吏登用制度〕のために儒教を勉強した。儒教は礼、とくに君臣の義を教えた。合格した人々は政府の人事省によって、辺境の地方役所の長など、さまざまな政府の役職に割り振られた。唐の政治体制は、地方の豪族が力を蓄えるのを防ぐように設計されていた。

皇帝は専門家チームに法を起草するようにと命じた。昔からの伝統で皇帝は、今度の法は前帝の法よりも寛大なものになると力説したが、起草者たちは新法典をつくるにあたり、隋の法を土台にした(24)。法をつくり、修正する作業が三〇年間にわたって続けられ、充実した刑法典である律の官撰注釈書「律疏」が完成した。条文、その注釈、おもに問答の形での注釈補足もふくまれていた(25)。これらは基本的な規則を修正して拡大適用し、何世紀も前の判例から得られた知恵を採り入れ、犯罪の複雑な分類をつくりだし、それは厳密かつ微妙な違いで区別された。唐律《とうりつ》ではまずさまざまな刑罰の種類が列挙された。さまざまな打撃刑、徒刑、死刑だ。死刑に値する重罪が説明されている。謀反、扇動、反逆、家族や教師や雇用主や役人に対する重大犯罪、毒殺や魔法、皇帝への奉公不足。次に赦免の特権を有する人々や実刑の代わりに金を納める贖銅が許される人々――たとえば皇帝の親戚、長年仕えた者、その他大きな功績をあげた者――についての説明が続く。犯罪を共謀または幇助した者の訴追について、また複数の犯罪を取り扱うやり方について、犯人が年少者や高齢者や障害者の場合、また自白した場合の減刑についての記述もある。唐律からは、多くの人々が刑罰の減免を求めることができたことがわかる。つまり実際には、基本的な規則に書かれているほど厳しくはなかった。

次の編では、窃盗犯罪、誘拐、詐欺、皇帝の恩赦の影響、連帯責任について論じ、使用人と奴隷のための規則を設けている。続いて、特定の種類の犯罪についての一二の項目がある。皇帝の衛兵がおかす過失、政府の役所での軽犯罪、世帯の登録と組織、結婚、共同馬屋や穀物庫に関する規則、窃盗と強盗、暴行と告発についての法、逮捕、判決、収監についてのさまざまな手続き法。これらの刑法と同時に、行政法〔令〕、勅令など〔格〕、施行細則など〔式〕もつくられた。これまでのすべての王朝においてそうだったように、こうした法は、何よりもまず国家運営のために存在した。増税、土地管理、農民の結婚の規制、徴兵、種馬飼育所や貯蔵所の維持管理、文書の偽造や捏造の防止といったことだ。

法典の序文から、唐の支配者とその官吏および顧問が、自国の法体系をどのように見ていたかがわかる。彼らによれば、過去の偉大な支配者たちは人々に選ばれ、最高の道徳的基準に従って法をつくった。道徳のみで秩序が保たれていた原初の黄金時代が終わり、支配者は愚か者や考えなしや生粋の犯罪者らに畏怖と恐怖を呼び起こすため、刑罰を導入せざるをえなかった。しかしその刑罰は適正で〝天の偉大な法〟を認めていると支配者らは保証した。唐律は「かつての賢者らのパターン」を踏襲しており、「その規則は失われたのではなく、すべて守られてきた」と述べている。ヒンドゥーのバラモンのように、中国の立法者も、法の基礎として宇宙の秩序の意識を呼び起こした。法は人間のつくったものだが、道徳と正義の原則を守っている。そして皇帝を中心に置くことで、唐律はその「広く大きな慈悲」を宣言した。

この法典は理想的な道徳による秩序という儒教的な意識と、秦の法律尊重主義のアプローチの両方を採り入れ、「徳と儀式は政府の教えの礎であるが、刑罰と折檻はその道具である」と述べている。しかし唐律は、その規則と区分を整理することに関してメソポタミアやインドの法のはるか先を行っている。作者は、いわば尺杖や秤のように識別を可能にする簡潔かつ恒久的な法によって、異なる種類の、重大さもまちまちなさまざまな犯罪を見分ける重要性を強調している。これは、微細な区別と慎重な条件を記す各項目の構造からも裏付けられる。

人の支配

唐律はそれまでの多くの法を手本にしてつくられ、その後中国でつくられた、ほぼすべての法典の布石となった。その法規の大部分が、続く宋（九六〇－一二七九年）、明（一三六八－一六四四年）、清（一六四四－一九一一年）の各王朝で採り入れられた。時間がたつにつれて、変化する社会の問題に対処するための新しい法がつくられ、法典はどんどん複雑になった。法に携わる官吏らは注釈書や法律論文、また判例集を編纂した。地方の行政官が主人公として活躍する探偵小説も書かれた。その結果、法は字を読める人々――教育を受けた市民、商人、職人、比較的多数の庶民――に普及した。相当な再編を経ているにもかかわらず、唐律の内容の大部分は、二〇世紀はじめの最後の清朝皇帝による法典にも依然として存在した。[26]

統治王朝の変遷を通じて、中国の法典は圧倒的に懲罰的だった。政府が統制または規制したいものは何でも刑事罰の対象となる。地方の官吏が域内に徴兵命令を伝達する、穀物庫に鳥を入れないようにするといった場合、それに従わないことが犯罪となった。相続の際に複数の息子たちに均等に分けることになっているとき、異なる内容の遺書をつくることは犯罪だった。政府の官吏、兵士、商人、職人は同じ罪をおかしてもその罰が異なり、社会的階層がはっきりした。これはつまり、人々が相手に商売上の契約を履行させたり財産の所有権を認めさせたりしようとする場合、あるいは離婚や死によって家族の紛争が起きた場合にも、直接相手を訴えられないということだ。公的な法制度を利用したいときには、誰かを犯罪のかどで告発する必要がある。適当な罪目が存在する場合もある――たとえば、実質的な抵当ローンである一時物件売買契約を結んだ者が、借り手にその物件の買い戻しを許さない場合、それは犯罪だ。この法は一般的な民事法のように、物件所有者の権利を守っている。しかし法があまり役に立たない場合もある。地権争いに巻きこまれた人々は、「窃盗、売却、交換、不当請求、虚偽の価格をつけての譲渡証書の作成、条件付きの売却や他人の土地の占拠」を禁じる一般条項を頼るしかない。[27]これではみんなが困る。

実際には、人々の多くは、自分たちが何らかの法の違反に問われるリスクとともに、公的制度の利用にかかる手間暇を避けようとした。[28]その後しばらく、われわれが〝民事〟と呼ぶような紛争は地域内で、村落や同業者集団などの評議会、あるいは宗族の頭《かしら》や道教の道士など尊敬される指導者によって、仲裁された。実際、少なくとも漢時代以降、支配者らは、和、寛宥、自制といった儒教の価値観を守るという前提で、そうした非公式慣習を奨励した。それは歴代の指導者が示したがった〝人道的〟あるいは〝なるべく手を出さない〟政府の側面であり、〝法の支配〟とは対照的な〝人の支配〟だった。現代でも中国政府は、より〝調和した社会〟をつくるために地域の仲裁や半公式の司法体系を当てにしている。[29]にもかかわらず、伝統的な法典は依然として、形の上では懲罰的で、市民が互いに要求をぶつけ合う権利ではなく、法を守らなかった者に対する刑罰を規定する。

中国法は懲罰体制を形成し、正しいふるまいを誘発するとされる賞罰を官吏が与える。ある中国人学者の言葉を借りれば、法制度は網のようなものだ。網の穴が小さすぎれば何もかも捕まえてしまって収拾がつかなくなるが、大きすぎれば抜け出す魚も出てくる。専門家はひもを調節して正しいバランスをとる。[30]しかし中国法は昔から儒教の言葉で語られ、法も、年長の親族や教師や雇用主や役人に対する敬意といった儒教の価値観を強調した。そういう面ではヒンドゥーのバラモンの法と類似したところがある。しかしダルマ・シャーストラが個人の務めと正しい祭式的行動を強調したのとは異なり、中国人は法を、支配者が偉大な帝国に秩序をもたらすためにつくった規範の体系だと考えた。中国の人々は、唐の皇帝の述べた「自分は天の道を推し量り、人間の思いやりを熟慮する」ことによって、法典がたしかに普遍かつ不変の道徳的原則を体現するようにしたという言葉を内面化しているようだ。皇帝はあらゆる法の源だった。つまり皇帝は法の制約を受けない。皮肉なことに皇帝は、法を成文化して公にするべきではないとする儒教の学者の警告のおかげで、〝法の支配〟に抗った。すなわちみずからつくった法に裁かれるという可能性を拒否したのだ。これは世界のおもな法の伝統のなかでも、独特の成果だった。

＊　＊　＊

少なくとも歴史的な記録によれば、法はメソポタミア、インド、中国においてまったく独自に発展した。いずれの地域においても、立法者は刑罰と賠償を定めた基本的な規則をつくり、家族関係や契約を規制し、証拠に関する規則をもたらした。その内容は彼らが複雑な社会で日々直面する社会問題を反映していた。法は、少なくとも原則としては裁判官によって運用されるものであり、中国ではやがて行政官によって運用されたが、初期の立法者たちはみな、高い志をもっていた。メソポタミアの法は決疑法形式で、行動やできごとや状況による結果を明記した。バラモンは義務を詳しく述べた。そして中国の法は適正な刑罰を定めた――そしてそれぞれの法制度の背後には、異なる秩序のビジョンが存在した。法の文章はそれが実際にもたらす社会秩序のためでなく、それが象徴するもの――正義についての声明、社会的階層の図示、懲罰の体系――のためにより重要だった。

これら三つの法の伝統が発達して広まり、各地の立法者は三つすべてから形式や技法を借用して、その規則が日常生活を規制し、予測可能性をもたらし、紛争を解決するために役立つと知った。しかしローマ、中東、西ヨーロッパに現れた偉大な伝統の立法者たちは、ほとんどがメソポタミアの伝統の末裔だったが、いずれも独自の秩序のビジョンをいだいていた。正義、義務、刑罰の理想が合わさってまったく新しい伝統を形づくり、現代社会で優勢となった。

第4章　弁護士と法学者——古代ローマにおける知的追求

ローマ法はローマ市民の事業だった。数十年前のアテナイ人と同様に、おそらくメソポタミアの法とその約束するものについて聞き、触発されたローマ人が、正義を追求した。ローマの歴史のほぼ全時代をつうじて、新たな法は市民の集まりである民会に承認される必要があった。ここでは法は支配層のエリートや司祭階級からの賜り物ではなかった。法学者らが長い年月をかけて法を知的訓練として論じ、学術的見解を述べて、法の実体をつくりあげてきた。それらはやがて現在も法学部の学生が学ぶローマ法の集大成にまとめられた。最終的には権力をもつ皇帝たちが裁判官と法学者の両方を掌握したが、中国の皇帝たちのような強力な立法権限をもつことはなかった。法はローマ市民によってローマ市民のためにつくられ、万人に正義を約束するものだという意識はつねに存在した。

紀元前七世紀から前六世紀、テヴェレ川の河口に近い、いずれ世界でもっとも強力な古代都市となる場所に特筆すべきことはなかった。地域の人々は成文化された規則や規制に悩まされることなく家畜や畑の世話をしながら、泥壁打ち〔粘土と泥を混ぜたものを編み枝に塗り込んで壁をつくる方法〕の家々が建ち並ぶ丘の上の集落で暮らしていた。しかし地中海の向こう側では人々が新たな交易の可能性を探っていた。ギリシア人はイタリア南部に植民市を建設し、北部のイタリア人のなかからはエリート階級があらわれた。成功した戦士の氏族は富を集約し、村を合併して町をつくり、贅沢品や文化的刺激を求めて海外へ使節団を派遣した。(1)

この時期のローマ人についてわかっていることは少ないが、ローマの北のエトルリアでは、装飾的な武器、宴会用の食器、象牙の飾り、宝石、ダチョウの卵まで発掘されている。それらの多くはギリシアから輸入されたものだ。エリートは行進や運動競技、競馬や宴会の際に富を誇示し、墓を繊細な壁画で飾った。ローマ人もエトルリア人に倣い、村に大きな神殿を建てるようになった。紀元前七世紀のある時点では、丘のあいだに新たな都市の中心部の基礎となる公共の場をつくり、のちにそれはフォロ・ロマーノと呼ばれるようになった。(2)

その後一世紀ほど、おそらくエトルリア出身と見られる王たちが数代にわたりローマを統治した。王たちは大きな軍隊を指揮して近隣の部族を襲い、周囲の集団を支配圏に引き入れた。野心的なセルウィウス・トゥリウスは大規模な政治軍事改革に取り組み、戸口調査を導入して市民を新たな区分に分け、兵員会を設立した。彼は貴族の力を制限しようとしていたのかもしれない。彼自身は奴隷階級の出身だと考えられている。しかし改革に不満をいだいた富裕層は、紀元前五〇九年、セルウィウス・トゥリウスの後継者タルクィニウス・スペルブスに対するクーデターを起こした。ポピュリストの専制的な王を追放した貴族らは、ローマは王政を廃止すると決めた。こうして共和制ローマが成立し、ローマ法はここから始まる。

十二表法

後世のローマの歴史家らはローマの王政の転覆にまつわるできごとを、貞淑なルクレティアが横暴な王の子にレイプされた事件やその二〇年後に王がローマ郊外での大戦で敗北したことなどの物語のなかで脚色して語った。今となっては神話から事実をほどいて取り出すことは不可能であり、それはローマ黎明期の歴史に共通する問題だ。しかしローマのエリートらは、おそらくは紀元前五一〇年に独裁者を追放したアテナイに影響されて、寡頭政治を成立させた。内政と軍事をおこなうために執政官（コンスル）二名が選ばれたが、彼らは重要なことがらについては民会に諮らなければならなかった。コンスルは特別な顧問の集まりを設立し、それはやがてローマの元老院になった。

しかしローマのエリートらは貧困層の生活に無頓着で、絶え間ない戦争によって民の資源を枯渇させた。平民（プレブス）の一団が自分たちの集会である平民会をつくり、紀元前四九四年に自分たちの指導者である護民官を選出した。平民たちは聖山に立てこもり、兵役を拒否した。これを皮切りに一連のストライキを敢行し、飢えと借金からの救済を要求した。ローマの経済は融資と信用取引のシステムを発達させ、メソポタミアと同様に、最貧層の多くの人が債務奴隷になった。ウルでそうであったように、債務と社会的不平等という状況から法が生まれる。しかしローマでは立法を市民自身が主導した。

紀元前五世紀の半ばには、平民会は投票手続きを定め、護民官は政府の高官職を独占していた富裕階級（パトリキ）に対して、プレブスのよりよい待遇を求めた[3]。また、新たに征服した土地を公平に分配することも要求した。さらには、万人に適用される成文法の制定を求めた。プレブスの要求に応える形で、紀元前四五一年頃、コンスルらは通常の公職を中断して十人委員会を設置し、文章の作成、制定にあたらせた。言い伝えでは、彼らはアテナイを訪ねて、およそ一世紀前に書かれたソロンの法を参考にしたとされている。あるいは、ローマ人はフェニキア人商人や外交官から聞き知っていたメソポタミアの法に直接影響を受けたと考える学者もいる。たしかにローマ法は、メソポタミアの法に類似した基本形および決疑法形式を採用している。[4] いずれにせよ、政治的な危機によって十人委員会が法を制定することになった。

十二表法として知られるこの法の主題と内容は、のちに数十年間の研究によって慎重に復元されたが、じつはかなり平凡なものだった。[5] 十二表法では裁判の手続き規則をはじめ、当時のローマ人の日常の生活のなかでほぼ確実に紛争となるような主題を取り上げている。たとえば傷害や窃盗その他軽罪の賠償、遺言と相続、債務、義務、器物損壊などだ。そのほかには、家族の家父の地位を確認する規則、葬儀費用に制限を設ける規則などがある。後者は明らかに衒示《げんじ》的消費を防ぐためだった。また、人が債務奴隷にされる条件を明示した規則もあった。法のうち二つは境界と道路について言及しており、これは都市計画の始まりとも見られるが、大部分は民事を扱ったものだ。また、おそらく死刑が言い渡されるような重要な事件では、「最大限の集会」つまりプレブスによる平民会の承認が必要とされた。ローマ市民全員が司法行政に参加することが求められていたのだ。[6]

歴史学者のあいだではローマの階級闘争の本質についての議論が長く続いている。[7] 十二表法の制定は、後代のローマ法学者らが主張したようなプレブスの勝利ではなかったし、パトリキのエリートらは政府高官職を独占しつづけた。新たな法は、表面的にも、市民の平等を保障したり債務の全面的な免除を命じたりするものではなかった。それでもこの法が後世のローマ人著述家たちに根幹として見られたのは、これが、市民は誰でも公正に扱われるということを、保障とまではいかなくとも、約束していたからだろう。

いくばくかの綱引きを経て最後の二表が新たに起草され、十人委員会は解散し、新たに選ばれたコンスル二名が政府を再建した。プレブスとのさらなる話し合いによって、紀元前四四九年にさらなる法が制定され、プレブスの集会が公式に認められ、その議決は法的効力をもつことになった。しかし当初は元老院の議員が拒否権を行使できた。コンスルは護民官の地位を承認し、あらゆる市民は不服申し立てをする権利があることが確認された。十二表法は青銅板に刻まれて中心広場であるフォロ・ロマーノに建てられることになった。読み書きができる市民はごく一部だったが、文字に書かれて誰でも見られるように掲示された法は、ローマ市民であれば誰でもこの法を参照する権利があることを示していた。さらにプレブスは自分たちも政府の意思決定に関与すべきだと考え、元老院はその内密の決定を自分たちの選んだ役人である按察官（アエディリス）のふたりに明かすようにと求めた。

事実上ローマの政治を運営していたコンスルは、新法を導入するには集会を招集しなければならなくなった。そうした集会にはプレブスの平民会をふくめて三種類あり、それぞれ構成が異なり、管轄は重複していた。はじめの頃コンスルはほとんど法をつくらず、つくるときもそのほとんどは戦争を始める、和平を結ぶ、法的手続きを変更するなど国の重大な問題に関するものだった。[8]しかし新法をつくる基本的なシステムは共和制ローマの四世紀をとおして変わることなく、民会の招集は、政府の決定は広く市民によって議論され、承認されるものだという重要な事実の証だった。

ローマ市民の紛争

ローマの政治的な緊張は次の世紀まで続いた。経済は停滞し飢饉によってプレブスのあいだに不安が高まっていた。しかし紀元前三九六年、ローマ軍はエトルリアの都市ウェイイを征服し、その豊かな農地を接収してローマ市民に分配した。[9]紀元前三八〇年代と三七〇年代に護民官はより多くの土地を平民に与えるよう要求し、認められた。[10]その結果、食料不足は緩和されたにもかかわらず、債務奴隷になる貧しい市民があとを絶たず、護民官は民会に問題を討議させたが、問題は完全には解決しなかった。[11]また護民官は、プレブスにも高位の公職に就く権利を認めるべきだと訴えた。それによって前三六七年、リキニウス－セクスティウス法が成立し、一年任期のコンスル二名のうちのひとりをプレブスから選ぶことになった。しばらくパトリキは元老院の支配を維持していたが、前三三九年、プレブスの新たな勝利であるオヴィニアン法によって、公選の役職である戸口総監（ケンソル）[12]が元老院議員を任免する権限をもつことになった。元老院はむしろその重要性を増し、政治的問題を議論して、いまだ数の少ない政府高官らに影響を及ぼした。[13]

紀元前三八七年、ガリア人部族がアルプスを越えてイタリア北部に侵入し、ローマの大部分を破壊した。しかしガリア人らは去り、ローマはまもなく復興した。この事件でローマの指導者らは、軍事力を維持することの重要性を再認識した。ローマ軍は周囲のラテン地域への軍事侵攻を続け、イタリア南部へ進出し、遠隔地の支配者らと同盟を結び、前三世紀には支配地域をイタリア半島の半分まで広げていた。ローマは依然として、ローマの歴史家リウィウスの言葉を借りれば、「いまだ装飾されざる」都市であった。しかし交易は拡大し、富裕なプレブスを融合した新たな貴族的階級であるノビリタスの富も増大した。[14]

護民官は政治改革を訴えつづけ、前二八七年には、元老院の民会に対する権威が放棄された[15]。まもなく平民会は殺人、傷害、物的損害事件の取り扱いを定めた法一式であるアクィリウス法を提案した。そのもっとも重要な規定のひとつが、腐敗した公職者を裁く市民の権利だ。重大な犯罪を疑われたり告発されたりする者がいたら、高官、たいていの場合は護民官が容疑者を呼びだして取り調べる。それは公衆の面前で、たいていはフォロ・ロマーノの屋外でおこなわれる。事件に関心をもつ者は誰でもそのやりとりを聞き、コメントすることができる。護民官は告訴するという結論を出すと、民会を開いて証言を聴取し最終判決を下す。

軽い紛争の場合には、市民は、ローマの道路や市場を管理する役人であるアエディレスに高利貸しや穀物投機や売春といった商取引その他の不正行為を訴えた[16]。より深刻な事件では市民は高位の役人に提訴する必要があった。それには、貴族の宗教的専門家である神官長によって定められた正確な文言を使わなければならなかった。そうした伝統的な民事訴訟制度である法律訴訟は複雑で、間違った文言を用いた訴えは有無を言わさず敗訴につながった[17]。訴訟を起こすことは万人に認められていたが、簡単な手続きではなかったのだ。債務に関する事件では、役人は債権者が直接負債を取り立てることを許可するかもしれないが、その他の事件は単独または複数の審判人に送られ、原告は宣誓することで主張を裏付けるように求められる。審判人は司法の専門家ではなく、ただの役人だった。そして十二表法では原告が被告を審判人の前に連れてくる義務があり、しばしばそれが問題となった。

十二表法にはあまり多くの条項はなかった。だがハンムラピ法典と同様に、幅広い事案に応用可能な一般原則を示していた。たとえば、夜中に自宅で泥棒を殺した者は、殺人罪を免れた。日中に泥棒と鉢合わせした者はもっと自制するべきだとされた。また、債権者が債務者を債務奴隷にする前にとるべき複雑な手続きも法で定められており、おそらく法を読んで引用できるくらい教養と自負がある債務者には、一定の保護が与えられていたのだろう。そして結婚と相続に関して厳密な条件を定めた。民会はその後、契約や保証、未成年や非嫡出子の地位、相続や継承の慣行といった、紛争の種になりがちなことを規制する法を制定した[18]。たとえ一般市民が複雑な司法手続きを利用しなかったとしても、これらの法の背後にある原則は、地域の紛争を仲裁する人々の考えに入りこんだはずだ。ローマは小さな都市で、もっとも重要な法は全員に知れ渡っていた。

ノビリタス

ローマは事実上、「ノビリタス」と呼ばれる富裕層によって支配されるようになった。彼らは元老院を構成し、元老院は国の政策を論じ、財政を支配していたが、その仕事は軍司令官でもあるコンスルによって規制されていた。コンスルはその他の政務官とともに民会で選出された[19]。市民の集まりである民会は新法を承認または却下する権限を有していた。民会は多数の儀式や手順に従い、とりわけ投票は、選出や決議をおこなうにあたり、正しい方法で実施する必要があった[20]。コンスルもしくは護民官が新法を提案するとき、彼は投票権をもつ全市民、すなわち一七歳から六〇歳の男性に通知を送り、フォロ・ロマーノでの民会に招集する。民会に先立ち、法の提案者は人々の賛意をとりつけるために精力的に動く。通常ローマの市《いち》の日と同じ日が選ばれた投票日当日には、監視役の役人がフォロ・ロマーノの木の壇上に投票用の籠を設置し、演説者は提案する法を読みあげる。その間人々は、このような機会に投票をおこなうために集まった歴史的なグループ、トリブス〔古代ローマの国民の地域的原理による区分〕ごとに集まる。別の役人が、投票の順番を決めるくじ引き用の水差しをもってくる。ひとつめのトリブスのメンバーが一人ひとり前に進み出て、〝賛成〟と〝反対〟の籠からひとつずつ投票札を受けとり、どちらかを投票箱に入れる。トリブスの全員が投票を済ませると、集計係の役人が札を数え、そのトリブスが法案に賛成か反対かを宣言する。そして次のトリブスが投票する。この作業が、三五あるトリブスの多数である一八のトリブスが同じ意見となり、結果を宣言できるようになるまで続く。終わるまで数時間かかることもあった。そのあいだ、女性、子供、商売人、外国人、奴隷はフォロ・ロマーノや周囲の通りに集まっていた。彼らには投票権はなかったが、投票を見物しながら物売りから食べ物や飲み物を買って、予想を口にしながら結果を待った。新法が議論の的になっていると、人々の熱気は高まった。

ノビリタスは民会において不釣り合いなほど大きな影響力をもっており、それは平民会でさえも同じだった。民会の手続きは複雑で面倒で、お世辞にも民主的ではなかった。しかし毎年の主要政務官の選挙とあわせて、民会はたくみにひとりの人間がもつ権力を制限していた。そして高位の役職に就き、変革を起こしたいと望む者は、ローマ市民の大多数が直面する問題についていくらかでも理解している必要があった。民会はまた、集まった市民の関心をかきたてる演説者に活躍の場と名をあげる機会を与えた。何よりも、法は公的な声明であり、市民がそれについての討論を聞いたあとで、誰でも見られるように書き留められた[21]。ノビリタスは政府の高官職、軍隊、ローマの経済資源を独占していたが、思いのままに統治できたわけではなかった。[22]

政府のこうした構造と手続きは共和制のあいだずっと続き、コンスル、元老院、人民のあいだの抑制と均衡のシステムをつくりあげた。紀元前二世紀、ギリシアの捕虜でローマに住み着いた歴史家ポリュビオスは、この絶妙な政治構造について肯定的な意見を残している。曰く、ローマという国の中心で裕福な者は重要な官職と組織を支配するかもしれないが、貧しい人々の投票も重要で、富裕層はそれを勝ち得なければならない。[23]

ローマ法

紀元前三世紀から前二世紀、ローマ軍はイタリア半島およびイタリア半島を越えてほぼ常時戦争をしていた。もっとも大規模だったのはカルタゴとのポエニ戦争で、第二次ポエニ戦争は前二一八年、ハンニバルの英雄的なアルプス越えで始まり、ローマ軍は壊滅的な敗戦を喫した。この戦争はローマの資金を枯渇させ、カルタゴはローマの力を排除する寸前だった。しかし前二〇二年の北アフリカにおける勝利によって潮目が変わり、ローマの地中海一の覇権国としての地位が確立した。ローマは北アフリカおよびスペイン南部からの大量の戦利品を手に入れることになった。

おそらくローマの成人男性の四分の一が軍隊に雇われており、兵士は勝ち戦からすばらしい戦利品をもち帰った。征服は奴隷をもたらし、多数の奴隷が農園や炭鉱で働かされたり家庭内労働者になったりした。およそ四万人の奴隷がスペインの銀を掘り出すために使われ、ローマ政府はその銀で硬貨を鋳造し、さらに経済を刺激した。[24] 裕福な市民は農業技術を追求し、手に入れた大きな農園でオリーヴオイルやワインを生産し、地中海一帯に輸出した。新しい食べ物もつくられた――パンがポリッジに取って代わった。そして新しい建材、もっとも有名なのはコンクリートが開発され、ローマの都が巨大な建物で飾られた。戦勝記念軍事パレードや市民参加の祝宴もあった。前一六七年には、政府はローマ市民の税金を一時停止することが可能だった。

ローマの目覚ましい領地拡大は役人に法的な問題を引き起こした。多くの兵士がスペインに駐留し、子供たちをもうけた。元老院はそうした子供たちをどう扱うか決める必要があった。ローマ市民か否か？[25] 十二表法は制定されてからすでに三〇〇年以上がたち、ローマ市民にとって重要な法であることに変わりはなくても、現代的な問題に対応するのには不十分だった。そこでコンスルと護民官は新たな法を起草し、民会がこれを承認した。[26] 紀元前一二七年、改革派の護民官ガイウス・グラックスは貧しい市民に穀物がいきわたるように穀物の価格を固定し、穀物倉を建てた。さらに彼は植民地に新税を課した。政務官らは民会に個々のケース、とくに市民の地位と権利に関するケースについて判断を下すよう求めることもあった。たとえば前一八六年、ある高級娼婦が家族の勧めで酒神バックスの秘教に入信しようとしたパトリキの愛人に、以前目撃したバックスの信徒らによる秘密の祭儀とその危険性について伝えた。その男は問題の秘教への入信を拒否し、驚いた家族は彼を家から追い出した。そこで男はコンスルに通報し、コンスルは高級娼婦を尋問して脅し、情報を引き出した。そしてこの狂信的教団を制止する措置を講じた。またコンスルは、通報者は報われるべきだとして、その高級娼婦に新たな地位と権利を与えるべきかどうかを平民会に判断させた。(27)

十二表法の目的は、ローマの人々のあいだに一種の平等を保障することであり、法は人々に一定の自由と保護を与えた。しかし都市が成長するにつれて貧富の差や地位と権利の複雑な差異によるヒエラルキーが生まれ、より複合的な方法で人々を分断した。家庭内のレベルでは、家族を束ねる家父は、家庭内のほかのメンバーである家人に対してきわめて広範な権利を有していた。いっぽうで女性には投票権はなく政治に参加することはなかった。奴隷の数は大幅に増え、なかには主人に信頼されて、解放される者もいたが、解放奴隷として元主人に対する義務はそのままだった。市民権の性質も変わった。前八九年にイタリア半島全域の人口にローマ市民権が与えられてからはとくにそうだ。誰もがローマにやってきて民会で投票できるというわけではなかったが、ローマ法に訴えられるという権利は、社会的包摂の重要な目印だった。

ローマ法は市民だけにかかわるものではなかった。民会で話し合われた議題の圧倒的多数は、公職者の行動をめぐる政治または手続きに関することがらだった。ローマが大きくなるにつれて役職も増え、裕福な人々はその職に就きたがった。出世を志す若者は、財政的なことに責任をもつ下級官吏の財務官（クァエストル）から始めた。その後、彼は元老院に加わる望みが出てくる。それから一年任期のアエディリスを務める。アエディリスは建物や道路の保守、市場や店舗の監督、競技や祝祭の遂行、法と秩序の維持といった都市の日々の運営に責任をもつ。次は選挙で法務官（プラエトル）に選ばれるかもしれない。そしてもっとも出世した者はいよいよコンスルに選出される。プラエトルはもともとコンスルの助手として軍事司令を発したり、不在時の代理を務めたり、元老院の会議を招集したりした。新たに海外の占領地を植民地として統治する必要があり、前二二七年、新たに二名のプラエトルがシキリアとサルデーニャの担当として任命され、前一九八年にはさらに二名がヒスパニア（スペイン）担当として任命された。(28)

紀元前二世紀には、ローマ市民間の訴訟を扱う母市プラエトルが民事裁判を監督した。これらの役人たちは法的な訓練を受けてはいなかったが、ローマ法の発展と拡大に大きな影響を与えた。ローマが大きくなり、市民の問題が複雑になると、審判人は請求人に対し、訴訟を開始する際に神官が規定した難解な法律訴訟ではなく、特定の文言で書かれた方式書を求めるようになった。母市プラエトルはどの訴訟にはどの方式書を使うべきかを判断し、請求人が主張を認められるためには何を証明する必要があるかを決定した。その他の官職と同様に、プラエトルも毎年就任にあたりどのように職務を全うするつもりかの告示を発した。大きな白漆喰塗りの板に、赤い文字で、ローマ市民に最重要な法と秩序、さらに市民が使うべき方式書を書き出した。[29]この板は誰でも見られるようにフォロ・ロマーノに掲示された。[30]こうすることでプラエトルは新しい革新的な法律訴訟を定式化し、意図的にローマの市民法を発展させることができた。

法的な問題をかかえたローマ市民は母市プラエトルに訴え、プラエトルは即事命令を出すかどうかを判断する。[31]たとえば力の行使を禁じる差し止め命令である禁止令を許可したり、埋葬や水利権やその他の緊急事案についての命令を出したりすることができた。プラエトルは請願が適切な方式書に則っていると判断すればそれを審判人に送付し、判断させる。プラエトルも審判人もフォロ・ロマーノの木の台の上で、周囲の神殿の陰に腰掛けて事件を審理した。訴訟当事者、また彼らの弁護人はその下の地面に立ち、彼らに訴えをおこなう。興味をもった見物人が輪をつくることもあった。訴訟当事者と弁護人は略式の普段着ではなくトーガ〔古代ローマ市民が着用した外着〕を着て、正式なラテン語で話すことになっていた。キケロの説明によれば、当事者たちは怒りや不公平を表すことは避け、酔っぱらって戻したり心酔者からキスを浴びせられたりすることのないよう求められた。[32]

贋金づくり、陰謀、反逆などの重大な告発は平民会に送られ、平民会は身体刑を科したり腐敗役人を公職から締め出したりすることもあった。しかし前一四九年、平民会は、イベリア半島で反乱を起こしたルシタニア人八〇〇〇人を和平交渉とだましておびき寄せて殺したセルウィウス・スルピキウス・ガルバを無罪放免とし、コンスルと元老院を憤慨させた。改革派の護民官であるガイウス・グラックスはこの機に乗じて新たな訴訟手続きを導入した。[33]グラックスの提案は、公職者による財物強要の場合、訴えは訴訟に値するとプラエトルが判断すれば、彼は陪審員団を任命する。そのために、最初に告発人は一〇〇人の男性を指名し、被告人はそのなかから事件を審理する五〇人を選ぶ。プラエトルは、告発人が証人を呼びだして書類をつくり、弁護人を選任し、証人尋問をするのを援助する。有罪の判決が下ると、罰金の回収を手伝う。罰金は損害金額の二倍だった。こうした規則は、通常の民事の訴訟を起こす人よりも腐敗した公職者を告発する人に、より大きな援助を与えた。民事訴訟は審判人がひとりで、回収の手伝いもなかった。訴訟の危険は、紀元前三世紀から前二世紀に書かれたプラウトゥスやテレンティウスの喜劇作品のなかで嘲笑の対象にされた(34)。

キケロの告発

紀元前二世紀、毎年選出される母市プラエトルはローマの法廷を監督し、市民がどのように法制度にアクセスできるのかを決めていた。しかし十二表法は依然としてローマ人全体の意識に大きな位置を占めていた。青銅板に刻まれた十二表法はローマという都市の成り立ちと市民の自由の基盤と見なされ、独裁の終わりを象徴していた。男の子たちは学校で十二表法を暗記し、その規則が市民の権利の土台だということを学んだ。しかし野心的で創造的なプラエトルの告示によってさまざまな法的手段が開発され、一部の法学者たちが基本的な法原理に関心をもちはじめた。彼らは「法の精通者」となり、審判人にも、訴訟を検討した(35)りその渦中にある一般の人々にも、助言を提供した。紀元前一世紀になると、法学者はプラエトルや審判人に招かれ、顧問の一員として裁判に出廷するようになった。彼らはキケロの言葉を借りれば、「入念な弁護人に武器を提供していた(36)」。審判人に対しては共同経営者、代理人、夫、妻の地位と義務について助言し、問題の行為が「善意でおこなわれた」のか、あるいは「善き人々のあいだでなされるようなことだった」のかを判断するための指導をおこなった。詐欺の事件では何が「より公正で好ましかった」のかについての意見を述べた。これらは法によって審判人が判断すべきとされていたことだった(37)。紀元前九五年頃、コンスルのクィントゥス・ムキウス・スカエウォラはローマ法についての包括的な注釈書の執筆に着手したとき、十二表法を出発点とした。同じ頃、偉大な雄弁家であるキケロは、初期のいくつかの演説のなかで十二表法はローマ法の源だと言及している(38)。しかしプラエトルらの手による法の変化は急激で、その考えを維持することはできなかった。紀元前一世紀半ばには十二表法は法的権威ではなく道徳的権威をもつようになり、やがて学校の履修課程からもはずれた(39)。

法廷の関係者や利用者は法の複雑さと腐敗という問題に直面していた。プラエトルは法の専門家ではなく、より高位の官職を目指す野心家の男性で、その地位をみずからの利益のために利用する者もいた。よく知られた例では、紀元前七四年、キケロはプラエトルのガイウス・ウェッレスを公職者職権濫用で告発した(40)。キケロによれば、ウェッレスは前任者の告示を無視して相続事件で低い水準の証明を認め、みずからに利益をもたらす個人に便宜を図った。さらに悪いことにウェッレスは自分が告示で述べたことも躊躇なく無視して、その場その場で勝手な判決を下した。訴訟当事者の何人かが救われたのは、彼の部下たちの勇気ある介入のおかげだったとキケロは主張した。当時プラエトルには毎年八人が選出されたが、職務分担はくじ引きで決まったので、法的知識をもった人間が母市プラエトルになってローマの法廷を監督するかどうかはわからなかった。おそらく法学者やキケロのような有力な弁護人による圧力の結果、護民官のコルネリウスは前六七年、新たにプラエトルになる者に対して、就任前に告示を発し、就任後はその法に従うことを求める新法を提案した。ウェッレスのような男の馴れ合いの腐敗によって利益を得ていた多くの元老院議員は反対したが、護民官は粘り、法は可決された。この法は実質的に賄賂および腐敗の機会を制限するとともに、プラエトルがどのように法を適用するかを予測しやすくした。

キケロの演説

紀元前一世紀末には、別の集団である雄弁家らがローマの訴訟手続きにかかわってきた。フォロ・ロマーノで開かれた多くの集会や民会は見解を主張する機会を与え、元老院ではもっとも弁舌巧みな演説者が権勢をふるった。[41] 訴訟当事者らは友人や親戚や尊敬を集める法学者に自分の弁護を頼んだが、雄弁術の発展とともに修辞学の訓練を受けた人間がこの役割を担うようになった。彼らは法を理解し、使われている方式書や証明すべき事実についての専門的な論争を長々とおこなわなければならなかった。しかしその事実は訴訟に勝つような方法で提示する必要があり、〝衡《こう》平《へい》〟の問題と正義が審判人の判決の基盤となるはずだった。死刑裁判や汚職の裁判では間違いなくそうだった。ここで雄弁家が真価を発揮する。もっとも有名な雄弁家のキケロは誇らしげに自分の演説を記録し、その一部は今も残っている。その多くが高度に政治的な事件で、公職者が不正行為で別の公職者を訴えたり、野心家がライバルの汚職を非難したりして法廷で争われた。これらの訴訟では信義の問題が提起され、多くの論争できわめて重視された。

キケロの演説には法に対する二面性があらわれている。ムレナというプラエトルを弁護した際には彼を「賢い」男、であると述べ、公平で思いやりをもって話を聞き、公正、高潔、近づきやすさを実践する人間だと評した。別の事件では、プラエトルには真面目さと誠実性が必要だと述べてもいる。しかしキケロは法の知識のことは言わなかった。[42] 訴訟手続きと学術的議論はひじょうに複雑になり、キケロは法の専門知識を超える彼の演説の力を誇りにした。彼は、法学者のガイウス・アクィーリウス・ガッルスがおそらく見下すような意図で述べた言葉を引用している。曰く、ある種の事件は「法の関知するところにあらず、キケロの関知するところなり」(*"nihil hoc ad ius, ad Coceronem"*)[43]。しかし別のときにはキケロは法とその重要性の強力な擁護者であり、とりわけウェッレスの汚職に対する非難ではそうだった。キケロの猛烈な告発演説がおこなわれると、ウェッレスは反論することなくローマから逃亡した。

紀元前六九年、裕福な地主の寡夫であるアウルス・カエキーナは、ローマの北、エトルリア領内にある価値あるオリーヴ農園の所有をめぐる問題について、キケロの助言を求めた[44]。前九〇年にローマの市民権はイタリア全土に拡大され、それとともにローマ法に訴える権利も与えられた[45]。カエキーナは、亡くなった妻の友人兼アドバイザーだったセクストゥス・アエブティウスという男性と争いになっていた。アエブティウスは妻が亡くなる少し前に妻から農園を買い取ったと主張している。カエキーナが妻の遺書によって農園を相続しようとしていることを知ったアエブティウスは、農園に居を定めた。カエキーナは所有命令を求めてプラエトルに訴えた。一連の複雑な手続きのなかで、カエキーナはアエブティウスに対して、彼(カエキーナ)が問題の農園に入り、「昔ながらのやり方で放逐される」ことを承諾するように求めた。これは、こうした紛争の当事者たちが訴訟を開始するにあたり、自分の土地から強制的に追放された場合の方式書を使うためによくおこなわれていた形式的な動きだったようだ。便宜的な手順だった。たいていの紛争当事者たちはこのやり方で協力した。アエブティウスもはじめはこの手順に従うと言っていた。そこでカエキーナは決めた日に友人たちを連れて農園に行ったが、そこには男たちの一団がいて、殺すと脅された。投石で追いたてられ、カエキーナと友人たちは退散した。男たちはアエブティウスの元使用人と現使用人だとわかった。

カエキーナは法的に難しい問題に直面した。なぜなら彼は、厳密には農園から放逐されていない——農園に足を踏み入れていない——ので、アエブティウスは、訴訟は始まってさえいないと主張することもできた。カエキーナの弁護をするキケロは、この技術的障害を克服するためにあらゆる創意を駆使する必要があった。彼はまず、法学者のひとりから手に入れた有利な法的見解を審判人に提示した。そして法について熱のこもった議論を始め、「法、すなわち市民法(ius civile)は規則と制度の独立した体系であり、『社会的福祉と生活の絆』を形成する。所有権と法律関係の基盤である。法はそれらの権利の『金銭によって汚されえない保証人』である」とキケロは主張し、その規則は「あらゆる人々に同一で誰にとっても同じ」でなければならない。つまり、通常の政治的社会的生活とは区別されるべきものだと訴えた。キケロは続けて法学者の重要性について強調する。彼らは法と、もっとも誤りをおかしがちな司法機関である法廷の間に立っている。法の解釈者として、法学者は法そのものの権威をもち、彼らに対する攻撃は法に対する攻撃に他ならない。審判人は法学者の意見を尊重すべきである、と断じてキケロは結んでいる。

キケロは審判人に対して、自分の依頼人の訴えに有利な法学者の見解を無視してみろと挑発したのだ。彼の演説は弁護術の発揮であり、おそらく記録するにあたって脚色を加えており、ほぼ絶望的な手続き上の問題に直面しておこなった。ほかの演説からは、キケロは法学者についてもっと相反する考えをいだいているのが明らかだ。[46] しかしカエキーナの事件で、キケロは自分の言葉に少なくとも説得力があるという自信をいだいていたはずだ。共和制ローマでは、エリートらは法の独立性と、その解釈者としての法学者の権威を確信していた。つまり彼らは法の支配を認めていた。キケロがカエキーナの事件で勝ったのかどうかは不明だが、彼の演説集に入れられたということが、不利な状況での勝利を誇りにしていたのだろうと思わせる。

複雑で難解

法学者はローマ法に関する専門知識を磨き、審判人、プラエトル、一般の市民は皆その権威を尊重するようになった。[47] 共和制の後期、若く野心的なローマ人男性は軍隊ではなく法律でのキャリアを追求した。もっともそのためには、先達の法学者のもとで訓練を受けるコネが必要だった。[48] キケロは、一六歳だった前九〇年、著名な法学者で元コンスルのクィントゥス・ムキウス・スカエウォラのもとで学んだときのことを書き残している。[49] キケロはスカエウォラのもとで二年間過ごした。キケロによれば、スカエウォラははっきりとした物言いのいくらか古風な男で、法の知識は人に助言を与えるために用いて、法廷に出ることはほとんどなかった。しかし立派な人々が途切れることなく訪れることに若いキケロは感心し、彼らの博識かつウィットに富んだ会話に熱心に耳を傾けた。スカエウォラの狩猟小屋や田舎の別荘に出かけることもあったが、たいていはフォロ・ロマーノを見おろすパラティヌスの丘の上に立つ大邸宅に人々が集った。明るい色の壁とモザイクの床、彫刻や美術品が——これみよがしの贅沢だと感じさせないように——慎重に装飾され、主人の洗練された趣味を感じさせるアトリウムで、スカエウォラは法に関する助言を与え、元老院議員、コンスル、プラエトル、将軍、その他の有力者らと国情について語った。スカエウォラの親しい友人やもっとも大事な客は奥の部屋、おそらく図書室に通され、ギリシア哲学について議論したりローマのニュースやゴシップについて意見を交わしたりした。多くの人々が、友人とのそのような知的な会話が、ごたごたや政治的陰謀の絶えない仕事のあとで慰めを与えてくれると言った[50]。

こうした高尚な環境で法学者らはローマ法についての考えを深め、キケロの同時代人らは法の知識を獲得した。法は彼らによって学問的なエリートの嗜みとなった。普通の人々は、たとえば娘の縁談や不動産購入や畑の耕作といった社会的なことがらについての助言を法学者に求めた。実際キケロは、市民が散歩中に法学者に助言を求めた様子を伝えている。法学者は遺書、契約書、その他の法的文書をつくり、人々が相続の複雑な取り決めをしたり、法規に触れないように家畜を購入したりするのを助けた[51]。彼らは私人への助言をするいっぽうで、法とは何か、どうあるべきなのかといったことについて、法学者どうしで何時間も議論した。ある状況における所有権の回復は、別の法律の農地使用に関する規則とどのように関係するのか？ 個人がふたつの法の板挟みになったとき、どうなるのか？ プラエトルの方式書は限られていたので、法学者は依頼人が求める解決策を追求するために創造的になる必要があった。法学者たちは仲間内で仮想の事案を構築して、法をどのように適用できるか、その限界はどこか、法的な要件すべてを最大限に活用するためにどのように訴えを言葉にすべきかなどを試した。また法を活用するために、法的擬制を使わなければならなかった[52]。訴訟を円滑に進めるために、あるものを〝あたかも〟別のものであるかのようにみなす。たとえば、相続法によって相続するためには、まだ生まれていない子供もすでに生まれた子のように扱う必要がある[53]。法学者らは、市民から法的な助言を求められたときの解答のなかでこうした法の細かな点を説明した。

法学者らは法的知識（ius）を深めようとしたが、それは理屈の上では古く不変のものだ。彼らはそれを、民会の決定であり、人々の意志を示したものである法律（leges）と区別した[54]。しかし法学者の議論はどんどん難解になっていった。分類や定義についての話に何時間も費やし、議論が細かくなればなるほど仮想の事案はより興味深く、体系全体をまとめるために構築する規則や原則や例外はより複雑になった[55]。共和制の後期にはキケロはすでに、法学者とその見解は複雑で理解しにくいと批判している[56]。「悪意と法学者は去れ」という墓碑文もある[57]。複雑さと難解さは成熟した法制度に頻発する問題だ。

ローマ法は本質的に実用的な制度として始まった。民会によって決められた十二表法の法と、プラエトルによって規定された方式書は、いずれもその時代の問題を念頭に置いてつくられた。ローマ市民の生活を規制し、裁判における論拠や決定に対する基盤となるべく設計されている。訴訟で争わなければならない人々にとっての資源でもある。

法はまたごく初期から、法の前での一定の平等という全市民の権利を象徴していた。しかし法学者によって、法は学問的な営みとなった。教養のある男たちが貴族の邸宅内の高尚な環境で議論し、自由に知的な関心を深めた。ローマ法はエリートの嗜みになり、ローマの社会的または政治的圧力から隔離されて、壁の外であらゆる複雑さを展開しながら広がった。

「ローマ法大全」

それが、紀元前一世紀のはじめ数十年間のローマ法の状況だった。政治的陰謀と内戦がポンペイウス、ユリウス・カエサル、マルクス・アントニウスらの盛衰につながった、共和制の末期のことだ。紀元前二七年、ガイウス・オクタウィウスが初代皇帝となり、アウグストゥスと名乗った。この時点で帝国の人口は少なくとも四〇〇〇万人であり、ローマ市民は五〇〇万人に増えた。[58]

当初、アウグストゥスとその後継者らはコンスル、護民官、元老院、民会といった共和制の政治制度を残していた。しばらくの間は法制度の体制や役人も維持された。アウグストゥスは大量の宗教文学を焼き捨てたが、法学者の専門知識を認め、正式に多数の法学者に対して解答する権限を与えた。[59] 紀元三七年から四一年まで皇帝位にあったカリギュラは、法学者が不利な見解ばかり出すならその職業を廃止すると脅した。しかし一二五年、皇帝ハドリアヌスはプラエトルの告示を恒久化するように命じ、法学者の見解の権威を認めた。この発表によって法学者の地位が確認され、続く数十年間にその数は増大した。[60] この頃が法学者と法にとっての全盛期で、法学者ガイウス、パピニアヌス、ウルピアヌス、パウルス、モデスティヌスの時代だ。しかしそれは長くは続かなかった。

後継争いをするライバルに対する策略を企てていたり、軍隊を率いて〝蛮族〟と戦ったりしていないとき、皇帝たちは行政権を強化するのに熱心だった。アウグストゥスは、元老院と市民に請われて「国家の父」の称号を受領し、皇帝たちはしだいに、メソポタミアの王たちのように、自分が正義の源であるという考えを広めていった。つまり皇帝はこの仕事を審判人に委任することはできるが、法的なことについては自分が最終的な裁定人であるという主張だ。[61] 同時に、法学者らはいっそう難解な見解を著し、それは訴訟の実際からますます離れていった。一六〇年頃、法学者のガイウスは法を体系的にまとめ、「法学提要」という文献を著した。そこで彼は法と法学者の見解の体系化を試みている。彼は主題を人の地位、財産権、遺書と相続、訴訟手続き、義務——現代でいう契約——に分類した。しかし法学者の学説は発展し、個人的な競争意識から論争や意見の相違が生じた。それにより一九三年から二三五年まで続いたセウェルス朝の皇帝たちは、多数の法学者を選んで顧問会に召しかかえることが容易になり、法学者の独立性を弱めていった。

その間もローマの将軍らは遠い土地の支配者に戦争を仕掛けて、支配地を広げていた。そうした遠隔地の住民のほとんどはローマ市民権を与えられず、それは契約を結んだり、地所を購入したり、結婚したり、遺書を作成する場合にローマ法が適用されないということを意味した。彼らにはローマの民会における投票権もなかった。もっとも皇帝の力が強まるにつれて民会の重要性は下がっていた。ローマ市民は法を、〝蛮族〟にはめったに適用されない特権と見なしていた。法は、キケロが述べたとおり、共和国の土台であった。(62)一部の新たな属州とその都市は積極的にローマ文明を熱望し、キウィタス〔ローマ帝国の自治都市〕になることを求め、それはローマ風の組織や市民の規則を採用するということを意味した。しかしその他の都市、とりわけギリシアの諸都市は、すでに確立された法体系を有し、独自法を維持しようとした。また商人は伝統的な商業および海事の慣行を続けたがった。(63)

事情もはっきりしないなかで、同時代の著述家の多くが驚いたのは、二一二年、カラカラ帝が突然ローマ市民権を帝国内の全自由民に与えたことだ。皇帝は宗教的慣習を統一し、すべての人々がともに彼の安全を神に感謝できるようにしたいという理由を述べたが、皇帝が税収を増やしたかったからだという皮肉な見方もあった。(64)理由は何であれ、結果としてローマ法の〝恩恵〟が大幅に拡大され、多くの人々が政府の高官になる資格を得た。遠く離れた属州の住民や地方の役人が新しい手続きに慣れ、ローマ法の可能性に気がつくといった変化は、ゆっくりとしたものだった。(65)しかし時とともに、多くの人々がローマ法を引き、ローマの法形式と手続きに従うようになった。

ローマの司法の運営もしだいに変わった。セウェルス朝の皇帝たちは訴訟手続きへの統制を強化した。皇帝はもっとも著名な法学者を官僚として引き入れ、彼らを独立した法の権威ではなく政府の顧問に変えた。三世紀の後半は政変の時期で、野心的な男たちが次々と権力を握り、すぐに失脚した。ようやく二八四年に軍がディオクレティアヌスを推戴《すいたい》した。新帝は二〇年の在位期間で首尾よく皇帝の統治権力を安定させた。数多くの改革を実施したが、とくに重要なのはローマの広大な領土を東西に分けたことだ。また皇帝は、裁判官を補佐する査定人や法律の専門家を任命して、訴訟手続きを職業化した。これによって法学者は帝政との結びつきがいっそう強まり、当然ながら皇帝の望みに対して忠誠を示そうと思うようになる。(66)ディオクレティアヌス帝は以前の皇帝がおこなっていた、法的見解である

「答書」を発する慣習を続け、それは法学者の「解答」よりも重要性と権威があるとされた。[67]

ローマ法はしだいに属州に浸透し、地元の行政官が告示や法判断を発し、一般市民が訴訟手続きを始めた。[68] 多くの人々は法制度を、ブリタニア北部の荒野まで達した建築技術や水道や浴場といった技術革新とともに、ローマ支配の恩恵のひとつと見なした。しかしローマの役人らが支配の道具として法を使っていると考えた著述家もいた。タキトゥスはブリタニアの統治について、ブリトン人が〝文明〟だと誤解しているものはじつは奴隷制の一側面だと言い切っている。[69] さらにローマのドイツにおける困難について、二世紀のある著述家は「属州を統治するのは獲得するよりも難しい。力で征服したものを、法で維持しなければならないからだ」と言った。二世紀後、別の著述家がアラビアにおけるローマの成功は、「住民の高慢を叩き潰して『アラビア』をわれわれの法に従わせた」トラヤヌス帝の功績だと称えた。[70] 名目上は文明の恩恵であり一側面である法が、政治的支配の道具にもなった。

五世紀になると、東西の皇帝とその行政官たちはローマ法の複雑な体系を合理化しようとした。四二六年、西帝ウァレンティニアヌス三世は、その見解を権威あるものとする法学者を指名し、四三八年には東帝のテオドシウス二世が前世紀に制定された勅法をまとめたテオドシウス法典を編纂した。[71] その一世紀後、彼の跡を継いだユスティニアヌス一世は帝国の法および法学者の見解を網羅する法典の編纂を命じた。中国の皇帝と同様にユスティニアヌス帝は、『ローマ法大全』が帝国全土に法と秩序をもたらし、これらの法は永遠に有効で、これ以上の法学的見解が法を傷つけることは許されないと宣言した。しかしそれは、絶対の法的権威を目指し、法がすでに獲得した地位を無視する高慢な言葉だった。

＊＊＊

一〇〇〇年の間、ローマ法とその意味するものはひじょうに多様に変遷してきた。十二表法の時代、法は青銅板に刻まれ、ローマ市民がどのように扱われ、どのように罰せられ、どうやって裁判所に訴え出て、どうやって債務の救済措置を求めるかといった基本的な規則をもたらした。そしてそうした権利は、大きな意思決定をおこなう民会への参加に伴うものだった。彼らの制定法は政府の手段であり、市民はそれによって公務や公職者の活動に影響を与えることができた。訴訟手続きが洗練され、審判人とプラエトルは訴訟事件に適合する方式書を定めた。それらが法学者の議論のテーマや研究の主題となった。彼らは法を知的な営みにした。彼らの見解の精巧さに中世ヨーロッパの学者は感心した。しかしローマの歴史をとおして、法は文明のしるしでもあった。もともと法はローマ市民が正義を求めるために使う道具だったが、キケロの時代には全市民が享受する恩恵だった。そしてカラカラ帝はそれを、気前よく帝国内の全自由人にも与えた。

後代の皇帝たちは、「元首は法に拘束されず」〔古代ローマの法学者ウルピアヌスの言葉〕と主張した。しかしユスティニアヌス帝の「ローマ法大全」には、皇帝は帝国の権威を示すため、みずからも法に拘束されると宣言するべきであるとも書かれている。また法学を「人間と神の知識」と呼んでいる。(72) ユスティニアヌス帝の、法の絶対の権威の主張にはいくらか逡巡が見える。法は高い原理を表し、市民に資源を提供すると同時に支配者を抑制するものだという意識は、もっとも独裁的な皇帝でさえ薄れさせることはできなかった。

数世紀後に再発見されたユスティニアヌス帝の「ローマ法大全」は、中世ヨーロッパの学者たちにとっても文明を象徴するものとなり、やがて世界を席巻する法が生まれるきっかけとなった。しかしその他の地域では、立法者はより宇宙論的な秩序像を追求した。とりわけアラビアの砂漠で新たに創始された宗教によって、偉大な法伝統に加わる新たな法伝統が生みだされ、形をとりはじめた。

第5章　ユダヤ教とイスラムの学者——世界に対する神の道

紀元前五三八年にメソポタミアに攻め込んだペルシアのキュロス大王は、都市を壊滅させ、彼らの古代文明をほぼ破壊した。しかしメソポタミアの法の技術はそれほど簡単に消えることはなかった。すでにイスラエル人祭司の手本となっていたからだ。イスラエル人らは確固たる宗教的目的で法をつくりだし、神が選んだ民に与えた戒律をまとめたのだ。神官たちは自分たちの社会の宗教的ビジョンの実現のためにメソポタミアの形式を採用し、祈りや祭儀の慣行や純潔の規則とともに、日常の正義を守るための社会の規則をつくりだした。これらが何世紀にもわたって発展し、ユダヤ法という偉大な成果を生みだした。

ユダヤ法は、次に、まったく異なる宗教的な法伝統、すなわちイスラムの法伝統に影響を与えた。どちらの場合も宗教専門家が神の法の解釈者であり、それは今日でも変わらず、一般のユダヤ教徒やムスリムが世界に対する神の道をたどるには何をすべきかという規則を説明している。ヒンドゥーの世界と同じく、そうした法は正義や規律よりも義務に重きを置いている。そしてインドのヒンドゥーのバラモンと同様に、法学者はつねに王やカリフ〔ムハンマドの後継者であるイスラム国家最高権威者〕やスルタンを裁くことができると主張した。

離散

トーラーはイスラエル人に、祭儀的に清い生活を送る方法を教えた。正しい方法で唯一神を崇拝する、清い食べ物のみを食べる、同胞のイスラエル人に対して公正にふるまうといったことだ。それらは一民族の法だった。しかし宗教指導者である祭司らは、ギリシアやローマの市民とも、影響を受けたメソポタミアの立法者ともまったく異なる目的と性質の法をつくりだした。ヒンドゥーのバラモンのように、彼らはサウルやダビデといった初期の王たちから独立した宗教的権威を有していた。しかしイスラエルの立法者らの社会的、政治的な状況はヒンドゥーの立法者らとはまったく異なり、彼らは社会の階層を主張することはなかった。イスラエル人の多くは依然として遊牧民であり、しばしば周囲の部族と争い、アッシリア、バビロニア、ペルシア、ローマといった強大な敵に征服される前に数人の王がいただけだった。こうした権力の移り変わりをとおして、イスラエル人の法は、囚われて遠くへ連れ去られた人々も含め、散り散りになった部族が一体感とアイデンティティを生みだすのに貢献した。

アッシリアおよび新アッシリア帝国は紀元前六世紀までイスラエル王国とユダ王国を支配し、イスラエル人の最古の立法に影響を与えた可能性がある。新バビロニア王国のネブカドネザル二世はエルサレムを包囲し、多数のイスラエル人をバビロンへと連れ去り、少なくとも当初は奴隷として働かせた。しかし、そこで栄えた一部の人々は、ペルシアのキュロス大王に故郷への帰還を許されたあともバビロンに留まった。いっぽう、初期の離散後、エジプトに共同体をつくったユダヤ人もいた。つまり、紀元前六三年にローマがパレスチナを属領にしたときに、ユダヤ人はすでに各地に離散していたのだ。[1] ユダヤ人がローマ帝国に反乱を起こしてエルサレムの神殿を焼かれたあと、多くのユダヤ人が故郷を離れ、エジプトで長い歴史をもつ共同体に移った。また地中海周辺の土地、遠くはスペインまで移動したり、エジプトから北アフリカに移ったりした。二度目の神殿破壊はかつてないほどの移住を引き起こしたわけではなかったが、自分たちと周囲の非ユダヤ人との違いをユダヤ人に強く意識させることになった。自分たちの神との唯一無二の関係、そしてどこに住んでいても負うべき〝全イスラエル〟、すなわち〝全ユダヤ〟への責任を主張することが、これまで以上に重要だと感じた。

神殿の祭司ではなく、「ラビ」と呼ばれる新たな宗教学者が登場した。彼らはユダヤ人のアイデンティティと信念体系が脅かされることに懸念をいだいていた。エルサレムの神殿を破壊したローマ人はユダヤ人に対する姿勢を軟化させ、たいていはラビであったその指導者を、ナスィ〔英語の「prince」に相当するヘブライ語〕と認め、独自の政庁〔サンヘドリンと呼ばれた最高法院〕を開くことを許可した。[2] ペルシア人もバビロン内にあったユダヤ人の学塾を保護し、イエフド州ではユダヤの法を認めていた。おそらくはローマ総督や行政官らの引用する成文法に影響されて、ラビたちは、口伝による民族の規範や祭儀の慣行〔口伝トーラー〕をまとめようと決めた。それらはトーラーのやや不十分な法をめぐり発展してきたものだ。全員が守り実践できる体系的なプログラムが必要だということが理解された。言い伝えでは、彼らはパレスチナにあったブドウ園に集まり、将来の世代のために自分たちの法であるトーラーの教えを記録することにした。

成文のトーラーはヘブライ語聖書の冒頭の書、とくに出エジプト記、レビ記、民数記、申命記に見られ、祭儀や食習慣の詳細な規則が記されている。しかし口伝のトーラーは、何世紀もかけてつくられてきたイスラエル人の慣習と伝統のなかに示されている。学者らは文献に取り組み、慣習として受け入れられているものを組み込むために規則を解釈し拡張した。ヒンドゥーのバラモンらが最初のダルマ・シャーストラを書いていた紀元二〇〇年頃、ラビのイェフダ・ハ・ナスィはミシュナと呼ばれる口伝トーラーの集成を編纂した。トーラー学者の言語であるヘブライ語で書かれたこの「ミシュナ」には「種子（農業）」「祭日（宗教的祝祭）」「女性（婚約、結婚、離婚、不倫）」「損害（刑事および民事の訴えと手続き）」「聖物（神殿の犠牲）」「清浄（潔）」の六部があった。これで慣習的な規則と宗教的な律法がひとつにまとめられた。

続く数世紀、ラビはトーラーを解釈し、広く使われていたアラム語で注釈書を著し、パレスチナとバビロンの両方で学塾を開設した。そこで五、六世紀に学者らは二つの偉大な成果をあげた。エルサレムおよびバビロニア・タルムード〔口伝トーラーの学問的集成〕だ。これらの精緻な文章が、貴重な羊皮紙に慎重に書かれた。ヘブライ語のトーラーをページ中央に配置し、その周りにアラム語の小さな文字で注釈を入れた。数世紀後のイタリアのローマ法の注釈者も、ユスティニアヌス帝の法典で同じように注釈を書くことになる。この段階で、ユダヤ教徒の重要な一派であるカライ派は、ラビを信奉するラビ・ユダヤ教から分離し、タルムードの権威を否定した。しかしラビらによる法と宗教に関する口伝の教えの体系であるハラハーは、大多数のユダヤ人にとって権威あるものとなり、今日に至るまで評価されている。

離散したユダヤ人が定住したところではどこにおいても、ラビはタルムードの学問に励んだ。誰もがエルサレムとバビロンにあるラビの学塾を知っていて、その塾長で、トーラーの学者でもあるガオンに質問を送った。[3] 聖書の難解な点やタルムードの解釈について、またユダヤ人がさまざまな環境で送っている生活で生まれる実務的な問題についての助言を求め、ガオンは意見を文書にして答えた。彼らの解答であるレスポンサは、ヘブライ語で書かれており、ローマの法学者や東のバラモンが人々に与えた見解と同様に、学術的な勧告をふくんでいた。現実的には、ガオンは離散ユダヤ人のなかから生まれたラビ法廷の働きを支援奨励しており、ユダヤ人長老や商人たちによって開催された裁判について肯定的に言及することも多々あった。[4]

ローマの中東支配はやがて弱まった。ビザンティン帝国軍は七世紀、イスラムのウマイヤ朝による侵攻をもちこたえることができなかった。ウマイヤ朝は西進してパレスチナを占領し、同地に重要なモスクを建造した。しかし彼らはユダヤ教徒を、唯一神を信仰する経典をもつ「経典の民」として認め、その学塾や文化的活動や商業行為を続けることを許した。それ以来、中東と北アフリカにおけるユダヤ教徒の生活、そして法と言語は、ムスリムのそれとより密に絡み合うようになった。

ムハンマド

イスラム教は七世紀、アラビア砂漠の端で生まれた。預言者のムハンマドは小さな商業都市であるメッカとメディナで暮らし、働いていた。出身は有力ベドウィン一族で、もともとラクダを放牧していたその部族は当時も血讐をおこなっていた。アラビア半島の北では、メソポタミアとシリアの肥沃な土地と東西を結ぶ交易路の支配をめぐり、ビザンティン帝国軍がササン朝ペルシアと散発的に交戦していた。アレクサンドロス大王の征服などのペルシアとギリシア間の一連の戦いでは、両軍の軍隊や傭兵や商人がやってきて去っていった。のちの支配者は、巨大な建物が並び、大規模灌漑や交易網のめぐらされた、異教徒、キリスト教徒、ユダヤ教徒、ゾロアスター教徒らがギリシア語、アラム語、ペルシア語を話してともに暮らす都市を築いた。(5)

七世紀にビザンティン帝国軍とササン朝ペルシア軍が最後の大規模な戦闘をおこなった頃、ムハンマドはアラビア半島に宗教運動を確立しようとしていた。ベドウィンの部族民は広大な何もない砂漠で、比較的もめごとのない、昔ながらの遊牧の暮らしをしていた。牧畜と時折の略奪によって不自由なく暮らし、地域の交易路を支配していた。そのため彼らの言葉や詩が半島じゅうに広まった。メディナやメッカに定住した部族民も、部族のアイデンティティは保持していた。たいていの人は地元の神々を崇拝し、地域を通過したり定住したりするキリスト教徒、ユダヤ教徒、ゾロアスター教徒ら一神教宗教の信者らを許容していた。

六一〇年頃、メッカにいたムハンマドは四〇歳で神の啓示を受けはじめ、預言者として話すべきだと確信した。地域の神を超えた創造神であるアッラーは、ほかの神々を除外して崇拝されるべきだと彼は訴えた。あざけりや個人的な野心との批判をはねのけてメッセージを広め、人々に従来の宗教的慣習を捨てて自分の教えに従うよう求めた。(6)彼が強く主張したのは、人間の道徳的責任と神を信じて従う義務だった。メッカの貧困層の人々は、貧富の差で不利な立場にいたことでムハンマドのメッセージに惹かれたが、裕福な商人や有力者の一族にも支持者になる者があらわれ、彼らは影響力や資金を使ってムハンマドの活動を支えた。

六二二年、ムハンマドはメディナに移り、ときに調停者として動いた。信者の共同体であるウンマを大きくし続け、その支援を受けて彼の考えに反対する者に戦いを挑んだ。やがてもっとも力があり敵対的なメッカの部族民に対しても、立ち向かった。信者の数が増えてくると、ウンマは部族のようになり、敵に戦いをしかけた。六三〇年にはもっとも強硬な敵でさえ服従させた。続く二年間、六三二年にムハンマドが死ぬまでに、ウンマはアラビア半島のほぼすべての部族の統一を達成した。

　ムハンマドがメッカで発した最初のメッセージは、信仰、神への服従、神の前での道徳的責任であり、クルアーンにそう記した。しかしメディナに落ち着き、ウンマが拡大すると、より統合された形の社会秩序を打ち立てる必要があることに気づいた。部族の血讐を禁じ、次に貧民を助けるために増税し、家族関係について新たな法をつくった。結婚の形を定め、養子縁組の新たな決まりをもうけ（実質的に禁止した）、妻の経済的安定のための措置を講じ、相続の慣習を体系化した。ほとんどの場合、ムハンマドがクルアーンに刻んだ規則や命令は、人々が従来の義務を果たすための道徳的指導であり、急進的な新しい社会的施策を目指すものではなかった。ムハンマドがつくった規則は人々に、どのように争いを仲裁し契約を結ぶか、戦うべき敵をどのように見定めるか、戦利品をどう分配するか、また男たちにはとくに、女性、子供、孤児、親戚、奴隷など自分を頼る人々をどのように扱うべきかを示した[7]。しかしそれらは個人に対する非体系的な指針に過ぎず、為政者が紛争を解決するための規則でも行政官が秩序を保つために用いる法でもなかった。ムハンマドがつくった犯罪行為についての規定はあまりない。窃盗については手の切断をふくむ罰を定め、またワインの飲酒や賭け事や利子を課すことを禁じた。クルアーンには復讐や殺人償金、追いはぎ、性的不品行やその誣告（虚偽告訴）についての規則、争いになる事件で踏むべき手順も書かれている。しかし刑事訴訟についての法は、まったく包括的とは言えない。

　クルアーンのあちこちに示された一般的な原則は新たな共同体を結束させるのに役立ったが、ムハンマドは深く根づいた部族の伝統や数世紀にわたりアラブの部族の社会的関係を形作ってきた調停の形を弱体化しようとしていたわけではなかった。初期の彼の改革は、政治的な統制や社会改革よりも、信仰、神への服従、道徳的責任に重点を置いたものだった。だがムハンマドはより集権化された社会秩序への道を開いた。

クルアーンの解釈

　六三二年のムハンマドの死後、信者たちは権力基盤を固めた[8]。まもなく北方のビザンティン帝国、ササン朝ペルシアに侵攻し、アラブの部族を新たな共同体に組み入れた。軍事行動の大成功によって、徐々にその支配を広大な地域に広げ、最終的には西はエジプトと地中海、北はカスピ海、六五六年には現在のイランのほぼ全域を征服した。その時点でメディナを中心とした単独の政治的国家、カリフの国が形成されつつあった。六六一年、最初のウマイヤ家出身のカリフが権力を掌握し、首都を西方のシリアに遷《うつ》した。この強力な一族は、シーア派がウンマから離脱した事実上の内乱という困難な滑り出しからおよそ一世紀にわたり国家を統治した。ウマイヤ朝はアル・アンダルス（スペイン南部）を征服し、マグレブ（アフリカ北西部）に支配地域を広げ、中央アジアも版図に加えた。ムハンマドのメッセージが広まり、アラビア半島の部族たちは大挙してイスラムに改宗した。ビザンティン帝国やササン朝ペルシア支配下の人々も徐々にそれに倣い、それにともなってアラブの文化的習慣も採り入れた。まもなくアラブ人は占領軍ではなく、より統合された国家のエリート支配層へと変化した。ウマイヤ朝は領内全域にすばらしいモスクと宗教学院を建設した。たとえばダマスカスのウマイヤ・モスクを建造し、宗教諸学の学者であるウラマーを支援した。一世紀余りの間にイスラムは広域に及ぶ中東の人々を統一した。

新たに設置された学院では、ウラマーは公共の礼拝の形式を指示し、神学、文法、歴史、文学評論などの研究をおこなった。その地位を利用して新たな支配者の社会秩序や政府や法の運営に影響を与えた。カリフは征服した土地に、より精緻な行政府をつくろうとしていた。遠隔地では地元部族に駐屯都市の運営を任せ、硬貨を鋳造し、新たな筆記法を導入し、従来部族間の紛争を解決していた調整人の代わりに裁判官（カーディー）を任命した。ローマやペルシア——とくにローマ——は精緻な行政機構をつくり、政府の便利な道具として法を利用した。しかしカーディーは裁くにあたり引用できるものがほとんどなかった。ムハンマドは道徳的規範に集中し、クルアーンには裁判官が実際的な、とりわけ商業に関する紛争を解決する際に使える規則がほとんどなく、犯罪と刑罰について少し言及があるだけだ。そこで新たな支配者と裁判官は、征服した土地の規範や慣行を適用することにした。たとえば性的不品行に対し投石による死刑を導入したのは、間違いなくモーセの法に影響されていたはずだ。ムスリムが占領した地域には法と行政の長い伝統があり、とくに商業や租税の管理について既存のもっとも実用的で尊重されている方法を認めて採用するのは、道理にかなっていた。おそらくカーディーは、自分の知識や宗教的志向に応じて極力クルアーンの規範を参考にしたが、慣行を認めて支持し、裁量と判断によって裁きを下した。(9)

やがて、カーディーはそれぞれの専門性を高めていった。より敬虔な者は公然とイスラムの生活様式を採用し、宗教的、倫理的考えを判断に採り入れ、信心深い人々から敬意を集めた。同時に、宗教学者ウラマーはカリフの国における行政実務やカーディーが適用している規範を検討し、それらがクルアーンの啓示ときちんと調和しているかどうかを議論しはじめた[10]。彼らはヒンドゥーのバラモンやイスラエルの祭司と同様に、法実務が教義に従うべきだと考え、学者たちのいくつかのグループがクルアーンに記された法規範とそれが実際には何を意味するのかについての討論にとりかかった。バスラ、メディナ、クーファに教育機関、シリア、エジプト、ホラサーン（ササン朝ペルシアの領地で現在のインド東部）には小規模な機関が設置された。各グループの法学者らは独自の理論を発展させたが、考えはすぐに地域を越えて伝わり、結果として比較的一致した原則が生まれた。すべての学者はクルアーンに細心の注意を払うべきだと考え、預言者の時代まできちんとさかのぼれる当代の伝統を慎重に探した。もっとも厳格な学者の見方では、カーディーのより実用主義的な規則や原則は、預言者の教えから離れすぎているものが多かった。裁判官の論理は厳正、厳格であるべきで、地域の慣習を重視しすぎたりみずからの判断や考えに頼りすぎたりすることを避けるべきだというのが、彼らの主張だった。やがて、実用志向のカーディーらも、適用する法の原則をできるだけ預言者に帰さなければならなくなった[11]。

ウラマーらは、法実務と考えを体系化してそれらをムハンマドに下された宗教的啓示と一致させようと、一応は努力した。それでも彼らは、明確な法文献を書こうとはしなかったし、トーラーのような命令的な法一式さえつくろうとしなかった。ムハンマドはクルアーンのなかですでに神の啓示を述べており、彼らの務めはそれを解釈して説明することで、新たな法をつくることではない、というわけだ。イスラム法には基礎となる法文は存在しなかった。

法源

ウマイヤ朝のカリフたちは一世紀ほど統一された国を治め、ムハンマドの受けた啓示はいつまでも拡大するかのように思われた。しかし法の考えの異なる学派間の分裂が発生し、それはより深刻な宗教的かつ政治的分裂を映し出すものだった。シーア派として知られるようになった一派は、六六〇年頃支持者を増やしてウマイヤ朝に反旗を翻した。いくつかのもっとも伝統的な学派も、享楽的なカリフに反対を表明し、カリフたちが前代のヘレニズム国家〔アレクサンドロス大王の没後、その版図が分割されてできた諸国家〕の行政機構、経済秩序、法基準、芸術を採り入れたことを非難した。もっとも、そうしたアラブの伝統がなかったことを考えれば支配者たちには他にやりようがなかったのだが。不服な宗教指導者らは人々の不満や部族間の対立につけこみ、反乱を起こした。その結果、七五〇年に彼らはライバル一族のアッバース家を支持し、アッバース朝がウマイヤ朝に替わって権力を握った。

アッバース朝は首都を東におよそ七五二キロ移してバグダードに置き、歴史学者がイスラム世界の〝カリフ時代盛期〟と呼ぶ国を統治した。二世紀近くおおむね大きな戦争を避けたアッバース朝は経済、文化、商業の著しい成長を促した。あくまでアラブ国家だったウマイヤ朝よりもコスモポリタンであったアッバース朝は、征服地のパッチワークだった国を、ほぼすべての都市で支配階級に限らずムスリムが多数派となるイスラム帝国に変えた。隊商は巡礼や外交使節、学者や兵士、商人とその商品を、地中海からオクサス川へと運んだ。商品、人々、考えが文化的また物理的な境界を越え、スペイン、南ヨーロッパ、北アフリカ、中央アジア、中国やインドへと広まった。アッバース朝の為政者らはひじょうに生産力があるメソポタミアの農地からたっぷり税金を徴収し、それと通商の利益を合わせて、軍隊の拡充や外交任務や華やかな宮廷のための費用をまかなった。砂糖の生産方法を開発し、中央アジアのソグド人商人の製紙技術を摸倣した[12]。紙は高価なパピルスや羊皮紙に取って代わり、そのおかげで読み書き能力が広まり、さらに哲学、科学、歴史、神学の著作物、詩集などが広まった。その多くはギリシア語からの翻訳だった。行政官やカーディーらは規則どおり命令や判決を文書で残し、自分たちの業務の詳細な記録をつけていた。ササン朝の、社会秩序と安定と正義を体現した王国の理想に触発されて、アッバース朝のカリフたちはバグダードに大きな宮殿を建造し、文学や詩歌を後援して、贅とめまぐるしい宮廷儀礼に囲まれた。彼らはすべての臣民に個人的な服従を求め、みずからの言葉を、実質的な法として扱うことを命じた。

しかし、アッバース朝のカリフたちは宗教学者ウラマーが尊敬されていることは承知しており、ウラマーのなかでも有力な者、もっとも敬虔と見なされている者の法の実践を認めると約束し、新たなモスクや宗教団体を後援した。ウラマーは公認されて得た地位によってひとつの階層を形成し、自分たちの知識の体系を制度化することに着手した。その事業は、神が人々に授けた法である「シャリーア」を説明し、すべてのムスリムが理解し受容できる宗教的実践を開発することだった。おそらくはユダヤ人の学者に影響を受けた彼らの著作物は、実際的な社会的規則を導きだすフィクフ（イスラム法学）と、祭儀的慣習や道徳的原則の指針を合わせたものだった。ウラマーたちの願いは、それらをつうじてイスラムの教義をあらゆる日常的なことがらの規制に応用し、数千万人にのぼる人口のなかに統一した社会秩序をつくりだすことだった。

より伝統的なスンナ派の学者らは、預言者ムハンマドの時代に存在したメディナのイメージと、彼が理想とした、個人が神の前でのふるまいに責任をもつような共同体を土台として教義をつくった。学者らはムハンマドの時代の習わし、つまりスンナを当代の法実践の適切な基礎と見なし、それらの習わしの伝達経路に関する記録およびムハンマドの言行についての報告を集め、それらをまとめて「ハディース（伝承）」とした。実際には、そうした言い伝えや逸話の多くは、そのあいだに生まれた伝統を反映していたが、学者らはそれらの言葉が、預言者ムハンマド本人でなくても彼と接した人々であるサハーバ（教友）から師弟関係で代々伝承されたものだと確定しようと努めた。そうした言葉だけが正しく権威をもつのだと彼らは主張した。[13]

この時期に著した文書のなかで、学者らはイスラム法の解釈、すなわちフィクフをつくりだした。インドのヒンドゥー教徒とは対照的に、ムスリムは誰もが平等にシャリーアの教えに従うことになっている。シャリーアは階級構造をいっさい認めず、修道院制度や苦行、禁欲さえ理想とはしていない。しかし、ヒンドゥー教徒と同様に、ムスリムの原形は、拡大家族の中心として、親族に対しても神の前でもみずからの務めをしっかりと果たす家長だった。バラモンと同じく、イスラムの宗教学者らも、公の場における規範や、カリフの政治的また社会的統治のなかで使える法ではなく、ひたすら個人の義務を規定することに注力した。トーラーの書き手のように、彼らの関心は何よりも礼拝の行為であった。それは規則によって詳細に定められ、それに関して学者らは長々と学術的議論をおこなった。[14] また、家族関係、相続、ワクフと呼ばれた寄進財産の管理運営についての規則一式もつくられた。

ヒンドゥー教とユダヤ教の学者らはまず基本的な教典、基礎となる原理の記述（これはあとから解釈や注釈で補足された）をつくったが、イスラムの法学者はより実務的な考えをもち、個人の問題への詳細な指導、人々が指針とできる規則を示した。ローマの法学者のように、彼らは自分の周囲に存在する社会問題に動かされていた。たとえば複婚の有効性、戦時に捕らえられて愛人にされた女性の地位、奴隷の解放など、クルアーンには書かれていない問題に向き合った。[15] クルアーンもスンナも、契約や商売上の義務についてはほとんど扱っていない。そこで学者たちは、ますます拡大する商業分野で商人たちが利用できる所有関係の、有用でありながら預言者の伝えた教義にしっかり基づいていると見なされるような規則を創造的につくりだした。こうした指針を打ち出すにあたり、学者らは、不便だが否定できないクルアーンの規則を回避するための手段として、「ヒヤル」と呼ばれる〝法的擬制〟を駆使した。ヒヤルの一例に二重売買がある。品物の所有権が行き来するだけで、利子をとる金融が可能となる。イスラムのヒヤルはローマの法的擬制にも似て、二〇世紀、イスラムの学者らが、ムスリムのビジネスパーソンが国際商取引に参加する方法を工夫した際にひじょうに重要な役割を果たした[16]。

法学者、とくに法実務に携わるカーディーらにとって問題となったのは、証拠に関するさまざまな規則だった。おそらく被告の尊厳を守るためにつくられたベドウィン部族の規範に基づき、カーディーは、不正行為を証明するためには信用できる証人が数人必要だと求めた[17]。またクルアーンやスンナでは書類証拠よりも供述証拠がより重視されていたが、識字率が高まり文書が商取引の基本となると、この原則は非現実的になった。そこで学者らは書類による証言についての理論を展開した。記述された文書を証拠にできる供述行為だ。この考えが次に、商人や素人が適正な法形式に従った取引をおこなうための手伝いをする多数のプロの証人を生みだした。学者らは法的な分類と定義、たとえば販売あるいは贈与とは何かについてや、さまざまな種類の財産の性質と法的意味について広範な議論をおこなった。ゆっくりと、ウスール・アル゠フィクフ（「法学の根」）として知られる法源学が確立された。その目標は、適正な法的論法を用いて、法の規則や実務が預言者や彼に近い人々の言行にたしかに基づいていると確かめることだった。たとえば、類推（キヤース）は、それが、認められた法的原則に厳密に基づいているかぎりにおいて適切だった。推論されたことがら（ラーイ）は、認められることもあったが、個人的な判断のことがらは通常、認められなかった。フィクフはやがて、厳密な論理的思考を必要とする高度に技術的な事業になり、ある著述家によれば、〝法の解釈のちょっとした傑作〟をつくり出すことに誇りをもつ学者もいた[18]。

学者らは個人の師につくことが多く、それによってマズハブ（法学派）と呼ばれる独特な伝統が生まれた。アッバース朝の最初の二世紀のあいだに、イラクでアブー・ハニーファの信奉者たちがハナフィー派をつくり、同派はまもなくシリアへ、やがてアフガニスタン、インド、中央アジアへと広がった。その間、マーリク・ブン・アナスの信奉者たちは当初はメディナを本拠地として活動し、やがてエジプトへ、そこからアフリカ北西部とスペインに広まった。もっとも有力な学者のひとりが、カイロで活動していた強硬な伝承主義者シャフィイーだ。彼も自分の学派をつくり、同派はのちにアラビア南部、スワヒリ海岸、東南アジアの一部へと広がった[19]。シャフィイーは、ほかの誰よりも伝承の権威を主張した。彼の主張では、クルアーンあるいはスンナから厳密かつ体系立てられた論法で導かれた結論でない限り、いかなる形の法的な解釈も違法だった。彼の影響下でスンナ派の学者らは信頼できるハディース（伝承）の大集成をまとめ、それらは確立された法規範となって、カーディーに法源を提供し、法実務の一元化に役立った。シャフィイーの弟子のひとりであるアフマド・ブン・ハンバルは、さらに文字どおりの解釈をおこなう強硬な伝承主義の別の学派を創始し、やがてそれはまとまってハンバル学派となり、現在アラビア半島で主流となっている。しかしすべてのイスラム法伝統は同じような目標を追求し、神の前での個人の責任という理想を強調し、概してたがいに容認し合っていた。たいていの普通のムスリムは地元で主流のマズハブを受け入れ、法的問題や倫理的なジレンマを抱えたときには法学者に導きを求めた。[20]

時とともに、シャフィイーのフィクフに対する考えが広く受け入れられていった。学者たちははっきり述べたり認めたりすることはなかったが、法的思想が次々と生まれることや、それらのあいだに生じる矛盾の危険について懸念していたのだろう。これはローマの法学者も帝国後期に直面した問題だった。少なくとも理論的には、イスラム法学者は法の〝根〟、つまり法源として四つのものだけを認めた。第一にクルアーンそのもの。法についての記述は少ない。二つめは預言者ムハンマドのスンナ（範例・慣行）。これは彼の言行の記録として認められているものを指す。さらに類推と、法学者の共同体が合意した結論。どちらも確立された源から正しい論理的思考によって導き出されることが前提となっている。慣習や慣行は当然、学者と裁判官の論理的思考に大きく寄与していたが、それらは公式には法源として認められなかった。[21] 学者らはその後も数世紀にわたり法の原則の新たな理論や解釈を発展させたが、それらが厳密に限られ、正しい法源を土台としているべきだという考えは根をおろした。[22]

シャリーアの研究が公の務めよりも個人の義務に重点を置いていたことから、イスラム法学者は刑事手続き、徴税、政治構造について語ることはほとんどなかった。[23] 彼らはカリフの地位を認め、公共政策については口出しせずカリフに任せた。[24] カリフはカーディーの人選について学者らの推薦を受け入れ、シャリーアに従うようにと説得して多くの学者をカーディーに任官させた。都市においては、カリフに派遣された市場監督官（ムフタシブ）が日常生活の規制を担い、地域の規則をつくったり商売人や職人や普通の戸主間のもめごとを聴取したりした。いっぽう、カリフはみずから個人の不正を裁く法廷を開いていた。そこではたいてい、犯罪行為や役人汚職の告発を審理した。[25]

より信心深い学者らはカリフに大きな権威をもたせることに消極的だった。彼らはウラマーである自分たちこそ預言者の真の後継者であり、法は自分たちの論理的思考のなかに存在し、カリフの命令にあるのではないと考えていた。人々がどのように礼拝や祭儀をおこなうのか、市場や商業の場でどのようにふるまうべきか、善きムスリムとしてどのような倫理的行動をとるべきなのかといったことを決めるのは学者だった。カリフとその役人らの仕事はモスクを維持管理すること、市場の秩序を保つこと、国の境界を定めることだ。[26] ウラマーは法の支配、そしてとくに何よりも権威のある神の言葉を強く主張した。もっとも力のあるカリフでさえ、これによって裁かれなければならないと。

　アッバース朝のカリフたちは軍事力によって八世紀に政権を握り、その後の党派間の争いを戦い抜いたが、彼らはつねにイスラムの教義の順守を誓っていた。これが主要な宗派の忠誠を確かなものとしたが、いっぽうで、ウラマーから見てカリフのふるまいがスンナの原則を守っていないときには、カリフを批判する許しを与えることになった。[27] 宗教はつねに法より上にあり、この領域では学者らは、自分たちはカリフから独立していると考えていた。[28] そうした考えが、その後一〇〇〇年にわたり、戦争があり、帝国やカリフ国が興っては滅び、新たな改宗者や権力を欲する人間が古い政治的秩序に挑むなかで、宗教学者と、イスラム世界のカリフやイマーム〔先導者を意味するアラビア語。イスラム共同体（ウンマ）の指導者〕や王など世俗の指導者との間の緊迫関係につながった。

ナワウィー

アッバース朝の初期、八世紀半ばから一〇世紀半ばまでの二世紀ほど、カリフ支配によるイスラム国家の理想形が実現された。比較的平和が続き、経済は繁栄して、法学が開花した時代だ。しかし版図の拡大による問題も生じた。九世紀、アッバース朝が基本食料と租税の大部分を徴収していたバスラで、東アフリカ出身の奴隷たちが反乱を起こした〔ザンジュの乱〕。一〇世紀、アッバース朝による遠隔地の支配がうまくいかなくなった。ウマイヤ朝の崩壊時すでに国西方の大部分は分離しており、現在のスペインとポルトガルにあたるアル・アンダルスに独立した首長国がその皮切りだった。四〇年後、モロッコの地域の支配者がそれに倣い、北アフリカのほかの国々、さらにエジプトも続いた。

　そうした国々の新たな支配者たちはアッバース朝のやり方を模倣し、とくにウラマーの保護とイスラムの団体や学院の支援に力を入れ、図書館や宗教学院（マドラサ）やスンナ派とシーア派両方の法学校を建てた。力をつけた宗派のひとつシーア派のファーティマ朝が北アフリカで興り、九六九年にはエジプトを占領、本拠をエジプトに遷し、その後二〇〇年ほど続いた。同じ頃、イラン北部からブワイフ朝がバグダードに入城した。ブワイフ朝はアッバース朝がカリフ位を保つことは許したが、事実上の傀儡《かいらい》とした。一一世紀、トルコの部族が中央アジアから進出してきた。スンナ派イスラムに改宗したセルジューク朝がブワイフ朝を駆逐し、イスラム帝国中央部をさらに一世紀統治した。その間、セルジューク朝は着実に西へと勢力を拡大し、弱体化しつつあるビザンティン帝国に戦を仕掛け、一〇七一年にはついにビザンティン帝国軍を破った。それに危機感をいだいたキリスト教諸国の指導者たちは、ムスリムの〝異教徒〟に対して十字軍の第一回遠征をおこなったが、はじめの、大いに称えられた勝利のあと、十字軍運動は勢いを失った。二世紀のあいだにムスリムの軍はふたたび聖地を掌握した。その間にセルジューク朝はアイユーブ朝に敗れ、そのアイユーブ朝も一二五〇年、自分たちの奴隷兵であったマムルーク軍団に滅ぼされた。

アル・アンダルスでは、ムラービト朝の支配者は比較的十字軍遠征の影響を受けなかった。しかし一二世紀半ばにベルベル人のムワッヒド朝に取って代わられた。宗教的に厳格なムワッヒド朝はユダヤ教徒とキリスト教徒を迫害しはじめた。こうした政治体制の交代をつうじて、ユダヤ人はムスリムの為政者が支配する地域で独自の共同体をつくっていた。彼らは周囲のムスリムや為政者とたいていは友好的で、とくに商業分野では交流があったが、ときには厳しく迫害されることもあった。彼らの物語とマグレブで暮らしていた一般のムスリムの物語が第8章の一部を構成する。

一三世紀、モンゴル人が中央アジアの大部分を制圧し、南方、そして西方へと進出してイラン北部、そこからイラクへと侵入すると、複雑な灌漑設備、図書館、モスクを破壊し、ついに一二五八年にはバグダードを略奪した。イスラム世界は三つに分かれた。西のムワッヒド朝、中央のマムルーク朝、東のモンゴル支配地域だ。そして政治的には二度とひとつになることはなかった。

こうした政治的変動のなかでも止まることなく、カリフによって平和が保障された期間ではとくに、法学者らはマドラサで研究を続け、法学論を戦わせた。[29] 当時、スンナ派のさまざまなマズハブ［スンナ派の法学派］の状況は比較的安定しており、それぞれが中心となる文献および権威構造を有していたが、いずれもクルアーンと預言者ムハンマドの基本的な教えに基づく正統性を主張していた。そして原理的には彼らの教義にはそれほど差異はなかった。法学者らはアッバース朝の時代に確立された基本的な法原則を学び、言い直し、おおむね同じ主題を取り上げ、類似した規則や用語を使用した。彼らの考えでは、基本となる法の原則はすでに決定しており、自分たち世代の法学者の仕事はそれらを一般のムスリムのために解釈することだった。そうして法学校でつくられた法の抽象的な見解を実生活の現実的な問題に適用するのは、カーディーの仕事だった。

多くの法学者は注意深く文書を保存し、一部は現在まで残った。それを読むと、ムスリムの法学者が関心のある主題についてどのように考え、著述し、明らかにしたのかがわかる。たとえばヤフヤー・ブン・シャラフ・ナワウィー（ナワウィー）は一二三三年から一二七七年まで、マムルーク朝のスルタン支配下のダマスカスに住んでいた[30]。彼はハナフィー派〔スンナ派四法学派のひとつ〕のさまざまなマドラサに遊学し、教師になってからは以前の文献に注釈するという形でフィクフについての大全集を著した。彼はまた言語、ハディース、伝記についての著述をおこなった。ナワウィーは信心深い禁欲主義者で、必要なときにはスルタンに立ち向かうことも厭わなかった。彼の考えでは、法学者の仕事は法の不変原理を見つけることであり、それは預言者に下された啓示に由来するものでなければならなかった。法学者と敬虔なムスリムが代々これらの原則を探してきたが、人間の努力は必然的に不完全であり、したがって後の世代が以前の研究に磨きをかけ、統合していく必要がある。ナワウィーはザカート、すなわち喜捨《きしゃ》についての論文を書き、とくに金額はいくらが正しいのか、いつ誰に喜捨するべきなのか、喜捨は隠された富を基準にして計算するべきなのかといったことに焦点をあてた。これらの問いは、財産の本質やその所有というより大きな問題につながる。ナワウィーはさまざまな階級の奴隷について、奴隷が共有されていて所有者のひとりだけが奴隷を自由にしたために、その奴隷が部分的に自由になった場合に生じる複雑な問題について考えた[31]。さらに喜捨として支払える種類の動物について考察した。これは預言者時代の遊牧民経済でのイスラム法の起源にはそぐわない主題だ。

　ほかには、ナワウィーは両性具有者について、また彼らを男性または女性のどちらと見なすべきかについて、広範囲におよぶ議論を熱心におこなっている。これは一三世紀のダマスカスで両性具有者がとくに多かったり実際的な問題だったりしたわけではなく、両性の境界に存在する人間の地位について考えることによって、イスラムの家族法にとってひじょうに重要な性別による差異を明確にできたからだ。ローマの法学者と同様に、ナワウィーは仮定の事案を用いて分類や規則を解明し、それらを区別するという知的な方法で法を発展させた。ほかの法学者らもナワウィーと同じく、解明と区別を重視し、離婚した夫婦の子供の地位や、母親が子供の親権を保持することが可能かといった主題について考えた。そうした問いによって、前代の法学者らが使っていた分類を改善し、その重要性を説明することができた。彼らの目的は表向きは実際に役立てることだったが、何よりもそれは知的な営みだった。また法学者たちは権威の問題、すなわちどのハディースと文献を重視するべきか、ほかの学者の誰が正しい論理的思考をしているか、同じ主題について複数の学者の意見をどのようにまとめるべきかといったことについて頭を悩ませていた。ときに彼らの議論はあまりにもこと細かく複雑になって、実際的な演習というよりもまるで難解なゲームのように見え、ローマの法学者の複雑な見解とよく似ていた。[32]

イスラム法学者の著作のなかには、あまりにも専門的で、一般の人、あるいはカーディーでさえ理解しづらく、とても理解できないものもあった。博識な学者の手によって、フィクフは芸術となった。折り目正しく精緻な、その洗練された文章は無味乾燥な法の論文の退屈な文章ではまったくなく、まるでムガル絵画の細密画のようだった。そして法学者ら自身もそのように考えていた。ナワウィーはフィクフを「苦しみ」と「喜び」の両方だと言い表した。法を分析することは「神に近づくもっとも貴い方法であり、最大限の従順であり、もっとも関心を向けるべき善であり、もっとも確かな崇拝の行為であり、もっともおこなう価値のあることだ」。法は「生気に満ちた海であり、繊細さの宝庫であり、庭であり」、学者の任務はこの「多面の宝石」を輝かせることだ。[33]

カリフのほとんどはマドラサの気前の良い後援者であり、マドラサの多くは一般の人々から寄付金という支援を受けていた。もっとも恵まれた法学者はおそらく、大きな図書館で資料を探し、いつでも刺激的な討論を交わせる仲間の法学者とつきあい、優雅な環境で生活し仕事していたのだろう。あるいは実務的な法の運用にかかわり、ムフティー〔信者からの法律相談に対して法学意見を述べる資格をもつ法学者〕やカーディーとして活動する者もいた。彼らは法の権威者や裁判官であり、スンナ派とシーア派は法務においても並列に分かれていた。ナワウィーによれば、法学者はおもに法の抽象的かつ普遍的な原則に注目するが、ムフティーの仕事は、そうした法の規則や原則を現実世界にかかわる見解に応用することだった。[34] ムフティーは一般の人からの相談に乗り、ファトワー、すなわちある特定の状況で何ができて何ができないのかを説明する短い法学意見を発行する。相続の正しい手続きや問題のある契約の履行といったことに助言し、裁判所で生じる証拠や法に関する厄介な問題についてカーディーに見解を提供する。法学者がムフティーを務めることも多かったが、二つの役割は異なるものだった。ナワウィーが述べたとおり、ムフティーの発行するファトワーは具体例にかかわるものであり、法の抽象的概念から現実の日常に下りている。

法学者がカーディーを務め、その知恵と学びの利益を直接法廷にもたらすこともあった。そんな法学者のひとりが、アブド・アルカーフィー・アッスブキー（スブキー）だ。彼は一時期、ダマスカスの大カーディーを務めた。[35] マムルーク朝のエジプト出身の優秀な若い学者であったスブキーは広く旅をして、アレクサンドリア、シリア、アラビア西部で教鞭をとった。一三三九年、マムルーク朝のスルタンはスブキーをダマスカスの大カーディーに任命した。スブキーはすでに五〇代で、当時としては老人だった。彼は熱意をもって精力的に職務に取り組んだ。スブキーの伝記作家は彼を敬虔で禁欲的で仕事ができ、意志の強い人物だと評している。とくに扱いが難しく激しく争われている相続争いを、批判を招くことなく解決する裁判官として有名だった。法廷での審理のほかに、彼は裁判官補佐でも個人の請願者でもエリートでも一般市民でも、誰にでもファトワーの形で助言や見解を与えた。またときには公開討論に介入したり、個別の問題について意見を述べたりした。ある同時代人によれば、「彼の著作とファトワーは馬で世界中に届けられた[36]」。

スブキーが大カーディーとしての自分の仕事を誇りに思っていたのは明らかだが、著作のなかで彼は、法学者、ムフティー、カーディーには階層があるとはっきり書いている。法学者がもっとも高い権威である。なぜなら法学者は普遍性を扱い、神の法にもっとも近づいているからだ。いっぽうムフティーの仕事は具体的なことを考慮することによって困難になっている。カーディーはさらに日常のごたごたした現実に近い。あるときスブキーは若い法学者に、裁判官職を引き受けないようにと助言した。ウラマーの見解は認められるが、カーディーの見解は〝疑いでよごれている〟と述べている[37]。彼は一貫して、カーディーは預言者の後継者であり神の法を説明また明示できるムフティーの下位にあると明言していた[38]。それは法的判断を非難するということではない。優秀なカーディーも存在するし、スブキー自身のように多くの法学者が複数の役職をこなすということもあった。しかし法知識には階層があり、その頂点では法学者が直接神の法に取り組んでいる。イスラム法は、クルアーンおよび預言者のスンナに示される神が人類に与えた導きに由来し、それを万人のために解明することが法学者の仕事なのだ。

その後数世紀、イスラム法学者はイスラム法の原則と手続きを議論しつづけ、ムスリムの為政者も役人も裁判官も個人も、誰もがムフティーに法学意見を求めた。ムフティーとカーディーはおもに個人に対して助言をおこない、義務と義理を確認したり紛争を解決したりした。しかし争いが競争相手である異なる宗派間や、政治一族どうしのものの場合には、法廷で争われることもあった。ムスリム為政者のほとんどは信仰を重視し、国の政治体制を、少なくとも名目上は、シャリーアに準拠させようとして、カーディーを任命してイスラム法を適用させ、マドラサを後援した。その間ずっと、片側に宗教学者および法学者、もう片側に政治的支配者が存在し、権力と権威の精妙なバランスをうまく保っていた。

＊＊＊

ユダヤ教のトーラーと同様に、イスラムのフィクフは宗教的な営みだった。いずれの立法者も普通の人々を指導するときには決疑法形式を採用し、そこには裁判官が紛争を解決したり社会的関係を規制したり、商人が契約を形成したりするのに用いる規則がふくまれた。しかしヒンドゥー教のバラモンと同じく、イスラム法学者は権利よりも義務を重視し、もっとも力のある支配者たちも宗教的権威の階層に本気で異議申し立てをすることはなかった。したがってガオン（ユダヤ人の学塾の学長）とムフティーは、明確に裁判官やカーディーの上に置かれた。

ユダヤ教とイスラムの法体系には、長期にわたる中心的な権威は存在しなかった。それは基本となる法文書であるシャリーアでも同じだった。それはくり返される政治的動乱時期を乗り越え、発展し、法学者たちは自信に満ちたスルタンや侵略軍の将軍にも屈しなかった。今日でも、ユダヤ教とイスラムの法学者たちは、世界で主流となった国法とは大きく異なる法形式と法的な論法を研究し、発展させ、広めている。しかしヨーロッパの国が強力なイスラムのカリフに挑むことになる前に、多くのことが起こった。

第6章　ヨーロッパの王たち——ローマ帝国崩壊後の裁判所と慣習

五世紀にローマ軍がヨーロッパ北部から引き揚げると、ローマの統治システムと法も、ともに彼の地を去った。ゲルマン人、ケルト人、アングロサクソン人の部族民には、複雑な法規則はほとんど役に立たなかった。ローマの行政機構は、四七六年にローマ帝国が崩壊したあともしばらくはヨーロッパ南部にとどまったが、ここでも法廷手続きは忘れられ、図書館はあさられ、貴重な羊皮紙の書物は燃やされたりずたずたにされたりした。それでもすばらしい都市、巨大な記念碑、洗練された文学技法は過去の栄華を思わせ、ビザンティン〔東ローマ〕帝国皇帝はコンスタンティノープルに裁判所、宮殿、軍隊を保持していた。しかし旧西ローマ帝国領内の新たな支配者は遊牧民の首長で、少数の信頼する貴族とともに移動し、古くから敵対する部族と抗争する生活に慣れていた。彼らにも精緻な行政機構は必要なかった。それでも、彼らはローマ皇帝の栄光に感心し、自分たち独自の法典をつくることにした。当初は傷害と賠償の基本的な一覧を書き留めたようなものだったが、それは以前のローマ人がおこなったのと同じ、正義の約束だった。やがて彼らのさまざまな規則、慣習、思想が発展して洗練されたヨーロッパの法体系となり、世界を席巻するようになる。しかし彼らがよくまとまった法典をつくるのには数世紀の時間がかかった。

新たな支配者

ローマ帝国の全盛期には、北アフリカ、エジプト、中東、アルメニア、南ヨーロッパの裁判官、審判人、訴訟当事者らは全員、ローマの法文書および法思想を引用した。しかしローマ帝国にも限界はあった。バビロンより東、サハラ以南、ライン川以北にはローマの軍と行政の支配の及ばない人々が存在した[1]。ヨーロッパ北部では、ゲルマン人の部族がローマの前哨地を脅かしていた。五世紀はじめには、ゲルマン人の王のひとりアラリックが部族連合を率いてイタリアに侵入し、ローマを略奪した。数年後、アラリックの後継者〔アタウルフ王〕が西ゴート人とともにアクイタニア（フランス南西部）に移住した。同じ頃フン人はおそろしく有能な騎兵隊を組織して東アジアのステップから出てしだいに西進し、移動先で多くのゲルマン人部族を押し出していった。東ゲルマン系の混成集団であるバンダルは四〇六年、凍結したライン川を渡り、ガリア（現代のフランス）、ブルグント、イベリア半島に侵入した。その一部は対岸のモロッコに渡り、四三九年にはカルタゴを占領した。驚いたビザンティン帝国皇帝は北アフリカの属州を取り戻すために軍を派遣したが、アッティラ率いるフン人の軍隊がバルカンに攻め入り、ローマ軍は東方の領地防衛のために引き返し、アフリカの新たな支配者には何もしなかった。ガリアでは、ローマの将軍アエティウスが多くの新参の部族と連合を組んでローマ領を防衛した。しかしアエティウスが暗殺されると、彼の軍は散り散りになった。ゲルマン人の指導者のひとりオドアケルは四七六年、西ローマ帝国最後の皇帝を退位させた。オドアケルは皇帝の式服をコンスタンティノープルに送り、東ローマ（ビザンティン）帝国皇帝ゼノンに西ローマにはもう皇帝は不要だと知らせた。

こうした政治的激変のあいだも、皇帝が高度に発達した政府機構によって統治するビザンティン帝国ではローマ法は発展を続けていた。テオドシウス二世は法の集録を命じて、みずからの名前を冠する法典を編纂させ、法典は四三八年に完成した。その頃、西ローマの将軍らは、先任者らがおこなっていたように法を用いて蛮族を〝平定〟しようとした。アエティウスは鎮圧したブルトン人のための法の編纂を命じ、おそらくフランク人の法もつくらせた。[2] しかしこうした試みは、新たにローマ市民となった人民にローマ法を拡大するというこれまでの慣行とはまったく違った。これらは新たな法であり、蛮族のために特別につくられたものだった。残った記録によればブルトン人の法は、復讐を禁じ、賠償金を詳細に定め、軍と市民の関係を規制し、税の不正、殺人や不貞、窃盗、違法放牧を犯罪としていた。

五世紀後半になると、メロヴィング朝によって統一されたフランク人が現在のフランス北部にあたる、ガリアでも生産性の高い耕作地に定住した。その頃、西ゴート人はエウリック王のもと、スペインの大部分を支配していた。東方ではゲルマン人の新たな連合があらわれた。東ゴートと呼ばれるようになるこの集団はイタリアを征服し、四九〇年代にオドアケルを破った。同じ頃、フランク人の王クローヴィスは南下し、ガリアの西ゴート人の支配地のほぼすべてを手に入れ、さらにブルグント人の土地に目を向けた。

ローマ帝国軍と連合していた期間が長かった西ゴート人のエウリック王は、おそらくビザンティン帝国の見事な文明を模倣したいと望み、四七五年頃、人民のために法典を作成した。この法典は異なる階級の貴族間の関係をはじめ、明らかに地域の問題を反映しているが、エウリック王の顧問であるレオはローマの弁護人として訓練を受けた経歴のもち主で、法典にはっきりとローマ風な外見を与えた。法は地域ではなく人々に適用された〔属人主義〕ので、新たな支配者らは自民族のためとローマ人のためとで別の法をつくるべきだと考えた。エウリックの跡を継いだアラリックは法と法学者の見解を編纂して、領内のローマ人のために「ブリビィアリ・アラーリック（アラリックの抄典）」をまとめた。ブルグントの王たちも同じ方法をとり、ローマ人のエリートを顧問や書記官に雇った。侵入者である蛮族の支配下にあるという新たな境遇を受け入れた教養あるローマ人たちは、新たな支配者に対してローマ法の伝統を尊重するように促した。自分たちの言葉と法がある限り、文明のすべてが失われたわけではないと思えた。(3)

イタリアでは東ゴート王国のテオドリック大王がみずからをローマ皇帝の後継者と見なし、ローマ人の役人を雇って政府を運営させた。彼は人々が引き続きローマ法の適用を受けられると宣言し、審判人やその他役人のために、ローマ法の抜粋をまとめた「テオドリック王の告示法典」を編纂した。ジェノアのユダヤ人への書簡でも次のように述べている。「文明の真のしるしは法の順守だ。これが……人間とけだものを分けている(4)」法は文明の重要なしるしでありつづけ、新たな王たちの競争のしるしでもあった。

北方では、ラテン民族の影響が弱く、フランク人の王クローヴィスは数十年前にアエティウスが起草した法と、先任者がつくった規則と手続き法を組み合わせた法典の編纂を命じた。(5)「サリカ法典」として知られるこの法典は、序文で次のように宣言している。神の加護によってフランク人は平和への努力を維持し、争いの萌芽を除去すべく、また軍事力においてもその法の権威においてもなお近隣諸部族を凌駕すべく、訴訟が事件の性質に応じた結末となるようにすべきであると。最初の項目では、法廷に召喚されたのに出頭しない者への罰金が明示されているが、おそらくこれはローマの十二表法の第一表を模倣しているのだろう。しかし似ているのはそこまでで、サリカ法典は部族間の力学に典型的な贖罪金の記述が続く。豚やその他の家畜の窃盗をはじめ、さまざまな種類の窃盗に対する罰があげられている。そして傷害、殺人、性的不品行、誣告、結婚の取り決め、奴隷についての規定が並ぶ。慣行の記録のようにも読めるし、おそらくは実際にそうで、血讐の社会の習わしを反映している。強い国家が存在せず、犯罪は私的権利の侵害であるという社会だ。

これらの法典が紛争の解決に直接的に影響したという証拠はない。ラテン語で書かれた法典は、裁判官が争いを解決するのに役立つ道具というよりもむしろ、ローマに対する意思表示、文明のしるし、新たな部族連合間で共通のアイデンティティをつくろうとした試みだったのだろう。

カール大帝

立法の試みにもかかわらず、新たな支配者たちはビザンティン皇帝から見れば依然として〝蛮族〟だった。ビザンティン皇帝は定期的に失われた西の領土回復を試みた。ユスティニアヌス帝は五三〇年代にイタリア奪回のため軍を派遣し、三〇年間続く血みどろの戦いを始めた。優勢だったのははじめだけで、残っていた軍は五六八年にイタリア北部に侵入したランゴバルド人に敗れた。またユスティニアヌス帝は偉大なローマ帝国の再興を願い、書記官数十人に三つの法典の編纂にとりかかることを命じた。「ユスティニアヌス勅法彙纂《ちょくほういさん》」は、テオドシウス二世の法典に新たな法や勅令を加えて更新したもので、「法学提要《ほうがくていよう》」は二世紀の法学者ガイウスの文献に基づき、初心者向けの教本となっていた。そして大著にもかかわらず「ディゲスタ（要約）」という紛らわしい名前で呼ばれた「学説彙纂《がくせついさん》」は、法学者らによる学説を数百集めたものだった。(6) 五三三年、ユスティニアヌス帝は、まとめて「ローマ法大全」と呼ばれるこれら三法はローマ法のすべてを網羅し、未来永劫、帝国の全土で有効だと華々しく宣言した。しかし西ローマ帝国の大部分はすでに蛮族の王たちの支配下にあり、彼らはこれを無視し、またギリシア語話者であるビザンティン帝国の法曹人らにとっては、ラテンの法律用語を理解するのは難しかった。一〇世紀に多大な努力によって翻訳されたが、「ローマ法大全」が当時の法実務に何らかの影響を与えたという証拠はほとんどない。

かつて西ローマ帝国だった土地はいまや三つの大国によって支配されていた。ガリアを本拠とするフランク人、イタリア北部のランゴバルド人、興隆期のウマイヤ朝が地中海を渡ってアンダルシアを併合した七一一年までスペインに王国のあった西ゴート人。しかしゲルマン人たちはたいてい新たな土地の少数派であり、ほとんどの場合、ローマの行政機構を維持した。それらは彼らがつくろうとしていた中央集権国家に適していた。ラテン語圏のヨーロッパ南部では、東ゴートと西ゴートの王はいずれもローマ風の統治を再建しようとしていたとも言える。両国ではローマの法思想、実務、制度がしっかりと定着していた。教会も裁判所を設置し、裁判官はローマの法と手続きに従った。(7) 教皇はしだいに影響力を増し、やがて西ゴート人とランゴバルド人を〝異端〟のアリウス派から改宗させた。(8)

北方では、フランク人の貴族のあいだではしばらく復讐の旧習が続いていた。だがクローヴィスは、ランスの司教の説得で政策の問題を話し合うための評議会を招集し、彼の後継者らも、支配地域が東方へと広がるにつれて、新たな臣民のための法典を起草するように命じた。これらの法典は地域の慣行を反映することを目指した。もっとも重要な訴訟事件については王が審理するが、ローマの徴税制度の大部分は崩壊し、それにともなって高度に中央集権的な行政を運営する能力もなくなった。そのためほとんどの紛争の解決は、都市の評議会や地域の土地所有者が担うことになった。[9] 公証人たちは、土地の売買や贈与、離婚、養子縁組、労働争議といった重要な取引を記録するために引き続きローマの法形式を用い、ローマの法伝統の一部を残しつづけた。[10] しかし裁判官は個々の事件をケースバイケースで判断し、古い伝統にのっとって贖罪金を決め、法でも認められている誓約や神判を使って有罪か無罪かを判断した。[11]

フランク人の王たちは、新たな慣行を導入したいときには勅令（カピトゥラリア）を発行した。そのなかには司教の評議会の決定を承認するものや、地域の集会で読みあげられる全国民のための規則もあった。だが大部分は行政官への指示が内容だった。役人に対してくり返し、適正に司法を実施して賄賂を避けるようにと命じている。クローヴィスの法典、「サリカ法典」に関しては、実用的だったわけではないが、フランク人の王たちはこれを重要視し、二世紀にわたり条項を追加していった。その一部は社会的地位をめぐる争い、教会による土地取引、奴隷解放、担保や負債といった新たな主題を扱っていた。七六三年、ピピン三世はそれらを一〇〇の条項をもつひとつの法典に編纂した。それでも法典としては大雑把なものだった。数年後に王位を継承したカール大帝〔フランスではシャルルマーニュ〕も、新たな法典編纂を命じ、八〇二年の法令でカール大帝は、裁判官が個人的な見解ではなく成文法に基づいて判決を下すことを命じた。だが、それとほぼ同時に発布された改訂「サリカ法典」は、大部分がクローヴィス版に回帰していた。カール大帝の書記官は文言を最新の言葉に修正したが、贖罪金の通貨は変更しなかったので、それはとんでもなく前時代的な金額になっていた。カール大帝の改訂版はクローヴィス以降の王たちによる加筆を無視し、そのあいだの版が修正した矛盾や不一致を再導入した。[12] つまりカール大帝は、裁判官が王の名において法令に留意し、正直に法を適用することを望んだが、裁判官たちは王の法を細部まで適用することはできなかった。

カール大帝とその後継者であるカロリング朝の王たちはなぜ、多大な時間と資源を立法に費やす価値があると考えたのだろう？　西ゴートとブルグントとの戦いに勝利したカール大帝はイタリアに侵攻し、ランゴバルド王を廃位させた。それから教皇レオ三世に自分を皇帝として承認するよう交渉した。ビザンティン皇帝の陰謀に対する幻滅、みずからの命を狙われる心配から、レオ三世は八〇〇年、カール大帝にローマ皇帝の冠を与えた。まさにいまカール大帝は皇帝にふさわしい威厳を誇示する必要があった。彼には元老院、公職者、審判人、法廷が揃ったローマの統治制度を再現する行政組織はなかったが、法をつくることはできた。「サリカ法典」は贖罪金と部族の慣行のリストとして生まれたが、ラテン語の文献を何か立派なもの、権威ある王の仕事として示すことは可能だった。それによって、それまでのローマ皇帝と同様にカール大帝も正しく統治しているということを実証できた。立法は、ある学者の言葉を借りれば、イメージづくりの方法となった。[13]

アルフレッド法典

北方のブリテン諸島では、四一〇年のローマ軍の撤退以降、ローマの影響はすっかり消え失せた。その後、ヨーロッパ大陸から移住者が波のように押し寄せたせいで地域の人口の構成と組織が変わり、いまやアングロサクソン人がブリトン人、ケルト人、ピクト人との勢力争いに加わった。ほとんどの人間は部族に所属し、部族には復讐、賠償、殺人償金の伝統があった。定住と土地所有のより安定したパターンが出現したのは、六世紀半ばのことだ。六世紀末には、ケント、ウェセックス、マーシアに小さな王国が興り、ケント王エゼルベルトがキリスト教徒のフランク王国王女と結婚した際、教皇グレゴリウス一世は、ブリテン島で布教するためにベネディクト修道院長のアウグスティヌスを派遣した。五九七年、カンタベリーでアウグスティヌスはエゼルベルトをキリスト教に改宗させ、大規模な信者獲得事業に乗り出した。

おそらくアウグスティヌスの影響を受け、エゼルベルトは法典を制定した。これは英語で書かれた最古の文書として知られる。[14]法典の九〇の条項が〝侮辱〟に対する贖罪金を定めていた。物質的な損害や、たとえば自由人の家の高位の女性と寝るといった名誉毀損だ。法は地位を識別して王とその側近の特権について明記し、聖職者にはさまざまな保護を与え、自由人と奴隷を区別した。エゼルベルトはさらに宗教的不正行為についての条項を加え、人民だけでなく新たな教会を保護する彼の義務を認めた。しかし法典はさまざまな被害に対する金銭的補償のリストにすぎなかった。このようにケントの部族でよく見られた慣行を反映した法典は、クローヴィスのつくった法典と変わらなかった。実用面では、王はこうした法によって、復讐に燃える人々に和解するよう説得しやすくなった。また王は法典で自身の権威を主張した。アングロサクソンの王たちはいずれもそうだったが、エゼルベルトも有力な自由人のひとりにすぎなかった。しかし会合を招集する力はあり、そこで貴族や司教と戦争など重要な問題について話し合い、新たな法令の承認を求めた。[15]エゼルベルトの法はケントの自由人にとって重要なことを定義していた。なかでももっとも重要だったのは、人々が平和に共生できるような、被害者が名誉をもって受け取れる賠償の水準だった。

しだいに王が一般の生活の多くの分野を統制するようになり、犯罪の定義を増やし、複雑な法手続きをつくった。後代のケントの王たちによる、「フロスヘレおよびエアドリク法典」にはケント人がロンドンで土地を買う方法が説明されている。七世紀末に書かれたウィフトレッド王の法には、教会財産を保護する規定、性的不品行や断食や悪魔崇拝や窃盗に関する規定、さらに宣誓や告発をおこなう方法やその真偽を確かめる方法がふくまれていた。初期のイングランドの王たちは南方の王たちの法づくりを意識していた。ウェセックスの王イネは同じ頃、条項が七六ある充実した法典をつくっている。それによれば、裁判所で訴訟を起こすことなく復讐をおこなう者は誰でも罰せられた。イネ王法典はアルフレッド大王が新たな法典をつくるまでの二世紀のあいだ有効だった。

アルフレッド大王はヴァイキングとの戦いに忙しかったものの、王国の統治に強い関心をもっていた。戴冠の誓いで彼は、平和を守り、強盗をはじめとする不正を禁じ、「判断において公正で慈悲深くある」と約束した。[16] おそらく司教の助言を得て、アルフレッド大王は新たな大法典の編纂を命じた。できあがった法典の長い序文には十戒、出エジプト記、使徒言行録からの引用があった。モーセはもちろん、自民族の独立と宗教的義務を確認するために法をつくったが、アルフレッド大王も、自国のために同じことをしていると確信していた。またゲルマン人の王と同様に、アルフレッド大王も法典の形式は権威あるローマ法から借用したが、内容には従来の伝統を反映した。王たちは金銭賠償の重要な慣行を法に明記することによって、部族の秩序が新たな王国の中心であると確認した。しかしアルフレッド大王は聖書の法を引き合いに出すだけでなく、彼の評議会による判決の多くを収録した。

「アルフレッド大王の法典」の規則のひとつに、槍を肩に担いで歩いていた男が不注意にふり向き、通行人にけがをさせた場合、男が支払う賠償金は槍の角度によって増減するというものがあった。この規則が適用されるのは槍が関係し、かつ肩に担いでいた事件に限られるという法の特異性を考えれば、この条文はおそらく実際の事件を反映したものだ。しかしこの規則が法典に入れられたのは、不慮の事故による負傷と槍の角度のような普通のことに示される不注意のレベルについての重要な原則をあらわしているからだろう。フランク人やランゴバルド人の法の作者のように、そして二〇〇〇年前のハンムラビ法典の作者のように、アルフレッド大王の立法者たちは現実の事件を使って一般的な原則を示し、決疑法形式を採用して広く適用可能な規則をつくった。「アルフレッド大王の法典」は、慣行に基づいた規則と現実の事件の記録を組み合わせているため、多少まとまりのない形になった。しかしアングロサクソンの土地の言葉を使って書かれ、地域の住民にとっては比較的利用しやすいものだった。[17]

ほかのアングロサクソン人の王たちと同様に、アルフレッド大王は、神によって定められた秩序を守るという王の務めをよくわかっていた。疫病を避け、敵に打ち勝つために、王はキリスト教の規則の最低限の水準を維持する必要があった。平和を保障するのは王の務めであり、それはおもに窃盗を抑制することを意味した。「アルフレッド大王の法典」は暴力そのものを禁じてはいなかったが、復讐が許される場合や誰が対象とされるかを規制することによって、復讐の可能性を制限した。また、誰もが窃盗を非難し、盗品を取り戻すのに協力する義務があると強調した。アルフレッドの息子であるエドワード長兄王は一〇世紀はじめに別の法典をつくり、その法典はおもに訴訟手続き、担保責任、証人について書かれていた。彼の後継者、エセルスタン王は司教の助言を受けて六回も法典の編纂を命じた。新たな法では、魔術、神判、商業、硬貨鋳造、集会への出席、奴隷や使用人に関する責任、行政官の務め、担保責任、聖域、窃盗を追跡する義務なども扱われていた。その規定は王の統治の範囲の広がりを反映していた。

九二七年、エセルスタン王はブリテン島北部に侵攻して支配下に置き、みずからを〝イングランド王〟であると宣言した。[18] 後継者たちも彼に倣った。エセルレッド二世（在位九七八－一〇一三年）はヨークの大司教であったウルフスタンに王国全土のための新たな法の編纂を依頼した。[19] ウルフスタンは従来の法典の多くを集め、当然のことながらきわめて道徳的な言葉で記述し、殺人者がその重大な罪を償うためにおこなうべきキリスト教の改悛を強調していた。また彼は復讐についての新たな規制を盛りこんだ。聖職者は対象にしてもよいが、修道僧はいけない。一一世紀のはじめ、一〇一六年から一〇三五年までイングランド王として統治した（デンマーク王とノルウェー王も兼任した）デーン人のクヌードもウルフスタンに王国の新たな法の編纂を依頼した。イングランドの法は、ウェールズとの境界の東側とティーズ川の南側に住むすべての人々に適用されることになった。

ローマ法の〝再発見〟

アングロサクソンの王たちがイングランド王国の法典をつくっていた頃、イタリア半島では別の物語が進行していた。[20] 五六八年にランゴバルド王国が残っていたビザンティン帝国軍を破ったことで、ローマ帝国を再統一するという皇帝の希望はついに潰えて、ゲルマン系のランゴバルド人は自分たちの慣習を導入した。北のフランク人や西の西ゴート人と同様に、ランゴバルド人は独自の部族を構成した。部族の仲裁者が直面する事件のなかでも、殺人と傷害は大きな問題だった。ロタ―リ王は六四三年に、事実上の法典である「ロタ―リ王の告示」を発し、贖罪金の長いリストを盛りこんだ（「告示」とされたのはロタ―リ王がビザンティン帝国総督となっていたからである）。国家反逆罪、背信罪、軍からの逃亡に続いて、さまざまな種類の個人の傷害が列挙された。三八八の条項に、誓約の方法から有罪・無罪の立証まで複雑な手順が規定されている。ロタ―リ王はこの法によって、リグリアに対する大規模侵攻を進める軍を感服させ、その忠誠心を高めることを期待していたのだろう。しかし同時に、敵対する諸侯の力を抑制するという目的もあった。また血の復讐を抑止するために贖罪金を増額している。フランク人の法と同様に「ロタ―リ王の告示」もラテン語話者の書記によって書かれたが、相当するラテン語がないものはゲルマン語が多く使われている。

西ゴートやブルグントの王国内と同様に、ランゴバルドでも新たな王たちはローマ市民がローマ法を頼りにすると考えていた。しかし行政官階級の人々は数十年来続く混乱に打ちのめされており、精緻なローマ法の規則や慣行はもはや意味を失ったように思われた。イタリア半島の南部およびラヴェンナとローマの周囲はランゴバルドの支配下に入らず、この地域の人々はしばらくビザンティン帝国との交流を維持していた。学者らはユスティニアヌス帝の「ローマ法大全」を輸入し、学生たちに「法学提要」を回覧させた。しかしローマ法はとんでもなく複雑だった。学者が難解な法学の解釈を理解できるようになるのには、何年間も学ぶ必要があり、ましてそれらを実際に適用できるようになるのにはさらに長い年月がかかった。この地域でさえ、ローマ法の影響はしだいに薄れていった。

その頃、ランゴバルドの歴代の王たちは「ロタ―リ王の告示」の付則や追記を発行した。その法はまるで判例の記録のようで、実際にそうだったのかもしれない。フランク人やアングロサクソン人の法と同じように、ランゴバルドの法は必ずしも一貫していなかった。ユスティニアヌス帝の文献という手本があるにもかかわらず、ランゴバルドの王たちは学者を雇って自国の法の土台となる原則を引き出し、それを体系化することを重視していなかった。ランゴバルドの都市の公証人らはローマ法の伝統の一部を維持した。奴隷の解放、土地の売買、賃貸、結婚などの重要な取引を記録する証書をつくる際、公証人らは正確な文言を用いることにこだわった。おそらくそれが訴訟において書類に権威をもたせたからだろう。このように、ローマの法形式は社会的関係に形を与えつづけた。しかしローマ法の〝再発見〟につながった一連の偶然がなければ、そうした慣行も失われていたかもしれない。

ランゴバルドの王たちはパヴィアを首都とし、七七四年、アルプスを越えてランゴバルドに侵攻したフランク王カール大帝はここの宮殿に移り住んだ(21)。カール大帝はまた公証人が訓練を受けられる学校を設立した。一部の公証人はすでに法的な紛争に介入し、文書の正確さや解釈についての相談を受けていた。紛争当事者のなかには複雑な事件で公証人に審判人を務めてほしいと依頼する者もいた。九世紀半ばには、カロリング朝の皇帝らは公証人を「聖なる宮廷の審判人」として任用していた。もっとも重大な事件の審理には一六人、とくに王室の財産にかかわる場合には三〇人が集まることもあった。

カロリング朝の崩壊後、教皇ヨハネス一二世は九五一年、ザクセンの王オットー一世をローマ皇帝として戴冠させた。新皇帝はランゴバルドの法を大きく変えることはなかったが、ローマの官僚的なやり方はあまり好まなかった。オットー一世は決闘裁判慣習を好み、それは法的な論争を身体的な腕試しにしてしまった。彼はまた首都をパヴィアから遷した。裁判官を務めていた法律家らは王室の後ろ盾を失ったが、彼らは仕事を投げ出さなかった。イタリア北部を旅して巡り、さまざまな町で事件の審理の依頼を受け、またランゴバルドの法律の集成である「ランゴバルド諸法の書（通称パヴィア書）」をつくらせ、携行した。法律家らは小型本の余白に注記や注釈を書きこみ、そのなかにはローマ法の原則への言及も散見された。法律家は仕事を続けながら学生に指導し、法とは何か、どうあるべきかといったことを議論した。おそらくローマの法学者に影響されて、彼らはどの法が万人に適用されるべきか、どの法は少年ではなく成人に適用されるべきか、どの法は奴隷ではなく自由人に適用されるべきかを話し合った。ランゴバルド法を文字どおり適用すべきか、それとも根本的な原則を読み取り適用範囲を広げるべきかを論じた。ローマの法学者と同様に、一部の法律家は、仮定の事例と、さまざまな法の文言の比較から抽出した一般的原則を用いることで、法の拡大は可能だと論じた。言い換えれば、彼らは法を、それ自体の論理をもつシステムとしてとらえていた。なかにはさらに踏み込んで、法の空白部分ではローマ法とその原則を直接適用できると主張した者もいた。彼らはユスティニアヌス帝の「法学提要」の写本を用いてランゴバルド法の注釈を組み立て、その業績は一一世紀後半に「パヴィア書解説」として完成した。

ユスティニアヌス帝が偉大な「ローマ法大全」をつくらせてからすでに四世紀が過ぎ、そのもっとも長大な「学説彙纂」は事実上忘れ去られて、その複雑で抽象的な解釈の集成は、当代のイタリアではほとんど役に立たなかった。現実的な問題をかかえた請願者らを目の前にした裁判官らには、この知的な偉業をひもとく時間もなかった。ラテン語の原本は失われ、損傷し、忘れられた。ビザンティン帝国の図書館は一一世紀のセルジューク朝による征服で破壊された。しかし用心深い司書らが「学説彙纂」の写本をピサの図書館に保管していた。そして司書のひとりが知識を求める学者たちを招いた。知的探究心にあふれる学者らは、法的論考の宝庫である同書の再発見に歓喜した。パヴィア、マントバ、モデナ、ボローニャの学者らがピサを訪れて「学説彙纂」を調査し、熱心に読み込んでローマ法学者らの議論を研究した。なかには自分の後援者に対して、写本の制作を依頼して自分たちの図書館でも所蔵すべきだと進言する者もいた。

ボローニャ出身の法学者イルネリウスもそのひとりだった。彼にはカノッサのマティルデという有力な後援者がおり、おそらく彼女に勧められてボローニャでの研究を続けた。イルネリウスはイタリア史でもっとも有名になる法学派を創始した[22]。イルネリウスは「学説彙纂」の難解な内容に取り組み、各巻に注釈を書き込み、それらを使って学生らに新たな分析技術を教えた。まもなくローマ法はそれ自体が研究対象となった。ランゴバルド法が忘れられたわけではなく、実用的な目的では依然としてランゴバルド法の規則が教えられた。しかし学者らは新たな法思想を追求した。

聖職叙任権闘争と呼ばれる、教会と国のあいだの深刻な争いが激化していた。それは一〇七二年の教皇グレゴリウス七世と皇帝ハインリヒ四世との対立につながり、破門された皇帝はマティルデの所領であるカノッサ城外の雪のなかで赦免を請うことになった。この論争は教会と世俗の指導者らのあいだに緊張を広げた。その頃、商業活動の増大によってチャンスや課題や力の源がもたらされた。異なる階級の人々がますます多様性を増したことによっても、古い法や法的な範疇の多くに疑問が投げかけられた。人々は土地分配のパターン、取引慣行、相続の伝統などに疑問をもちはじめ、より多くの問題を裁判所にもちこんだ。そうしたあらゆることが裁判官らにランゴバルド法以外にも目を向けさせ、ローマ法原本の法理やそれらを研究する法学者の著作に手掛かりを求めさせることになった。

ボローニャの法学校は栄え、法学者らは苦労してローマの法文研究を進めた。彼らは一〇〇〇年前のローマの先達たちがしたように、ローマ法という新たな法律学の知的挑戦を楽しんだ。各地の司教によって派遣された神父たちは希望に燃える若い男性たちとともに、もっとも高名なイタリア人教師の下で学ぶという苦難の旅に出た。フリードリヒ赤髭王（神聖ローマ帝国皇帝）は一一五五年、みずからの戴冠式へと向かう途上でボローニャに立ち寄り、法学者らに新法の承認を求め、法学生らを〝学びの巡礼者〟と呼んだ。法学生らは強力なギルドを組織し、市当局に数々の要求を突きつけ、教皇が介入する事態となった[23]。その後一五〇年間、学者らは「ローマ法大全」についての見解、意見、注釈を生みだしつづけ、法学者のアックルシウスが一二四〇年にそれらを蒐集《しゅうしゅう》すると九六〇〇〇もの文献が集まった。その後何世紀にもわたり、国王、裁判官、学者、書記官らはローマ法とは何かを知るために、その集成をひもといた。学者らはふたたび自分たちが法の権威であるということを立証してみせたのだ。

ボローニャの成功により、イタリア内外に法学校と法学生が次々と増え、教師たちはユスティニアヌス帝の「学説彙纂」の要約を教材にし、さまざまな言語に翻訳した[24]。同じ頃、教会もおもにローマ法に基づいて独自の規則や法慣行をつくっていた。教会の裁判所は、罪の問題に関係するあらゆる事案における権限を主張した。それには不貞、偽証、文書偽造、家族法、さらに債務と利息といったことまで含まれた。当初、ボローニャの学者らは、〃カノン法〃を構成する、聖職者たちによる規則や慣行などの無秩序な寄せ集めを軽蔑し、ほぼ無視していたのだが、一一四〇年、グラティアヌスという名前の修道士が文献の集成を出版した。彼の著した「グラティアヌス教令集」はカノン法〔ローマ・カトリック教会法の体系〕をより体系的に整理したもので、学者らも教会法を重く受けとめるようになり、それと〃市民法〃との関係について長々とした議論を展開した。

ほとんどの大学ではどちらも教えるようになった。イングランドでは、カンタベリー大司教がランゴバルド人法学者を雇って紛争の解決を手伝わせていた。この学者が学生のために集めた文献が、オックスフォードに新たにできた大学の法学部の土台になった。ローマ法がひじょうな敬意を集めていたので、ヨーロッパの大学では、自国内または地域の裁判所で実際に適用されている法には教える価値がないと思われていた。それは一七世紀まで変わらなかった[25]。

人民のための新たな法典

ヨーロッパの大部分は三つに分かれていた。オットー一世の後継者で、教皇によって戴冠された皇帝たちが治める神聖ローマ帝国。そして新興のフランス王国とプランタジネット朝のイングランド。そのいずれでも王とその顧問たちは、法の見地から王権と権威の性質について議論していた。為政者は単純に力をもっているのか、それとも何が合法かを宣するための力なのか？　それとも力をもっているのは人民なのか？　そうした議論の裏にあるのは、法は王権とは分離したもので、何が合法かを王が勝手に宣言することはできないという意識だ。そして論ずる者たち全員が、ローマ法で自分たちの主張を正当化しようとする。ローマ法にはその古い歴史と知的な精緻さに基づく権威があり、皇帝からも敬意を払われた。

　同時に、為政者と裁判官らはユスティニアヌス帝の例に倣い、人民のために新たな法典をつくろうとした。「ローマ法大全」の本旨を手本にしようと、数ある要約や見解を用いたり、西ゴートやブルグントの法典から資料を写したりした。神聖ローマ帝国皇帝のフリードリヒ二世は一二三一年、シチリア王国民のために「皇帝の書（リベル・アウグスタリス）」を公布した。その数十年後にスペインではフェルナンド三世とアルフォンソ一〇世が、西ゴート人の法典を参考にして「七部法典（シエテ・パルティーダス）」を制定した。フランスでは、フィリップ二世が小さな封建国家をヨーロッパで有数の裕福で強大な国に変えた。政治的かつ法的な評議会でもあった高等法院（パルルマン）は、教会裁判所がローマの裁判所に倣ってつくった訴訟手続きのひとつの型を採用した。高等法院で訴訟を提起できる人間はみずからの代理人となる技能者を探し求め、まもなく裁判官らは判決においてローマの市民法の内容を採用しはじめた。

コモン・ロー

　しかしながら、人々とできごとの両方がローマ法の影響に抵抗した地域がひとつだけあった。イングランドでは、アングロサクソンの王たちがおもに慣行とみずから発行する勅令を法の土台にしていた。一〇六六年のノルマン人のイングランド征服によって即位した国王ウィリアム一世はいくつか新たな勅令は発したが、行政的資源を新法ではなく、「ドゥームズデー・ブック」という土地台帳の作成にあてた。しかし彼の息子ヘンリー一世〔ノルマン朝第三代国王〕は法の編纂を命じ、最後のサクソン系の王とされるエドワード懺悔《ざんげ》王の法を復活させるとして公布した。この法にはイングランドの貴族らがウィリアム一世に説明した法がふくまれているというヘンリー一世の主張は、まったく事実に基づいていなかったが、イングランドは統一された王国であり、その法は古い伝統に基づいているという考えをあらわしていた。別の作者が地域法を集成して同王の名前を冠したのが「ヘンリー一世の法」だ。この法書は、アルフレッド大王とその後継者によるウェセックスの法、北部で施行されていたマーシアの法、ヴァイキングの法であるデーン法という三つの異なる体系を記述することでより密に現実を反映していた。こうした法書はラテン語にも翻訳され、ノルマン人の裁判官や行政官に利用された。[26]
　この頃にはノルマン人はイングランドの貴族からほとんどの領地を奪い取り、ヘンリー一世は新たな土地所有者には、定期的に国王裁判所に出仕することを義務づけた。国王裁判所は政治的また社会的な集まりであり、王と貴族が集団的決定をしたり、助言をやりとりしたり、取引に立ち会ったり、共同体の義務や訴訟の審理をおこなったりする場だった。サクソンの王たちによって州（シャイア）および郡（ハンドレッド）にはすでに裁判所が設置されていた。国王裁判所と同様に多くの男性が集まり、地域の事案を議論し、組織化していた。ヘンリー王はそうした形態の地域政府に支配を広げる目的で、地域政府をどう組織するべきかを指示した。王いわく、重要な人々はひとり残らず出席しなければならない。司教、伯爵、シェリフ、ハンドレッドマン〔ハンドレッドの役人〕、オルダーマン、家令、代官、バロン、陪臣、土地所有者全員だ。彼は法だけでなく司法においても中央集権化への道筋をつけようとしていた。

ノルマンディー公でもあったヘンリー一世はフランスに滞在することも多かった。しかしイングランドにいるときには領内を旅して地方裁判所の業務を視察し訴訟の審理をおこなった[27]。即位時の「戴冠の宣誓」で「私は、私の王国すべてに、確固とした平和を築く」と誓約した王は、正義をおこなうという務めを重く受けとめていた。国を不在にするときにはこの仕事を役人らに委任し、その一部はしだいに法と訴訟手続きの専門家になった。裁判官として、もっとも重要な訴訟を審理した。行政官としての彼らは、ますます複雑になっていた土地所有システムを統一する必要があった。修道院の数は増えつづけ、裕福な男女からの土地の遺贈を受けて修道院の所有地も拡大しつづけており、それは必然的に土地の所有権や地代を受け取る権利についての法的な論争につながった。王の役人たちは当事者らの訴えを検討し、不動産を分類して、彼らの権利を特定しなければならなかった。その際、おそらく彼らはヘンリー一世のために書かれた法書を引用したであろうし、イングランドの伝統を認識すべきであるという意識を当然もっていたはずだ。この場合、彼らの裁判のやり方は司教がおこなう教会裁判とはまったく異なっていた。教会裁判は宗教や家族に関係する問題に教会法を適用していた。シャイアやハンドレッドの裁判所では殺人、窃盗、レイプ、文書偽造、放火などの申し立てを審理し、誓約や神判や決闘裁判という伝統的なやり方で、無罪か有罪かの厄介な判断を下した。

一二世紀半ば、ヘンリー一世の死後、王を称したスティーヴンによる混乱を経て王位に就いたヘンリー二世は、政治や法の改革を相次いで打ち出した。負債について、ワイン販売その他の商業について、武器の携帯についても規制した。もっとも信頼するひと握りの顧問らを国王裁判所の裁判官に任命し、裁判の手続きを規定する新たな規則を導入した。任命された裁判官らは各地方で巡察をおこなった。大勢の人間が集まって直近のできごとを見直したり、地域の代官に対する苦情を調査したり、訴訟の審理をおこなったりする場だ。その進行の手引きとして、王は新たな令状を導入した。これらの令状は法的な主張をするための文書で、ローマの方式書に似ている。それによって王とその裁判官らは訴訟とそれに適用される原則を体系化することが可能となり、次第に新たな〝コモン・ロー〟を確立していった。ヘンリー二世の裁判官のおよそ半数は聖職者であり、彼らは国王の巡回裁判に加えて教会裁判の裁判官も務め、したがって教会法にも精通していた。たとえば一一六四年のトマス・ベケット大司教の裁判のような例外的な事件では、弁護士たちはローマ法に基づいた弁論をおこなった。この事件をきっかけにヘンリー二世は重要な新令状、土地の権利を主張する新侵奪不動産占有回復訴訟の令状を導入した。[28] このように、ローマの市民法の思想と原則はイングランドの法慣習にしみこんでいった。しかしその影響は限定的だった。新たな令状と手続きは、おもに土地所有者の所有権や地代や相続をめぐる争いといった直接的な問題や、実際上の必要に応える形で発展し、イングランドの古くからの慣習と伝統を反映していた。

おそらくヘンリー二世の法への関心に触発されて、一二世紀後半、ある若い学者〔グランヴィルの甥との説が有力〕が「イングランド王国の法と慣習」に関する論文を執筆し、後援者である裁判官ラヌルフ・ド・グランヴィルの名をとって「グランヴィル」と名付けた。明らかにユスティニアヌス帝の「ローマ法大全」の影響を受けたこの法書は、ローマ法をよく知る人々にイングランドの国王裁判所の慣習を説明しようとしている。作者は、これが新たにできたオックスフォード大学で教えられることを望んでいたのかもしれない。[29] 書中で説明する〝イングランドの法〟は、成文化されていないものの、国王裁判所において運用されている法だ、と彼は説明している。イングランドのコモン・ローは、当時ボローニャでつくり上げられてパリの裁判所で運用されたローマ法と同様に、独自の体系を構成すると彼は主張した。

実際には、ヘンリー二世の裁判官らは新たな法令を認めることで、土地所有、相続、後見、未亡人の地位、その他地主階級に関する懸案事項について標準的なアプローチを策定した。その成果は小作人のような非富裕層の市民の法律問題にも徐々に広がり、彼らは新たな法令を用いて領主の主張に対抗できるようになった。一三世紀はじめには、ヘンリー・ド・ブラクトンを中心とした国王裁判所の裁判官らが、イングランドのコモン・ローをさらに確立して体系化するために、国王裁判所で運用される法を詳説した大部の法書を著した〔「イングランドの法と慣習について」〕。彼らが、王は王国の法に完全な管轄権を有すると述べたにもかかわらず、ヘンリー二世の後継者らはいずれも包括的な法典を編纂しようとしなかった。王たちはローマ法の先例に従うことはなく、令状の制度をとおしてイングランドの法を形作っていくことで満足していた。イングランドのコモン・ローは古くからの慣習に基づいているという強い意識があり、貴族諸侯がジョン王の権力に異議を申し立てたとき、彼らは王の権力を抑える法文書、マグナ・カルタを起草した。

とはいうものの、王は裁判所の実務を補完するための勅令を発することはできた。マグナ・カルタのような重要な法はあらゆる分野での法の改革を導いた。マグナ・カルタには王権を制限した有名な条項に加えて、後見や持参金、金貸しの規制、度量衡、王室御料林の管理についての諸規則、さらに外国籍の商人や傭兵や捕虜のための規則や裁判処理を改善するための手続き措置が盛り込まれていた。その一部は実質的に人々に新たな権利を与えた。不法な土地処分のケースもその一例だ。しかしコモン・ローのほとんどを策定していたのは国王裁判所の裁判官らだった。その後数世紀にわたり、彼らはさらに専門性を深め、令状の体系を策定し精緻化して、自分たちの司法権を伝統的に地域の裁判所で審理されていた事件にまで少しずつ広げていった。

学者らは裁判官を育成するイングランドの大学でローマ法を教えつづけた。しかしヨーロッパ大陸の国々とは異なり、弁護士は演習と実習によって法について学んだ。[30] 当初、彼らはウェストミンスターの民事訴訟裁判所の前に集まり、事件審理を傍聴して興味深い事件を記録し、法令書を学び、弁護士演習に取り組んだ。一三四〇年頃から彼らは現在のフリート・ストリートにあたるテンプル騎士団の共同住宅に入居しはじめ、それは周囲のほかの宿屋にも拡大した。国王裁判所に近くて便利だったからだ。やがて彼らはベテラン弁護士の協会を設立し、最終的にこの新組織〔法曹学院〕が弁護士志望者向けの研修プログラムを運営しはじめた。同じ頃、裁判官らは以前の事件を調べて参照しはじめた。彼らは訴訟事件に対するアプローチを統合し、過去の事件を参考にする慣行はやがて判例の体系化へとつながった。

もちろん実質上は、イングランドとウェールズで適用された法の多くはヨーロッパ大陸の国々で生まれた法と大差はなく、オックスフォード大学とケンブリッジ大学の法学者らは、ローマ法はもっとも権威ある主題のひとつであるという評判を高めた。しかしイングランドの弁護士と彼らを教育した組織は判例と手続きを使いつづけ、イングランドのコモン・ローは異なる道をたどり、独特なものになった。一八世紀から一九世紀にかけて、ヨーロッパ大陸に法典編纂の波が押し寄せたときも、イングランドの有力弁護士でそれに同調する者はほとんど皆無だった。ここでは裁判官と弁護士が過去の事件から自分たちの法をつくりつづけた。

法の営み

こうした西ヨーロッパの比較的地味なできごとが結局のところ、現在世界を席巻している法制度の土台をつくった。しかしそれは必然だったわけではない。彼らがつくった法が本質的に合理的だったり優れていたりしたわけでもなかった。ゲルマン法典の大部分は規則と判決の羅列で、慣習が無作為に法典化され、ローマ法と思想が明らかに無関係な文脈で導入されていた。しかし西ヨーロッパの王たちは壮大で洗練されたローマの伝統にあこがれてその形式を採り入れ、歴史的な帝国の皇帝たちの威信を希求した。やがて野心的な王たちは発展する自国政府の関心事を反映して法を拡大し、より実際的な目的の規則を加えていった。ローマ法とコモン・ローの最大の分岐は、「ローマ法大全」の再発見後にあらわれた。「ローマ法大全」によって、神聖ローマ帝国およびフランスとスペインの両王国内ではローマ法の地位と威厳が高まった。また法学者らもあらためて尊敬されるようになった。イングランドの国王たちは、これが最後ではないが別の道を選び、ローマ法を採用するのではなく自分たちの考えるイングランド古来の法伝統を支持した。イングランドの法はやがて、ローマの法がそうだったように、法令、布告、判例の組み合わせから発展していった。

こうした法の営みはメソポタミアの王たちから長い道のりだったが、ヨーロッパの為政者たちもメソポタミアの先達たちと同様に、法が人々に平和と秩序をもたらすと約束した。また、法がより高次の秩序、戴冠式の宣誓で引き合いに出される神の秩序、ローマ法の知的秩序、正義の秩序を象徴しているという意識があった。そしてこれは、為政者が打ち立て尊重すべき秩序だと人々は考えた。それが法の支配という考えの土台となった。

＊＊＊

偉大な法制度に発展した規則をつくった初期の立法者たちはいずれも、自分の周囲の世界に秩序をもたらそうとしていた。しかしそれぞれが追求したビジョンはまったく異なるものだった。メソポタミアの王たちは人民に正義をもたらすと約束し、ヒンドゥーのバラモンは多数の信者集団を導くためのダルマの原則を説明し、中国の皇帝らは不安定な時代に平和と秩序を打ち立てようとした。正義、義務、規律を目指すこうした事業は、最初はとても控えめに、まったく独立して出現した。しかしメソポタミアの決疑法形式はイスラエル人祭司やギリシアの市民に採り入れられ、バラモンは法典を携えて東南アジアへと赴き、ヒンドゥーの王たちだけでなく仏教徒の王たちにも影響を与えた。そして中国の為政者らは広大な帝国に法を押し広めた。ローマ市民は、アテナイ市民に倣い正義を追求するための法を策定したが、自分たちが世界でもっとも大きな影響力をもつことになる法制度の土台を築いているとは認識していなかった。そしてユダヤ教のトーラーはイスラム教の法学者に手本を提供し、イスラムの法学者らは拡大する宗教と並行して新たな法伝統を確立した。

本書の第三部では、ヨーロッパの君主たちがどのようにして正義、義務、規律という異なる目的をひとつにまとめ、現在世界を席巻している法制度をつくりだしたのかを検証する。その過渡期において、王、皇帝、学者、裁判官らはいずれも独自の法をつくろうと志した。かなり小さな共同体や集団でも、聖職者、評議会、農民、部族民がそれぞれの目的で規則をつくった。精緻な規則集もあれば、偉大な法伝統の形式に倣ったものもあり、堂々と自治（権）を主張するものもあった。いっぽう裁判官と仲裁者らは、真実を確証するための複雑な手続きをつくりだした。すべてが国や帝国の建設を目指していたわけでも、宇宙的秩序の理想像をいだいていたわけでもないが、どの法も文明の理念を精密に示していた。一般の人々は、自分と共同体に望ましい社会秩序の形を表現する法を生みだした。

第二部

文明の約束

THE PROMISE OF CIVILIZATION

第7章　周縁で――キリスト教とイスラムの周辺における立法

国王、聖職者、裁判官、そして学者らのつくった法は世界の主要な法制度へと発展したが、その周縁に生きる人々も法がもたらす可能性に気づいた。部族民、村人、商人らも、諸公や聖職者や書記らとともに、自分の計画や目的のために法を利用した。ほとんどの場合、おもな法伝統の創設者のような壮大な目標はなかったが、いずれも自分たちの世界を体系化する新たな方法を探し求めていた。中世ヨーロッパの西端では、アイルランドの小国家と中世アイスランド共和国の書記らが何ページにもおよぶ複雑な法を作成した。東方では、ヨーロッパとビザンティン帝国の法が初期のロシア公国の司教や大公や商人に影響をおよぼし、アルメニアではある司祭が拡大するイスラムの脅威に対して独自の法を起草した。彼らの法はおおむね実際的で、慣習と伝統によって形づくられていた。またそれらの法には、社会正義や宗教的規律のビジョン、法は支配者を抑制すべきだという考えが記されていた。

一五〇人の王

はじめてアイリッシュ海を渡ったローマの船は、緑の草地に森林が散在する土地を見つけた。そこでは農民が穀物を育て、牛の群れの世話をしていた(1)。丘の上の要塞に住み、ドルイドの後援者でもあった裕福な人々はすぐに、新たな形の貿易によってもたらされる可能性に気づいた。ワイン、上等な服、ガラス製品、陶器、宝飾品を輸入し、猟犬、食品、奴隷を輸出しはじめた。彼らはローマ人から農業技術を採り入れ、水車場をつくり、新たな種類の穀物を植えた。生産性が向上し、人口が増え、富裕層はさらに富を蓄えた。

交易商人や宣教師がキリスト教という新たな考えをアイルランドにもたらした。五世紀にローマ人がブリタニアから撤退すると、教皇ケレスティヌス一世は「キリストを信じる」アイルランド人を助けるために司教を派遣した。しばらくして奴隷商がブリテン人の教養のある息子を捕まえ、アイルランドに連れていき、息子はそこで羊飼いとして働くことになった。その後、彼は逃げたが、やがてキリスト教を布教するためにアイルランドに戻った。彼は聖パトリックとなり、貧者の暮らしを理解して彼らの心をつかんだ。またおそらくローマを引き合いに出してエリートも数多く改宗させた。富裕者は聖職者を集め、司教を後援し、教会を建てた。信心深い改宗者らは小さな共同体をつくり、禁欲生活を送っていた。恐れ知らずの者たちは、さらに遠い土地にキリスト教を広めるため危険な船で出航した。

　アイルランドの氏族の指導者らは支配者としての地位を固め、六世紀の時点でアイルランドにはおよそ一五〇人の〝王〟が存在した。その周囲にいくつかの集団に分かれた〝隷属平民〟二、三〇〇〇人がいて、これがトゥアハ〔小王国〕と呼ばれていた。王は人々に家畜や土地や保護を与え、見返りに農産物や賦役や忠誠を求めた。アイルランドの王の一部は優勢に立ち、その他の王に貢物を要求した。自由人を地域の民会に集め、最終的に五人の王がアイルランドの各州を支配する上王となった。[2] しかしそのいずれもアイルランド全島を支配することはなかった。大部分の人々にとって重要なのは、自分の直属の王との関係だった。自由人は全員、いずれかの王と隷属平民の関係を結び、トゥアハに所属しなければならなかった。王は盟約を結ぶとき、布告を発するとき、兵士を募るとき、法的な紛争を解決するとき、集会で自由人の意見を聞いた。〝半自由人〟に認められる自主性は少なく、土地と家畜の利用権を与えてくれる王とより固く結びつけられていた。最富裕層はたいていは戦争捕虜であった奴隷も所有し、いっぽう貧困層は債務による強制労役、つまり金持ちの奴隷になることもあった。[3]

　王は詩人、法律家、聖職者を後援した。[4] アイルランドの古い伝統を受け継ぐ詩人らは、王を礼賛しアイルランドの歴史を劇的に表現した歌や物語や系譜を聴衆に聞かせた。彼らはプロとして芸を披露する前に、大量の文章を学ばなければならなかった。法律家は箴言《しんげん》や格言を暗唱し、善行と悪行、道徳、社会関係についての日常の知恵を印象的だがわかりにくい言葉で人々に伝えるのが仕事だった。世襲の詩人や法律家らは、息子たちを新設された修道院に送り、学ばせた。拡大する聖職者の共同体に押しのけられたドルイド神官らはやがて、異端に対する十字軍の生贄となった。

　詩人と法律家は、彼らの国に文学と学びの新たな技術をもちこんだキリスト教とその学者らに影響を受けると同時に、脅威も感じていた。彼らにはオガム文字と呼ばれる文字があり、直立した巨石の端に系譜や伝統的な知恵を刻んで記録した。しかし羊皮紙に書かれたラテン語ははるかに便利で、七世紀には詩人も法律家もラテン語の筆記体系を自分たちの職業語に適合させた。その結果生まれた古アイルランド語はおそろしく複雑で、名詞の語形変化が一四、接合前置詞、接中・接尾代名詞、語頭子音の変化の複雑な決まりがあった。中世の詩人や法律家らは修道院において その文法的な複雑さを学び、体系化し、同時に宗教的文献やカノン法を研究した。彼らはそうして手に入れた専門知識を利用して、アイルランドの伝統的な知恵を記録した。詩人らは系譜、年代記、聖人の一生の物語を著し、法律家はアイルランドの伝統的格言や知恵を、おそらくはキリスト教のカノン法の方式を借用して、一式の法〔ブレホン法。古代アイルランド人の諸権利および慣習をまとめた法律の総称〕へと発展させた(5)。七世紀なかごろから八世紀なかごろまでのおよそ一〇〇年間で大量の羊皮紙に何十もの文書が記され、それらをまとめた現代版は六巻にもなる(6)。

アイルランドの法の多くは、アイルランドの農民社会に起きる実際的な問題を扱っていた。相続人のあいだでどのように土地を分けるか。傷害に対していくらの贖罪金が払われるべきか。どの犯罪が罰せられるべきか。名誉と復讐の関係は依然として、アイルランド人の社会集団に関する考え方を形作っていた。ゲルマンの部族民と同様に、多くの紛争は贖罪金の支払いで解決された。アイルランドの法は殺人と傷害の贖罪金を定め、侵害、窃盗、木の伐採に罰を科し、訴訟手続きを規制し、契約、融資、担保、保証について規則をつくった。必然的に法の多くは農業にかかわり、さまざまな種類の土地、塀や道路や小道の維持管理についても記述している。家畜による不法侵入や木の損傷に対する贖罪金も明記されている。法律家は、たとえば犬猫の種類、家畜の価値、養育された子牛の世話、馬の性質といった驚くほど日常的なことについて、複雑な細部にわたり説明している(7)。ある書き手は養蜂について独特の問題に直面した。アイルランド人は蜜蜂を大切にし、蜂蜜を甘味料としても薬としても利用し、蜜蜂の群れを捕まえることは日曜日に許されている数少ない仕事のひとつだった。しかし蜂の管理は難しく、しばしば群れで近隣の土地に逃げてしまう。ある法律家は、土地所有と家畜についての法的責任についての規則を養蜂業に適用しようとした。しかしうまくいかず、複数の土地を流れる水車用導水路の管理についての法や、隣人の土地に枝を広げた木の生産物についての規則のなかに使えそうな類似性はないかと探した。それらを前例として使い、養蜂家のための複雑な規則を記す文書を作成した。その法の複雑さは、籠と燃える松明《たいまつ》を手に、野原や生垣を越えて蜜蜂の群れを追いかける農民にとっては、ほとんど役に立たなかっただろう。しかしこの書き手は、何世紀も前にローマの法学者がそうであったように、この知的な課題を楽しんでいた(8)。

アイルランドの法の約半分が地位に関するものだ。自由人にはそれぞれ名誉の値段が決まっており、ある人が相手を侮辱したり、負傷させたり、風刺したりした場合、または相手や相手の親族や家族の財産を盗んだり、あるいはそのもてなしを拒否したり、相手の家を襲って妻や娘を暴行したりした場合、不法行為者は賠償として相手の名誉の値段を払わなければならなかった。ある法によれば、ある人が祭服を借りてすぐに返さなかった場合、その人は不適切な服装で恥をかいた貸主に名誉の値段を払う必要があった[9]。ある人の名誉の値段はまた、訴訟においてその人がする誓約の質に影響し、訴えの証明の結果にもかかわっていた。つまり名誉の値段は社会的地位のしるしだった。王の階級が三つ、自由人の階級が七つ、そして非自由人、それぞれ区別された。法ではさらに、聖職者、法律家、詩人など職業人の集団も分類され、その技能と義務が明記された。ほかにも医師、鍛冶屋、大工、音楽家、エンターテイナーの記述もあった。ある文書はジャグラーや道化師や軽業師、プロの屁こき師に言及している[10]。また別の文書では妻、息子、養子、遠縁、店子、心神喪失者の社会的地位と彼らをどのように扱うべきかが述べられている。

アイルランドの法は各社会集団をはっきりと区別しているが、その一部は異常に複雑だ。王の階級はその隷属平民の数で決まり、自由民の階級の違いは特定の家畜の数と家の大きさであらわされる。現実にはそこまで厳密ではなかっただろう。文書は異なる職業の性質をとても詳しく述べ、裁判官はアイルランドの法、詩、カノン法の専門家で、その法律尊重主義は実務的よりむしろ学術的でなければならないとしている。さらに、セットとクマルという二つの抽象的な尺度で、罰金や名誉の値段を決めていた。セットの原義は〝富〟であり、のちに〝牛〟を意味するようになった。クマルは〝女奴隷〟という意味だが、どちらの言葉も通貨単位として考えられるようになった。たとえば一クマルは、たくさんのセットと等しい。実際には、人々は銀、牛、穀物といった手持ちの貴重品の量を算定していたのだろう[11]。一部のゲルマンの法典と同様にアイルランドの法も、実際にはそれほど整然としていない多様な社会的関係に秩序をもたらそうとしていた。

法文では、きわめて深刻な紛争を扱うこともある裁判官の務めについて詳細に述べられている[12]。ちゃんとした裁判官はアイルランドの法、カノン法、詩を理解しているのはもちろん、判決を裏付けるために誓約し、真実を述べると福音書にかけて誓う覚悟が必要だった。たとえば裁判官が片方の訴えしか聞かないなどで、その判断が不当だった場合、裁判官自身が罰金を科されることもあった。訴訟手続きだけでなく、論考の形式についても複雑な規則があった。裁判官はみずからの判断が〝法の詩〟、格言、聖書の文言、類推、〝自然法〟のいずれに基づくものかを言明しなければならなかった。宣誓、神判、決闘、証人や保証人の使用についての規則もあった。事実が争われる場合、裁判官は真実の証人を必要とした。証人は本当のことを言っていると証明するために神判を受ける必要があった。事件が口頭による合意に移れば、契約取り決めを証明するために保証人が要る。その他の事件は、たとえば品物の価値が思っていたよりも低かった場合のように、〝正義〟の問題だった。この場合、別の種類の証拠が必要となる。また、扶養家族や階級の低い人々は親族や国王から保証を得なければならなかった。[13]

これほど複雑な法律尊重主義にもかかわらず、王は下された判決を執行する手段を何も提供しなかった。勝訴した当事者は、裁判官に報酬を支払うだけではなく、家族を頼って相手に支払いを迫らなければならなかった。かなり遠い親族でも、親族の不正や借金の責任を負う義務があり、逆に自分が訴訟を提起するときや担保が必要な場合には、親族を頼ることができた。親族は紛争のどちら側でも巻き込まれることがあった。勝訴した当事者は受け取るべき贖罪金の〝差し押さえ〟、つまり債務者かその保証人から直接取り立てることが必要になることもあった。法文はこうした実務をめぐる複雑な規則を設けていた。債権者は債務者に判決の権威を受け入れさせるために、儀式として彼の土地に入れるが、債務者が高位の人間の場合は、債権者は彼に通告し、差し押さえを試みる前に数日間断食しなければならなかった。これによって債務者は支払うか、担保を提供するか、自分も断食を始めるかいずれかに追いこまれる。おそらく法文は、こうした手続きを実際よりも整然として規則にのっとったものであるかのように描いているが、アイルランド人が訴訟を真剣に受けとめ、手続きとそれによってもたらされる正義の質について懸念していたのは明らかだ。

なぜアイルランド人は、こうした法律尊重主義に多大な労力と資源を注ぎこんだのだろう？　アイルランドの初期の法文には、大部分が格言と詩で構成されているものがあり、おそらく書き手が詩人や法律家が口承してきた知恵を記録しようとしていたものと推察される。法律家は詩人より平易な文章を書き、やがては高度に文学的な文体をつくりあげた。しかし多くの法文が質問と答えの形をとっているのは、おそらく教師の実際の教え方を手本にしたもので、教師はそれを使って法学の学生や裁判官志望者を教えたのだろう。事例のリストと語源学の議論も、同様な目的を示唆する。[14] たとえば結婚不和についてのある法文は、離婚につながるさまざまな状況を、婚資〔婚姻に際して、花婿側から花嫁側の親族に贈られる財貨〕についてのさまざまな影響と併せて例示し、申し立てを裏付けるのに必要な証拠について詳述している。[15] 続いて、裁判官が考慮すべき数多くの実際的な問題を書き並べている。たとえば、ある特定の日に女性が生理だったことをどのように証明するのかといったことだ。そうした文章は、教師が生徒の法的思考を刺激するために使う事例を反映しているように読める。アイルランドの法は伝統的な知恵を記録し、裁判官が法廷で適用できる、また適用するべき規則を公式化した。しかし書き手はおもに教え子のことを念頭に置いて適用すべき法を論じており、支配者や立法議会がするように権威的な方法で定めているわけではない。結局のところ法文は複雑な法の網を示し、それによってアイルランドの社会を実際よりもかなり規律正しく見せた。

それでも、アイルランドの法律家らは自分たちの法の重要性について力強く主張した。ある文章では、信じがたいことだが、自分たちの法はすべての人間は平等だと言い切る外国のカノン法に対抗して、アイルランドに身分差を導入したと主張していた[16]。法学者らはおそらく、格言や詩にすでに蓄積されていた考えを記録することから始めたはずだが、彼らは、裁判官が真実と正義を確立するためには自分たちの法の規則を参照しなければならないという考えを推し進めた[17]。もちろんそれは、少なくとも理論上は、法の専門家としての自分たちの権威を確かなものにし、王の法的権威を抑えた。いくつかの法文は、王と人民のあいだにあるべき互恵関係を強調している。それによれば、王を選任するのは人民であり、王はそれに報いて人民を支え守り、国が災害や疫病で苦しめられないように正しいふるまいをしなければならない[18]。正しい食べ物をとり、正しい種類の砦を維持し、正しい種類の仲間とつきあう。王がもてなしを拒否したり、司法からの逃亡者をかくまったり、風刺に怒らなかったり、盗まれたものを食べたり、名誉に背いた場合には、王はみずからの名誉の値段を失い、事実上その地位を喪失するというのだ。ある法文はさらに、王が一週間をどのように過ごすべきか詳しく述べている。日曜日にはエールを飲み、月曜日には訴訟事件を審理し、火曜日にはボードゲームをして、水曜日には猟に出かけ、木曜日にはセックスして、金曜日には競馬に行き、土曜日にはまた訴訟事件を審理する[19]。この驚くほど図式的な文章はおそらく古い伝統を土台としているのだろう。なかには、王は人民にエールを供給するべきだとする伝統もあった。この法文はそうした伝統を使って新たに導入されたキリスト教の一週間を説明している（ところが興味深いことに、礼拝には言及がなかった）。同時にそれは王が人民に責任をもつという考えを明確に示している。王も人々と同じく法に拘束されるのだ。

しかし古い知恵を羊皮紙に記すことで、法律家はアイルランドの人々に自分たちの歴史とアイデンティティを強く感じさせたことだろう。教会と聖職者は土地、後援者、権威を手に入れたかもしれないが、詩人の系譜や物語とともに、法は人々にきちんとした生き方が存在し、それは自分たちの祖国と歴史に根をもつという意識を植えつけた。それらはアイルランド人のためのアイルランドの法だった。その法があったために、権力基盤を固めて島全体を統治する王が現れなかったというのは言い過ぎだろう。しかし法は雄弁な人々により大きな自信を与え、彼らが支配者の専横的なふるまいに立ち向かい、自分たちの王にふさわしいと思うふるまいを要求することを可能にした。法文は、裁判手続きの手引きとなると同時に、ときには権力の行使の抑制と均衡をおこなう法の体系を構築した。

　活発な法学の活動が一世紀ほど続き、その時点でアイルランドの法学者らは自分たちの仕事をやり終えたと考えたかのように、新たな法文を書くのをやめてしまった。代わりに、ユスティニアヌス法典に詳細な注解を作成した中世イタリアの学者〔注釈派〕のように、古い法を読みこんで注釈をおこなった。もともと法をまとめた学者らはその時代の問題に対処しようとしていたが、後世において古いアイルランド法に権威をもたせたのは、その古さだった[20]。その間、各小王国の王朝は権力争いに明け暮れたが、アイルランドを統一する王は現れず、一二世紀にノルマン人によって侵略された。ノルマン人らは支配地域にイングランドのコモン・ローを導入したが、多くの地域で彼らの支配は緩く、アイルランドの裁判官らは伝統的な法を適用しつづけた。一六世紀の時点で、九〇〇年以上前につくられた法を引用していたことになる。しかし権力と政治が勝利し、アイルランドがついにイングランドの法の管轄下に入ったとき、法文はようやく図書室にしまいこまれた。

アイスランドの法の歴史

　司教が修道院を建設するいっぽう、キリスト教に改宗した人々の一部はさらに極限の献身を目指し、粗末な網代《あじろ》舟《せん》で北方や西方へと漕ぎ出した。八世紀、そうした多数の人々がアイスランドに渡り、事実上何もない土地に脆弱な足掛かりをつくり、禁欲苦行の生活を始めた。島の四分の三は火山灰と氷河に覆われ、川の流域さえ寒すぎて大麦とエンドウマメしか育たなかったが、この厳しい環境が新たな入植者を引き寄せた。九世紀後半、ノルウェーのロングシップ〔ヴァイキングが用いた長船〕が波のように押し寄せた。ノルウェー人らはアイルランド人隠遁者らを追い払い、屋根に芝を葺いたターフハウスを建て、庭を掘り、小さな畑をつくった。ある程度の漁もおこなったが、羊の群れの牧畜も始め、その肉や乳や羊毛は生存に欠かせないものになった。入植者らは繁栄し、その後の二〇〇年間でアイスランドの人口は数千人から数十万人近くに増えた。峡谷や海岸沿いの低地に散在して暮らした人々は共和国を形成し、およそ四世紀にわたり、いかなる王政にも抵抗した[21]。

　最初のノルウェー人入植者らはアルシンギ（全島集会）

という年一回の集会制度を確立した。成人男性は全員出席することになっていた。夏至をはさんだ二週間、全島の自由人男性が集まり、公報や呼出状を受け取ったり、演説を聞いたり、紛争を解決したりした。海岸沿いに居住地が広がるにしたがって、島民は新たに〝クオーター〟という地区をもうけ、それぞれにシンギ（地区集会）を組織した。それがまた三つの地域集会に分かれ、地域のゴジ〔地域の指導的有力農民〕三人によって毎年開催された。各戸の戸主は、地域のゴジのひとりに忠誠を誓い、地域のシンギに出席した。彼らはアルシンギにも出席し、富裕者がその経費を負担することになっていた。アルシンギは、少なくとも当初は、驚くほど民主的な形の統治体制だった。ゴジは地域における秩序を保つ責任を負い、共同体の事案（たとえば牧草地の割り当て）を監督し、共同体の義務を怠った人に対処し、貧民の生活扶助を組織した。訴訟を審理する裁判所をつくり、窃盗や魔術の申し立てを審理し、無法者の財産を押収した。またアルシンギに出席し、地域のシンギを開催したが、それに先立ち開催地の土地を清めるのもゴジの役目だった。

アルシンギでは、議長役である「法の語り手」が島の法を読みあげた。この役職は最初のアルシンギで決められ、アイスランド政府の基本でありつづけた。普通の人々が法を聞いて記憶するために、法の語り手は少なくとも三年に一度はアイスランドの法をすべて読みあげることになっていた。また若者を法の専門家に養成した。法の語り手は四八人のゴジ（のちには司教二人も）とともに、ログリエッタと呼ばれた立法議会に席を占め、新法を制定し、既存の法についての質疑に応え、特定の法の適用除外や義務の免除を求める請願を審理した。しかし、アイルランドと同様に、アイスランドの法も難解過ぎた。

アイスランド人が法を記録しはじめたきっかけは識字能力の向上だった。当初はアイルランド人キリスト教徒に対して無礼だったアイスランド人だが、やがて島にやってきた宣教師の教えに耳を傾けるようになり、一〇〇〇年後、アルシンギでキリスト教を国教にすることが決められた。宣教師はキリスト教だけではなく、識字能力ももたらした。一一一七年、アルシンギは少人数の書記集団にアイスランドの法の文書化を依頼し、それが先例となった〔『ハヴリジの法書』〕。毎年のアルシンギでログリエッタはその年の冬に審査の行使を委託した。その後は盛んな法の創造が続き、毎年ログリエッタで新しい法が承認された。一二世紀末にはあまりにも多くの法が制定されたり改正されたりして、三年に一度の法の朗唱は実行不可能になった。ログリエッタは、上羊皮紙の巻物に記されている法のうち、どの規則にいまだ効力があるのかを示す引用判例集をつくる必要があった。数十年後、ようやく法文がひとつの法律書に編纂された。この現代版は、びっしり印字された七〇〇ページの大著になる。

一部すでに使われていない法が集録されていたとはいえ、この法律書はアイスランド人が熱意ある立法者だったことを物語っている。この法律書では農業の実務について詳細に述べられている。たとえば農民には農地を最大限に活用することが求められた。おそらくそれでシンギの経費に寄与するためだった。そして農民は隣人に対してどこまでも公正でなければならなかった。ある法では、農民は隣人の土地から自分の農地に飛んできた牧草を選り分けて返すべきだとされた(22)。また、墓を新しい場所へ移動する際にどうやって古い墓を掘り、移すのかといったことをふくめ、通常ではめったに遭遇することのないことがらに対処する手順も法に書かれていた、こうした法では、手伝いを頼むべき近所の人々の数、使うべき道具、掘りはじめる時刻を定め、金銭を探すときのように細心の注意を払って骨を探すようにと指示している(23)。ここでは法は、理想的な手順を説明するために、誰でも従うべき基本的な規則を示す以上のことをしている。

より実際に使えそうな法もあった。たとえば家族や扶養家族を養うことについての法だ。場合によっては、その義務を果たすために、男性は親族に自分を債務奴隷として引き受けさせることもあった。妻と血縁の扶養については別の義務があった。法には家族のメンバーが責任を分担するべきだと明記されていた。その後一三世紀に書かれた偉大なアイスランド・サガには、親族の扶養を怠ることから生じる紛争の描写が多く、それはアイスランド人にとって現実の重要な問題だったということがわかる。さらに殺人償金の支払いについての複雑な決まりがあった。その金額だけでなく、それが四いとこまでを含む親族でどのように分けられるかまで明記されていた。こうした細かい分配は現実には計算が難しかったはずで、多くの場合、硬貨をじゅうぶんに小さく割ることはおそらく不可能だった。しかしこうした規則は、広い親族の範囲を示すという役割を果たした。

アイスランドでは家族が重要だった。人々は経済的な支援を親類に依存していたし、重大な訴訟を提起するには大勢の支援者が必要だった。広範な親族をもつことは権力の強化および地位の向上につながった。アイルランドや多くのゲルマン部族の慣習とは異なり、殺人償金それ自体は地位の差を示すのには使われておらず、法に関する限り、誰もが平等だった。しかし現実には富が地位をもたらした。富裕者にはアルシンギの経費を負担し貧困者を養う義務があった。訴訟を起こす資源を有しているのも、名誉のしるしだった。力のない人々は、利益の分け前と引き換えに、より強い立場にいる人に訴訟を譲らなければならなかった。

当時、地位は富や親族のコネクションによって手に入れることが可能だったが、簡単に失うこともあった。

アイスランドの成文法には複雑な訴訟手続きが述べられている。重大な事件の審理では、ゴジは法廷を構成する三六人を選ぶ必要があった。そのほとんどが農民であり、野原に集まって岩に腰掛け、証拠や陳述を審理した。より複雑な事件は地区によって開かれる裁判で三六人の裁判員によって審理された。上級裁判所は毎年のアルシンギで、島のゴジ四八人から選ばれた三六人によって審理された。法律書には一〇〇ページ近くの複雑で形式主義的な手続き規則が含まれていた。裁判員のほとんどは法の専門家ではなく、裁判をおこなうために集められた農民たちだったので、それらの規則がつねに順守されていたとは考えにくい。しかし難しい事件では法の語り手の周囲にいる法の専門家に助言を求めることもできた。訴訟は適切に進めるべきだという人々の共通認識があったのは明らかだ。

訴訟はまた観戦スポーツでもあった。興味深かったりきわどかったりする事件を傍聴するために大勢の人々が集まった。貧民の子供たちが裁判に基づく芝居を演じたり、使用人が集まって疑似裁判をおこなったりした。(24) しかしゴジらは、裁判手続きおよび判決の執行を支援する役人や手段を提供することはなかった。当事者が自分たちで申し立てをおこない、証人の出廷を確保し、審理を開催し、判決が尊重されるための手段を講じるという、時間も資源も要することをしなければならなかった。だがアイスランド人は裁判所の判決を尊重していたようだ。裁判では〝三マルク〟の罰金が命じられることがよくあり、きわめて重大な事件では犯人は無法者とされ、三年間の島外追放を言い渡された。記録によれば、裁判所は無法者となった人の扶養家族を支援する措置を講じていたことがわかっている。つまりアイスランド人は集団でそれらの判決を執行していたということだ。

サガには血讐、暴力、流血についての物語が含まれ、おそらくはそのせいでアイスランド社会は実際よりも暴力的に思われている。じつはサガの物語の多くは法的な紛争や訴訟を中心に展開する。それらの物語には競争の精神、名誉、復讐が色濃く描かれ、シンギでくりひろげられる悲劇にまで及んでいる。サガからは、人々は拳《こぶし》や武器をふるうだけでなく、法的な論争で競い、地域または地区の裁判で敵と戦っていたという印象を受ける。シンギ、評議会、裁判所は普通のアイスランド人に、地位や権力をかけて他者に挑む機会を与えたかもしれない。だが同時にそれらは、アイスランド人は単一の法によって統治されているという考えを強化した。「Vár lög」すなわち「our law（われらの法）」はアイスランド全体を意味し、人々は自分たちの法が共同体と同じくらい古いと考えていた。(25) 法は、必ずしも書き残されていなかったとしても、先の文明に起源をもつと主張する人もいた。アイスランド人は、どんな王にも支配されないひとつの民族だということを、法が裏付けたのだ。

アイスランドははじめノルウェー人の入植者によって築かれ、その法によって表現された社会だった。しかしそれは長くは続かなかった。ゴジの一部がほかのゴジよりも大きな権力を手に入れ、地域の人々や活動の統制を強めた。家父長による民主制や、地域や地区のシンギの包括的な構造はしだいに崩壊していった。一三世紀半ばには、もとは三六人いたゴジのうち一二人しか残っていなかった。この少数のエリートらは、おそらくより強力な王室との連携がみずからを利すると考えて、一二六〇年、自分たちの国の主権をノルウェー国王に差し出した。これはノルウェーの法に従うということを意味していた。しかしアイスランドの人々は自分たちの法を消失させなかった。書記らは、大量のさまざまな文献に散在している法を編纂して、ひとつの法律書にした。「グラーガース（灰色の鵞鳥）」と呼ばれるこの法集成は、アイスランドの文学と法の活動における記念碑的業績である。一部には書かれたときにすでに時代遅れになっていた法もあったし、その他もやがてそうなった。しかしアイスランド人は、自分たちの法がどんなものであったかを記録しておくことが重要だと考えた。それはとてつもない企てであり、彼らがまもなく失うことになる自治と伝統の証だった。

ルーシ法典

遠くアイルランドやアイスランドの共同体が、今や消えかかったローマの伝統に影響を受けて独自の法をつくっていた頃、東方ではすべてが失われたわけではなかった。そこでは教会が、ビザンティン帝国皇帝の支援を受けてローマ法を守護していた。

一〇世紀後半、皇帝バシレイオス二世は臣下の将軍二人の反乱に直面し、軍事力を強化するためにビザンティン帝国の北方に広大な領土を有する支配者、リューリク朝のウラジーミル大公に支援を求めた。大公の助けを得て反乱を鎮圧したバシレイオス二世は、妹をウラジーミルの妃にした。またウラジーミルが洗礼を受けることに同意した。九八八年、首都キエフに帰還したウラジーミルは息子一二人と貴族に、キリスト教への改宗を命じた。そして都市の住民四万五〇〇〇人にドニエプル川の河畔に集まるように命じた。そこでビザンティン帝国の司祭らが集まった人々に洗礼をほどこした。おそらく従わなかった場合の結果をおそれて、大部分の住民が従った。川へと向かう道中、彼らはきっと、ウラジーミルが数年前にみずから建てた北欧、スラブ、フィンランド、イランの神々の彫像が打ち壊されているのを見て、驚いていたはずだ。

大公は次に、ルーシ〔ロシアの古名〕のその他の町の総督らに、住民を改宗させるように命じた。彼はキエフに教会を建立し、この新たな宗教に自分の懐から金銭的支援をすると宣する短い法令を公布した。またビザンティン帝国の伝統に従って教会裁判所に訴訟を審理する権限を与えた。教会裁判所は、離婚、レイプ、誘拐、その他の家族問題、魔術や魔法、教会周辺での下品なふるまいといった問題を審理する。新たな主教は聖職者とその家族、巡礼者と放浪者、医師、盲目の人や身体障害者に対する裁判権を有することになった。また、度量衡にも教会が責任を負った[26]。こうしたできごとが、最初のロシア法を生みだす土台となった。

ウラジーミルの一族、リューリク朝は八世紀から九世紀にかけて現在のロシアの土地にやってきたノルマン人商人や戦士の子孫で、キエフでは比較的新参者だった。スラブ部族を襲撃して圧倒し、やがて小さな町に定住して毛皮や奴隷の取引をおこなった。九〇七年、彼らは隣接するビザンティン帝国の人々と建設的な関係を築き、書面で一連の合意書を交わした。そうした合意のもと、皇帝はルーシ商人に対して、コンスタンティノープルでの滞在と取引を許可した。

しばらくのあいだ、ルーシの軍閥による権力争いが続いたが、リューリク朝が勝利し、ウラジーミルがキエフに首都を定めた。九八五年の時点でウラジーミルは少なくとも名目上は広大な領地を治めていた[27]。王とはいかぬまでも大公を称し、おそらく南のビザンティン帝国皇帝や西のカロリング朝の王のような洗練さを目指していたウラジーミルは、皇帝バシレイオス二世にキリスト教への帰依を勧められるとよろこんで従った。

一〇一五年にウラジーミルが死去するとたび重なる結婚で生まれた大勢の息子たちによる争いが始まった。これはその後数世紀にわたりくり返されるパターンだ。最終的にヤロスラフが勝利し、父と同じようにコンスタンティノープルを手本にした。ビザンティン帝国の大聖堂を小さくした聖ソフィア大聖堂をキエフに建て、公共におけるギリシア語の銘文を奨励し、教会のための新たな書物を注文した。このときまでにビザンティン帝国は、帝国の総主教に対して報告義務のあるキエフの府主教を任命しており、ヤロスラフはいくつかのルーシの町に主教の管区をつくった。またキエフ近郊に洞窟大修道院〔ペチェールシク大修道院〕を建設し、その修道士らはコンスタンティノープルから修道院の規則書を取り寄せた。

あるときヤロスラフは簡素な法「ルースカヤ・プラウダ(ルーシ法典)」〔「ヤロスラフの法典」とも〕を公布した[28]。ルーシの人々のあいだで起きる紛争への対処法を記した第一条では、復讐の殺人ができる人間を近い親族に限定し、その他の事件では贖罪金を定めている。続く規則では、さまざまな種類の傷害や窃盗、中傷、奴隷の隠匿について述べ、中立人が持参すべき証拠の種類について指示している。これらのかなり基本的な法はおそらく、いまだ部族の忠誠によって形づくられていた社会で生じがちな問題を反映していたのだろう。ヤロスラフは、立法をキリスト教国君主の象徴であると考えていたビザンティン帝国やカロリング朝の王たちの存在に刺激を受けていたのかもしれない。しかし、ゲルマン人の王たちとは異なり、ヤロスラフは書記に、教会の言葉であるラテン語でも、ビザンティン帝国のギリシア語でもなく、自分の人民の使う東スラブ語で書くように命じた。彼の法にはローマの影響はまったくない。ヤロスラフはおそらく、ノヴゴルドの都市で起きた騒乱のあと、自分の対抗勢力になりかねない遠くの都市に対して権威を確立する手段としてルーシ法典をつくったが、自分の息子たち数人をふくめて、主要な都市を治めさせていた代官らがこの法を厳密に執行するとはたぶん期待していなかった。(29) つまりこの法は、よくて指針といったところだった。

たいていの場合、ルーシの農民や商人や職人らは自分たちの慣習に従い、地域で紛争を解決していた。しかし法という見本や聖職者による文書に影響を受けて、ルーシの人々は字を書きはじめた。(30) 人々は、大きさは小さいけれども、白樺《しらかば》の表皮が羊皮紙のよい代わりになることに気づき、樹皮内側の表面に尖った棒で文字を書いた。羽のように軽くて巻くこともできる樹皮は、遠くまで持ち運ぶのも簡単だった。まもなく商人たちが、価格を記録し、遠くの商売仲間に指示を伝えるのに白樺の表皮を使いはじめた。手伝いを求めたり、支払わない客に対して厳しい言葉で抗議したり、債務者を〝町に〟、つまり大公の役人のところに連れていくと脅したりした。識字能力は商人以外にも広まった。子供たちは樹皮で文字を練習したり絵を描いたりした。ある聖像画の画家は注文を書き留めた。ある女性は中傷されたと兄に愚痴を書き送った。また別の女性は家庭の運営についての助言を記した。若い女性は恋人が無視すると嘆き、別の女性は結婚の申し込みを受けた。すべて白樺の表皮でだ。若者の両親は仲人に相談し、修道士は約束をすっぽかした言い訳を述べ、修道女は修道院の運営について覚書を残し、役人は魚を供給できないことを謝罪し、ある人は礼拝の説教の決まり文句を書き記した。(31) なかには書記に代筆を頼む人もいたが、大部分の人は読み書きができた。そうした書状の内容は法的な取り決めではなく、指示や記録だったが、それがより正式な法実務への地ならしとなった。

ヤロスラフの死後

ヤロスラフはさらに新たな教会への資金援助をおこない、その裁判所の権限を拡大する法令を公布した。商人らは、主教や上級聖職者が厄介な債務者を説得して支払わせてくれることで、正義が実現されることもあると考えた。いっぽうで裁判は実用的な手段であると同時に、脅しにもなった。ある商人の未亡人は、亡夫が亡くなる前に債権を示し、司祭がそれを記録したとして、ボートの代金の請求書を書き、次のように警告した。「ルーカスに支払いなさい。もし支払わない場合、わたしが大公の役人を連れてきて、あなたは余計に金がかかることになる[32]」

一〇五四年にヤロスラフが死去するとふたたび激しい後継争いが起きたが、息子たちのなかでも有力な三人が妥協に達した。この三人が、「ルーシ法典」に条文を加えて四三カ条とした「ヤロスラフの子らの法典」の編纂を命じた可能性がある[33]。新たに、厩舎長や契約労働者や農民や乳母や家庭教師といった公の使用人を殺した場合の贖罪金、大公の馬や家畜を殺した場合の贖罪金についての規則が含まれた。またボート、鳩、鶏、その他の家禽、犬、鷹、干し草や薪の窃盗に対する罰則も明記された。境界線の上を耕すことは禁じられた。また昼間に殺された窃盗犯と夜間に殺された窃盗犯を区別し、夜間に窃盗犯を奇襲した人を実質的に免罪とした。また、蜂の巣、蜜蜂、蜂蜜のそれぞれの窃盗に対して、念入りに異なる罰則を設けている。これらの一見無作為な法はおそらく、大公の直属の使用人を念頭に置いたもので、一部は裁判官が判決を下した事件を反映していたのだろう。しかし三人の息子たちがこの法を広く配布したり、行政官が一般の人々に適用したりしたという証拠は何もない。大公の役人らは十分の一税を集めたり税を引き上げたりはしたが、村や町の農業、牧畜、家族関係、職人の活動などに対してはほとんど行政管理をおこなわなかった。つまり法典は、直接執行されるものではなく、リューリク朝の大公らの権威を象徴していた。

ルーシの大半の人々にとって、支配者の法（プラウダ）や司祭による道徳的な指示よりも慣習（オビチャイ）のほうが重要だった。しかし聖職者らは、異教の〝慣習〟を撲滅し、より高次のキリスト教の法、「ザーコン」の意識に訴えてキリスト教の教えを広めようと努めた。一二世紀はじめに編纂されたキエフ・ルーシの年代記『原初年代記』の著者は、「われわれキリスト教徒は、どの土地にあっても、三位一体、ひとつの洗礼、ひとつの教えを信じ、ひとつの法［ザーコン］をもつ」と高らかに宣し、祖先の慣習を法だと考えている人間を批判している[34]。ビザンティン帝国の教会は、司祭が人々をキリスト教の教えに導くために用いる規則集をいくつか作成していた。それらには多数の罪それぞれについての贖罪が記されていた。ルーシの高位の聖職者らは司祭らに、どんどん自分たちに質問するように奨励した。一〇八〇年頃、キエフ府主教のイオアン二世はさまざまな問題に関して彼が示した指針をまとめて出版した。たとえば、司祭は乳を吸えないほど弱っている赤ん坊に洗礼をほどこすべきか？　道徳的に汚れた母親に子供を養うことを許すべきか？　人々は死肉を食べられるか？　司祭は断食を無視する人や、不貞や、魔術や魔法をおこなう人にどう対処すべきか？　信徒は礼拝の際にいつ座り、いつ立つべきか？　傷ついた聖像画をどうするべきか？　別居した夫婦や、洗礼を受けた奴隷を売り払った人にどのような贖罪を指示するべきか？　ルーシの聖職者らは自分たちの務めを真剣に受けとめ、教会法を適用していた[35]。

数十年後、ノヴゴルドのある修道士が、教会規律や典礼慣行について主教から受けた指示を記録した。それによれば、誰かが宴で主教に雷鳥《らいちょう》をもってきたが、柵の向こうに投げ捨てるように命じられた。なぜなら「それを食べて聖体を拝領することは正しくない」からだ。修道士はまた、金、土、日曜日に受胎した子供は泥棒や姦淫者や臆病者になるという内容の有名な本を主教に読み聞かせたときのことを記述している。主教は簡潔に言った。「そんな本は燃やしてしまうべきだ[36]」だが主教が寛容なこともあった。たとえば、日曜日と火曜日の礼拝のあいだの禁欲期間中、月曜日に妻との性交を我慢できない若い司祭を懲罰するべきではないという助言もしている。

一二世紀はじめには、高位の聖職者らは、教会会議決定の集成に、参照すべきカノン法と世俗法を追記したビザンティン帝国のノモカノンの写本をつくっていた[37]。修道士らはビザンティン帝国の教会の型に基づいて自分たちの修道院の規則を策定した。修道士らが時課の祈禱や平伏や読唱をどのようにおこなうか、教会内でどのように立ち、卓につき、どの日に何を食べるかといったことまで指示されていた。もっともその規則は、とくに食べ物と衣服についての指示は、ルーシ北方の寒冷気候には適していなかった[38]。やがて聖職者らはこれらの法が何を意味するのか、これらの法をどのように適用すべきかを論じはじめた。

リューリク朝の大公たちは教会を支援しつづけ、教会裁判所の管轄を承認した。大公たちはヤロスラフの法典に条項を加えた。一二世紀末には一二一カ条の「ルーシ法典」拡大本がつくられた。追加されたのは、債務や利息、倉庫で紛失した商品についての責任、難破によって財産を失った人々の保護、契約労働者や奴隷の管理についての規則、彼らの犯罪への対処、相続法、奴隷のさまざまな種類、逃亡者の処遇、そして蜂の巣や、盗まれた蜜蜂の群れを探す共同体の義務などについての規則だ。さらに、商人が債務の支払いを求めたり、市場で売っている盗品の所有権を主張したりするときに必要な証拠と証人についての規則もあった。[39] 大公たちはこのとき、自分の直属の使用人の範囲を超えて、より広く人々の経済活動を規制しようとしていた。

この頃には都市住民のかなりの割合が識字能力を有し、白樺表皮に書いた短い手紙を互いに送り合っていた。一三、一四世紀には、自分の死期が近いと感じた人々はやり残した仕事についての指示をしたため、一種の遺言書をつくっていた。人々は商業取引では領収書を発行するようになり、土地所有の証明として文書を頼りにするようになった。紛争になったときにはその文書を役人に見せた。[40] 人々はみずからの商業の可能性や確実性を広げるために、独自の法実務をつくりだした。この頃、バルト海沿岸の繁栄している町では、貿易連合のさきがけであるハンザ同盟がドイツや北欧の商人らを結びつけており、ルーシでもっとも成功していた商人らもこのネットワークに加わった。ノヴゴルドの商人はとくにこの取引に積極的で、数百匹分のリスの毛皮を外国の商人に輸出して儲けた。一二二九年、ようやく交通の要所である都市スモレンスクが商業都市リガと、バルト海沿岸都市におけるルーシ商人のふるまいを規制する条約を結び、ハンザ同盟内の関係を規制するより体系的な貿易ルールへの土台を築いた。[41]

黄金の天幕

一二世紀にはリューリク朝の大公たちによる後継争いが続き、ルーシは一二三七年のモンゴル軍の襲撃を迎え撃つ準備ができていなかった。モンゴル軍はキエフを蹂躙《じゅうりん》し、周辺の農地を荒廃させたが、彼らが留まらずに西進したおかげで、キエフの行政組織の多くは損なわれなかった。リューリク朝の大公たちは少しずつ秩序を回復した。もっともジョチ＝ウルスのモンゴル人らは、ルーシ諸公を承認または否認するのは自分たちだと主張した。

キエフの府主教はその地位を保ち、宗教学者らは、キリル府主教に依頼された新しいノモカノンをふくむ新たな教会文書および法文書を翻訳し、写本をつくりつづけていた。[42] ルーシの書記らはときに地域の慣習についての注釈を書き加えることもあった。ある書記は「ルーシ法典」の規則を書き出し、ひとつの文書に教会の法と国の法を合成した。高位の聖職者らは下位の聖職者らの規律に懸念をいだき、ある会議ではキリル府主教が国の苦難を嘆いた。人々は散り散りになり、都市は占領され、力強い諸公は剣に倒れ、教会は神を知らぬけがれた異教徒の手で冒瀆された。こんなことが起きたのはすべて、教会のカノン（規範）がないがしろにされたせいだと、キリル府主教は述べた。彼は教会会議に新たな規則一式を提案し、すべての人間が聖職者の導きでより規律正しい生活に立ち返るべきだと、奮起を促す演説をおこなった。聖職者に規律を求めたキリルの呼びかけは成功したかもしれないが、ふたたびリューリク朝の諸公による後継争いが起きた。一三世紀末には、勢力を増すポーランドとリトアニアの支配者らがルーシの西部の領土の一部を侵略し、キリルの後継の府主教はキエフを脱出した。やがて、モスクワの諸公がキエフの支配者らを承認することを拒否し、モスクワ大公国への道筋をつけた。

この時期をとおして、法文と規則の雑然とした集成がルーシの人々の生活を規制していた。「ルーシ法典」は富裕者に労働者と奴隷の管理の仕方を示しているが、土地所有や日々の農業についてはほとんど言及していない。地方では、人々はおもに自分たちの慣習、オビチャイに従い、町では当局が都市の問題に対処した。商人らは白樺表皮を使って指示を伝達し、標準的な方式と慣行を発達させ、その一部は「ルーシ法典」の後の版のなかにうかがえる。バルト海貿易に携わる人々は国際条約およびハンザ同盟の規則を頼りにした。いっぽうキリスト教の聖職者らは、すべての人間はキリスト教のザーコンに従うべきだと訴え、修道院の共同体は自分たちの規則とカノン法の細則を守った。

ルーシの社会はアイルランドやアイスランドよりも複雑で多様だった。ルーシの人々は、自分が何者か、何をしているのかに応じて、狙いも目的も異なる複数の法源にあたった。大公たちは皇帝の壮大な立法に影響を受けたが、自分たちの法は実際的な問題を土台として制定した。普通の人々は慣習や自分たちが書いた文書を頼りにして、商取引を規制するために法形式を発展させた。

アルメニアの法の歴史

ルーシの南端に接し、ビザンティン帝国の最東部の土地を成し、黒海とカスピ海に挟まれた山がちな地域がアルメニア人の祖国だ。アルメニアはビザンティン帝国によって征服される以前にも、ギリシア、パルティア、ローマ、ササン朝ペルシアによって国を侵略されたが、そうした侵攻のあい間にアルメニア人の王が人々をまとめて独立国家となった時期もあった。アルメニア人は、コンスタンティヌス一世がまだキリスト教徒を迫害していた三〇一年にキリスト教を国教化し、キリスト教世界でも最初期に大聖堂を建立している。それ以来アルメニア人は、ササン朝ペルシアやウマイヤ朝やアッバース朝に支配されたときでも、みずからの信仰を守りつづけた。イスラム国家のカリフの軛《くびき》から解放されるとアルメニアは独立したが、一一世紀にはいくつもの小所領の寄せ集めと化し、一〇四五年にビザンティン帝国に征服された。この頃、イスラム教のセルジューク朝はコンスタンティノープルの東方の領域を脅かし、一〇七一年、西進の途上にあるアルメニアを侵略した。イスラム教徒の地方監督に廃されたアルメニアの王や貴族のなかには、逃げた人もいた。南西に逃げて地中海沿岸部にたどりついた彼らは、キリキア・アルメニア王国を建てた。同国は一一九八年から一三七五年まで存続した。

　こうした激動のあいだずっと、アルメニア人は頑としてキリスト教徒でありつづけた。司祭や主教は人々に対して聖職者としての務めを果たし、教会や修道院を建てた。その多くは人里離れた峡谷のせり出した岩の上に見事に建てられていた。そして彼らは、四世紀以降のおもなキリスト教公会議の決議を翻訳した。そうしてしだいにアルメニアの教会文書のカノン法を拡充していった。一二世紀はじめ、ある聖職者はセルジューク朝に抗い、司祭のための手引き〝懺悔規定書〟をつくりだした。そのなかで彼は、アルメニア人司祭に対して聖書のレビ記を基に懺悔の聞き方と処罰の与え方を助言している。だが主教らは当然のことながら、イスラム教国による支配が人々の信仰におよぼす影響を懸念し、セルジューク朝がアルメニアの裁判形式を認めず、あらゆる紛争はセルジューク朝の法廷にかけられ、アルメニア人もイスラム法で裁かれることを案じた。そこで主教らは学者らにアルメニア人の法典をつくるように促し、それを受けていくつかつくられた。シリア‐ローマ法典を翻訳したものもあれば、ビザンティン帝国のコンスタンティノス五世やレオン三世による法典や、ギリシア人による軍事規則を参考にしたものもあった。しかしもっとも重要で長く影響を残した手引きを編纂したのは、ムヒタル・ゴーシュという司祭兼教師（ヴァダペット）だった。彼が一一八四年に編んだ法典（「ムヒタル・ゴーシュ法典」）は、一六世紀までアルメニア人に自分たちの法と見なされていた。

　ムヒタル・ゴーシュは旧約聖書とアルメニアのカノン法、そして少し前に同国人によってつくられた刑法などに基づいて法典をまとめた。[43] 裁判官、世俗の指導者、聖職者の役割から始め、結婚、離婚、子供に関する規則を定めた。それらの規則の随所に大公や農民についての法が組みこまれ、全二五一条の大部分はいくらか乱雑に見える。注意深い研究によって、ムヒタルはたんにさまざまな法源から引用し、その規則と注釈の部分を交互に書き写していたことが判明した。それにより、たとえば結婚についての規定は、いくつかの異なるセクションに散在している。法の多くは教会の問題やヴァダペットの業務と権限に関連するものだが、世俗の問題を扱うものもあり、出エジプト記、レビ記、民数記から農業に関する法を採り入れている。さらに家畜、作物の間違った刈り入れ、放火、水車小屋、家畜の販売に関するアルメニア人の慣習を反映した規則も加えられた。ムヒタルは折にふれて、とくに離婚についての議論、殺人の弁護、血縁内での結婚については口承の情報源を引用していると認めた。そして全編にわたり、イスラム教徒の慣習についての軽蔑的な言及がちりばめられている。もしアルメニア人がイスラム教徒と関わり合いをもつことがあれば、彼らの大いに問題のある規則に感化されないようにすべきだとムヒタルは指示した。

ムヒタルは法典の長い序文のなかで、アルメニア人は独自の法典をもつことで異教徒による裁判を避けることができると述べた。この法書によってアルメニア人は、どんな状況でも正しい法を思い出せるようになると彼はうたった。同様に重要なのは、法書が外国人に対して「われわれが法典に則って生活していることを示し、その結果、彼らはわれわれを非難しなくなる」ということだった。[44] ムヒタルは明らかに、識字能力のあるカーディーやムフティーと接することの多いムスリムの役人が彼の法書に感心して、アルメニア人が独自の裁判所を運営するのを許可してくれることを期待していた。しかし同時にムヒタルは、法書は、裁判所によって決められ、支配者によって執行されるべき刑罰だけでなく、宗教的な導きを示し、正しい形の償いについて論じていると主張した。彼は自分の宗教と競合するイスラム法の影響を受けて、実際的な状況で適用される法だけでなく、道徳的かつ精神的な目的のための行為に関する規則づくりに着手した。精神的な問題はつねに成文法よりも優先されるとムヒタルは強調した。ムヒタルは自分の法書を決定的な法典として提示したわけではなかった。その規則は古い慣習の翻案ではなく、包括的な実務の手引きでもない。にもかかわらず、これでアルメニア人がムスリムの裁判所に引き込まれるのを防げるとムヒタルは確信していた。

アルメニア人たちは、暫定的また非体系的な内容で、控えめな序文にもかかわらず、「ムヒタル・ゴーシュ法典」を受け入れ、次の世紀には異なる学者による二つの改訂版も発行された。たとえば、ムヒタルは裁判をおこなえるのは主教のみだとしていたが、改訂版では地域の諸侯にも司法権を拡大した。また宗教的な要素と世俗的な要素を分けようとした。三つめの改訂版には、実務的で教会に関係のない慣習的な規則が増やされた。[45]

その頃、キリキア・アルメニア王国は繁栄していた。王たちはヨーロッパの十字軍を積極的に支援し、アルメニア教会の本拠地〔カトリコス座〕を構えた。一二六五年、ときの王の弟であった政府高官のひとりが「ムヒタル・ゴーシュ法典」のさらなる改訂に取り組んだ。キリキアで広く使われていた現地語を使い、主題ごとに再整理して、より使いやすくする目的だった。この改訂版は王と貴族に関する条項から始まり、軍と教会関連が続き、結婚や相続、そして商業活動、農奴の地位と管理、賠償規定などについての一連の規則が記されている。控えめな始まりだったムヒタルの法書は、強大な隣国の帝国主義的野心に対抗して自治を守ろうとするアルメニア人のための実務的な法となった[46]。

一三七五年、キリキア・アルメニア王国はマムルーク朝の支配下に入ったが、ムヒタルの法典はそれで終わりにはならなかった。その三世紀前のセルジューク朝の襲来では、アルメニア人の多くは北方の現在のウクライナへと逃げた。一二四〇年にモンゴル人がキエフを征服したとき、アルメニア人の多くはふたたび逃亡し、西方のガリツィアやヴォルィーニで大きな町を形成した。彼らは自分たちの地区をつくり、金細工職人や銀細工職人や塗装職人や機織り職人として働き、自分たちの教会を建てた。さらに移住者がどっと流入して彼らは人口を増やし、事業や貿易で成功した。一三四〇年にポーランド国王カジミェシュ三世が同地を占領した際、王はアルメニア人の経済的重要性を認めて、ユダヤ人やウクライナ人とともに、彼らに伝統を維持する権利を認めた。さらに独自の法を使ってもよいと宣言した。リボフのような大きな都市では、アルメニア人は独自の裁判所を設置し、選ばれた長老が裁判官とともに事件の審理にあたった。少なくとも名目上は、ムヒタル・ゴーシュの法を適用した。新しい版の法典がつくられ、ポーランド王ジグムント一世が読めるようにラテン語に翻訳された。一五一九年、国王は法典の使用を承認したものの、殺人、傷害、器物損壊、窃盗は都市の裁判所で裁かれなければならなかった[47]。それぞれの裁判所で下される判決に大きな差異はなかったかもしれないが、アルメニア人にとってはみずからの伝統や法を維持することが重要だった。

その後数世紀にわたり、アルメニア人は東方貿易網において大きな役割を果たし、ロシア、クリミア、オスマン帝国、ペルシア、インド、その先まで出かけていった。遠い土地に数多くの小さな居留地をつくり、「ムヒタル・ゴーシュ法典」を参考にしつづけた。一二世紀に聖書やキリスト教のカノン法から抽出された規則は、ボンベイやカルカッタの港に住むアルメニア人商人にとっては実用性が高くはなかったかもしれないが、その法典は自分たち独自のものだった。自分たちの法と慣習を維持しているという事実の象徴だ。敬虔なヴァダペットによって、実用的な目的だけでなく象徴的な目的で書かれた規則は、離散した人々の法となり、長期にわたり国民にとっての道標となった。

＊＊＊

アイルランド、アイスランド、ルーシ、アルメニアの大公や学者や評議会が法をつくったとき、民法や慣習法のシステムはまだその形がつくられはじめたばかりだった。彼らはおもにローマ法の伝統である決疑法形式を採り入れたが、その目的は実際的なものだった。彼らの法は地域の慣習や社会的問題を反映し、証拠や紛争の解決のための規則を提供した。しかしそこにはつねに、法は世界がどうあるべきかといった高次の原則を表しているという意識があった。ルーシの大公らはビザンティン帝国やゲルマンの立法者に倣い、主教らはコンスタンティノープルから文献を取り寄せてキリスト教の懺悔にともなう処罰を採り入れた。ムヒタル・ゴーシュは、おそらくセルジューク朝の法に影響を受けて、アルメニア人のキリスト教徒としての献身を示したいと望み、その法典は離散した人々にとっての国家を表すようになった。より実用的なアイルランドやアイスランドの法にも高次の目的があった。その複雑性は社会的なビジョン、より高みの知的秩序を示していた。それらは独立心が強く、公正な心のもち主で、みずからを統制する方法を知り、押しつけられた誰かの権力を制御することも可能な人々によってつくられた法だった。

第8章　宗教の法を受容する——ヒンドゥー、ユダヤ、イスラムの世界

ヒンドゥー、ユダヤ、イスラムの偉大な宗教システムは権利よりも義務に重きを置いている。生活のなかで個人を導く規則をつくり、それぞれのダルマに従って、あるいは神が人類に示す道を歩むために、個人がどのようにふるまうべきかを明示している。その結果、多くの人々が少なくとも建前では、ヒンドゥーのダルマ・シャーストラの指導のもと、あるいはトーラーの法に従い、あるいはイスラムの法文の規則によって生活していた。そしてこれらの宗教的規則は、司祭や学者、地域の評議会や共同体の圧力などを介して、人々の生活にさまざまな形で影響を与えた。また人々はそれらを地域の状況に適応させ、遠い時と場所でつくられた規則や技術を利用して自分たちの実際的な社会問題に対処しようとした。

ヒンドゥーの法

中世のインドの農民らは、たいていの法的な紛争では、村の評議会や地域の仲裁者を頼りにした。頼られる人々は地域の慣習や慣例を熟知していた。しかし同時に中世のインド社会は、ヒンドゥーのバラモンの考えとその法文によって形づくられてもいた。ヒンドゥー最古の法であるマヌ法典は紀元二世紀頃に書かれ、ダルマに関する著作が急増する呼び水となった。その後二、三世紀のあいだインドの学者らはバラモンと支配者階級を平民と使用人のカーストの上に置く社会的地位のヒエラルキーを肯定し、洗練させていった。宗教の専門家であるバラモンは支配者の政治力からほぼ独立した宗教的権威を確立し、しだいにこの制度をインド亜大陸の大部分に広めた。

南インドのほとんどの地域で牧畜民や農民は部族をつくっていたが、五、六世紀になると集約的な農業システムを発展させ、活動が多様化した。(1) 部族はやがて村、町、市場に取って代わられた。人々はますます特化した職業に就き、地域の支配者が権力を増してついには王の座に就いた。そうした支配者の多くは北部からやってきたバラモンを歓迎した。祭式の報酬として土地や保護を与え、税を免除した。バラモンの家族は土地を手に入れ、宗教の専門家として活

動し、支配者も普通の人々も祭式や法的な問題について彼らの助言を求めた。[2] 祭式の慣習や清浄やヒエラルキーについてのバラモンの考え、その著作に解説された社会的規則は、ゆっくりインド亜大陸じゅうに広まった。

実際、カーストの地位および職業の問題はバラモンによる法的な配慮を大いに必要とした。しかし彼らはたいてい、小さなもめごとにかかわろうとはせず、農民や職人も商慣行や農業の慣習についての学問的な見解に興味がなく、よく知ろうとしなかった。インドの人々は誰でも、二つ以上の社会集団に根をもち、それらが隣人や家族や配偶者や知人への社会的義務を定義する。ダルマ・シャーストラには、王たちはこれらの慣習や法を承認すべきであると書かれている。同時期に完成した、王にとっての手引書であるアルタ・シャーストラは、国王の官僚は村やカーストや親族や団体の法、取引、慣習規則を記録するようにと指示している。[3] 一二世紀に著されたダルマ・シャーストラの注釈書には、バラモンの集団による合意だけではなく、同業者集団、行商人や商人や軍隊や牛飼い、地域や町や村や親族といった集団による合意についても書かれている。それらは各自のダルマ、慣行、義務を認めるものであるということだ。南インドのある碑文では、商人の集団には職人らの活動を規制し、規則を破ったメンバーを罰する権限があると認められていた。〝異端〟の宗派集団である仏教徒やジャイナ教徒でさえ、独自の規則をつくることを許されていた。[4] 間違いなくほとんどの支配者は、彼らがまさにそうするのを許可することが得策だと考えていた。

実際には、多くの集団は重なり合っており、人々は同時に複数の指示に影響を受けることも多かった。ある機織り職人は、同業者集団の規則、村の評議会による指示、村の土地を所有する寺院の命令、さらにシャーストラに書かれている自分のカーストの義務に従わなければならなかった。[5] 同業者集団は労働慣行の規制を、それを破ったものに対する制裁もふくめて取り決めた。陶器職人や機織り職人の組合は、商品の原材料や品質や様式を規制した。商人は商品の品質と重量の基準を定め、価格を決定した。南インドのカルナタカの碑文には、キンマの葉売り、油売り、小麦粉の検査人などの商人の集団が、メンバーによる暴行、窃盗、脱税、略奪、契約違反、また地域の寺院への寄金を怠ることを罰したという記述があった。牛飼いや兵士たちも集団を形成し、カーストの集団はその構成員に対して祭式への参加を義務づけ、彼らの結婚、食生活、服装の慣習を統制した。

仏教の僧院は、食事や托鉢、俗人との関わり方についての規則をつくったが、ほとんどの僧院は、紛争が起きて、その解決を記録しておくべきだとされた場合に例外的に書き留めた以外、規則を文書にすることはなかった。それらは法と呼べるようなものではなかった。しかし折にふれて有力者や地域の集団が、共同体のものごとをどのように運営していくかについての取り決めを作成することがあった。たとえば寺院を拡張する必要があったり、貯水池や共同池や共同畑が荒廃したり、自然災害が社会的弱者の家族を餓死寸前に追いやったりといった場合だ。また、貧しい孤児や移民家族のための通過儀礼などの祭式の運営や財政についても取り決めた。

ほとんどの場合、地域の集団のつくった規則は、ダルマ・シャーストラや王の命令よりも人々の日常生活のなかで存在感があった。しかしときには集団が国王に規則を呈示し、それらを広め、保証してほしいと求めることもあった。長老やカースト評議会のメンバーは祭式の義務や期待されることを承認することはできたが、結婚や相続協議の厄介なケースではバラモンの助言を求めていただろう。たとえばある父親が、妻の義弟である寡夫に娘を嫁がせることは可能か？　あるバラモンの答えは、不可だったらしい。人々はまた、とくに名誉毀損や暴行といった犯罪がおこなわれたのかどうか不明な場合にも、専門家に相談した(6)。バラモンの助言は法と儀礼慣行をほとんど区別していなかった。

一六世紀にイスラム教徒のバーブル〔ムガル帝国の創設者〕がインド平原に侵入したとき、彼らはイスラム法の体系を導入し、ヒンドゥーの王たちのほぼ全員を臣下にした。しかしスルタンらは、従来の支配者らが人民を管理しその紛争を解決するにあたり、従来の宗教的慣行を続けたり古い法文に従ったりすることを許した。ダルマ・シャーストラの基本的な考え、とくにカーストのヒエラルキーは人々の生活の枠組みでありつづけた。ときには、土地取引、相続、証拠についてのより専門的な規則も従来のまま使われた。しかしバラモンによる法文は、下層の人々の生活を規制するものではなかった。放任されたほとんどの人々は、王や祭司の成文化された法形式を参考にして、自分たちの規則をつくった。

ユダヤの法

中世のユダヤ人たちもまた、最高位の学者であるガオン〔学塾の学長に与えられた称号〕らから遠く離れているように感じていた。しかしローマ時代以降、ほとんどのユダヤ人は、やがてイスラム教徒に占拠される土地に分散した、結びつきの緊密な共同体で生活し、周囲の人々と自分たちとを区別する祭儀や伝統を自覚していた。つまりユダヤ教のトーラーは、彼らの生活において大きな役割を果たしていたのだ。

ウマイヤ朝がパレスチナをはじめ中東の大部分を征服し

た七世紀から、多くのユダヤ人はアラビア語の一形態を話すようになった。もっとも記述にはヘブライ文字が使われた。そして彼らは自分たちの生活や活動を、定住した町や都市の習慣に合わせた。八世紀半ばにアッバース朝がバグダードに首都を定めたときもガオンは仕事を続けたが、その頃すでに離散していたユダヤ人たちは、ほかの土地、とくに北アフリカやスペインに学びの中心地を設立し、人々は宗教学者であるラビとトーラーの法の権威を敬いつづけた。

この時代、東から貴重な品々が流れこんだことから数多くの新たな商業的機会が生まれ、ユダヤ人商人は中世の大半をとおして地中海周辺で活発な商取引に従事した。一〇世紀にはファーティマ朝が北アフリカに興り、エジプトからアッバース朝を追い出した。中東は激動の時代を迎えていた。一一世紀後半にはセルジューク朝が勢力を伸ばし、キリスト教徒による十字軍遠征が始まり、一二世紀半ばにはマムルーク朝の襲来があった。マムルーク朝が一二五〇年にシリアとエジプトを支配下に治める以前から、ファーティマ軍を苦しめる敵対勢力はあまた存在したが、ファーティマ朝は二世紀ほどはもちこたえた。エジプトはひじょうに肥沃な地域で、長年ローマ帝国に小麦を供給し、この頃には亜麻を大量に輸出しており、ファーティマ朝は新都市カイロに都を定めた(7)。

カイロは、わずか二マイル〔約三・二キロメートル〕南にあった旧都フスタートに代わって首都となったが、フスタートは重要な商業中心地でありつづけ、そこには多くのユダヤ人が暮らしていた。カリフも軍閥の長も、ほかのみなと同様に地中海を行き交う商船や東から貴重品を運んでくる隊商の重要性を理解していた。したがって紛争が起きていたにもかかわらず、人々は商人に敬意を払い、商人たちはコンスタンティノープル、シチリア、地中海周辺の臨海都市を自由に行き来していた。エジプトでは、インドや極東から長旅を経て紅海に到着した船から品物が荷揚げされ、フスタートは外国からの品物が最初に流れこむ交易中心地であり、外国向けの貨物にかかる関税が委託で支払われる場所でもあった。外国通貨や、靴や衣服や道具や羊皮紙やインクといった日用品をエジプトのその他地域に供給したのはフスタートの商人たちだ。

フスタートの商人の多くはユダヤ人だった。ファーティマ朝のカリフたちはユダヤ人やキリスト教徒が独自にものごとを取り仕切るのを許し、その支配下でユダヤ人共同体は繁栄した。政府に人頭税を納め、その規制に従う限り、ユダヤ人は歓迎され、保護された。ほとんどの場合、彼らは都市、とくにフスタートとアレクサンドリアの中心部に集まって居住し、その多くがかなりの富を蓄えた。ブドウ園や果樹園や畑を所有する者も多くいたし、職人や医師として働く者や、なかには宮廷で地位を得る者もいた。しかしおもな都市ではユダヤ人の大部分が商人だった。彼らはシナゴーグ〔ユダヤ教の公的な祈禱・礼拝の会堂〕の周囲の地域に集まって住み、安息日には徒歩でシナゴーグに行った。しかしファーティマ朝はゲットーをつくることはなく、ユダヤ人たちはイスラム教徒やキリスト教徒と同じ建物内のアパートメントに暮らしていた。またユダヤ人たちは、外国人商人が滞在し、運送用の牛馬を小屋に入れ、商品を保管しておける簡易宿泊所をつくった。シルクロードの隊商宿のように、その中庭には干しブドウの袋や蜂蜜の入った樽や皮革やマットの束が山積みになり、カイロのユダヤ人居住区はシチリア、ピサ、ジェノア、セビリア、パレスチナからやってきた旅人たちでにぎわっていた。彼らはユダヤ人商人だけでなく、イスラム教徒やキリスト教徒の商人らとも商売した。

シナゴーグがユダヤ人の共同体をつなぎとめていた。フスタートには二つの信徒会、カイロには新たにつくられた信徒会がひとつあり、それぞれのシナゴーグとラビを中心にまとまっていた。もともとはバビロンやパレスチナからの移民で形成されていたフスタートの二つの信徒会は、メンバー獲得で競い合い、名誉称号を提供し、それぞれが所有するトーラーの巻物のすばらしさ、絨毯の美しさ、優れた礼拝を自慢していた。各シナゴーグの主要建物と中庭は、トーラーや宗教的な教えや公告を聞いたり、公共の問題を話し合ったりするためにやってくる地域住民を全員収容できる広さがあった。会合では、シナゴーグの管理、職員や委員の任命、貧しい子供たちの教育費、未亡人への支援、病人や障害者の介護、捕虜の身代金などの引当金についても決められた。会合ではすべての人々をしばる規則を正式決定することはできなかったので、その決定を記録した書類には参加者全員が署名することが多かった。しかし実際には、共同体全体が彼らの決定を尊重した。

地域のユダヤ人の指導者らは（しばしばアラビア語で「ムカッダム」と呼ばれた）、宗教的な役割と法的な役割の両方を果たした。彼らは共同体の和平とまとまりを保ち、宗教法や祭儀に関する問題を判断し、宗教的な教えを伝え、子供たちの教育を監督した。長老会に助けられながら、契約に署名し、規則を発令し、共同体を代表して政府役人らと交渉した。もっとも重要なことに、彼らは結婚や離婚を許可し、訴訟事件を審理した。やがてエジプトのユダヤ人に対するパレスチナの学者の影響はなくなり、ユダヤ教信徒全体を代表する世俗の指導者がカイロにあらわれた。[8] 一〇六五年から、ファーティマ朝政府はこのような指導者をイスラエルの首長と認めて「ナギード」または「レイース」の称号を与えた。ナギードは十分な支援を得られれば、終身その役を務めた。そのもっとも重要な職務は政府と役人相手の仲介だった。たとえばトリポリの海賊がガオンとその家族を捕らえた場合、ナギードはカリフの艦隊の司令官に対して、捕虜の救助を要請する。[9] 代わりにファーティマ朝の政府は、ユダヤの人民の税金の査定と徴収をナギードに委任した。もっともナギード自身は増税することはなく、慈善目的の資金を集めるのはシナゴーグの委員会の仕事だった。

カイロのユダヤ人について言えば、彼らはトーラーに従って生きていた。トーラーはシナゴーグでラビが説明し、人々が息子らに教える法の源だった。それがイスラム教徒やキリスト教徒の隣人たちと彼らを分けていた。慣習、衣服、食べ物がそれほど違わなくても、ユダヤ人たちは自分たちの宗教施設で礼拝し、私生活や信仰生活をどう送るかについて自分たちの学者から助言を受けていた。おそらくほとんどの人々は、地元のラビや裁判官がエルサレムやバグダードにいるより高位の権威に意見を求めていたと気がついていただろう。礼拝でラビはそうした学者の名前を敬意をこめて呼んでいた。

ゲニザ文書

一八九六年、旅行でカイロに来ていたスコットランド人女性二人が、めずらしいヘブライ語の文書を入手した。商人によれば、それはゲニザ〔古文書保管庫〕から持ち出されたものだった。神の名が書かれているものを破壊したくない人々が中世のシナゴーグで古い文書を保管しておく場所だった。中国の墓で見つかった文書や敦煌文書と同様に、文書の多くは法文書で、おもに一一世紀と一二世紀のものだった。[10] ゲニザ文書によって、各シナゴーグは少人数の書記を雇い入れ、識字能力を有するその少数のエリートらが裁判官や委員会の決定を記録し、ユダヤ人個人やその家族が私生活また商売において必要とする文書を作成していたことがわかった。[11] 結婚契約書、離婚証明書、奴隷解放証書などで、そうしたいずれの書類にも、「ユダヤ人の法」「モーセとユダヤ人」「モーセとイスラエル」に従ってつくられたと記されていた。裁判所の文書にも同じ注記が入っている。たとえば、妻を「降霊術と暴力」で脅した男に対して裁判官が出した出頭命令には、男が定められた時間に法廷にあらわれなければ、裁判官は「モーセの法に従って」対処する、と書かれていた。[12]

理論的には、最終的な法的権威は共同体にあり、ときには請願や合意が「長老と信徒団」または「イスラエルの子たち」に対してなされることもあった。実際、伝統によれば、不当な扱いを受けたと感じる個人はシナゴーグの礼拝を中断して「ユダヤ人に助けを求める」ことができた。請願者はトーラーの朗読を遮るために朗読者の壇に登る。ある事例では、怒った会衆がトーラーを入れた聖櫃《せいひつ》に鍵をかけようとした。苦情を訴えたい女性は自分の代わりにそれをおこなう男友達か男の親戚を見つける必要があった。たとえば親を亡くして兄弟に不当な扱いを受けた姉妹二人は、兄弟の留守中に家を占拠し、友人を代理にして、翌日自分たちの訴えを公の場で提起した。(13)

主要な三つの信徒会はナギードによって任命された独自の裁判長をもち、とくに重要な事件では共同で裁判をおこなった。(14) しかし多くの場合、裁判長は単独で審理したりみずから任命したほかの裁判官に事件を回したりした。また彼らは非公式の裁判で下された判決を評価し、承認した。長老や商人の集団が集まり、争いを解決することもあった。彼らは訓練を受けた書記に適切な法形式の合意書を書かせることもあったかもしれないが、裁判官よりも実際的な方法で対処することが可能だった。ある事例では、商人が低品質なワインを販売してまもなくアテナイへと旅立った。買い手が問題に気がついたときには売り手の商人はいなくなっていたので、彼は商人の父親を相手どった訴訟を起こした。裁判官は、父親に息子の商業活動の法的責任を問うことはできないとして、審理を拒否した。しかし「公正な長老たち」の集団が父親を説得して賠償金を支払わせることができた。文書化された合意書には、彼が分割で全額を支払ったことが記されている。(15)

カイロの裁判官は、法廷が市場と同じ日に開かれたパレスチナ以来の伝統を守って、月曜日と木曜日に法廷を開いた。(16) 裁判では宣誓供述を聞いたり、証人を尋問したり、関連する文書を精査したりした。大きな事件では十数カ月にわたる十数回の期日が必要になった。多弁な訴訟当事者の場合にはなおさらだった。「彼らは多くの陳述をおこない、その結果、議論は本題とはかけ離れたところに向かった」と、ある書記がこぼしている。(17) 証拠に異議が唱えられたとき、裁判官は最後の手段として、当事者らに証言が真実であることを宣誓させた。これは強い印象と恐怖を与える儀礼に則っておこなわれた。裁判官が聖櫃からトーラーの巻物を取り出し、黒い布で包んで共同棺台の上に置くと、儀式用のトランペットであるショーファ〔羊の角笛〕が鳴り響き、死と最後の審判を思い出させる。それから証人が、しばしば恐ろしい呪いの言葉の入った宣誓を神と十戒の名において述べる。女性でも宣誓をおこなう際にはシナゴーグの男性の区画に入らなければならなかった。たとえば商人二人が契約に関して意見が食い違う場合、原告が宣誓し、被告が「アーメン」と応え、結果を引き受ける。実際には、両者がこの恐怖をかきたてる行為に移行する前に、長老らが和解を成立させることが多かった。

和解が難しい場合、裁判官は事件の主要な事実について調査し、判断する。そして訴訟当事者や裁判官自身がそれを、一人あるいは複数の専門家に見せて法的見解を求める。相談された学者がより高位の誰かに問い合わせたり、ひじょうに重要な事件においては訴訟当事者らがエルサレムやバグダードのガオンに助言を求めたりすることもあった。そうした意見を受けて、裁判官はふたたび当事者らに和解を促し、多くの場合、彼らはそれに従った。実際、裁判官らは和解による解決を実現するために尽力し、判決を出すことを極力避けた。なぜなら間違った判決はトーラーの法を不正確に適用することになるからだ。それでも和解への働きかけが奏功せず、裁判官が依然として疑念をいだいているときには、彼が上位の裁判官に決断をあおいだり、あるいはある意味逆向きの上訴と言えるかもしれないが、当事者らが、裁判官に対して判決の仕方を指示するようナギードに求めたりした。相手方に圧力をかけるために、原告の商人はイスラム教の裁判所に訴えると脅すこともあった。イスラム教の裁判所もユダヤ人の裁判を取り扱っており、一方の当事者がイスラム教徒の場合はなおさらだった。しかしながら、ユダヤ人の指導者らはこのやり方に強く反対した。

不当行為があったと判断された場合、ユダヤ人裁判官は罰金の支払いを命じた。深刻な事件では、死刑も選択肢のひとつだった。ある被告は、もし彼がエルサレムの学塾の学長を呪ったと証明されたら、処刑される覚悟はできていると述べた。しかし鞭打ちや追放のほうが一般的だった。一一世紀の事件記録によれば、不注意な宗教的肉屋は鞭打たれて自白を強要された。非ユダヤ人の従業員を土曜日に働かせた大工も同じ目に遭った。ユダヤ人共同体からの追放はより重罰だった。すべてのユダヤ人は追放者と一切のつきあいを禁じられ、話をしたり握手したりすること、まして食べ物や寝所を提供したり商取引をおこなうことはご法度だった。無法者はシナゴーグに入ることも埋葬されることも許されなかった。カイロのある裁判官は、借金の一部を返済するという重大な約束を果たさなかった破産債務者に対して、追放すると脅した。偽造書類を使って兄をイスラム教の裁判所に訴えた女性も、同じ扱いを受けた。[18] ある法文書によれば、追放命令にはひどい呪いが伴っていた。しかしいったん命令が発せられても、相手には〝自己を浄める〟、つまり裁判所の判決を受け入れるための一定の猶予が与えられた。

追放は国境を越えて効力を有する制裁だった。ゲニザ文書のなかには、当時インドに住んでいたバグダード出身のユダヤ人商人がスリランカに逃亡して義務を免れようとしているという報に接してアデン〔イエメン南西部の都市〕の裁判所が出した追放命令があった。[19] こうした事件では、裁判官は遠隔地の裁判官に命令書を送付することもあった。同様に、カイロの裁判官が、よそで出された命令にしたがった措置をとったり、スペインやシチリアで作成された商業協定の有効性を検討したりすることもあった。ただ世界は狭いもので、遠隔地で書類を認可した裁判官の署名に見覚えがあるということも多かった。

ユダヤ人の裁判官らは一部の法を厳格に適用した。相続法もそのひとつだ。そのためレビレート婚についての法を適用しなければならないとさえ考えていた。レビレート婚とは、夫と死別した妻が、血筋を絶やさないために、夫の兄弟と結婚するという慣習だが、当時のフスタートではこの慣習のもともとの根拠は失われていた。[20] いっぽうでユダヤ人裁判官らは何世紀にもわたってユダヤの法を新たな経済状況に適応させる必要があり、その契約書はしばしば、「われわれの学者によって制定され、世界で使用されている」方式で書かれていると結ばれていた。つまり商慣行のことだ。ユダヤ人の法学者も実際的な対応をした。ある商人がガオンに、ユダヤの法では伝統的に法的効力が認められなかった為替手形の有効性について質問したことがあった。するとガオンは次のように述べた。「われわれの学者は為替手形を送るべきではないと言ったが、人々は実際にこれを使っている。したがって、われわれはそれを裁判で認めた。そうしなければ商取引が成り立たないからだ。われわれは商人の法に従って判決を下す[21]」

カイロのユダヤ人学者でもっとも有名なのはマイモニデス〔モシェ・ベン・マイモンのラテン語名〕だ。一一四八年にムラービト朝にそれまで支配されていたイベリア半島を逃れ、やがてファーティマ朝の宮廷でスルタンの医師として雇われた。まもなく学者として尊敬されるようになった。マイモニデスも商業法についての著作のなかで妥協を容認している。「取得の書」〔「ミシュネー・トーラー」の一部〕のなかで、契約に関する伝統的なユダヤの法について述べている。伝統的なユダヤの法では、口頭による合意には法的拘束力がないとされていた。マイモニデスは六六の長い段落によって、さまざまな種類のものがどのように入手されるべきかを説明し、さらには「土地、奴隷、牛、その他の動産」、つまりなんでも「象徴的な物々交換」によって入手されると認めた。買い手は、たとえ購入代価を支払う前でも、相手に何かささいなものを手渡すことで、それと交換に「庭やワインや牛や奴隷」を自分のものにできるというわけだ。つまりこれは、実質的に口頭による合意を認めた議論だった。地中海貿易の円滑な運営にはそれが必要だと、マイモニデスは理解していた。

エジプトのあらゆる宗派の商人は共同事業をおこなったり代理店協定を取り交わしたりして、利益と損失の分配についての契約を結んだ。また、他人の商品を保管したり自分の商品を他人に預けたりするための寄託金の取り決めを交わし、その取り決めを慎重な言葉で規定した。ほとんどの取り決めは数カ月しか続かず、終了後、当事者らは取引報告書を作成して残った商品と売上金を分けたが、事業が成功した場合には取り決めを更新することもあった。通常、あらゆる商取引について、適正なユダヤの形式にもとづいて書類がつくられた[22]。数世紀前におもに農地だったパレスチナでつくられたトーラーの法には、そうした法的取り決めに足る緻密さはなかったが、商人もその書記もできるだけトーラーの法に従おうとした。

カイロの商人たちは外国の共同事業者と商取引関係になることも多く、国際貿易にはそれ自体の法的問題があった。広範囲に存在する少数派のカライ派は口伝トーラーを認めず、契約の取り決めに異なる法形式をつくった。それはイスラム教徒の法的書式とも異なる。ある事例では、アッコにあるラビ法廷の書記は、カライ派の商人が、カイロに住むラビ・ユダヤ教の買い手にチーズを販売することを認可した。羊の乳からつくったチーズは中東では主食となる食料であり、シチリア、クレタ島、パレスチナからの供給を買い占めてエジプトやインドに輸送することで、多くの商人が相当な利益を得ていた。この場合書記は、商人の委託品の品質はユダヤ人の消費に適切であると認証するのだが、口頭契約について異なる規則を認めるラビ・ユダヤ教とカライ派の両方を満足させるために、巧妙な法の専門知識を用いなければならなかった[23]。結婚契約もユダヤ教の共同体間で異なり、ラビ・ユダヤ教とカライ派のあいだで婚約協定をつくるとき、書記は両方の方式を使う必要があった。そういう結婚も実際にあったのだ。一一世紀の契約書には「われわれの学者による法律と国の法によって」あるいは「非ユダヤの法によって」作成されたと記され、その後にアラム語とギリシア語の定型句がつづいた[24]。

書記は結婚契約書を作成するにあたり、商業上の取り決めで使った方式書を利用することもあった。しかし一二世紀になると、両当事者の義務や相続見込みについてより詳細に定めるようになり、たいていは女性により多くの権利を与えた。なかには妻に新居に移るのを夫が強制することを禁じたり、夫が妻の承認を得ずに別の妻をめとったり女奴隷を手に入れたりすることを禁じる契約もあった。ある書記は、新たな文言をナギードに認めてもらうために、イスラム教の前例をアラビア語に翻訳してほしいと依頼した。ムスリムの慣習の変化によって、ユダヤ人女性とその家族も新たな保護を求めやすくなり、書記はそれらを伝統的なユダヤの契約書に組み入れようとしていた[25]。

一一世紀と一二世紀のカイロのユダヤ人は、ほかの地域のユダヤ人よりも幸運だった。イエメンでは、ムスリムの支配者がユダヤ人に棄教を迫り、それを受けてマイモニデスは一一七二年、イエメンのユダヤ人らを援護する有名な文書『イエメン書簡』を書いた[26]。しかし中世の長いあいだ、スペイン、イタリア、その他北欧や東欧の国々はユダヤ人共同体を尊重していた。ユダヤ人もそれに応えて地域の環境に適応し、そうすることでさまざまな土地で繁栄することができた。ユダヤ人指導者や裁判官や学者らはほとんどの場合、地域の商環境に適応して、さまざまな背景をもつ相手と建設的な関係を築かなければならない商人の事情を理解した。しかし学者は従来どおりトーラーやハラハーの文書を参考にしつづけた。そしてヒンドゥー教徒が土地取引にシャーストラの形式を用いたのと同様に、学者らは商業的取り決めを信頼に足るものにするために、結婚を有効にするために、訴えに筋を通すために専門的な法的規則と形式にこだわり、裁判官らは伝統的な文献に示されている前例に従った。そうした規則や要件が彼らを、より広い宗教世界に結びつけた。トーラーの聖なる言葉に基づき、しばしばラビの説教の主題ともなった彼らの法は、自分たちとムスリムやキリスト教徒の隣人たちとの違いを際立たせた。

アフマド・アル・ワンシャリースィー

ユダヤ人たちが住んでいた地中海の南岸地域、マグレブの住民の大多数はムスリムで、独自の法文や法伝統を大事にしていた[27]。シャリーアが正しいおこないへの道筋を示すということを誰もが知っていた。祈りの言葉を唱えたり、沐浴をしたり、宗教的基金に寄付したり、土地を分割したりするのには、正しいやり方と間違ったやり方がある。ユダヤ人らと同様に、彼らもたいていの場合、社会的関係に適用される規則と道徳的行動に関する規則とのあいだに明確な線が引かれているとは考えなかった。法の専門家も、区別を主張することはなかった。イスラム法は、信徒の道徳的また倫理的なふるまいを規制することによって理想の社会をつくろうとするより大きな道徳規範の一部だった。

実際、普通の人々は日常の小さな儀式について不明な点は地域のイスラム法学者であるムフティーに相談する。だが土地の売買、水などの資源へのアクセス、結婚と離婚、非嫡出子の扱いなど、どこでも起きるもめごとについても、人々は法学者を頼った。そうした場合には、もめごとの解決のためにムフティーと地域の裁判官であるカーディーの両方が呼ばれた。カーディーは訴訟事件ではもっとも重い責任を引き受けたが、法の不確かな点についてムフティーに助言を求めることもあった。そうした法の専門家らが残した記録によって、中世のムスリムの生活と彼らが直面した法的問題について多くのことがわかった。

一二世紀、現在のモロッコにあったフェズは、世界最大の都市のひとつだった。ベルベル人の一派によるマリーン朝はムワッヒド朝の弱体化に乗じて北方へ進出し、マグレブの大部分を支配下に置くと血族や忠実な部下らに土地を分配した。しかし新たなスルタンたちは都市部の住民、とくにフェズの住民による多数の反乱に直面し、地域のエリート層を支配する必要があると考えた。そこで宗教的なプログラムに着手した。モスクや宗教学校を建設し、運営を支援する。北アフリカではじめてのマドラサも建てられた。そこで教えられる正統派のイスラム教は多くの学生を惹きつけた。一五世紀になるとマリーン朝の勢力は衰えたが、フェズは依然として学問の中心地だった。一四六九年、そこへアフマド・アル・ワンシャリースィーという重要な法学者が避難してきた。

ワンシャリースィーはザイヤーン朝のスルタンの怒りを買い、アルジェリアから逃げてたどりついたフェズで昔の教え子とうれしい再会を果たした。教え子は地域の有力一族の出で、恩師を家に招き、家族が長年かけて集めた文書のコレクションを見せた。そのなかには法的文書やファトワー（法学意見）数千点が含まれ、ワンシャリースィーはそれらを研究することを勧められた。彼はロバ二頭を借りてもっとも重要な文書を載せた。細い通りを慎重にロバたちを歩かせて居宅に戻ると、それらの文書を中庭で二つの大きな山にした。一一年間かけて、ワンシャリースィーはおよそ六〇〇〇点の文書を写し取り、「ミウヤール」という書物にまとめた。彼のこの書によって、五〇〇年にわたりマーリク派〔マーリク・ブン・アナスを学祖とするスンナ派イスラムの法学派〕のムフティーらが述べた法学意見がまとめられた。(28)

フェズのカーディー長はほとんどの紛争を解決する責任を担っていたが、マリーン朝のスルタンも評議会を開催し、地域のカーディーは地域の事件を扱っていた。たいてい金曜日にモスクや自宅で法廷を開き、市民は法的な取引の証明、証人陳述の認証、以前のファトワーの真正性の確認、法的な紛争の考察などをカーディーに依頼した。カーディーは証拠を慎重に精査し、双方の言い分を聞いて、証人の証言がマーリク派の規則によって信頼に足るとされる場合に限り、判決を下した。そうでない場合でも、何らかの解決が必要とカーディーが判断すれば、みずから仲裁人を務めることもあった。いずれの場合でも、カーディーは高名な法学者のファトワーを求めることもできた。紛争当事者双方に結果を受け入れるよう説得するのにそれが役に立った。簡単な事件では、普通のムフティーから得られる法原理の確認で事足りた。複雑な法律上の論点では、カーディーはもっとも名高い法学者の意見を求めた。

そうしたことが、ワンシャリースィーの編纂した何千ものファトワーを成していた。中世の法律尊重主義のイスラム世界では、海上貿易、非ムスリムの地位、宗教的寄付、キリスト教の祝祭でも困難な問題が引き起こされ、人々はムフティーに相談した。ファトワーの大部分は相続に関するものだった。おそらく紛争によくある原因なのだろう。イスラム法では、財産の所有者はその大半を子供たちに、息子には娘の二倍相当を遺すことになっている。しかし所有者がこの規則を回避しようとした場合、たとえば財産の一部を家族の基金に入れたりした場合にはとくに論争が生じることが多かった。その行為には文書が正しい法形式にのっとっていることと、ちゃんと証人がいることが必要だった。それがなければ相続するはずだった親族は不満をもち、その有効性に疑義を呈する。それに続き文言について、またそれをどのように解釈すべきかについて詳細な議論が続くだろう。カーディーは紛争当事者の双方を呼び出して文書の有効性を宣誓させた。「完全な、拘束力のある、法的に有効な宣誓」がなされれば文書は承認され、宣誓を拒めば否定された。

その他の家族問題を扱ったファトワーも多くあった。例をあげると、サリムという名前の若者が、自分はフェズでも有数の名家の主であるアリの非嫡出子であると主張した。アリは少し前に亡くなっており、サリムは財産の相続を求め、ほかの子供たちがそれに反対した[29]。サリムは、当時アリと同居していたアリの娘の女奴隷が産んだ子で、アリの家で育った。カーディーにとって最大の問題は単純なことだった。サリムはアリの息子なのか？　直接的な証拠がないので、サリムは親戚や隣人や友人やプロの証人など、九〇人もの証人を集め、彼らにアリがサリムは自分の息子だと話していたこと、アリのほかの子供たちがサリムのことを兄弟と言っていたこと、町の人々はサリムがアリの息子だと見ていたことを証言させた。カーディーは慎重に彼らを尋問し、とくにほかの子供たちがサリムのことを兄弟と言ったとき、それは文字どおりの意味だったのか、それとも思いやりからの比喩的な表現だったのか、証言を確認した。アリのもうひとりの息子は、反対の陳述を集めたが、カーディーは反対尋問によってその大部分を却下した。その点についてはのちにムフティーに送った文書のなかで、証人らはサリムがアリの家で育てられたことを否定しなかったと指摘している。カーディーはまた、アリが公《おおやけ》にサリムを息子と認めなかったのは、証人のひとりの証言によれば、アリは娘の奴隷との性関係が、実際には違法ではないが、違法だとおそれていたせいだったと判断した。しかしカーディーは、サリムが当初の陳述で、自分の母親がアリの娘の奴隷であったことを否定していたせいで信頼性が損なわれたという点を気にした。そこで地域の法学者数人の意見を求めたところ、彼らもサリムの主張を認めるべきだというカーディーの考えを支持した。しかし、おそらくこの事件がかなりの注目を集めたことから、カーディーはさらに慎重を期す必要があると考え、ひじょうに高名なムフティーに意見を求めた。そのファトワーでは、カーディーの証拠の評価法は適正で、細部への配慮は模範的だったと称賛された。

ワンシャリースィーが集めた多くのファトワーは、訴訟手続きや証拠の質について述べていた。証拠の質とは噂話の証拠としての価値や、非専門家によって提供された証拠の状態や、伝聞証拠を認めるか否かといった問題だ。財産の所有権はマグレブの人々のあいだで数え切れないほどの紛争の種になり、ある一連のファトワーは、アトラス山地のある川をめぐって二つの村のあいだで長期にわたって争われた事件を扱っていた。(30) どちらかと言えば不毛なこの地域に数百年前に定住した農地改良に積極的な農民らが、ダムや水路や揚水装置を建設し、周辺地域に水を引いて大麦、亜麻、ヘンプなどの作物を育てたり、オリーヴ畑やイチジクやクワの果樹園をつくったりしていた。二つの村の争いは一二八四年に始まった旱魃が原因だった。低い土地にあるマズダ村は、高い土地にあるザネ村が多く取水しているせいで自分たちの土地や果樹園が干上がっていると訴えた。水不足の年には自分たちも水の公正な分け前を受ける権利があると主張したのだ。カーディーはムフティーに意見を求めた。その返答は、法原理によれば最初に粉挽所や畑や集落をつくった村が利益を受けるべきだが、どちらの村も古く、どちらが先だったのか決定的な証拠はない、よって水は従来どおり二つの村で分けるべきだ、ということだった。どうやら具体的な分け方はカーディーに任せたようだ。

二人めのムフティーも、この意見を支持し、しばらくあとで相談された三人めのムフティーは、どちらかの村が、たとえば水をダムや水路に誘導したりして、水を〝独占〟しているかどうかが問題だと述べた。しかしやはり証拠がなく、明確な判断は不可能だった。

三七年後の一三二一年にふたたび旱魃が起き、二つの村の紛争が再燃した。フェズのカーディー長は調査員を派遣してあらゆる水源、ダム、水路を含む地域の地図をつくらせた。詳細な報告書が仕上がったが、やはりマズダ村の主張する権利は証明されなかった。二〇年後、マズダ村はまた水不足に陥り、さらに二つのファトワーを求めた。どちらのムフティーも、上流のザネ村がすべての水を所有し、マズダ村にはザネ村が使わなかった水を使う権利しかないという意見を出した。これはマズダ村には痛手だったはずだが、存続不可能な状況にはならなかったらしい。村は一四二一年にもまだあり、旱魃が起きたためふたたび裁判所に訴え出た。今回カーディーは、地域でもっとも高名なムフティーに意見を求め、そのムフティーはすべての証拠、報告書、これまでの意見を見直し、長文のファトワーを発行した。ムフティーはマズダ村が水利権を確立したといえるあらゆる可能性を徹底的に調べた。たとえばマズダ村は、自分たちが最初に水路や畑をつくった、また、ザネ村から明示的または暗示的な贈り物を受け取った、明示的また暗示的な使用権があった、などと主張し、自分たちには正当な権利があるというのだ。ムフティーは、そうした主張のいずれにも証拠がないと結論づけた。彼は預言者の生涯の記録に言及し、ムハンマドが上流の共同体に優先権を与えた短いエピソードを示した。これを根拠に、ムフティーはザネ村が権利を有すると宣言した。このイスラム教の一次資料の引用で、マズダ村の住民にとっては大打撃だったとはいえ、問題は完全に決着したらしい。文書にはその後数十年間、あるいは数世紀にわたり二つの村がどうなったかの記述はない。

彼らの紛争がくすぶりつづけた一五〇〇年ほどのあいだに、旱魃、人口の変化、技術の発展によって村の住民たちの経済や生活は大きく変化した。しかしそのあいだずっと、法そのものは変わらなかった。ムフティーが最終的に新たな状況に法を適応させたとしても、環境的なできごとや人間社会の盛衰が変わりつづけるなかでも、法が不動の要素であることを疑う人は誰もいなかったようだ[31]。

トゥアト

普通のムスリムにイスラム法、すなわちフィクフが安定感をもたらしたように、法学者のつくった法形式も財産の取引に安定感を与えた。アルジェリアの砂漠地帯にあるトゥアトは、長年イスラム世界の片隅に存在し、農民や商人が小さなオアシスの周りに定住した町だった。ここでは人々は共同灌漑をつくり、畑やナツメヤシ農場に水を引いて糊口をしのいでいた[32]。一五世紀、地域の人々をよりイスラム的な生き方に導くためにムスリムのカーディーがやってきて、みずからを宗教的権威として確立した。彼らは地域の評議会に財産の取り決めや灌漑の合意の記録の仕方を助言し、まもなく地域の人々は書記を雇ってごく平凡な取引の文書をつくるようになり、文書保管所に注意深く保管した。二一世紀に調査をおこなっていた文化人類学者が、地域の人々が丸めて吊り籠に乱雑につっこんでいた数百枚の紙を発見した。彼女は消えかかりくしゃくしゃになった文字を解読して、トゥアトの書記らはイスラムの法形式を用いて、ごく平凡な取り決めを記録していたのを発見した。多くの場合、それに実用的な意味はなかった。たとえば伝統的なイスラムの方式を採用して、土地や水の付与が「完全で、取消不能で、恒久的な」ものだと宣言する文書もあった。オアシスの畑が砂漠化したり、灌漑水路が詰まったりすることがしばしばだったにもかかわらずに。いくつかの文書では、わかりにくく非現実的な測定値を使って共有の水を小分けしていた。さらに不思議なことに、ロバや中庭、ある例ではトイレまで、正確に分割して売っている文書もあった。これは明らかに、書記がアラビアの土地取引のためにつくられた法形式を使って、分けられない財産まで分割してしまったということだ。

なぜ、辺鄙《へんぴ》なトゥアトの農民らにとって、イスラム教の正確な測定値や基準となる区分を使うことがそれほど重要だったのだろう？　おそらくサハラ砂漠のオアシスでささやかな生活を送っている人々にとっては、イスラム教の法形式がより広い世界の文明の象徴だったのだろう。砂漠の片隅でかつかつの暮らしをしているトゥアトの人々はつねに迫りくる荒野に脅かされていたはずだ。しかし、ムスリムとして、彼らは神の加護を頼ることができた。それはシャリーア、すなわち神の道に従うことだった。イスラム教の法形式や法律用語を使うことで、彼らは地域の取引をより大きなイスラム文明の一部、彼らに一定の永続性を約束するものに変えた。フェズの人々にとってシャリーア、そしてその学者が象徴していたのも、こういうことだった。

自治の宣言

しかしながら、すべてのムスリムが自分たちの日常生活にイスラムの法形式を組み込みたがっていたわけではなく、独立のしるしとして独自の法律文を生みだした人々もいた。ダゲスタンの人々だ。彼らはカスピ海の東に位置する乾燥した山がちの地域に住んでいた。この急峻な地帯には何世紀も前からいくつかの異なる民族グループが住み着き、複雑な灌漑システムをつくって狭い平地に水を引き、高い牧草地では牛、羊、山羊を放牧していた。ローマ帝国とササン朝のあいだで争われたこの地域は初期のカリフ国に吸収され、一〇世紀頃にほとんどの人々がスンナ派イスラム教徒になった。セルジューク朝はアルメニア以北には進出しなかったが、モンゴル人の騎馬軍が地域に押し寄せたときもダゲスタンの人々はムスリムのままで、やがてふたたび、ペルシアのサファビー朝というムスリム支配者の支配下に入った。以後三世紀のあいだ、勢力を増しつつあるロシアが何度もこの地域を併合しようと試み、ついに一九世紀はじめにペルシアを追い出した。

そうした不安定な時代、ダゲスタンの人々は厄介な地形を活かしておおむね自治的な生活を送った[33]。人口密度の低い山地は、農産物の余剰による富によって町ができる低地と比較して統治が難しいことで知られている。ダゲスタンの人々はおもに村の共同体をつくり、村々が連合体としてまとまり、そのパターンは一九世紀まで続いた。有力な家はみずからハーン、つまり貴族になり、理屈の上では地域の牧草地を所有して、軍事支援の代わりに土地を地域の家族たちに貸していることになっていた。もっとも力のあるハーンは地域の連合体に対して貢物や、襲撃や防衛のための兵役を科したが、ほとんどのハーンは近くの村々を支配する程度だった。とくに山地では、共同体の大部分は独立して行動した。一八三〇年代、ロシア軍が同地に奥深く入りこんだとき、ある将軍は新たに併合された地域の民を見て、ここのハーンは集会なしでは何もできず、彼の領民は〝施しのように〟ハーンに食べ物や家畜を提供していると軽蔑したように言った。(34)

ダゲスタンの人々は自分たちを拡大家族の絆によって氏族を形成していると考えていたが、実際には畑や牧草地を中心として村を形成し、そこには、いくつかの氏族のメンバーが含まれていた。成人男性による集会が村のものごとや資源を管理し、日々の業務をおこなう指導者を三、四人選んだ。そうした指導者らが、農業や畜産の活動を監督するための補助に助手を任命し、農民の種まきや収穫の時期を決め、夏のあいだに共同体の家畜から作物を守るための輪作システムを監督した。また指導者らは村の集会を開催し、紛争当事者の村人たちを裁判所に召喚し、村の規則を破った者には罰金を科した。そして一年間の任期の終わりには、自分は正しく務めを果たし、集めるべき罰金をすべて集めたとコーランにかけて誓わなければならなかった。もしそうしない場合には、自分が罰金を支払うことになった。そうした指導者のほかに、村民らは法の専門家をおそらく一二人ほど選び、法的なもめごとをかかえた人は誰でも彼らに申し立てることとされていた。法の専門家らには、個々の事件の判決および村の新法について法的決定を宣告する責任があった。争いのある申し立てにはそれぞれを支持する証人を要求した。また、不正の容疑をかけられた人は、家族を呼んで無実の宣誓をしてもらう必要があった。嫌疑が深刻なほど、宣誓者の数は増えた。どのように事件が審理され、判決が下されたのかについての証拠は乏しいが、たいていの場合、牛の数や穀物の単位であらわされた罰金の支払いを確保するのは、小さな共同体ではそれほど難しいことではなかっただろう。

ダゲスタンのほとんどの村では、農業や畜産の活動を調整する同様の方法、そして財産の所有や紛争解決のための同様のシステムが確立された。畑や建物の私的所有は可能だが、村人たちはそれらをよそ者に売ることは禁じられていた。畑の一部はモスクが所有しており、モスクはそれを貸して経費をまかなっていた。指導者らは村民たちにモスクの畑で収穫された穀物を挽かせ、ラマダンのためのパンを焼かせた。また共同体が所有する畑や牧草地や林もあり、指導者らは、村民がそれらの共有地とその産物をどのように利用するかを注意深く管理していた。また公共の井戸や溜め池を守り、それらを汚染した者への罰金を明示し、村民たちに道路や橋や門を維持するための作業班をつくることを義務づけた。どの村も用心深く自治とその財産を守り、村人がよその村の家畜を共同牧草地に入れたり、よそ者を長く逗留させたりしないようにした。

歴史的には、ダゲスタンの人々は襲撃で互いの家畜を奪い合っており、ときには長年におよぶ血の復讐が引き起こされることもあった。平和な地域を広げるため、人々は襲撃や復讐を制限する合意を形成することも多かった。時を経て多くの村がひとつの連合にまとまった。そうした連合は、小さな集落のグループをまとめてひとつの共同体のように機能させたり、広大な地域におよぶ二〇の大きな村をまとめたりした。その指導者らは総会を開き、指導者を選び、訴訟を審理して組織構造を確立した。ばらばらのグループを束ねて統制することはひとつの村を運営するよりも難しかったが、多くの連合が法的文書によって設立された。村と村、村と連合、村とハーンの関係を規制するために条約や協定が使われた。たいていの場合、共同体は文書によって暴力や敵対に歯止めをかけ、とくに個人による復讐や押収を禁じたり制限したりしようとした。これは初期のゲルマンの王たちが直面したのと同じ問題だった。ほかの文書には、ハーンが人民から税や罰金や賦役を受ける権利が記された。アイルランド人と同様に、ダゲスタンの共同体の多くは、領主の権利と権力を明記して制限するのは当然のことだと考えていた。[35]

こうした明文化された協定は一八世紀からあらわれはじめた。ダゲスタンではつねに何かしら騒動があった。村間の襲撃、環境災害、ハーンによる村々への支配強化、ロシア軍やペルシア軍との戦い、そして最後には地域を支配しようとするロシアの攻勢、そうしたことすべてが紛争やあからさまな暴力を生んだ。そのため学識のある村民の一部が、文書化された条約で連合を強固にすることが賢明だと考えた。その認識から彼らは、自分たちの共同体内でも秩序を保つために文書の合意を用いるべきだと考えるようになった。いずれにしても、一八世紀から、いくつかの村は集会での決議を書き留めるようになり、それには裁判の判決も含まれていた。

おそらく村民らは、将来の事件でそれらの決議を先例としてつかうつもりだった。最初は決議を紙きれや村のコーランの表紙に書き留めるだけだった。そのほとんどは古い慣習についてのことではなく、村民らが最近結んだ協定を反映しており、アイルランドやアイスランドの法とは対照的だ。なかでも簡単なものは基本的な罪に対して支払うべき罰金について記録していた。たとえば、こんなふうに書かれている。「アサブ村の住民は以下の内容で合意した。牛を一頭盗んだ者は賠償として……」あるいは、墓場に家畜を歩かせた者に対して科せられた罰金の記録もあった。[36] また殺人、故殺、傷害、窃盗、放火、器物損壊、家族間の問題、名誉毀損、負債、詐欺などの犯罪についての記述もあった。一部の村では多少体系立てられた形で記録をまとめた。内容の充実したものには、村の政治組織の説明や、共同資源の利用と保護についての規則や、世話番の怠慢の処罰についての記述もあった。宗教的な義務を強く主張しているものもあった。やがてダゲスタンの村民らは自分たちの規則を、アラビア語で慣習法をあらわす「アダット」と見なすようになった。

連合体も条約や協約を法書にまとめた。それらは村々や集落とのあいだで結ばれた協定の要約とともに、この地域の歴史と地理についての言説を提示することになった。それらの法書はしばしば、犯罪の取り扱いや、村と村が互いの敵を助けないと合意した協定の記録などに関係することも多かった。軍事防衛や共同体の守りに関するものもあった。各村の自治を個人の問題よりも優先し、許可なく連合の裁判所に申し立てた個人を罰するとした法書もあった。

協定や規則を紙に記録することは、少なくとも現代人の考えでは、地域のものごとを運営するのに理にかなったやり方だが、当時の比較的小さな村内では人々は互いに知り合いで、社会的圧力は善行をおこなわせる効果的な手段だった。多くの共同体が法典なしで完璧にうまくやっていたし、さらに文書化された規則は環境の変化に応じて変えたり適合させたりすることが容易ではない。それならなぜ、ダゲスタンの村々は時間と手間をかけて法を成文化することが有益だと考えたのだろう？　なぜ一般住民がよりアクセスしやすい地元の言葉ではなく、アラビア語で記録したのだろう？　信仰するイスラム教の文書慣行やシャリーアの例に影響を受けたのかもしれない。村々と連合との複雑な関係や、強固な同盟をつくる必要性が、文書による合意を促した可能性もある。いずれにしても文書は、外部の勢力に直面した村の共同体意識および連合の団結を強化したはずだ。文書は自分たちがひとつの共同体である象徴であり、共同体はほかの村の攻撃や野心的なハーン、ときにはイスラム教の指導者に抵抗するために一体となった。

一八二八年、ロシアはペルシアのガージャール朝およびオスマン帝国と和平条約を結び、コーカサス支配を揺るぎないものとした[37]。しかし山間部の支配を確立することは困難だった。ダゲスタンの人々は独立心が強く、よそ者と戦いロシア軍の進軍に抵抗する準備はできていた。ロシアの侵攻に直面して、カリスマ性豊かなイスラム教指導者らがダゲスタンの人々と近隣のチェチェンの人々をまとめて長期におよぶ激しい軍事抵抗を展開した。立ち上げられたジハード運動はその後三〇年にわたって続き、イマームのシャミールは一八五〇年代、事実上のイスラム国を同地に確立し、彼の命令を伝達する評議会や副官らの配置、課税や徴兵に成功した。彼はまた、人々にシャリーアの正統な形式を実践させようと試み、訴訟を審理し判決を下すカーディーを任命して、地域の「アダット」は「非イスラムで、異端で、邪悪だ」と主張した。(38) ダゲスタンのほとんどの人々はロシアの侵攻に抵抗したがっていたものの、こうしたイマームのやり方を快く思わず、宗教的保守派から距離を置いた。この時期につくられた村の規則のなかには、村が宗教的な寄付をおこなったり、イスラム教の税金を徴収・分配したり、結婚や離婚を承認したり、相続争いを解決したりするために、村がカーディーを置くことを承認したり、義務化したりするものがあった。しかし多くの村の法書では、シャリーアへの賛同はリップサービスだった。(39)

ダゲスタンの「アダット」の協定や法書は、高次の宗教的秩序や昔の学者の知恵を反映するのではなく、人々自身の集団的決定をあらわしていた。それらは実用的な規則や文書であり、村内または村どうし、あるいは連合とのあいだでの秩序を維持し、訴訟当事者に紛争解決をもたらすという目的でつくられた。だがそれらは同時に、権力や支配を求める勢力に対する、自信に満ちた自治の宣言でもあった。ダゲスタンの連合の指導者らは遠い土地での宗教的な慣例に影響されて、みずからの習慣や歴史の大切さを主張する法をつくった。

＊＊＊

中世のインドの農民、地中海の商人や町民、サハラの村民、ダゲスタンの村民はすべて、地域の規則にしたがい、その法とそこに定められた義務を尊重して生きようとしていた。法は彼らに日常の指針を与え、商取引の形式を規定し、裁判官に紛争を解決させた。人々は法を強制されるのではなく、法を尊重した。そして普通の人々の生活をさまざまな形で形づくった。インドの農民にとっては、ダゲスタンの村民と同様に、宗教の規則と専門家は比較的距離があった。書記は基本的な法形式を採用して、実際的な問題に対処し、自分たちの慣習と歴史を肯定する法をつくった。共同体の合意であるという意識が法に力を与えた。ユダヤやムスリムの商人や町民の生活では、宗教法の専門家とその文書がかなり大きな存在だった。彼らの法は人々に一体感をもたらし、それは自分たちとその共同体を周囲の人々と区別する手段となった。法は宗教的な秩序、すなわち義務と責任の秩序を象徴しており、それは日常生活の実際的な問題を超えるものだった。しかし同時にどの法も、不安や変化がつきものの日々の暮らしに安定感をもたらした。

第9章　中世中国における帝国の法と天の正義

　中国の皇帝たちのつくった懲罰的な法体系は、帝国の住民に高度に法律尊重の世界をもたらした。紀元六世紀から一三世紀にかけての唐と宋の王朝のもとで、中国の支配者らは帝国の僻地にも裁判所を設置した。そこでは普通の人々が正義を求め、行政官が懲罰によって人々を帝国の善き臣民となるよう仕向けた。法には厳しい刑罰、下層の人々にはとくに厳罰が定められ、普通の人々の日常生活の奥深くにまで達していた。膨大な人口に刑罰の秩序を強いることにみごとに成功したのだ。

　同時代の文献には陰惨な罰や賄賂や腐敗についての記述があるが、強圧な懲罰のイメージはおそらく実際よりも強調されている。現実には、中国の訴訟当事者や行政官は、お役所仕事や、目前の事件にうまく適合しない法や、真実を立証する困難や、意味のないわだかまりをもつ強情な訴訟当事者や、司法の官僚的制度の遅れや不備に苦労していた。一般的にはなるべく地域の裁判所や役人を避けようとするような読み書きのできない農民や牛飼いまで、法形式や役所の要件への対応に慣れていた。

冥界の裁判

　一千年紀の終わりの時点で、中国の支配者らは世界のどこにも見られないほど広範囲な法律尊重主義の行政機構をつくりあげていた。法律尊重主義は、人々と死後との関係もふくめて、ほとんどの普通の中国人の生活に浸透した。紀元前四世紀の墓から見つかった文書には、人々が神々に提出した法的請願書があった[1]。それらの文書では、最高神を頂点とする神々の官僚的な殿堂があり、その下に厄介な幽霊、横柄な人の魂、死者の魂の領域があると示されている。運命を司る神である「司命《しみょう》」は、人間の寿命を計算する。死期の近い人がいれば、親族は司命に執行の延期を嘆願する。この時代の竹簡には、遺族が司命に死人の記録の再審査を懇願したところ、死人が墓から起きあがったという例が記されていた。司命が遺族の願いを聞き入れて、復活の証書を発行することに同意したのだ[2]。

　こうした慣習はその後も続いた。漢時代後半にあたる二世紀の文書には、人々が新たな死者の到着を神に知らせる覚書が入っており、その覚書は、人々が行政区をまたいで旅行する際に政府への提出を義務づけられている用紙の書式で書かれていた(3)。遺族は亡くなった人を埋葬する際、冥界の神々の確認用に副葬品の一覧と、墓の区画の所有を証明する契約書〔「地券」または「墓券」と呼ばれた〕を入れた(4)。霊界の監獄の書記官や使者や警察の活動、彼らが下す罰をおそれる遺族は、地下の裁判官らに対して、死者は何の罪もおかしていないと宣告するように請願した。漢時代に隆盛した道教の道士たちは請願者を助けるため、地下で死者に訴訟手続きを取った不満をもつ幽霊たちの法的活動に対処する文書を作成した。

生者の世界では、秦朝（紀元前二二一年－前二〇六年）や漢朝（前二〇六年－後二二〇年）の官衙《かんが》〔中国帝政時代の役所〕にいる地域の行政官らは毎年数百件の訴訟を審理した。彼らは何十もの法文書を参照し、数々の刑罰を与えた。罰は訴訟当事者らの身分と地位に釣り合うよう、慎重に定められた。官吏らは法的文書を用いて農業や商業を監督し、臣下を支配し、情報の流れをよくし、労働力を徴発し、宗教的慣習を監督し、家族構成を調べ、土地を管理した。中国の官僚機構における法律尊重主義は、周囲の支配者らに大きな印象を与えた。中国中原からはるか西のトゥルファンでは、トルコ系部族の指導者らが中国の行政手法を模倣した。それらの地域の墓地からは大量の紙が見つかっている。その大部分は死者の靴や、紙製の棺をつくるのに使われた。ある忍耐強い学者がそれらをつなぎ合わせて、数千の古い文書を再現した(5)。それらを見ると、六四〇年に唐軍がやってくるはるか昔に、トルコ人の書記らは中国の法律用語を借用して、土地や馬や奴隷を購入したり、穀物や衣服や金銭を借りたり、土地を賃借したり、労働者を雇ったりする契約書を作成していたことがわかる。

唐律疏議

三世紀に漢王朝が滅び、その後の政治的混乱を経て、隋と唐の王朝が中国中原をふたたび統一し、長安に見事な都をつくった(6)。隋の初代の皇帝〔文帝〕は以前につくられた法を組み合わせ、適合させて法典を編纂し、唐の初代皇帝〔高祖〕は法の専門家一団を雇い、法典を拡張・改良するように命じた(7)。六五三年に編纂された「律疏」を改訂した刑書である「唐律疏議」は冒頭で、五刑の階層の概要を説明している。もっとも軽い刑は竹製の笞杖《ちじよう》による打撃刑で、次は太い竹でつくった常行杖による打撃刑、次は一年または三年の徒刑、続いて流刑、最後に死刑だ。以下、五〇〇箇条におよぶ項目で役人の義務、犯罪、刑罰について詳しく説いている。それらは犯罪者の地位、つまり一般人か役人かによって大きく変わる。注意深く管理された法体制であり、そこでは、ほかの状況なら民事の事件になるようなものもふくめて、広範な犯罪に体罰が下された。

この時代の物語や絵や公的記述でも、拷問、切断、死刑がおこなわれていたのが確認できる。行政官は、たとえ証拠が強力であっても、犯罪者を罰する前に自白を引き出さなければならなかったから、強情な者に対してはしばしば打撃などの拷問をおこなった。一撃でも流血し、何度も打たれたあとでは一次的に歩行不可能になり、感染症のおそれもあった。政府の上層部の学者兼官吏は、法の目的と原則を議論し、儒教の理想をもちだして拷問を正当化した。つまり、政府は規律をとおして秩序を保たなければならないし、法は人々を矯正・教育するものだ。刑罰およびその脅しは、人々に善きおこないをするように仕向け、犯罪を抑止するためにある。彼らはまた、支配者は慈悲深くなければならず、定期的に恩赦をおこなうべきだと考えた。犯罪者は減刑され、囚人は釈放され、刑事裁判は中止される[8]。

唐の皇帝たちは数年ごとに大赦を宣言した。まずは即位したときに、そして自分の誕生日をふくむ縁起のよい日におこなった。その際には、〝善良な〟人民に対する褒美としての減税、役人の昇進、死者を弔う式典、諸侯たちへの贈り物、軍事行動で家族を失った家への支援も発表した。ときには債務免除が発表され、貧窮する農民に一定の救済をもたらすこともあった。地震のような自然の兆候が、恩赦につながることもあった。市民の暴動が起きたときも恩赦はおこなわれた。皇帝は無法者になった者を赦し、囚人を釈放して軍務に就かせ、飢饉を救済し、反乱地域が落ち着くことを期待した。大赦は壮大な意思表示の行為だった。日の出に、皇帝が城壁の外の神殿で生贄を捧げたあとで、それは発表された。皇帝は大門の上に登り、黄金の雄鶏のついた棒を両脇に立てて、人々を見おろす。集まった役人、近衛兵、一般市民、囚人らは、太鼓が一〇〇〇回打ち鳴らされる音を聞く。それが終わると囚人は自由だ。地方では、地域の役人が、小規模ではあるが似たような式典で、長安から送られてきた恩赦の文書を読みあげた。あらゆる皇帝の詔書と同様に、集まった役人、一般市民、仏教の僧、道教の道士らの前に紫色の布で覆った台が設けられた。恩赦によって帝国は新たな始まりを迎え、人々はおこないを改める機会を与えられるのだ、と役人は宣言した。

八世紀の半ばには、唐軍は広大な地域を支配し、その力ははるか西のトゥルファンにまで及んだ[9]。政府は土地の登録制度を導入し、すべての家畜と奴隷の売買を記録する証明書の作成を人々に義務づけた。文化人類学者はトゥルファンにいた金貸しの墓から、彼が作成したり署名したりした一五通の契約書を発掘している。金銭や絹織物（通貨代わりだった）の貸付けに関するものが数通、おそらく飼っていた羊やラクダに与えるための干し草九〇束の購入に関するものが一通、一五歳の奴隷の購入に関するものが一通あった。広い帝国の周縁に住む中国の臣民らは、中世のアングロサクソン人やゲルマン人の王らが読み書きもおぼつかなかった頃に、高度な法的契約を駆使していた。

その後数世紀にわたり、チベットや地域の軍閥による妨害もあり、そうした遠隔の領地に対する中国の政治的また軍事的な支配は比較的弱かったが、地域の人々は、商品や土地を売買する際には中国の行政形式および法律用語を使いつづけた。トゥルファンより東のオアシス都市で、タクラマカン砂漠へと延びるシルクロードの要衝である敦煌でも事情は同じだった。敦煌近くの石窟の保管庫から見つかった唐時代の文書には、中国の木版印刷のもっとも古いものがふくまれていた。おそらく木版印刷の技術が識字能力の普及を促進したのだろう。見つかった教科書の一部から、子供たちが儒教の倫理や算数や語彙や複雑な社会の礼儀作法を学んでいたのがわかる。いっぽう役人は農民に土地を割り振り、市場を統制し、基本的な商品に標準価格を定めた。遠隔地貿易の危険によって特有の問題が生じ、ラクダを多数所有する人は詳細な貸借契約書をつくった。たとえば、多くの例では、ラクダが死んだり、病気になったり、逃げだしたり、盗まれたりした場合には、借り手が損失を負担するとされていた。

中国帝国の僻地に住む牛飼いや商人らは、異なる言葉を話し、異なる慣習をもち、長安を訪ねることを想像することもなかったが、彼らは首都に住む商人や太平洋岸に暮らす漁師らと同じ題目について学び、同じ契約書を利用し、同じ財産法に従った。一〇世紀には、ごく普通の人々が自分の遺書をつくり、契約書をもちいて養子を迎え、財産を分け、土地を売り、奴隷を自由にして、労働者を雇っていた。読み書きがやっとの人々はそうした取引のひな形を写して、安い茶色の紙の冊子にした。裕福な人々は、地域の役人に手伝わせて土地取引のための文書を作成し、そのなかに新しい唐律を利用する条項を入れた。それによって利子を取ったり保証人を当てにしたりすることが可能になった。そうした契約書の多くは、将来の皇帝による恩赦の適用を認めず、債務はかならず返済するものと規定していた。人々は書かれた書類には力があると思っていた。

だが遠隔地では、帝国の法も恩赦と同様に、その効力には限りがあったようだ。平民を奴隷に売り飛ばしてはならないという法もそうだった。ある役人がトゥルファンで調査したところ、洪水や旱魃や利子の支払いで貧困化した七三一人が債務奴隷になっていた[10]。債権者が債務者を裁判所に連れていけば、行政官が不払いの罰を下すが、多くの人々は債務者に債務者自身やその子供を奴隷として売らせるほうがいいと考えた。

その頃、富裕層は好景気の恩恵を受け、唐の支配者らは長安に見事な宮廷をつくりだした。玄宗〔唐の第六代皇帝〕は政府と複雑な国境防衛にしっかりと目を光らせながら、手の込んだ式典を開催し、道士や儒者をもてなし、詩の学会を設立し、音楽と舞踊を促進した。しかし七五五年、玄宗は年老い、彼と若い寵姫との関係を利用して権力を蓄えた野心的な地方軍司令官〔安禄山〕が反乱を起こした。次の一〇〇年の間に、玄宗の跡を継いだ皇帝たちは軍の指導者らにさらに大きな権力を与えざるをえず、中央政府は、土地所有制度や取引規制など、国の行政機能の大部分を失った。そして敦煌をふくむ多くの土地から引き揚げた。統治体制は九〇七年まで存続し、塩や酒や茶の販売に課税する新税を導入したが、ほとんどの商業に対する統制をゆるめた。皮肉なことに、それが間接的に経済にプラスとなり、新たな市場や地域取引を促進し、宋王朝下での商業の発展の土台を固めた。

唐王朝はついに倒れて政治の混乱が起き、多くの王や将軍が覇を競った。最終的に趙匡胤《ちょうきょういん》（太祖）という軍司令官が競争相手を圧倒して帝位に就き、一六年間の治世（九六〇年－九七六年）にわたりつづいた軍事行動で唐の支配地の大部分を統一した。(11) 太祖は現在の河南省に位置する開封《かいほう》を新都とし、インドのチョーラ朝、エジプトのファーティマ朝、中央アジアの指導者らと外交を推進し、ビザンティン帝国からの使者を迎えたこともあった。

太祖は、先達らを苦しめた問題を防ぐために、地方の軍閥の力を制限した。だが彼とその後継者らは、北と西の強力な勢力に脅かされつづけた。唐滅亡後に中国の西部に進出したタングート人の西夏《せいか》と、現在の北京の辺りにあたる北部の広大な土地にモンゴル系民族の契丹《きったん》が建てた遼朝だ。宋の皇帝たちは彼らの侵入を抑えるために大きな軍を維持しなければならなかった。続く戦争によって、火薬の利用など、軍事技術の革新が促された。もっとも北の人々もすぐにこの新しい技術を採り入れ、宋は両方の勢力とのあいだに懐柔的な和平条約を結ばなければならなかった。そして一一一五年、ツングース系民族の女真《じょしん》が満州から出て契丹を圧倒し、開封に侵攻して一一二七年には中国北部から宋を追いだした。宋はこの敗北にもかかわらず、残党をまとめて杭州《こうしゅう》に新たな首都を置き、中国南部への支配を強化した。〝南宋〟の皇帝たちは一二七九年まで、概して平和で安定した政治をおこなった。

宋王朝

宋の皇帝らは先達らの進歩や制度の多くをさらに前進させた。稲作では、南アジアから輸入した種を使って生産性の高い新しい耕作方法を奨励し、水田の灌漑や台地の棚田づくりに革新的な技術を導入した。稲作はかなりの余剰を生みだし、人口は倍増して一二世紀には一億人を数えた。政府は自由な商売を振興し、海上貿易を南アジアまで拡大して、モロッコ人商人やヴェネツィア出身の探検家を感心させた。マルコ・ポーロはその生き生きとした描写で、揚子江にはキリスト教世界のすべての川を合わせたよりも多くの船が浮かんでいると断言した。(12) 都市では、中国人商人は同業者集団を設立して卸売りを組織し、価格を決め、政府と交渉した。商人のなかには、太い糸でつないで運ばなければならなかった重い鉄貨にうんざりして、債務の額や店主に委託した商品の数を記録する書付をつくる人が出てきた。その書付をもつ人が借金や商品を回収する権利を有すると気づいた商人たちが、ほかの商人と書付を交換しはじめたとき、紙幣のシステムが誕生した。政府はすぐにこれがもたらす可能性に気がつき、少数の店に書付の発行を認可したが、やがてシステム全体を引き継いだ。

地方全域に広がっていた政府の郵便局も商業の拡大を促進した。農民らはつくるものを多様化して酒、炭、紙、織物に手を広げ、仲買人に売り、なかにはサトウキビ、茶、柑橘類、竹、油糧種子、ヘンプなどに特化する者もいた。また絹の生産に必要な桑の木を栽培し、労働者を大勢雇って木を育て、葉を摘んで、種類分け、蚕の世話、繭の収穫を分担させる事業を運営する者も出てきた。専門商品の生産者は商人や仲買人に品物を売ったり、中国全域に新たにできた市場で食べ物や家庭用品を購入したりすることができた。一部の地域では、炭鉱や製鉄所が多数の労働者を雇い、ふいごを動かす油圧装置や掘削のための爆薬などの新しい技術を開発した。これらの新技術は、農民や職人にとって役立つ道具となるだけでなく、次第に造船や道路建設の追い風となった。

杭州はまもなく一〇〇万人の人口を集め、マルコ・ポーロは、杭州は世界でもっとも美しくもっともすばらしい都市だと書いている。彼は都市の住民にじゅうぶんな食料を供給するシステムにも驚愕した。(13) 案内人は彼を、最高の絵付け扇子、象牙製の櫛、柳細工の籠、文献、ターバン、サイの革を買える場所に案内した。(14) 銀職人、絹職工、陶器や漆器の職人らは外国から中国に入ってきた技術を採り入れた。金持ちの邸宅には廷臣、芸術家、家庭教師、芸人らが集まり、公共の祝祭には大勢の人々がくりだした。大都市の歓楽街では旅行者も地元の人々も操り人形師、軽業師、俳優、剣飲み、蛇つかい、語り部、歌手、音楽家の芸を楽しみ、豊富な飲食物と売春婦のサービスもあった。いっぽう学者らは研究をつづけ、一一世紀からは可動活字になった木版印刷によって入手しやすくなった古典文献の新版を読みふけった。学者らは哲学、数学、科学、工業技術を研究し、市井の人々は農業、出産、薬学、占い、道教の儀式についての冊子を読んだ。

宋王朝の最初の数十年間、太祖は行政を拡大し、その後継の皇帝らも優秀な大臣を登用し、温情のある統治は高く評価された。武人よりも文人を高い地位に就けて、唐でもおこなわれていた試験制度である科挙をおもな官吏採用方法として強化し、それが新たに印刷された教科書を使った教育の拡充につながった。科挙の受験者数は三万人から四〇万人に増加し、行政自体も官吏二万人規模に拡大した。貴族のエリートはおおむねその富と影響力を維持したが、政府の官吏職は中国のどの地方の出身でも、どんな出自の人にも公に開かれた。成功した商人の息子たちが政府高官になることもめずらしくなかった。その地位に就いた人は行政の務めのほかにさまざまな知的関心を追求した。新たな農業技術を促進したり、軍事防衛を監督したり、歴史、地理、儀式、音楽、詩、数学についての論文を書いたりした。役人の多くは誠実で仕事熱心だった。彼らは世界の問題について最初に悩み、その楽しみを最後に享受するのが自分たちの務めだと考え、政府と法の原則について真剣な議論をおこなった。多くは野心的な改革を訴え、ときには派閥に分かれて無駄に敵対的な論争をした。しかし全員が政治的分裂を嘆きながらも、皇帝への、中国への、そしてその文化への忠誠を強調した。北部の領土を失ってからはとくに、多くの学者があらためて儒教に関心を向けた。彼らは以下のようなことを討論した。すなわち、人間の本質や善の可能性について論じ、どのように静座をおこなうか、読んだものをどう評価するか、幽霊話をどう考えるか、利己的な考えをなくすにはどうしたらいいのかについて弟子たちと話し合った。そして全員が、中国の社会は教育によって、ボトムアップで改革されるべきだという結論に達した。

皇帝の官僚制度の上層部を占めた学者らは、法を皇帝が体現する社会秩序を維持する手段と見なしていた。[15] 個人の行動を矯正しようとするなら、賞罰制度は基本だというのが彼らの一致した考えだった。太祖は新たな法典を発布し、それは唐律とほぼ同じだったが、後継の皇帝らはさらに勅令を発し、役人は補助的な規則を作成した。それらの規則は拡張する商業活動の必要に応え、政府の役人を規制し、度量衡、監獄の道具、税の割り当て、公認される学者の数、自分たちの給料などの基準を定めた。しかし書記官らは多くの規則を、過度に装飾的な文章でわかりにくいものにしてしまった。宮廷や皇帝宮における作法の規制はとくにひどかった。財政職務、教育指導局、審官院、学士院室、詮試、官吏の給料、もっとも重要な寺院でおこなう式典などの業務は、式という細則によって規制された。なかには政府の役人が部下についての報告書を書く際の特定の形式、敬意のしるしとして線よりも上に書くべき言葉、皇帝一家にかかわる言葉に似ているため避けるべき文字の一覧などを定めたものまであった。また弓術の試験、階位をもつ人々に与えられる旗、官吏の階位によって異なる棺を運ぶ車および墓塚、犯罪者を罰するのに使う棒についての規則もあった。ほかには、宮殿の建物や公共倉庫の正確な寸法、皇帝の厨房で使える材料、政府の馬に与える飼料を詳細に記した式もあった。妃たちへの贈り物から妃たちが乗る馬車の細部、茶の方式、宮廷の奥御殿の運営など、皇帝とその宮殿にかかわるあらゆる活動が式で定められた。道教の式典でおこなわれる献酒や道教の尼僧への贈り物についての式もあった。

　役人たちは印刷を活用してそうした新規則や規制を多数集め、抄録を編纂した。それらはまもなく図書室の長い棚を埋めるようになった。皇帝の儀式用広間の使用方法についての規則は一二〇〇巻もあった。朝鮮からの使節を迎えるための規則は一五〇〇巻にまとめられた。それらは度を超えている上に、すべて正確に実施された可能性は低いが、おそらく式は中国という国の運営に、ほとんど幾何学のような秩序感覚をもたらしたのだろう。皇帝に近づけば近づくほど、世界は規則正しくなる。

忠誠・敬意・抑制

皇帝の宮廷の華やかさや富や陰謀、首都の喧噪とめまぐるしい商業活動の外で、中国の地方は広範な行政によって統治されていた。[16] 最小の行政区画は県であり、その長である知県〔宋代以後の県の長官の略称〕は人々の道徳的手本となるようにと決められていた。ひとつの県にはおよそ二五〇〇から三〇〇〇戸あり、宋時代には一三〇〇ほどの県があった。知県は官衙《かんが》と呼ばれた役所で働く執行官、文書係、事務職員らを雇って税を集め、道路や運輸や学校や寺院を管理し、人員と公文書をまとめ、皇帝の詔命を実行し、平和を保ち、裁判を審理した。一〇から一二の県がまとまって州となり、同様な官僚機構が存在した。州は皇帝に対して直接報告する義務があったが、州のもうひとつ上の層、路が州を監督していた。路は現在の省と同じくらいの大きさだった。路の長官である監司《かんし》は、地域の財政、軍事、農業、法制度を監察した。

　役人は儒教の理想である道徳、忠誠、敬意、抑制を実践することになっていた。その仕事の大部分は実務的なことだが、彼らは全員儒教の古典を学び、監司はしばしば「よい役人の資質」「腐敗の問題」「役人が奨励すべき社会関係および家族関係」についての指針を公表していた。しかし役人は誰も専門の訓練を受けたことはなく、新任の知県らは仕事に関係する膨大な法や規制の沼のなかを事務職員に導いてもらわなければならなかった。あるいはたくさんある助言集を参考にしたり、たとえば一三世紀半ばに勤勉な役人が編纂した「名公書判清明集」など、同輩のまとめた判例集を読んだりした[17]。この文書の冒頭には訓戒、称賛、警告一式が述べられている。新たに任命された監司がみずからの目標と優先事項について述べ、部下に期待する資質を説明した言葉を記録している。部下に対して見下す態度をとらない、短気や怠惰を抑え、偏見や不注意な行動をしない、つねに親切と同情を示す、個人的利益のために地位を利用しない、といったことだ。そして儒教の考えをそのまま記している。いわく、人間の本性は変わらない、指導力は喩えをとおして発揮される、適切な行政は開かれた正直なコミュニケーションによる[18]。別の監司は、法務の役人が訴訟当事者に公式のルートをとらせずに直接要求や請願を受けたことを、賄賂を招きかねないと批判した。また別の監司は、州および地域の役人が過剰な打撃刑の判決を下していると叱り、判決で二〇回は実際には一〇回のことだと思いださせた。この〝不具合〟は規律の欠如から起きていると、皇帝の法は慈悲深いものだということを忘れないようにと、彼は述べた。不注意な報告書を非難したり、賄賂を拒否した税監督官に褒美を与えたり、ごまかしで出世した下級事務員を罰したり、腐敗した役人を懲罰しない上司を叱ったり、無能な知県を降格させたりした監司もいた。

知県はその指示書や判決に明らかに道徳的な言葉を用いた〔行政府の長官が裁判官として裁判をおこない、判決を言い渡していた〕。賞罰の公的な目的に従って、彼らはみずからの法的判断を、ほかの人々を思いとどまらせたり犯罪者を改心させたりするといった観点で説明をした。ある知県は、直前に訪れた監獄で囚人らが苦しんでいたことに怒りを表明した。部下に改善を命じた彼は、監獄は矯正のための施設だと断言した。「古の王たちが犯罪者を収監した意図は、過酷な肉体労働をさせ、欠乏に耐えさせることで彼らの心を強くし、自分の感情を制御する気にさせることだった[19]」

知県はみずからの判断を説明する際、訴訟当事者のふるまいの道徳について言及し、儒教の修養中に身につけた人間の本質に対する考え方を反映して、反道徳的な品行を遠慮なく非難した。たとえば、土地の売買にかかわるある紛争において、知県は次のように述べた。「もともと［申立人は］その土地をよこしまな手段で手に入れた。それがいまになって同じような方法で失われた。世の中とはそういうものだ……［申立人は］このような行動を模倣しようとした。将来、われわれが起きたことをふり返れば、過去に起きたことと同じに見えるだろう[20]」

しかし故意の犯行に対しては依然として懲罰が答えだった。ある知県は、地代を払うことを拒否して地主の使用人に暴行を働き、〝愚かで無謀なやり方で〟不当な法的主張をした賃借人に対して、次のように言った。「もしほかの人々がこの悪例に倣い、獣のようにふるまったら、家や店を貸す人間全員が同様のたくらみに苦しむことになる。社会的慣習のそのような劣化を防ぐため、この犯罪は適切に罰せられる必要がある[21]」

知県の裁定

官衙にもちこまれる訴訟のほとんどが、地域の住民によるものだ。軽罪の苦情申し立てで多くの知県、とりわけ都市部の知県は忙殺されていた[22]。ときに洪水や旱魃や地震が大量の人々の移動を引き起こし、住むところを失った多くの人々が町のはずれに流れつき、運搬人や労働者として生計を立てようとした。親類のネットワークや共同体の支援がなければ、彼らはすぐに軽犯罪をくり返すようになる。いっぽう農民の大多数は比較的生活が安定しており、その日常は耕すこと、草取り、灌漑、穀物や米や野菜を収穫し家畜の世話をすることに占められていた。彼らは市場に出かけ、子供や高齢者の面倒を見て、見合いをして結婚し、地域の寺院で礼拝した。地代と税は支払わなければならなかったし、山賊から土地と家を守り、役人をできるだけ避ける必要があった。ほとんどの農民は、とくに中央の稲作地域では、自分の小作地を耕していたが、多くの人が土地取引の紛争に巻き込まれた。裕福な人々は、しばしば家族の不和を背景として、土地分割や相続についての訴訟を起こした。

知県は彼らの申し立てを審理したが、できるだけ訴訟を思いとどまらせようと試み、不和の責任があると思われる人を批判した。ある土地をめぐり継子と継母が対立した紛争では、知県は法的問題について裁定したうえで、息子に対して今後は「心を清らかにして、悪いおこないを正し」、未亡人になった継母に寛大に親切にすべきであるとし、未亡人に対しても継子に優しく思いやるようにと言い渡した[23]。別の知県は家族の財産を乱用した息子と、彼を訴えた母親を非難した。そして二人に対し、知県の勧告を受けたことを認め、今後も争いつづける場合には罰を受けることを理解していると述べる届出を提出することを求めた[24]。知県は親に対する子の義務を重視して、その義務を怠る者を罰した。たとえば、親不孝な息子の首に重い板の首枷をつけ、毎日父親に挨拶させた[25]。

裁判所では絹ひと切れや玉ねぎ数個の窃盗から、暴行や誘拐、レイプや殺人や放火まで、ありとあらゆる種類の犯罪の告訴を扱った。知県らは山賊の制御の難しさについてしばしば言及している[26]。誰でも刑事告訴をすることが可能であり、現行犯で犯人を捕まえた人には報奨金が出た。知県らはほかにも、現代では社会的犯罪と見られる犯罪を重く受けとめた。たとえば偽薬の販売、賭け事、禁じられた儀式や魔術をおこなうこと、人身売買などだ。なかには瀆艇レースの別の観客の悪い態度や、公共の渡しの船頭からの罵倒に怒って告訴する人もいた。復讐として敵を告訴する者もいたが、誣告した者はその罪に相当する罰を受けることになった。判例集には、虚偽の告訴によって法制度を悪用しようとした人々を、知県が有罪にした例が多々ある。

中国の法制度は高度に形式主義的で、申請、証拠の収集、自白、裁定、判決それぞれに細かな規則がある。(27) 読み書きのできない人々は免許をもつ事務員に依頼し、正しい形式の書類を作成してもらった。官衙内にある裁判所は人々に強い印象をもたらすように考えられていた。知県は赤い布をまとい、一段高くなっている裁判官席の高座に腰掛け、席にはその権威の象徴となる、錦につつまれた裁判所の角印、小槌、赤と黒が各一本の毛筆二本、硯《すずり》が並べられていた。知県の両隣には、低い机に書記ともうひとり役人が座っていた。被告人は裁判官の下のむきだしの床にひざまずき、その横には裁判所の使い走りが、手枷、足枷、首枷、打擲《ちょうちゃく》に使う平らな竹の棒を持って控えていた。あまり良心的ではない知県は、さっさと自白を引き出して裁判を終わらせたいと考え、すぐに拷問を命じた。拷問に必要なのは助手と廷吏の同意だけであり、有罪となった人の多くが、上訴審では、打撃の痛みに耐えかねて虚偽の自白をしたと主張した。いっぽう、良心的な知県は真実を明らかにするために尽力し、証人の態度からその証言の信頼性を測ろうとしたり、事件の事実を調べるために変装して出かけるといった斬新な捜査方法を用いたりすることもあった。当時の探偵物語では、知県はしばしば独創的な手段を考案して狡猾な犯罪人を捕まえ、正義をおこなう英雄として描かれている。事実を立証したら、次は法を適用する。参照しなければならない大量の法的基準や判例集のために、このプロセスはさらに複雑になった。廷吏は文書保管庫で関連する法規定を探して補佐したが、規定が一貫していないこともあった。そうした場合、知県は直近の皇帝の意向を反映させることになっていた。次に判決を下す。問題となっている財産についての指示や刑罰を決めるのだ。

それらは、上司からの批判を避けるために、確実に法と証拠に則って決めなければならなかった。知県らは、書面による土地取引の同意をはじめとする適正な証拠を要求し、事件が一定の期間内に告訴された場合に限り、法を執行した。たとえば条件付き販売における不公平の場合には二〇年間、土地の分割をめぐる紛争の場合には三年間以内に申し立てをする必要があった。それでも、知県が慈悲を示すべきだと考える場合には、常識的な範囲で法を適用しないこともあった。ある相続紛争事件で、知県は次のように述べた。「政府は［子なしで死んだ人］の地所を引き取るという通常の前例を踏襲することは望まない。［一部を］亡くなった人の埋葬にあて、残りは公平に分けるために……

これは律法の意図とは一致しないが、政府は寛容であることを選ぶ(28)」別の事件で知県は、まったく信じがたい重大な犯罪で甥を虚偽に訴えたある男について、罰するために上申するべきであると述べた。しかし続けて寛大な措置をとることにしたと言い、打撃刑だけの判決を下した(29)。知県らは、法の意図と〝人間の感情〟や何が正しいのかという感覚とを調和させることの困難さを認識していた(30)。

法の複雑さと間違うことへの恐怖に直面し、多くの知県は厄介な事件を州の上司に申し立てた(31)。いずれにせよ、重大犯罪の告訴は詳細に記録したうえで判断を上申する必要があった。また訴訟当事者は、知県が大きな間違いをおかしていると思ったら、上訴することが可能だった。被告人が自白を翻した場合、地域の役人は事件を州に上申することになっていた。すると事件はさらに複雑なプロセスをたどり、二つの調査局のうちのひとつが事実を調査し、もうひとつの法律局が法を調べて、別々に審理される。被告人は何度も自白する必要があり、もし拒否すれば、事件はもうひとつの調査局に送られた。

これらの規則は、自白を得るために拷問を利用する制度において、訴訟当事者らに大きな保護を与えるために設けられていた。だがそうした規則さえ悪用されることもあった。役人のなかには、被告人の口に布を詰めて自白を否定させないようにしたり、早口で調書を読んで理解させないようにしたりする者もいた。いずれの場合でも、調査局および法律局が報告書を州の長官である知州に送り、知州が判決を下す。司法職員は全員、その判決に賛同しなければならない。死刑または流刑の刑罰で一致すれば、知州はさらに事件を路に上申することになっていた。この時点で、監司は刑罰を認めるか、疑義があればそれを皇帝に上奏するかのどちらかだった。有罪を宣告された者には、流刑に出発する前に市の門で、または死刑になる前に会場の市場で、潔白を訴えて再審を要求する最後のチャンスが与えられていた。宋王朝を興した太祖は、死刑を宣告された者は誰でも皇帝に再審を訴えられるべきだと告知し、実際にたびたび助命していた。一一世紀の半ばには、州は毎年およそ二〇〇〇件の死刑判決を出していたが、ある年中央政府によって再審された二六四件のうち、やはり死刑となったのは二五件しかなかった。

皇帝による恩赦の制度も、多くの囚人を大目に見るということだった。宋王朝も唐に倣って大規模な恩赦を宣言し、それは犯罪者を矯正し彼らを社会に再統合するためだとしていた。ある政府役人は、知県が暴力集団で知られている地域で恩赦が公示されれば、「無法者たちは心を動かされ、降伏するはずだ」と断言した。もっともその首領は「容赦なく鎮圧される(32)」。しかしひんぱんな恩赦に苦情を招いた。よく知られたあるケースでは、土地の賃借人が地代を集めにやってきた地主を殺した。恩赦で自由になったその男は地主の遺族を訪ねて、自分の健康を自慢し、なぜ最近地主がやってこないのかと尋ねたという(33)。

いくら防止策や恩赦の基本となる理想があったとしても、中国の法制度は、とくに末端では簡単に悪用された。役人は無力な訴訟当事者から賄賂を脅し取り、知県もその上の官吏もその腐敗を怒り、できるだけ裁判を抑止しようとした。訴訟を裁判所に申し立てれば「役人を肥えさせるだけだ」と(34)。裁判を起こせば拷問やもっとひどい目に遭うかもしれないのはもちろん、賄賂を要求されることもあると、知県はくり返し警告した。そして他人のためを装って訴訟を唆す人間、「帽子に毛筆を入れている輩」を批判した(35)。ある知県は、裁判所に行けば、仕事が疎かになり、家族の財産に損害を与え、護衛から屈辱を受け、疲れる旅をし、収監されるおそれまであると述べた。内輪の裁判は親戚や共同体を傷つけるとも。積年の怒りをかかえる者、金と権力をもつ者にしいたげられた貧者や弱者、狡猾な者に食いものにされた無学な者だけが裁判を起こすべきだ。つまり裁判は「背に壁があたるまで追い詰められて、不正に対して声をあげる以外の方法をもたない者」のためにあった(36)。

最終的には、裁判所が正義をおこなう。地域の有力者や腐敗した役人は法による罰を受けることもある。少なくともあるケースではそうだった。地域の人々が集団で地元の暴君を訴えた。暴君は高い公的地位を鼻にかけて金を脅し取り、税金を流用し、地域の執行官が払う一〇〇〇ドルの報奨金目当てで逃亡者をかくまっていた(37)。また、多くの知県は厳しい刑罰を科すことで評判だったが、彼ら自身も上司から監督されていた。上訴のプロセスにおいて知県が誤りの懲戒を受けることも、不適切な判決を下したとして知州が裁定されることもあった。同様に、重罪で訴えられた無実の人の疑いを晴らした知県は褒美を与えられた。自分のことを「無名の身分の低い知県」と述べたある知県は、ある訴訟に介入しようとした際、元役人の高圧的なふるまいに対して立ち向かわなければならなかった(38)。ほとんどの知県は、ときには強い抵抗を受けはするが、正義の擁護者であると自認していた。

もちろん、紛争の大部分は裁判にはならなかった。後世のように、人々は共同体の指導者、地域の警備団、儀式の会合などによくある問題の仲裁を依頼した(39)。宋王朝では家系についての新たな考えが広まって義荘〔宋代以降、同族扶助のために設けられた土地およびその運営組織〕の設立が奨励され、同族間の紛争の際には介入した。後世の記録によれば、裁判所の役人はしばしば訴訟当事者を門前払いして調停送りにした。宋の判例集には、ときには法の条文を超えたり、訴訟当事者に大きな同族内紛争を解決したという宣言書に署名させたりして、紛争を完全決着するために多大な努力を払った知県の話が記録されている。安定した社会的階層、親への孝、目上への忠を重視する儒教の教えは、非公式の和解を促した。ある知県は、甥の相続に異議を唱える申し立てをしたある男を批判し、その男が儒学者であることに驚きを表した。「わたしは人々に対してつねに何が妥当かつ適切であるかを教えている。身分の低く劣った人々でさえみずからの間違いを後悔して反省し、天に与えられた善なる性質に立ち戻る……。必要なのは、法を破ったり、血縁を壊したり、一族の財産を浪費することなく、円満な雰囲気を回復させることだ[40]」

人身売買の契約書

裁判所の外でも、農民らは昔から自分の財産を管理するのに文書を利用し、どこの知県もそれらを所有の証明として認めた。帝国の辺境では、中央政府の監視もゆるく、人々を厳格に支配することもなく土地の登記を求めることもなかった。しかし、ある人の言葉を借りれば、「田舎の人々は法に従わない形で土地を利用していることもある。しかし誰でも条件付き売買契約書は所有している[41]」。

中国の人々は自分自身を売るために契約書を使った。宋では自由人男女の売買は違法だったが、貧困や災害でもっとも貧しい人々が妻や娘を売った[42]。生き残るための窮余の策であり、民間の物語に彼らの話が記録されている。そのひとつは、行商人が開封の宿である男が泣いているのに気づき、聞くと男は盗んだ金を返すために娘を売ったという。行商人は自分が娘を買うと申し出て、男に買い戻す金を渡して、もしもとの買い手が拒否したら訴えると脅せばいいと助言した。作戦は成功した。おそらくもとの買い手は違法な契約の影響をおそれたのだろう。父と娘は戻って行商人に礼を言おうとしたが、彼は善行をなして出発したあとだった。別の物語では、女が飢えて自分を仲介業者に売った。夫は妻を探し出して、返すように裁判を起こした。裁判所は賠償金として売値を支払うよう夫に命じた。夫が支払う前に、ふたたび女が消えた。あるいは彼女は暴力をふるう夫から逃げていたのかもしれない。明らかに作り話のこの物語によれば、仲介業者にさらわれた女は数年後、夫に発見された。夫はある晩餐会で名物料理の味が妻の料理に似ていたため涙をこぼし、その家の主人を称賛した。その優秀な料理人は、本当に自分の妻だったとわかり、男は感極まった。

依然として中国の人々は、黄泉の国との交流に法律尊重主義の文書をつかっていた。宋では、国中に〝城隍神《じょうこうしん》〟崇拝《びょうしょ》が広まり、祭祀のための廟所である城隍廟がつくられた。城隍神は住民を守護する土地神だ。道教の道士らは寺院内に、裁判官や法役人の像を飾り、さまざまな法律用道具で囲んだ。[43] 信者らは道士に、厄介な霊を祓うための訴訟手続きを取るように依頼した。その際使われた告訴、捜査、尋問の形式は知県が求める書類とよく似ていた。後代、中国人の作家らは、冥府の裁判官らが適用した悪魔と天使の法典に言及した。それらの法典は地上のものよりも広範囲にわたり、地上の裁判所よりも複雑な官僚制の職員を擁する裁判所で適用された。黄泉の国では死者を裁き、恨みを残した幽霊と生者の請願者、両方の申し立てを聞いた。またこの世の知県が犯人を見つけ、腐敗した役人を罰するのを手伝うこともあった。大衆文芸作品では、天が訴訟に介入して才覚のある知県が抵抗に負けずに正義をおこない、間一髪で無実の人を救うという感動的な話が書かれた。これらは創作だが、人々は地獄での懲罰だけでなく、訴訟に対する天の采配の可能性も真剣に受けとめていた。ときには法を司る神々の前で被疑者を尋問したり、あるいは道教の寺院で裁判を開いたりすることもあった。

刑罰制度の終焉

　宋王朝は一三世紀、大草原地帯からやってきたモンゴル民族の侵攻で滅亡した。元《げん》は北方の地域を征服して、独自の王朝、元を興し、北京に首都を置いた。元は一三六八年に滅び、明《みん》がとって代わった。明の皇帝たちは〝紫禁城《しきんじょう》〟と呼ばれる壮麗な宮殿を建造し、比較的ゆるい統制をおこなった。また法を万人に知らしめ、法文を広く入手可能にするという原則を打ち立てた。しかし人々は依然として、神の力が訴訟を助けてくれると信じていた。この時代の判例集には、多くの裁判で霊や幽霊の介入があったと、普通のことのように書かれている。[44]

　一七世紀半ば、明に取って代わった清《しん》の支配者たちは独自の法典をつくった。もっとも、伝統的な法制と形式の大部分は維持し、法典のかなりの部分は唐律を土台としていた。その後およそ三世紀にわたり、彼らは大量の新しい法と規則を導入していった。人口が増加し、新しい村も管轄に入り、地方行政府の長は最大で二五万人の人々を監督することになるため、非公式の事務員や〝使い走り〟などの大きなチームを雇った。しかし人々が地域の仲裁人や義荘の助けを借りて紛争を解決することは公認されていた。清では村がおもに税を集めるための代表を選んでいた。そうした地域の役人、長老、一族の長が地域の紛争の仲裁人の役目を務めることは可能だった。[45] 農民らは役所や地方役人の干渉を避けるいっぽうで、地域のあらゆる取引を形式化するのに文書を使った。それには極貧による妻や子供や自分自身の取引も入っていた。[46] 極度の貧困状況では、貧しい家庭は未婚の男を迎え入れて、その労働力の対価に妻のベッドを共有した。債務奴隷と同様に、このような一婦多夫制は違法であり、知県はこのような取り決めを罰することになっていた。だが実際には現実に屈し、生き残り戦術としてのこの習慣の重要性を認めることが多かった。中国の農民らは、たとえ法で禁じられていることをおこなう際にも、文書の確実性を重視して合意を文書で残しつづけた。

　中国の法慣行は、日常における文書の使用や黄泉の国の神々への請願もふくめて、似たようなパターンで二〇世紀まで続いた。そうした法や法形式、そして皇帝とその学者、役人、臣民らが二〇〇〇年をかけてつくりあげてきた複雑な刑罰体系をついに終わらせたのは、一九二八年の国民党政府の台頭だった。

＊　＊　＊

　紀元前数世紀から野心的な皇帝たちがつくりだした中国の刑罰制度は、懲罰に人々を統制し領土を管理する力があると信じた皇帝たちにより、二〇〇〇年かけて発展してきた。その法は懲罰による秩序を約束した。帝国の辺境にも広まった法律尊重主義の慣習も同じだ。文官は多様な取引について正確な法形式を使い、裁判手続きの詳細な規則に従うことを人々に求めた。農民、牛飼い、商人たちは自分たちの土地、商業関係、同族内の取り決めを法律尊重主義の方法で管理した。廷臣や官吏は、想像を絶するほど複雑な法的規則で、皇帝の宮廷を取り囲んだ。規則に基づく幾何学的秩序という考えは、黄泉の国における高度な官僚制度をもつ裁判所のモデルにもなったようだ。その神々に対してごく普通の人々が法的な請願を申し立てた。

　皇帝たちが法と神性の両方を自分と関連づけたため、中国の人々が、神々を広範な規則と官僚的要件を必要とする複雑な機構の一部だと考えるようになったのは当然だった。法律尊重主義は自然の摂理のようになった。西洋の法制度が拡大し、日常生活のいたるところに法律尊重主義の規則が影響を及ぼしている現代でも、それほど事情は変わらない。

第10章　中世ヨーロッパの裁判所と慣習

中世の大半をとおしてヨーロッパの王と皇帝たちは、多様な人民に対する支配者の権威を確立し、法を適用しようとしていた。戴冠の誓いで平和を約束し、法学者を後援し、裁判所を設置し、慣習を成文化し、固有法を公布した。しかし教会と国家の分離のせいで、王の法は宗教に認められることはなかった。中世ヨーロッパの政府には、中国政府のようなやり方で人民に懲罰の秩序を押しつけるほどの力もなかった。一般の人々は為政者の裁判官や法を信用していなかった。裁判所に訴えるのは時間も金もかかった。とはいえ彼らも法形式の実用的な可能性は理解していた。

大半の人間は、王や司教よりも、村や領主や都市の地区や職業団体とより密に結びついており、それらは独自の規則を定めていた。法の技術は人々の考えや慣行に浸透しており、人々は自分たちの実用的な目的に合わせて外部の法を採り入れた。フランスではローマ法の再発見と王による中央集権化で、地域レベルでも、法律尊重主義的な正義の実践が求められるようになった。イングランドでも、地域の裁判所はしだいにより法律尊重主義の形式を採用するようになった。もっとも、国王裁判所がそうしたすべての成果を吸収するのは、数世紀先のことだった。

法づくりの新たな波

ヨーロッパ大陸では、ローマ法の〝再発見〟を受けて、一二世紀と一三世紀に法づくりの波が訪れた。[1] すでに自分たちの法を編纂した「ランゴバルド諸法の書」があったランゴバルドでは、封建制を成文化した「封建法書」がつくられた。この法書は領主と家臣の関係の範として、神聖ローマ帝国をはじめヨーロッパの大部分で広く受け入れられた。[2] シチリア王フリードリヒ二世は一二二〇年、神聖ローマ帝国皇帝として戴冠すると、言語も区分も論法もローマ法に倣った法典「皇帝の書」の編纂を命じた。ゆるやかな同盟で神聖ローマ帝国を構成したゲルマン諸公国と自由都市では、市民法の学者らが新たな法を採録した書を編纂した。[3] なかでももっとも有名な「ザクセンシュピーゲル（ザクセンの鏡）」は、ランゴバルドの「封建法書」から引いた封建法の原則であるレーン法と、慣習を記録したラント法から成る。この法書はいくつかのドイツ語の方言に翻訳され、ザクセンを越えて広く法実務に影響を与えた。特定の事件において法を発見し判決を提案するために、大きな町は参審人と呼ばれる市民グループを任命し、法令や慣習や関連文献を調べさせた。やがて多様な神聖ローマ帝国の一体化を目指した皇帝はローマ法の運用を推奨し、上級裁判官らに法学者としての研修を義務づけた。学者のなかにはローマ法はヨーロッパの共通文化であると言う者もいたが、その考えが具体化するまでには数世紀の時間がかかった。

一三世紀、カスティーリャの王も野心的な法典を編纂させた。その「七部法典」は明らかにユスティニアヌス帝の「学説彙纂」をモデルにしており、イベリア半島の諸王国のなかで自国の優位性を示そうとしたものだった。しかしスペインの裁判官らは依然として地域の法と慣習を用いるべきだと考えており、行政官らは「フェロ」と呼ばれる慣習法書をつくらせた。フランスでは、政府役人と地方領主の両方が地域の慣習法集を書記に集録させた。これらの慣習法集は司法行政において領主や裁判官が利用するためのものだった(4)。公布されると、人々は自分の主張の根拠とするために直接慣習法集から引用し、一定の成果をあげた。しかしながら裁判官や弁護士ら法曹は、自分たちが訓練を受けた市民法の優位性を確信していた。書記らは慣習をそのまま成文化しようとしたが、必然的に人々から聞いたことをローマ法の既存の区分にあてはめた。ユスティニアヌスの「法学提要」のコンセプトと思想を採り入れ、ときには「学説彙纂」の構成を模倣した。これによってローマ法が究極の模範であるという考えが強化された。

しばらくのあいだ、地域の裁判官や仲裁者は紛争を扱うにあたって伝統的なやり方を続け、対立する当事者らの妥協を図ろうとした。しかし訴訟当事者は客観的かつ無機的な法書を引用し、自分の主張の根拠にできるという考えが徐々に根を下ろした。フランス南部のセプティマニア〔南フランス地中海沿岸のローヌ川西方の地域〕の記録によれば、一二世紀にはほとんどの人が仲裁人に紛争解決を手伝ってもらっていた。大きな土地の所有がかかわるような重大な事件では、当事者らは近くの修道院長や地域の子爵に仲裁を依頼した(5)。その修道院もいまや大地主であり、地代や税など複雑な権利をもち、土地所有権や権利をめぐって地域の貴族との紛争当事者になることも多かった。高位聖職者や貴族が両者の仲裁を試みても、解決までに何年間もかかることもあった。仲裁人が当事者らに圧力をかけることはあったが、判決の受け入れや和解の条件に従うように強要することはできなかった。彼らは勅許状を調べることは可能で、そこに誰が法的権利を有するのか記されていることもあったが、ローマの正確な土地所有の区分はほぼ忘れられており、そのため確かな判決を下すことは難しかった。多くの場合、彼らは単純に紛争になっている土地を分割して妥協した。和解がまとまったとしても、仲裁人は当事者にその条件に従うという誓約を求めた。名誉と恥、とくに上流階級のそうした感情の処理をする必要があり、彼らのプライドをなだめなければならなかった。仲裁人は当事者らに対して、尊重されている知恵を引用したり公の非難をちらつかせたりして、和解するよう説得した。

そうしたことが次第に変化していった。一三世紀、フランスの王たちは名目上支配していることになっている州に対する権限を強化するため、代官を派遣して土地所有者から地代を集め、賦役を課した。教会の協力を得て、〝異端者〟の土地を押収することも可能で、そのやり方は反抗的な貴族を抑えるために利用された。そこまで極端ではなくても、代官は教皇の代理人に呼びかけ、裁判官の決定を拒否する市民を〝破門〟で脅すこともあった。フランス王は貴族たちを仲間に引き入れた。より中央集権化された司法体制を確立したい国王は、パリの新しい裁判所に上訴する制度を導入した[6]。つまりセプティマニアの土地所有者は、数百マイル離れた裁判所で、貴族が彼の農場の所有権を主張しているとか、自分が遠くの政府の代官による兵役要求に直面しているといったことを知ることになるかもしれないのだ。次第に、近しい社会集団内で妥協を強いる圧力はなくなり、仲裁人が裁判官のようにふるまい、彼が明確な決定を下したら、当事者たちはそれに従って当然だと考えるようになった。同時に、仲裁人は新しい裁判所で自分たちが下した判決を、ローマ法の語句を用いて従来よりも体系的に記録するようになり、「事実について審問した」「証人や証拠を使った」などと記した。実際にそうしていたのか否かにかかわらず、そうした文言は、ローマ市民法の法律尊重主義の慣行のように、正義をおこなう適切なやり方があるという意識を生んだ。

裁判官や仲裁人が裁判で一貫した規則を適用しようと努め、人々が権威ある判決を受け入れるようになると、仲裁と妥協の古いシステムはあらゆるレベルで廃れはじめた。新たな法があらゆる階層の人々に提供した手続きは無機的ではあったが、高い地位の人間をふくむ相手に異議を申し立てる言葉を与えてくれた。裁判所では、都市の顧問が子爵に抵抗し、子爵は大司教の主張に反論し、大司教は顧問と争い、彼らの誰もが国王に立ち向かうことも可能だった。遠くにいて力をもつ人々との議論で法を引用することができた。もちろんそれは完全なシステムではなかったし、法的な議論はつねに有効とは限らなかったが、それは人々に、彼らを支配しようとする相手と戦う方法を与えた。法はいまや、人々がこれまで仲裁人の前でいつもしてきた道徳的また宗教的な議論を補完するものとなり、法の思想や技術は地域の文脈に浸透した。領主たちは国王に倣って訓練を受けた法律家を雇って裁判官とし、村や都市に住む人々は、新たな裁判所は自分たちが一定の権利を主張できる場所だと気づいた。法は正義への期待をもたせた。

以降の数世紀、法はヨーロッパのさまざまな場所でそれぞれの形で発展した。国王と政府、大司教と聖職者、法律家と法学校、領主と書記、全員がそれぞれの役割を果たした。戦争、十字軍、異端審問がもたらした混乱も影響したのは言うまでもない。新しい改革派の為政者らは法をつくり、改正し、ローマの訴訟手続きの様式を採用した。スコットランドは、隣国イングランドへの対抗心から、若い男たちをフランスやイタリアに派遣してローマ法を学ばせた。ローマ法の影響のもとで、やがてヨーロッパに法典編纂の運動が急速に広まり、そのなかでより野心的な法がつくられた。だが地球の遠い場所の人々に影響を与えることになる法がヨーロッパの為政者らによってつくられるのは、一九世紀になってからのことだった。

ラヴデイ

イングランドでは変化はゆっくり起きた。ノルマン・コンクエストから間もなく、イングランド人書記がアングロサクソンの法を採録し、ヘンリー一世の名をつけた「ヘンリー一世の法律」を発表した。ヘンリー一世はこの本の序文で「合意は法に、和解《ラヴ》は判決に勝る」と述べている。[7] 彼が言及しているのは、人々が紛争を解決するために集まり、和解を公に宣言する〝ラヴデイ〟のことだった。愛の絆は平和と安全をもたらし、領主と家臣も互いに愛と温かい感情を感じるはずだとされた。

一二世紀後半のヘンリー二世による司法改革は、何が〝コモン・ロー〟なのかを宣する力を裁判官に委ねた。国王裁判官は国内を巡り、土地所有者間の所有権や相続にかかわる紛争を扱う巡回裁判を開いた。令状が発行されてからの和解は国王に対する侮辱となった。また国王裁判官らは、重大な犯罪の容疑がかかっている人間の裁判もおこない、復讐を抑制した。いっぽうイングランドの学者らはローマの例に倣い、イングランドの〝不文法〟を記述した法書を著した。それらの法書はいずれイングランドとウェールズじゅうに広まる法制度の端緒を開いたが、この制度が地域に特化された法や裁判所に取って代わるまでにはさらに数百年の年月を要した。

ラヴデイはその後数世紀にわたり存続したが、中世の大半から近代初期まで、農民、職人、聖職者、商人らは地域の裁判所に訴えをもちこんだ。そうした裁判所はたいてい国王から紛争を解決する認可を受けていた。請願者らは地域の裁判官に慣習や法を引用し、自分に対する訴訟では同等の人々による陪審によって審理されることを期待した。アングロサクソン人は州や郡に裁判所を設置し、騎士、土地所有者、自由土地賃借人らが定期的に集まり、地元のものごとを話し合っていた。ノルマン人もこのシステムを継承し、ヘンリー二世は各州と各郡にシェリフ（長官）を任命した。シェリフは六カ月ごとにおこなった巡回での裁判に自由人一二人から成る陪審員を召喚し、強盗、殺人、窃盗などの犯罪容疑を審理した。(8) ときには国王の巡回裁判が州にやってきて、数カ月間とどまり、地元裁判所の活動を視察し、大きな土地の所有や相続の絡む複雑な訴訟や、重大な犯罪容疑について審理をおこなうこともあった。

一三世紀になると、巡察がアサイズ巡回裁判に代わった。「アサイズ」は〝巡回〟で各地区を視察した国王裁判所のことで、郡裁判所の仕事を引き継いだ。(9) やがてシェリフに取って代わる治安判事とともに、アサイズ巡回裁判は殺人、強盗、放火、さまざまな規則違反などの〝重罪〟の申し立てや個人間の紛争を審理した。個人による重罪の申し立ては犯罪として扱われたが、実際には通常、現在の民事裁判で得られるような賠償を人々は求めていた。また、役人に対する苦情の申し立てをすることもできた。やがて医療行為や装蹄、物品の輸送における過失、また動物や火の管理についての過失を訴える令状もつくられた。(10) 陪審員は申し立てを調査した。土地や難破に関すること、不法侵入や水利に関すること、宝物の発見や無法者、逃亡者、密猟者の活動に関すること、あるいはいつ市場を開くべきかといったことだ。政治不安の時期には組織暴力、訴訟手続きの濫用、陰謀を調査することもあった。一四世紀の後半になると巡回裁判は度量衡の使用を監督し、硬貨の削り取りや偽造、過剰な賃金の要求、劣悪な商品の販売といった事件を調査した。

荘園裁判所

しかし巡回裁判で正義を求めるのは複雑で費用もかかったので、ほとんどの農民は荘園（マナー）のなかで紛争を解決し、地域のものごとを運営し、正義を求めた。中世イングランドの農民は村、村落、農場などに住んでいたが、法律上は全員が荘園に所属していた。彼らが農地を耕す荘園の領主はノルマン貴族であったり、大修道院であったり、小修道院であったり、国王自身であったりして、大きな領地では土地がいくつかの教区や州に分散している場合もあった。ほとんどの農民は「ヴィレン」と呼ばれる隷属農民だった。領主は彼らが土地を耕作したり共有地で家畜を放牧したりするのを許す代わりに、その収穫物と労働の一部を得た。隷属農民は領主の直営地を耕作し、材木を運び、家畜の世話もしなければならなかった。そうした義務を負わない自由農民（自分の土地を所有していた）もいたが、彼らも領主の裁判には出廷する義務があった。

ノルマン人の王たちはそうした土地を分与するとき、新たな所有者に裁判をおこなう権利もいっしょに与えた。[11] 領主の荘官、代官、執事といった領地の管理運営者たちは三週間ごとにヴィレンと自由農民をふくめた（男性）領民全員を招集して、〝（裁判所）出仕義務者〟として務めさせた。こうした裁判では、出仕義務者らは共同牧草地や御料林や川や池の利用規則を検討して、誰が牛や羊を牧草地に放牧できるか、御料林のどの部分で農民は豚を放してどんぐりやブナの木の実を探させてもいいか、村の池でガチョウを飼ってもいいのは誰かといったことを決めた。彼らはまた地代や税を集め、ヴィレンがおこなった仕事を記録し、騒乱や口論や争いの噂を調査し、荘園を去った人間の名前を記録した。出仕義務者らはまた、規則を破ったとして管理者らに告発された領民の容疑を審理した。領民が裁判に出仕しなかったり、領主の直営地や粉挽所での務めを怠ったり、女性が家畜を領主の穀物畑に入れてしまったり、領主の許可なく結婚したり、自由農民が領主の使用人にエールを売ることを拒否したりといったことだ。また、誰かが地代を全額払っていないとか、許可なく自分の農地を貸そうとしたという申し立ても審議した。あるいは誰かが果物を盗んだり、穀物をだめにしたり、密猟したり、隣人の土地を侵害したりという申し立てもあった。出仕義務者らは通常、犯人に罰金を科すが、四度目の累犯になるとさらし台でさらされたり、肥料運搬車に乗せられて村を引き回されたりした。

農民らも自分たちの紛争を裁判所にもちこんだ。あるときは、犬の飼い主が不注意で原告のガチョウ二四羽を殺してしまった。また別の例では、ずるい農民が隣人の土地を横切る道をつくった。村人たちは荘園でつくられているエールやパンの品質について苦情を申し立てることもあった。一三世紀には、王は国が定める品質や価格の水準を守らせるために、国を巡回して「パンとビールの巡回裁判所」を開く権限を一部の貴族に与えた。また（裁判所）出仕義務者らが地域の慣習について決定することもあった。たとえば、息子二人のどちらに父親の土地を相続させるか、それとも二人に分割するか、といったことだ。村人は厳しく対処することもあった。ベッドフォードシャー地方にあるクランフィールドの領民の娘だったドゥースは、父親の土地の相続権を主張し、荘園裁判所の出仕義務者らはそれを認めた。しかししばらくして、ドゥースが婚外子を出産していることがわかり、出仕義務者らは、そのように〝道徳を逸脱した〟娘は相続権を失うという以前の判決に従うべきだと考えた。ドゥースは気の毒にも土地を失った。[12]

ほとんどの農民にとって荘園裁判所は不満を述べ、土地取引を登録し、共通の関心事を話し合う場だった。領民は団結して共同資源の管理やよそ者の活動について領主に要求を出すこともできた。別の荘園の荘民が自分たちの土地を侵害したら、領主を説得して調査させ、必要なら上位のハンドレッドやシャイアの裁判所に訴えることもあった。ある学者の言葉を借りれば、人々は荘園裁判所を〝自分たちの裁判所〟だと考えていた。自分の話を聞いてもらって、友人や隣人によって裁かれ、国王裁判所よりも同情的に審理してもらえそうな場だった。[13]

農民が税を払うことを拒否したり、窃盗の現行犯で捕まったりした場合、荘園裁判所は彼を村の〝外に追放し〟、火と水を使えなくして事実上の無法者にすることが可能だった。[14] 村人たちは何か犯罪を見つけたら〝非難の声をあげ〟、聞こえる範囲にいる者は全員で容疑者を探さなければならなかった。犯罪者は教会に逃げ込むこともできた。そうすると地域の村人は教会を見張る。あるいは犯罪者は〝国を捨てると宣言する〟、つまり国外に出ると約束することもでき、それは村人が監視する必要があった。死体が見つかった場合には、コロナー（検視官）が近くの四つの村の男性全員を呼びだして審問をおこなった（収穫期にはとても不便なことだった）。そうしたすべての事例で、シェリフは村人や荘園の管理人らが適正に行動したかどうかを確認した。

アングロサクソンの時代から受け継がれたシステムで、ヴィレンは全員、「タイジング」と呼ばれる、戸主一〇人以上から成る十人組に属し、タイジングはその所属員の善いふるまいに責任を負った。もし誰かが重大な犯罪をおかせば、シェリフは彼もしくは彼女が属するタイジングの代表をシャイア裁判所に呼びだした。またシェリフはハンドレッドから宣誓〝代表者〟を呼びだし、反逆、殺人、窃盗、放火、レイプ、密猟、荘園で報告された流血、非難の声といった事件を〝告発〟させることもあった。シェリフは罰金や絞首刑を科すことが可能で、権柄ずくのシェリフが村人たちを脅して友人や知人を密告させることもあった。復讐をもくろむ農民は重大な犯罪の容疑をかけることで、相手に不安と負担を引き起こすことができた。逆に農民たちが結束して仲間のひとりを守り、未解決の事件を未知の〝放浪者〟のせいにすることもあった。農民らはシェリフの裁判所に出仕することは負担に感じていたが、それは彼らに司法行政への参加機会を与え、法とは何か、どうあるべきかという判断にささやかながらかかわる機会をもたらした。そして彼らはそこで得た考え方を荘園裁判所にもち帰った。すなわち、土地の下賜によって権利が得られる、ある人々は別の人々から相続する資格がある、殺人や傷害の容疑に対して正当防衛や過失を主張することも可能である、といったことだ。

このようにして、国王の裁判制度のなかで発展した規則や慣習や原則が、荘園に浸透していった。ヘンリー一世の時代にさかのぼる原則に、なんぴとも彼より地位の低い者によって裁かれるべきでない、というものがある。つまり自由人が荘園裁判所で裁かれるときには、自由人の陪審員が招集されて審理する。貴族たちは、一三世紀に署名されたマグナ・カルタについて知っていたはずだ。そこには、荘官は信用できる証人なしで誰かを裁判に訴えてはならないと記されている。「いかなる自由人も、彼の同輩の適法な判決か、国土の法によるのでなければ、逮捕され、投獄され、あるいは占有侵奪をされ、あるいは法外追放に処され、あるいは何らかの他の方法で破滅せしめられない[15]」(『マグナ・カルタ』J・C・ホゥルト、森岡敬一郎訳、慶應義塾大学出版会、二〇〇三年)

一三世紀に読み書きができる人が増えてくると、領主らは書記を雇って記録や報告を保存し、荘園の土地保有台帳に訴訟についての注釈を記した[16]。人口が増えるにつれて、(裁判所)出仕義務者として領民全員を裁判に招集するのではなく、一二人の陪審員を選ぶようになった。地域の陪審員に論証をおこなわせるシェリフの慣行に倣い、領主は陪審員らに、執事による告発を判断するだけではなく、調査と論証もおこなうように求めた。王は一部の領主に、傷害や暴行などより重大な犯罪を裁く領主裁判をおこなう権利を与え、実質的にシェリフの裁判管轄を引き継がせた。荘園裁判所では、陪審員は同時に数件の審理をおこなった。個別に審理するより時間は短縮されたが、公正さはおそらく犠牲になった。陪審員らはこの務めに要する時間と手間に腹を立てたし、隣人を調査したり密告したりしたいわけがなかった。とはいえ彼らも犯人が罰せられることは望んでいた。

荘園裁判所に申し立てられる事件は通常、単純な事実または適切な罰についての問題だったが、陪審員は、ドゥースの相続取り消しの例のように、地域の慣習について判断する必要があった。一三世紀のあいだ、荘園裁判所は自由人とヴィレンの権利と義務の違いをより明確にしていった。それらは裁判所文書に記録され、人々は、領主に不正に土地を奪われているとか、隣人のヴィレンに権利を侵害されているとか感じたときに、判例から引用することが可能だった。国王裁判所は、土地所有権に関する複雑な令状をつくりだし、新たな区分の一部は荘園裁判所にも入り込んできた。人々は販売や譲渡、財産委譲、合有不動産権などを記録するために標準化された書式を利用しはじめた。荘園裁判所は国王裁判所の、たとえば新侵奪不動産占有回復や相続不動産占有回復の訴訟方式を採り入れたが、複雑な方式を正確に使っていたわけではなかった。荘園裁判所が決めるものにはほかに、相続上納物（死亡税）、後見（孤児の責任）、婚姻税、相続に関する問題（限嗣《げんし》不動産権や残余権や復帰権や臨終時の譲渡といった慣行）などがあった。また婚姻料（結婚時に支払う罰金）、姦通の罰金、所有者不明の土地や家畜の特権、所有地侵害（他人の土地の侵害と不法使用）、ヴィレンの長屋の廃棄物についても審理した。地域の慣習は数世紀にわたり存続していたが、やがてより統一された規則や区分があらわれた。

一四世紀半ば、黒死病がイングランドに広まり、人口と農業に深刻な痛手を与えた。一三八一年に起きたワット・タイラーの乱で、反乱軍の農民たちは荘園登録簿を燃やして領主への反抗的態度を示した。しかしそうした事件は劇的ではあっても、荘園制度を損なうことはなかった。その後の数十年間で領主らは登録簿を復元し、農民らは荘園裁判所に、安価で比較的効果がある訴訟を申し立てた[17]。しだいに領主らは直営地をヴィレンに耕作させるのではなく、より多くの土地を賃貸するようになり、荘園経営に対する関心が薄れ、以前よりも自由に売買するようになった。境界を確認したり、地代と賦役の負担を分担したり、空いた住居の入居者を選んだりといった管理業務も陪審員らに引き受けさせた。裁判も以前ほど開かれなくなった。しかし人々は一六世紀まで、窃盗容疑者、税を余分に徴収しようとした役人、まずいビールの醸造者、地域から追放されるべきだと考えられたハンセン病患者に対する訴訟を荘園裁判所に申し立てていた。

教会裁判所

荘園裁判所は依然として重要だったが、農民が訴訟を申し立てたり、犯罪で起訴されたりするのは荘園裁判所に限らなかった。結婚、離婚、子の嫡出、性犯罪などの問題はすべて教会裁判所が取り扱った。地域の修道院総会において、高位聖職者、司教地方代理、大執事らが遺書の有効性や結婚の合法性、結婚合意書に基づく金品の所有権、個人財産相続をめぐる紛争、姦通や不貞や近親相姦や重婚の申し立ておよび異端や魔術の申し立てなどについて審理した[18]。教区委員やその他の教会職員が日曜日のミサを欠席したり子供の洗礼を拒否したりといった、刑罰よりも贖罪がふさわしい軽罪をおかした信徒を呼び出す。教区牧師や教区牧師代理が十分の一税の支払いについて調べることもあった。信徒は穀物一〇束のうち一束、野菜や羊毛や牛乳や新たに生まれた家畜の一〇分の一を教会に納めた。精神的な懸念が実際的な取り決めに忍び込むこともあった。農民は契約を成立させるために信仰の誓いを申し出ることもあった。誰かが取り決めを破ったと訴えた場合、当事者たちは地域の司教座聖堂参事会に判断を求めた。聖職者らは、ローマ市民法手続きに起源をもつカノン法を適用することになっていたが、問題となる犯罪についての紛争はほとんどなかった。難しかったのは、不貞や姦通の状況証拠をどのように評価するかということだった。その解決策のひとつとして、被告人が友人や隣人のグループを集めて彼の人格を保証させる雪冤宣誓があった(19)。

教会は、少なくとも理論上は、人々の農業や社会生活の規制よりも魂に関心があるはずだが、中世イングランドの男女は名誉をひじょうに重んじており、みずからの評判を守るために教会裁判所に頼った。口論の勢いで言い放たれる侮辱、それも性的なほのめかしを含むものはとくに、言われた者を憤慨させた。そのため多くの人々は侮辱をふたたび公表するというリスクをあえておかし、裁判所で公に汚名をすすぐことを求めた。一五世紀の記録から、何百人もの人々、その多くは女性が、〝尻軽〟や〝売春婦〟、またはそれらの娘だと呼ばれたり、ほかの口汚い侮辱の言葉をかけられたりして名誉を毀損されたと申し立てたことがわかっている。ウィズビーチの助祭は〝ならずもの〟や〝不貞男〟といった侮辱や、〝尻軽、売春婦、淫乱女〟などと罵られた人々の訴えを聞かなくてはならなかった。そして侮辱は愛国主義的な趣を帯びる。ノリッジの裁判所である人は「おまえは偽フラマン人の偽くされ寝取られ男だ」という罵倒を聞いたと述べている。いっぽうミドルセックスの使用人らはたがいに「スコットランド司祭のあばずれ」「ウェールズ司祭の息子」と罵り合っていた。

行商人裁判所

黒死病の起きる一世紀ほど前、羊毛取引によってイングランドの人々に新たな富がもたらされ、人口も著しく増加した。新たな町が生まれ、勅許状が発行され、商人らは五つの〝重要商品〟、すなわち羊毛、羊皮、皮革、鉛、錫《すず》の取引を促進する同業者集団を結成した。町はバラ（自治区）裁判所を設立し、地域の役人が信用取引や負債、取引上の紛争、小規模な暴力、器物損壊、都市規制違反などの事件を審理した(20)。都市の繁栄は、商業紛争を安価に効率よく解決する裁判所の力にかかっており、地域の役人は裁判所を厳格に管理した。罰金は都市財政を潤した。しかしバラ裁判所の管轄と手続きは場所によって大きく異なり、なかにはさまざまな裁判所が存在する町もあり、それぞれが事件を取り合っていた。いっぽうリート裁判所〔シェリフの巡回裁判の裁判権を私人が行使する裁判所。荘園裁判所も含む〕はタイジングの義務を監視し、コロナーは死因を調査し、ステイプル裁判所は羊毛・皮革・錫等の重要産物を監視した(21)。

ラムゼイ大修道院長のように国王の寵愛を受けたエリー

トは定期市を開く勅許を得た。そうした市は独自の行商人裁判所を創設した。ケンブリッジ近郊の小さな村セント・アイヴスの市はたちまち世界中から商人を集め、荘園領主らはさらに地域の市を開いた。行商人のほこりまみれの足から「パイ・パウダー」と名づけられた行商人裁判所では、市長、行政官、領主の執事が違法行為の申し立てについて審理した。行商人が移動する前にすばやく判決を出す必要があり、商品を差し押さえたり犯人をさらし台や荷車に縛りつけて辱めたりした。羊毛取引が増大してイングランド経済が多様化すると、市もさまざまに多角化し、やがて王室は、重要商品のひとつを扱う市がある町では、不正をした商人を逮捕、裁判、投獄、刑罰する役人を選ぶように商人らに求めた。ほとんどの不正は負債、取り決め違反、商品の品質に関することだった。たとえば一二七五年、セント・アイヴスのある銀行家が、ある女が家に侵入して妻を罵り、白い小麦の上にイーストをまいたと告発した。[22] それによって三ペンスの損害を受けたとし、さらに〝恥辱〟に対して半マーク〔イングランドの昔の貨幣単位〕を要求した。行政官は被告の女に、暴言と損害の容疑を晴らすために彼女の人格を保証する証人を出廷させることを許可した。しかし不法侵入は重罪だったので、裁判所は、商人と町の住人による陪審を招集した。荘園裁判所やバラ裁判所の手続きに従い、商人が同輩の陪審によって裁かれるようにという措置だった。

錫鉱区裁判所

紛争を裁くために地域の陪審員を招集するという慣行は、一三世紀から一四世紀にかけてイングランドの大部分に広まった。古くからの方法で錫の採掘がおこなわれているデヴォンとコーンウォールにも波及した。ローマ時代、錫鉱夫はコーンウォールの川や小川の粒子の細かい砂から錫を洗鉱し、ムーアや農村のあいだの荒れ地に点在したブローイングハウス（小さな精錬小屋）で精錬した。[23] 錫鉱夫は土地の隅に石や泥炭を置くことで、どこでも自分の〝区域〟を設けることが可能で、そこで作業を続ける限り自分の場所だと主張できた。一一世紀には地域のシェリフが精練錫に課される税である錫税を集めていた。一一九八年、リチャード一世の行政長官がエクセターとローンストンで裁判を開き、錫鉱夫の陪審員らによって錫税に関する法と実務が決められた。また、スタナリーと呼ばれた錫鉱区を所管とする監督長官が任命され、錫鉱夫らの〝古き慣習と自由〟を監督・執行し、錫鉱夫が公認市場以外で販売することを防止した。一二〇一年にジョン王は、司教や大修道院長や貴族の土地をふくめて、錫鉱夫は「従来の慣習どおりに」どこでも採掘できるという権利を確認した。例外とされたのは教会と教会付属の墓地だけだった。また錫鉱夫は土地の所有者に〝料金〟として利益の一部を支払わなければならなかった。ジョン王はさらに錫鉱夫に自由人の地位を与えた。それは荘園領主への租税、道路や橋の通行料、市場の手数料を支払う必要がないということだった。監督長官は錫鉱夫を「公正に正しく」扱わなければならない、とジョン王は述べた。それには彼らを錫鉱区刑務所に収容したり、彼らが追放した者の財産を差し押さえたりすることもふくまれていた。

錫採掘の業務は、法が解決するべき独特の問題を生みだした。監督長官はふたつの州〔コーンウォールとデヴォン〕の錫鉱区八カ所にひとつずつ裁判所を開設した。殺人、傷害、〝破壊行為〟、その他の重大な犯罪をおかしたとされる錫鉱夫は国王裁判所で裁かれたが、それ以外の事件の場合は地域の錫鉱区裁判所で陪審員によって審理された。現役の錫鉱夫や精錬夫、精錬小屋の所有者、新事業に投資した投機家、鍛冶屋、炭鉱夫、採掘道具の製作者らは全員、錫鉱区裁判所を利用した。同裁判所では錫鉱夫と錫鉱業にかかわりのない人とのあいだの紛争も審理したが、その場合は陪審員の半数は非錫鉱夫になった。土地所有者は鉱夫が作物をだめにしたと訴え、教区牧師も錫鉱夫が教会墓地を採掘していたと訴えることもあった。ある錫鉱夫は、正当な権利があって洗鉱の作業をしていたのに地域の領主に追い出されたと訴えた。また別の錫鉱夫は、作業で出た廃棄物で港を塞いだとして不当にもフォーウィの市長に刑務所に入れられたと主張した。彼らは陪審員の評決が気に入らなければ、直接監視長官に申し立てることができた。

錫鉱業は、産品の査定とマーケティングのために専門家による手続きをつくり出した。錫鉱夫は精錬した錫に、所有者のしるしをつける。これは錫鉱区裁判所によって規定された製造過程だ。それから錫税支払いのために「錫の町」に運ぶ。馬に引かせた荷車に錫を積み、町に着くと検査官のところに行く。検査官は刻印ハンマーや分銅や秤を使って精錬錫のインゴットひとつひとつにしるしをつける。次にそれらを査定人に送り、査定人は錫の品質を判断し、税額を決める。錫の持ち主は税金を支払ってから、錫をロンドンの業者または町にひしめくピューター工場に売る。遠くイタリアやフランドルからもコーンウォールの錫を求める商人が訪れていた。錫鉱区裁判所は一六世紀までこうした一連の過程を規制していた。一五〇八年、ヘンリー八世はコーンウォールに二四人から成る議会、それぞれの錫鉱区には六人から成る議会を設置し、錫に関するあらゆる「法律、法令、布告、公告」を認可させた。デヴォンにはすでに独自の、事実上独立した議会が存在しており、錫鉱業を規制していた。これらの過程は錫鉱区裁判所と連動して、一八世紀や一九世紀になっても機能していた。

海事裁判所

イングランド国王は中世においてさまざまな裁判所に勅許を与えた。国土の大部分で森林、荒れ地、沼地は狩猟地として国王の所有となった。サクソンの王たちは狩猟を楽しみ、ウィリアム征服王は狩猟地を拡大した。[24] 一三世紀にはこれらの御料林は国王の食事の材料、建設事業の木材、罰金や使用料の収入、従者の娯楽を提供していた。ヘンリー三世は封建家臣らの反対を無視して、一二一七年にこれらの土地の状況を確認する森林憲章を公布した。しかし王は同時に、「鹿の肉のために」、つまり密猟のためにいかなる人も命や手足を失ってはならないと記し、池をつくったり、野鳥や野生の蜂蜜をとったり、材木や薪等の必要物を集めたり、牛や豚を放牧したり、ある程度の採鉱をおこなったりといった、地域の人々が従来からもっていた特権も認めた。その六〇年後、エドワード一世が「林野への不法侵入」および「鹿の肉の侵害」、すなわち御料林の不適切使用に対する罰を強化する法令を布告した。

エドワード王の法令によって、役人による御料林の監視と、御料林のための専門裁判所という複雑な体制が固まった。御料林管守長官と林野労働者が土地や殺された動物の管理をし、不法活動を監視し、王室の求めに応じて鹿を捕まえて殺し、塩漬けにした。司教、シェリフ、治安官は違反者を巡察における裁判の判事の前に出頭させた。伯爵や男爵を、その領地における活動についての責任を問うために呼び出すことさえあった。いっぽう、地域の共同体は独自の御料林監理官を選び、監理官は直接国王に対して、森林法を執行する責任を負った。コロナーが人間の不審死を調べたのと同様に、御料林監理官は動物の不審死について審問をおこない、軽罪に対して少額の罰金を科すこともあった。材木や薪の収得や豚の放牧、国王のための木の伐採、採鉱、炭焼きを監督した。貧しい村人らは豚を林野に放してドングリやブナの木の実を食べさせたり、許可されているより長い時間、遠くまで豚を放牧したりしがちで、また夜中に柴や薪や鉄鉱石を集めに入ったりもした。野生の蜂蜜を集めたり鷹を捕まえたりする者もいれば、もっと大胆に木を伐採したり、罠で鹿を捕まえたり、こっそり林を皆伐して自分の畑の一部にしたりした。捕まれば罰金を科されたが、多くはあまりにも貧しいと見なされ放免された。しかしもし密猟の疑いがあれば、御料林監理官は一二人の陪審員を招集して審問をおこない、容疑者を御料林管守長官のもとに送って次の巡察まで収監しておかなければならなかった。

林野巡察は通常、二、三年に一度おこなわれたが、一二八二年にエドワード一世がフォレスト・オブ・ディーン〔グロースターシャーにある御料林〕のシェリフに対して、巡察における裁判に四人の裁判官を任命するように命じたとき、それは一二年ぶりだった。グロースターでの公判は一〇週間続き、国王がウェールズ人との戦いのために去ったときもまだ終わっていなかった。そのときまでに一〇〇〇人もの人々が出廷していた。全員、前回の巡察以来告発されていた被疑者で、その多くが裁判と判決に臨むために大変な苦労をしてやってきていた。最初の日、裁判官は鹿を盗んだり害を加えたりした者の事件を五八件、ヒースを燃やした者の事件を二件、出廷しなかったりほかの人々を保証しなかったりした七二人について審理した。御料林監理官がすでに軽罪を処理していたが、それでも裁判官は、オークを伐採して売ったり、炭を焼いたり、枝や柴を刈ったり、林野で家畜を放牧したりといった、草木伐採権違反の四〇〇人以上を審理しなければならなかった。御料林監理官は罰金を科し、林野の産物を盗んだ農民の荷車、ボート、牛を押収したが、のちに彼ら自身も犯罪のすべてを起訴しなかったとして罰金を科された。

ばら戦争の混乱のなか、王室はこれらの裁判所の監督をゆるめたが、御料林監理の制度は維持された。一六世紀、エリザベス一世は艦隊増強のために大量の木材が必要となり、制度を見直して復活させた。その後も数世紀にわたって存続し、やがてしだいに国王裁判所の管轄に組み込まれていった。

一方で、海や大きな川のそばに住む農民や職人は漁師、船乗り、船具商、はしけの船頭としての技能を身につけた。彼らの活動はどれも独特な法の問題を生じることがあり、その場合彼らは事件を海事裁判所に申し立てた。[25] 難破船から海岸に流れ着いた価値ある品物を拾った人が、海事裁判所の裁判官に対して、自分にはそれを保持する権利があると訴えることもあった。一四世紀半ば、エドワード三世が海軍を私的事業とした際、彼はロード・アドミラル〔アドミラル・オブ・イングランドとも。海事司法行政官〕に法的紛争を審理する権力を与えた。裁判所の活動を指導するため、王は「オレロン海法」をふくむ文書を編纂させた。「オレロン海法」は二〇〇年ほど前にアリエノール・ダキテーヌ〔フランス国王ルイ七世王妃であったが離婚してイングランド国王ヘンリー二世の王妃となった〕が、ビザンティン帝国の商業法に基づき海上貿易の法や判決一式をまとめたものだった。少なくとも建前では、船員の賃金や積荷の喪失や配達をめぐる紛争を審理する際、ロード・アドミラルは「海の昔ながらの慣習」とともにこの市民法を適用することになっていた。そして、行商人裁判所と同様に海事裁判所も、出港する船員や商人のために迅速な判決を下す必要があった。

コモン・ロー裁判所の裁判官がロード・アドミラルの権力に異を唱えることもあったが、一六世紀にヘンリー八世は、最初の橋までのすべての湾、港、河川や水路の裁判権は彼らにあると認めた。王は、海事裁判所が海事の侵害、反乱、暴徒、違法集会、恐喝、抑圧、侮辱、隠蔽、隠匿、陰謀その他の〝不法行為〟を管轄すると述べた。この不法行為には王国の法、海事裁判所の法、慣習や海事の布告に違反する犯罪がふくまれた[26]。ロード・アドミラルとその副官らはボートの販売を規制し、川や岸で見つかった品物を引き受け、商人の投機的事業を登録し、イングランドの港に登録したボートに品物を積んだ外国人商人に安導券〔安全な通行を保障する文書〕を発行した。織物商、皮革商、仕立屋、服地屋などの商人、魚商人、ワイン醸造業者、ビール醸造業者、食料雑貨商らはたいていの場合、商品の紛失について申し立てた。グリニッジとブラックウォールの中間でエドワード号が沈んだとき、雑貨小間物商はフェルト帽その他の貴重なファッション商品の積荷の喪失について船主を訴えた。中世の裁判所の習わしとして、ロード・アドミラルは陪審を招集した。その大多数は船乗りで、紛争に外国籍の当事者がいる場合には外国人も陪審に加わった。オランダ人やフランス人の商人や船員、ドイツ人、少数だがイタリア人、スコットランド人、スペイン人、デーン人、スウェーデン人、ギリシア人もイングランドの裁判所に出廷した。複雑な事件になるとロード・アドミラルは、ヨーロッパの国々にいる重要な証人から陳述を得るために副官らを派遣した。

海事裁判所は海事規制に目を光らせ、軽罪を処罰した。ロンドンである漁師が、ビリングスゲイトの公式市場以外の場所で魚を売り、〝魚の販売を妨害〟したとして有罪となった。刑務所に二カ月収監および四ポンドという高額の罰金を科された。別の例では、偽造免許で物乞いをしてだました罪によって、二時間さらし台でさらされた。ある船乗りは〝前払金〟を受けとって逃げた罪でむち打ちの上、最寄りの浜まで水中をひきずられ、別の男は船上でロープを一部切り取った罪で、テムズ川に沈められた。ある船長は奇妙なことに、〝国王の臣下〟を輸送して国外で教育を受けさせた罪で一年間刑務所に収監されるという判決を受けた[27]。河川の利用でも問題が生じた。たとえばある男は、公共に通行権が与えられた渡場を使わせなかったとして相手を訴えた。男はやむなく別の危険な渡場を使い、そこで駄獣が溺れてしまった。ある農民は、畑に行くために使っていたボートのもやい綱を隣人が切ったため、ボートがアランデル川の下流に流されたとして申し立てた[28]。しかし大部分は、船員、船長、漁師、帆製造業者、船大工、はしけの船頭、埠頭の所有者、底荷積み人、操船人など、海事関係の職業人のかかわる事件だった。

彼らの紛争はかならずしも海事の専門知識を必要とするものに限らなかった。ある日、スタイルという名前の操船人がグリニッジ・ステアズの近くで小舟を漕いでいた。そのとき彼は別の操船人タッカーが漕ぐボートを見かけた。スタイルの舟に乗っていた誰かがタッカーのボートに向かって「へたくそ野郎」と叫んだが、のちに証人が言うには「たんにふざけていただけ」だった。しかしタッカーは気分を害し、「下品な悪口だ」とつぶやくと、スタイルの小舟を操縦していた船長ハマデズを「きたなく無礼な」言葉で罵《ののし》った。侮辱する言葉が返され、石が投げられ、スタイルは頭部に裂傷を負った。証人によれば、タッカーは「スタイルが死んでもかまわない」と言った。翌日、スタイルが頭に包帯を巻き、行きつけの宿、〈カーディナルズ・ハット〉で療養していると、タッカーが謝罪にやってきて、「心から申し訳なく思っている」と言い、償う（賠償金を支払う）つもりだ、陪審員が額を決めてくれるなら、と言った。スタイルは、自分のケガや収入を失っただけの問題ではないと言い返した。ハマデズ船長の名誉の問題であり、適切な法手続きが必要だと。スタイルは海事裁判所に事件を申し立て、裁判所は、「費用をかけて寝ていた」三週間と外科医を呼ばなければならなかったことに対して補償金を裁定した。(29)

ロンドン以外では、ロード・アドミラルの副官らが港を巡回し、陪審を集めて事件の告発と審理をおこなわせた。たとえば、ある船長が病気になった船乗りをアイスランドに置き去りにしたという申し立てや、危険な操縦、漁獲の不着や船員の賃金の未払い、雇用契約違反などの訴えを審理した。ちなみに漁獲量の一〇分の一は教区牧師代理に納めることになっていた。海事裁判所は船と船員の全数調査をおこない、座礁や難破について審問し、岸に打ち上げられた物を押収した。しかし彼らは地域の人々の知識と協力が頼みだった。ロード・アドミラルのジュリアス・シーザーが西部地方へ赴き、地域の船員に指図しようとしたが、その巡回は失敗に終わった。(30) 彼はイングランドとスペインの敵対の結果生じた多くの事件では成功をおさめた。当時エリザベス一世はスペイン船を襲撃してもよいというお墨付きを与えていた。フランシス・ドレイクの艦隊は、厳重に警備されているカディスの港に停泊していた船を拿捕《だほ》した。船にはスペイン産ワイン、羊毛、ダカット金貨が満載だった。船主は紛争において中立だったが、関係なかった。のちにイングランドとフランスの緊張が高まると、イングランドの船はフランス船に遭遇すれば例外なく攻撃した。もちろん大使は文句を言い、ロード・アドミラル、枢密院、女王にも苦情と請願を申し立てた。(31) この頃が海事裁判所の全盛期だった。

コモン・ロー裁判所

ヘンリー八世は修道院を解散させると、その土地を寵臣に分配した。この頃になると土地所有者は税金を金銭や現物で受け取っていたが、依然として賦役の強制もおこなっていた。領民は引き続き領主の小麦をひき、畑の作物を収穫し、泥炭を切り出して運搬し、領主の軍事遠征に同行することさえあった。同時に人口は急速に増加しており、一五二〇年から一六〇〇年のあいだにほぼ倍増した。国王は数多くの新法と制定法上の犯罪を導入し、訴訟は増え続け、エリザベス時代の世紀の変わり目には膨大な件数となった。シュルーズベリーのある悪名高い男は、一年間のあいだに一六回も隣人を提訴した。[32]裁判のこうした新展開をどう説明したらいいのか、学者のあいだでも意見が分かれているが、法の新機軸や提訴する新たな方法が、苦情をもった人々に訴訟を試してみるように促したのかもしれない。中央の裁判所やバラ裁判所が扱う事件件数は大きく増え、荘園裁判所も依然として重要な裁判所だった。

しかし中央のコモン・ロー裁判所がしだいに処理能力と権限を拡大していった。その後数十年間かけて、コモン・ロー裁判所は御料林裁判所の仕事を引き継いだ。もっとも御料林監理官はその規制業務を一九世紀までおこなっていた。またコモン・ロー裁判所は、行商裁判所、錫鉱区裁判所、海事裁判所の業務も吸収していった。囲い込みやその他の土地改良のために、荘園裁判所の仕事は減ったが、工業化によってバラ裁判所のない地域で人口が増え、紛争当事者らはあらゆる民事の紛争を解決するために、荘園裁判所を利用する必要があった。荘園裁判所が廃止されたのは、一九二五年の土地改革においてだった。

＊＊＊

中世では、各国の法学者は規則、原則、例外、市民（ローマ）法の特徴を研究し、教会裁判所はカノン法を適用した。フランスの裁判官はそうした法形式を借用して一般に適用される法を生みだした。いっぽうイングランドの裁判官はその令状制度によって土地所有と相続における専門的な方式をつくりだした。しかし大部分の人々は、高等な裁判所の裁判官もふくめて、慣習は重要で尊重されるべきだという認識をもっていた。そして国王たちは地域の裁判所を承認し、慣習を記録することを命じ、御料林管守長官や御料林監理官やロード・アドミラルらに伝統を尊重するように指示することで、再三にわたりそれを確認している。人々は地域の裁判所において、法が伝統に根差していると実感できた。

やがて、統治が中央集権化し、法曹の技術も発達したことによって、人々は国王や皇帝の裁判所へと引き寄せられるようになった。そうした裁判所では、裁判官は法を適用して権威ある判決を言い渡した。ところがイングランドでは、これらがひとつのシステムとして形成され、地域の裁判所に取って代わるまでに数世紀を必要とした。こうした立法のかなりの部分、そしてイングランド国王や裁判官の令状にはローマ法の影響があったかもしれないが、法の実体の発展は、地域の問題に取り組む地域の人々によるボトムアップによるものでもあった。

第11章　判決の問題——宣誓、神判、証拠

メソポタミア、インド、中国で発展した法制度は正義と宇宙的秩序と宗教的導きを約束した。紛争は法廷と裁判官に解決を求められることが多かったが、参考にする法の有無にかかわらず仲裁者にもちこまれることもあった。農民や牛飼いは農地や家畜のことで争い、町の住民は迷惑な隣人や危険な建物や汚れた下水道について苦情を申し立て、商人は価格をめぐって口論し、地主は複雑な土地契約書を作成し、役人は賄賂を強要して、どこでも人々は罵り合い、喧嘩になった。秩序を回復するために、陪審員は評決、裁判官は判決を下し、長老は実際的な助言をおこない、聖職者は道徳的な規範を引用し、学校は学問的な意見を述べた。

世界の訴訟手続きの種類は、世界に存在する社会の種類と同じくらい多様だ。しかしどの社会でも問題になるのが、どうやって真実を究明するかだ。ある男が、別の男に息子を殺されたと訴えれば、訴えられた男は正当防衛だったと反論するかもしれない。ある女が中傷されたと言えば、責められた人は聞き違いだと言うかもしれない。ある商人は、取引相手が履行を求める合意に署名したことを否定するかもしれない。羊飼いはライオンが羊を殺したと主張し、羊の所有者は羊飼いの不注意を責めるかもしれない。いったい誰を信じるべきなのか？　近代以前の社会ではどこでも、法に差はあれ、このもっとも厄介な問題に同じような解決策を考案した。

宣誓と神判は現代のわれわれには風変わりなこと、野蛮なことにさえ思えるが、近代以前の社会では世界のどこでも、誰かが有罪かどうかを決めるのに神を呼び出していた。人々は自分の無実を証明するために、また申し立てが真実であることを証明するために、誓約した。チベットでは、人々は神像の前で大げさな誓いをおこない、中東の部族民らは何十人も宣誓補助者を集めて自分の無実を誓わせた。ほかの地域では神判がおこなわれた。有罪・無罪を証明する身体的試練を受けなければならなかった。古代インドのヴェーダの文献に、祭司がこの手続きの準備をする描写がある。アフリカ、コーカサス、キリスト教伝道前のアイスランドでも祭儀の専門家が驚くような辛い検査をおこなっていた。誓約と神判は、植民地主義の力と近代化が世界中

にヨーロッパの法を広めるまで、ほかの何よりも普遍的におこなわれていた法慣行だった。やがて〔事実認定は証拠によるとする〕証拠の法則が、誓約でおこなわれる告訴や神判で得られる証明に取って代わるが、そうした規則が刑事裁判を現在われわれの知る形に変えるのには長い時間が必要だった。それまで裁判官らは、被告人が有罪で処罰されるべきなのかどうかを判断する方法を考えなければならなかった。これは被告人だけの問題ではなかった。キリスト教、ヒンドゥー教、仏教、イスラム教のいずれもが、誰かを不当に罰した裁判官に対して、天罰や地獄の業火や惨めな来世があると脅した。きわめて危険な仕事だった。

王家の狩り

　七世紀から九世紀にかけて、チベット高原の王たちは遊牧民族の緩やかな同盟を中央統制の帝国〔中国側の呼称は吐蕃〕へとつくりかえた。彼らは潜在的な敵を忠誠な臣下にするための一環として、入念な式典を催し、辺境の部族の長らに忠誠を誓わせた。この劇的なできごとは土地の神々の前でおこなわれ、おそらく動物の生贄も捧げられた[1]。同時に王たちは部族間でひんぱんに勃発していた血讐を抑制しようと多大な努力を払った。遊牧民は昔から放牧地をめぐって争い、襲撃で隣人の家畜を奪っていた。現代でもそれは続いている。しかし隣国の中国の法慣行を見習って、チベット王は殺人や傷害に賠償金支払いを適用し、故意にもめごとを起こす者を罰する法一式を定めた。

　争いを引き起こす行事のひとつが王家の狩りだった。王たちが廷臣らを招いてヒマラヤ高原の峡谷で野生のヤクを狩る[2]。臣下の地位は階層化されていたが、彼らのあいだには敵対感情が残り、猟場では潜在する確執が簡単に暴力的な紛争につながった。見事な獲物をしとめたのは誰の矢か？　誰の犬が馬を脅して、騎手を落馬させたのか？　はずれた矢が人に当たった場合、近くにいる人はそれが故意だと疑うかもしれない。王たちはそうしたことに対処するために二つの規則をつくった。死亡や負傷について賠償金を定め、その金額はおもに犯人と被害者の地位によって変わり、結果としてヒエラルキーを強化した。しかし法にはこうも書かれていた。故殺の容疑をかけられた者はその無実を宣誓するために一二人の宣誓補助者を集めなければならない。それができれば殺人償金または傷の償金を支払うだけでよかった。決められた人数の宣誓補助者を集められなかった場合には、殺人の刑罰を受ける。追放され、土地、財産、ときには自分の命まで失い、家族を奴隷にさせられた[3]。宣誓の過程で殺人が事故だったのか故意だったのかが決まった。被告人は宣誓補助者に、まったく自分の責任ではない、つまり「わたしの矢ではなかった」と宣誓するように頼むこともできた。この場合、告訴した人が罰せられた。名誉毀損は殺人と同じくらい重大な罪だった。

　このような規則のもとでは、宣誓者は、被告人が被害者を殺したり傷つけたりするつもりはなかったという証拠を提供する。しかし、被告人の精神状態を証言できるのだろうか？　猟場では高位の大臣らは家族や部下や使用人などのお供に囲まれているが、彼の考えは誰にもわからない。そしてチベット人は宣誓を軽く考えたりしない。宣誓をするということは、激烈な守護神を呼び出すことを意味する。そしてその神は無駄に呼び出した人間にひどい報復をおこなうこともある。つまり被告人が同胞に対して雪冤宣誓をしてくれるよう依頼していると考えてはじめて、このやり方が道理にかなう。被告人の気持ちについての証拠を直接提供するのではなく、彼の誠実さ、品位を保証する。被告人が真実を述べる人間であることは確かだと言っているのだ。彼は敵を殺したり傷つけたりするような恥ずべき人物ではないと宣誓している。集団による宣誓は宣誓補助者の忠誠心を表している。被告人の名誉を保証し、したがって起きたできごとは犯罪ではなく事故だったと証明する。

　同じ頃、中世ヨーロッパでも同様の慣行がおこなわれていた。[4] ブリテン島の住民は依然として部族集団を成し、しばしば血讐〔フェーデ〕がおこなわれていたが、一〇世紀になると国王エドマンド一世が親族の暴力を抑制・規制するために、被害者の家族が復讐を許されるのは加害者の親族ではなく本人に限るとした法を発布した。ノルマン人の王たちはさらにそれを進め、復讐を完全に禁止した。殺人犯は犠牲者の遺族、さらに領主と国王にも賠償金を支払わなければならなかった。国は直接犯罪を罰しはじめた。しかしそうなると殺人、過失致死、正当防衛による人殺しを区別する必要がある。チベットでおこなわれていたように、イングランドの王たちも被告人に、事件は故意ではなかったと宣誓する宣誓補助者を連れてくるよう求めた。ある尊大な貴族は、自分が敵を殺したのは計画的な殺人ではなく正当防衛だったと証明するために宣誓補助者を五〇人も連れてきた。[5]

　しかし犯罪事件を裁くにはまず告発が必要だ。重罪では告発人は確認の宣誓をする証人を連れてこなければならない。被告人の言葉だけでは不十分だった。チベットの手続きと同様に、イングランドの宣誓も公開でおこなわれた。周到な準備を必要とし、全能の神への劇的な嘆願で最高潮に達した。そうした入念な手順は人々に軽率な告訴をさせないためだった。一二世紀はじめのヘンリー一世の時代には、王は宣誓の規則を正式に決定し、法によれば、もし国王の裁判官がひとりの人間による告訴を受けた場合、証人がなく、犯人も現行犯で捕まっていなければ、被告人は自分の宣誓と二人の隣人の宣誓があれば潔白が証明された。

対照的に、原告がしっかりした証拠を法廷に提出した場合には、裁判官は被告人に、最大三六人の宣誓補助者を連れてくることを求めた。(6)

中世のカイロにおけるユダヤ人の裁判所でも、重大な申し立ての場合には、証人は宣誓したうえで証言することになっていた。ゲニザ文書にも、一同がシナゴーグに集まり、証人がトーラーを持ち、黒衣を着て、証言すると書かれている。ときには「主はその名をみだりに唱える者を罰せずにはおかない」という厳粛な言葉とともに、十戒を読みあげることもあった。宣誓する者は、自分が神を直接呼び出しており、偽誓は罪で、来世で罰せられるだけでなくこの世でもよくない結果をもたらすと確信していた。文書によれば、準備がすべて終わったとき、共同体の長老が介入して、震える証人に妥協を説得することがよくあった。(7)

中東の部族民も宣誓の慣行を発展させた。(8) 殺人の確たる証拠がある場合——たとえば敵対する村で死体が発見されたり、人々の集団が去ったあとに死体が見つかったり、服に血をつけた人が見つかったり——被害者の親族は自分たちの疑念を証明するために五〇人の宣誓補助者を集める。そのあとは直接復讐をするか、犯人の親族に殺人償金を要求するかどちらかを選択した。これは告訴の宣誓だった。イスラム法学者は雪冤宣誓も推奨していた。死体に暴力の痕があった場合、被害者の遺族は死体が見つかった都市の一地区または村の声の届く距離にいる住民全員を告発することができた。住民らがその死の責任を取らない場合、五〇人が関わりを否定する宣誓をおこなわなければならず、宣誓を拒む者は宣誓するか自白するまで監獄に入れられた。たとえ全員が自分たちの責任ではないと宣誓したとしても、説得力をもって別の犯人を指摘できなければ、被害者の殺人償金を支払う義務があった。別の例では、殺人者の所属する部族が復讐を防ぐためには、十分な人数の人が自分たちの部族から犯人を追放したと宣誓しなければならなかった。イスラム法学者らはこうした伝統的な慣習を法にしたが、証人らが遠慮なく神を呼び出すやり方はよくないと非難し、目撃していない犯罪については宣誓すべきではないと人々に教えた。それでも、とくに中東の遊牧民族のあいだでは、宣誓は長く続いた。一八世紀にイエメンの集団が著した法文書にも、殺人は故意ではなかったと証明するために雪冤宣誓者が集まっているところが描かれている。(9)

宣誓は告訴を正当化したり容疑を否認したりするための、ほぼ普遍的な手段だった。しかしそれは宣誓者に大きな道徳的負担をかける、重大で複雑な行為だった。あるキリスト教徒の著者は、神を呼び出すことにまつわる〝極度の危険〟に言及した。嘘を宣誓することは、たとえそれが故意でなくても、神の名前をみだりに唱えることになり、その怒りを招き、来世にも影響する。教会に招かれた証人らは、宣誓の過程の一環として祭司が聖遺物を示したとき、震えおののくべきだとされていた。自分の魂を危険にさらしていると知っていたからだ[10]。中東のあるベドウィン部族民は、自分の潔白を証明するために宣誓しなければならないことに激怒して原告を暴力で脅したので、親族に制止された[11]。人々は直接的な復讐を避けるために宣誓したが、部族間の敵対感情がみなぎるなかでは、宣誓の行為そのものが怒りに火をつけた。

無実の証明

正当防衛で宣誓できるのは名誉かつ特権であり、その選択肢はある程度の地位にある人にしかなかった。中世をとおしてヨーロッパの法制度は有罪か無罪かの証明を宣誓の行為に頼りきりで、多くのイングランド人が〝みずからの法をおこなう〟、すなわち潔白を証明するために宣誓する権利を主張した[12]。しかし最下層の人々は証拠となる宣誓をすることはできなかった。路上生活者や奴隷、すでに偽証罪で有罪になった人は〝宣誓に値しない〟とされた。チベットでも、貧民は簡単に賄賂を受け取るからという理由で宣誓できなかった。また女性は男性に対する忠誠心から、子供は心が未発達だから、嘘をつきやすいと考えられていた。儀式の実践者は宣誓の結果を覆すことができるかもしれないし、仏教のラマ僧らも仏を呼び出すことを免除されていた[13]。たいていの場合、じゅうぶんな数の宣誓補助者を集める親族ネットワークをもたない人は、雪冤宣誓に左右される司法手続きでも不利に置かれた。

そうした人々はどのようにして自身の潔白や告発の真実性を証明したのだろう？　イングランドの裁判所、チベットの役人、世界中の裁判官らの答えは神判だった。典型的な神判では、被告人が手に熱した鉄棒や石を持ったまま短い距離を歩く。そのあとで手に包帯を巻かれる。二、三日後に裁判官または司祭が手を見たときにすでに治癒していたら、無実のしるしだった。宣誓をおこなう証人らは神を呼び出し、もし証言が嘘だったら霊的な懲罰を受けるおそれがあるとわかっている。神判を受ける人々は、神またはその他の精霊の直接介入を招いた。その過程そのものが真実を示したのだ。

神判のもっとも古い形跡はインドのもので、紀元前七世紀にさかのぼる文献に出てくる[14]。ヴェーダのひとつの著者であるヤージュニャバルキヤがその複雑な手順を描写しており、神判が伝統としてしっかり確立されていたことを示している。それによれば、地面を聖別して立証者——神判を受ける人——を浄めるのに四人の祭司が必要で、次に立証者は正しい形式の言葉を暗唱し、神々に供物を捧げてから神判を受ける。文献には神判自体が何で構成されていたのかは書かれていないが、神判を受けさせるべきではない種類の人々が列挙されていた。病気など不利な立場にある人は誰でも、そして霊的な力をもつ人も、結果を操作するかもしれないので、不可とされた。中世チベットでは、争われている告訴の真偽を裁判官や仲裁者が判断する必要がある場合、とくに窃盗容疑の場合に神判で判定された[15]。チベットの誓約や神判について書かれたある法の論文は、インドの法典と同様に、宣誓をさせるべきではない人々の一覧から始まる。さらに立証者が正しい言葉を使い、行為が正確におこなわれるよう、仲裁者は細心の注意を払うべきだという指示が続く。著者はとくに、言葉は明瞭であるべきだという点を重視した。立証者が偽証することなしに自分の潔白を〝証明〟するような言葉を選ぶことで、神判を誤らせることがないために。

同時期のフランスの伝記物語に登場する狡猾な主人公たちは、そうしたやり方を多用した[16]。この頃ヨーロッパでは、神判がしっかり確立されていた[17]。六世紀に書かれたフランク人の初期の法には、窃盗、偽証、法廷侮辱罪の神判で使われた〝大釜〟への言及がある。この種類の神判では、立証者が沸騰した湯のなかから石または指輪を拾い、その後は熱した鉄のときと同様に手に包帯を巻かれる。七世紀と八世紀に書かれたアイルランドの法の論文は、〝大釜の真実〟、〝神の真実〟について言及し、信じがたいことだがこの慣行は聖パトリックが始めたものだと説明している[18]。イングランドでも、七世紀後半、ウェセックス王イネが〝大釜〟によって窃盗で有罪だと証明された男について述べ、三世紀後のエセルスタン王の法典では、神判のやり方について指示している[19]。神判には立証者に熱した鉄をもたせたり冷水に沈めたりする方法があった。水神判の場合、立証者は着衣を脱ぎ、体を丸くして縛られ、聖別された水に沈められた。水は不浄なものを拒絶するから犯罪者は浮かぶはずだと考えられていた。エセルスタン王の法典では、立証者は神判の前三日間を、審判員を務める司祭と共に過ごし、パン、水、塩、ハーブだけを食べ、毎日礼拝に出席することになっていた。双方の立会人は一二人までとされ、全員が三日間の断食をおこなった。つまり誰もがこの裁判の重大さと神のしるしを呼び出す行為の厳粛性を理解しなければならなかった。

中世の物語やその他の文献では神判のぞっとするような様子が描写されているが、学者たちは、実際にはそうした話が示唆するほど頻繁におこなわれてはいなかったと考えている。神判の背景にある考えは、立証者を脅して自白させることだ。フランスやイングランドの話では、貞節や純潔を証明するために神判を受ける勇気ある女性たちがたくさん出てくるものの、司祭がすべての準備を済ませた土壇場になって、神判のおそろしさと重大さに直面した立証者の多くが自白している。九世紀になるとヨーロッパの神判には、立証者に精神的な圧力をかけるような儀式が組み込まれた。立証者は数日間ひとと隔絶されて閉じ込められ、悔悟者の服を着せられ、神判を執り行う司祭に世話をされる。司祭は、立証者が嘘をついているという疑いがあれば、この期間に自白するように強い圧力をかけたはずだ。神判は教会またはその他の聖所でおこなわれた。礼拝後、立証者は神を呼び出し、あらためて証言し、司祭が「正義の裁判官」である神に対して、「[立証者の]心臓を硬くした悪魔を追い払う」ように求める。あるいは聖書から、ありもしない不貞の告発をされたスザンナの物語を引き合いに出し、立証者が潔白なら守ってくれるように神に祈る。[20] そのあいだも、鍛冶屋は立証者が持つことになる鉄棒を打っている。あるいは人々が、立証者を沈めることになる川や溜め池の上に板と綱を設置する。この大仰な手続きは、犯人の良心に重くのしかかったはずだ。被告人がそれでも潔白を主張して神判の手続きが進むと、その結果を判断するのは司祭の役割だった。火傷は治っているのか？　立証者は本当に沈んだのか？　司祭の判断は生死にかかわることもあり、同情的になることもあった。実際、中世の聖職者はめったに有罪宣告を出さないと文句を言う人もいた。

チベット人もヨーロッパ人と同様に、熱した鉄や熱湯を使ってほぼ同じやり方をしていた。[21] しかし独創性のある共同体は、神判で神のお告げを求める別の方法を考案していた。アイスランドでは、立証者は棒でもちあげた不安定な細い芝地の下を歩かされた。[22] 芝地を倒してしまったら失敗だ。だが紀元一〇〇〇年頃にキリスト教の伝道師がやってきたとき、アイスランドの人々は熱した鉄と熱湯を使った神判の技術を採り入れた。また二〇世紀初頭、アフリカのサハラ以南やコーカサスに点在する集団、ベドウィン部族やヒンドゥークシ山脈に住む人々のあいだでは依然として神判がおこなわれていたと、文化人類学者および植民地政府の役人が記録している。[23] その多くは熱した鉄や熱湯による火傷で判断されたが、一部のアフリカの共同体では毒を使った。ヨーロッパでもそうだったように、そうした神判でどんなことがおこなわれるのかという話は、実際にそれがおこなわれた記録よりも多い。文化人類学者のエドワード・エヴァンズ゠プリチャードは一九二〇年代にスーダン南部のアザンデ族のフィールドワークをおこなったが、毒の神判に遭遇したのは一度だけだと述べている。[24] ある男が、父親に毒を盛ったとして別の男を責めた。アザンデ族の王女は毒の神官に相談し、神官の答えは、被告人は服毒する神判を受けなければならないというものだった。被告人は上流階級だったので、使用人に代わりに毒を飲ませることができた。しかしその少年が死ぬと、被告人は有罪とされた。

神判

世界中で人々は、複雑な、そしてしばしば苦痛を伴う方法で真実を究明してきたが、比較的小規模な共同体の住民たちはたぶん、誰が何をしているのか、誰が犯罪をおかしたか、誰の言葉は信用できるのか、よくわかっていたはずだ。そして最終手段として、綿密な取り調べが残る疑いを解明したはずだ。おそらく神判は、実際におこなうためではなく、脅すために設計されていたのだろう。たとえばアイスランドの法書には神判への言及があり、それが非公式に発展してきたと推測されるが、神判の描写はサガの文中にしか存在しない。サガとは、法書の数世紀後に書かれた半神話的な物語だ。[25] そのなかで、数人の女性が父系を証明するために神判を受けたと書かれている。そのうちのひとりは自分の血統と相続の権利を証明するために、進んでそうした神判を受けた。神判はせいぜいのところ最後の手段であり、ほかの証拠が決定的ではない場合におこなわれるものだった。アイスランドのある記述では、訴訟当事者双方が、司祭の結果判定が曖昧だとして、神判を撤回したとあり、また別の例では、狡猾な主人公があからさまに結果を不正操作しようとしたとある。[26] 神判がこうした物語に容易に入りこむのは、それが劇的な結末、高まる緊張をもたらし、話に鮮やかなひねりを加えるのに役立つからだ。しかしだからと言って、神判が単なる話の仕掛けで、作家の想像力の生み出した作りごとだということにはならない。神判が感情をかきたてるのは、話を聞く人々がそれには何がふくまれ、何を意味するのかをよく知っていたからだ。それは中世ヨーロッパのように、神判は実際におこなわれるよりも脅しとして使われていたとしても関係ない。小さな共同体が神判に価値を感じたのは、それが神や土地神からの直接の合図をもたらし、有罪を証明してその結果としての刑罰を正当化したからだ。たとえそれがほとんどの人々がすでに知っていたことであっても、神判の最終決定が敵対的な時期を終わらせた。正義がおこなわれたということを誰に対しても示したのだ。

中世ヨーロッパの神判はより複雑な訴訟を裁く裁判官に安心を与えるという側面もあった。王も領主も神判を認可し、聖職者にそれを執りおこなわせていた。九世紀、カール大帝は誰もが「神判を信じる」べきであると宣言した。当時はゲルマン人の王やフランク人の王が権力と地位を蓄え、血讐を制限しようと試み、司法手続きを管轄下に置こうとしていた時代だった。神判が聖職者によって執りおこなわれ、解釈されるということは、裁判手続きの管理が王から奪われ、裁判官の権威が弱められるということだ。それでも証拠が矛盾していたり不完全だったりした場合、とくに性犯罪やこそ泥や秘密の殺人など人目につかない場所で起きたできごとをふくむ事件でも、神判は答えをもたらした。さらに重要なことに、神判によって裁判官たちは、訴訟で自分の仲間を裁くという、きわめて厄介なプロセスに対する責任を避けることができた。

裁くこと、とくに誰かを死刑にするということは、厄介だ。中世のキリスト教世界、イスラム世界、ヴェーダのインド、近代以前のチベットでは、神学的問題によって裁判官の肩には大きな道徳的責務がのしかかった。あるキリスト教徒の著述家は、間違った被告人を有罪にすることで「良心に逆らう」行動をした裁判官は地獄に落ちる、とはっきりと書いている。ダンテは『神曲』のなかで、下層地獄で苦しむ罪深い裁判官らを鮮やかに描写している。死刑であれ手足の切断であれ、血の刑罰を科すことは危険を伴う[27]。神から直接お告げを求めるのは、そうした危険を避けるひとつの方法だ。

中世のキリスト教神学者は、裁判官は公正に、つまり「法に従って（*iuris ordine servato*）」行動すべきだと言った聖アウグスティヌスの言葉を引用することが多かった。もし裁判官が公正に行動すれば、被告人が処刑されても、彼を殺したのは法であって、裁判官ではないということになる[28]。中世の裁判官は就任すると、聖遺物に誓って公正な判決を下すという入念な宣誓をしなければならなかった。しかし「法」が裁判官にある程度の保護を与えるとは言え、証拠が乏しかったり矛盾していたりする場合には助けにならない。中世の法学者らはまだ、〝証明責任〟のような概念をもつ証拠の法則をつくりだしていなかった。神判は神による有罪の明示を得ることで、この問題を回避する道を裁判官に与えた。そして裁判官が刑罰を命じるときも、神が公正だと示したとわかっているので安心して命じられた。ローマ法の手続きによれば、いかに状況証拠が強力であっても、裁判官が刑事判決を言い渡すには、直接的な告発が必要だった。しかし裁判官と同じく、ほとんどの証人は血を流す判決の道徳的責任を負いたがらなかった。裁判官が、人々がある犯罪者に疑いをいだいているという噂を聞いたとする。だが誰も直接的な告発をしようとしない。神判なら、直接的な証拠を提供することで、神がこの問題を解決してくれる。

隣人の告発

宣誓と神判は広くおこなわれていたが、キリスト教とイスラム教、いずれの宗教指導者もこれらの慣行を非難するようになった。もっとも問題なのは神判だが、一部の宣誓も問題だった。それらによって裁判官や証人は重大な道徳のジレンマに陥らずにすんでいたが、現代のわれわれが頼りにしている陪審制度や職権主義が発展するのはだいぶ先のことだった。
中世ヨーロッパの神判のほとんどを、キリスト教の聖職者が執りおこなっていたが、一三世紀に教会の指導者らはその方法を深く憂慮するようになった。[29] 一二世紀、ムヒタル・ゴーシュはアルメニア人のために編纂した法典で、神判はキリスト教徒間の重大な裁判で、じゅうぶんな証人がいない場合に限るべきだと書いた。[30] 彼は裁判所で起きる「無意味な悪罵」や一部の人々が宣誓する「おそろしげな様子」を批判し、子供、高齢者、病人、出産間近の妊婦、悔悟者は宣誓をするべきではないと述べた。彼らは親戚に自分の代理を務めさせればいいのだと。またムヒタル・ゴーシュは徴税人と罪人は裁判所に立ち入り禁止にし、酔っぱらいは酔いが醒《さ》めるまで待つべきだと定めた。そしてチベット人らと同様に、司祭や修道士らは宣誓すべきではないと断言した。もっと言えば、彼らは裁判所に入るべきではないとも。
まもなく、第四回ラテラノ公会議でも同様の布告が出された。一二一三年四月、教皇インノケンティウス三世がキリスト教会の司教以上全員を総会議に招集した。翌年、総大司教・首都司教が七一人、司教四一二人、九〇〇人以上の修道院長・副院長がローマに集い、ローマ皇帝フリードリヒ二世、ラテン皇帝アンリ一世、フランス、イングランド、アラゴン、ハンガリー、キプロス、エルサレムの王たちは使節を派遣した。会議は三週間続き、教皇の提案した七〇の教令を審議した。これらは悪と戦い、異端を根絶し、不和を終わらせ、平和を確立し、自由をはぐくむためだと教皇は説明した。また法手続きについての新たな教令もふくまれていた。裁判官はこれ以降、原告任せではなくみずから犯罪を捜査し容疑者を裁判所に呼び出す権限をもつ。インノケンティウス三世はまた、聖職者の神判への立会いを禁じた。会議出席者らは賛成した。教会は神判には二つの問題があると述べた。ひとつは神判が〝神を試している〟、つまり有罪か無罪のしるしを求めることで神を試していることだ。二つめは、神判によって死刑または身体刑がおこなわれれば、聖職者を〝血の行為〟に関与させることになるという点だ。[31]
この一見当たり障りのなさそうな教令が一連の改革を促し、最終的にあらゆる現代国家の法制度で採用されている証拠の法則につながっていく。しかし短期的には、禁止によって裁判官にとっては実務的問題、証人や陪審員にとっては道徳的ジレンマが生じた。血の刑罰をやめてほかの刑罰にすることは、現実的ではなかった。手足の切断や死刑とくらべて投獄監禁は金がかかりすぎるし、旧約聖書には正義とは適切な刑罰だとはっきり書かれている。神はモーセに言われた。「[悪事を働く者を]生かしておいてはならない」そして一二〇三年、インノケンティウス三世自身が、犯罪者は公益のために処罰されるべきだと述べている。[32] 裁判官たちは、犯罪を訴追して処罰しなければ社会騒乱を招くという懸念をいだいた。犯罪と血の刑罰についての神学的な問題は解消されることなく残った。

すぐにイングランドで教会の決定の影響があらわれた。ジョン王による治世の混乱のあとで王位に就いたヘンリー三世が、裁判官らに紛争を解決する新たな方法を模索するように命じた。[33] 彼らが考えたのが、有罪を宣告する負担と道徳的責任を陪審員に負わせることだった。アングロサクソンの王たちは証人のグループに調査を手伝わせていたし、ノルマンの王たちは彼らを〝告発陪審〟とした。裁判官が国中を旅するあいだに、各ハンドレッド（州の下位行政単位）から一二人、ヴィル（おおよそ荘園と同等）から四人の男を招集して「犯罪を告発」させた。彼らは、自分たちの住む地域で強盗や殺人や窃盗などの犯罪者もしくは被疑者がいればその名前を提出しなければならなかった。これらの犯罪は血の刑罰を招く。このように、イングランドの農民や町の住民は互いに告発し合うことに慣れていた。それでもほとんどの人にとって隣人を告発するのは嫌なことだったはずだが、ヘンリー三世の勅令は事態を大幅に悪化させた。自分の隣人を告発するだけでなく、有罪か無罪かまで判断しなければならなくなったのだ。具体的には、彼らが犯罪者を処刑台に送ることになり、良心におそろしい負担がかかった。当然のことながら、多くの人々が拒否し、あるいは拒否しようとしたが、王の役人らは人々が告発をしなかった場合、憐憫罰〔罰金の性質をもった刑罰の一種〕を科すことができた。したがって多くの人が最悪の刑罰を避けようとした。たとえば告発された司祭には〝起訴されない聖職者の特権〟を与えた。聖職者に血の刑罰を科すことはできないからだ。あるいは実際より軽い罪で有罪とした。たとえば窃盗犯が盗んだ品物の価値を低く見積もった。しかしそれでも告発陪審はひじょうに不愉快な手続きであり、多くの人々に道徳的苦痛をもたらした。

やがてイングランドの陪審裁判は文明化された世界に広まった。土地所有者は新侵奪不動産占有回復訴訟令状を使って国王裁判所に裁判を起こし、そこで陪審がその申し立てに対して評決を下す。[34] その後数世紀にわたり、荘園、バラ、海事、御料林すべての裁判所が陪審制を採用した。制度は変化したが、基本的原則は変わらなかった。[35] 一三八二年、成長する首都の住民の道徳劣化を懸念して、ロンドン市長兼オルダーマンは、地域の裁判所に〝売春婦〟、〝尻軽女〟、〝不貞者〟、〝がみがみ女〟を訴追する権限を与える布告をおこなった。[36] ロンドンの各地区は自分たちのオルダーマンと陪審員を選び、彼らは違反者をさらし台や足枷にかけてさらし者にしたり、近所から追放したりできた。

一二人の人々が全員一致で評決を出すことになっている

ため、裁判所は陪審員とその良心に一定の安心をもたらし、役人らは合意できる一二人を見つけられるまで陪審員を探しつづけた。この制度は被告人にも一定の保護を与えた。一七世紀には、少なくとも、裁判官は陪審員に対して有罪を「確信」している必要があると指示し、重罪の証拠は「明白な、否定できない」ものでなければならないとした。[37]

しかしチューダー朝は犯罪を撲滅する必要があるという考え方で、陪審員が刑を軽くする方法を制限した。一八世紀にイギリスの国会は死刑を適用する犯罪を大幅に増やした。これはおもに新たな地主階級の利益、彼らの邸宅、彼らの鹿の園を守るためだった。国会は刑事法一式を制定し、鹿を狩ることや盗むこと、密猟、あらゆる資産の損壊、放火、射撃、さらに脅迫状を送付することまで死罪とした。[38] 悪名高い一七二三年のブラック法では、五〇もの罪状が死刑相当とされ、続く数十年間に河川、海岸、ホップ畑、炭鉱を保護する新たな法令が発布された。当時の国会は極刑の恐怖を社会統制の道具として利用していた。犯罪者を死刑にすることを期待されていた陪審員が直面する問題は、極大化した。一八世紀の後半、多くの市民は法があまりにも簡単に死刑を命じていると考えていた。同情的な廷吏、検察官、裁判官らは、陪審員らが犯人の行為を容赦したり、刑罰を軽くしたり、軽減事由を見つけたりするのを手伝った。[39]

やがて振り子は反対に振れた。多くの人々が、たとえ明らかな事件でも有罪に消極的な陪審員を批判した。裁判官はいまや、陪審員らが評決をまとめる際に使うべき試金石として「合理的な疑い」をもちだした。[40] 裁判官は陪審員らに対して、証拠の「高度の蓋然性」すべてが被告人に不利であり、事実に関して「合理的な疑い」が存在しないときには有罪評決を出す義務があると指示した。これは被告人を保護するだけでなく、陪審員らに、証拠がじゅうぶんに強力だと彼らが判断するのなら、心にやましいところなく有罪にできると安心させた。現在われわれが被告人の保護と強く関連付けている原則が、もともとは陪審員の良心を慰めるために生みだされたものだった。ようやく法が、イングランドの陪審員たちが一三世紀からずっと葛藤してきた道徳的懸念に対処したのだった。

同じ制度が大西洋を越えて、アメリカ合衆国となった新植民地へと渡った。ここでは、一九世紀のはじめ、裁判官らは依然として陪審員らに対し、「きわめて高度の蓋然性」があるなら有罪評決を出すように指示していた。ある裁判長の説明によれば、それは良心を満足させる確実性ということだった。些末な疑いは無視してもかまわないが、道徳的な懸念は真剣に受けとめるべきだ。強固なキリスト教の伝統のなかで育った一九世紀のアメリカの陪審員らは、有罪評決の道徳的また神学的な結果に悩まされていた。[41]

司法による拷問

ヨーロッパ大陸諸国では、第四回ラテラノ公会議の決議の影響はすぐにはあらわれず、その後数十年間にわたって裁判では神判が続いていた[42]。しかし裁判官はイングランドと同じ問題に直面した。ローマ法によって確立された原則によれば、裁判所が有罪判決を出すには原告が犯罪の直接的な証拠を提出し、少なくとも証人二人が証言する必要があった。これでは、たとえ説得力のある状況証拠があったとしても、こっそりおこなわれた犯罪を起訴することは不可能だった。公益のために犯罪は罰せられなければならないという教皇インノケンティウス三世の言葉は、法学者らが刑事事件の証拠のすべての基本を考え直すきっかけとなった。一二世紀の偉大なカノン法学者であるグラティアヌスはすでに、多くの人々が強い疑いをもつような〝有名な〟犯罪では、告発や直接的な証拠がなくても裁判官は被疑者に刑を宣告できると述べていた。そして一部の裁判官は、証拠が決定的とまで言えない場合に、軽い刑を下すようになった。ラテラノ公会議が裁判官は被疑者を裁判所に召喚できると述べたとき、証人に証言を強制することも可能にすべきだと提案した神学者もいた。そうした動きによって、司法による拷問という慣行の土台が築かれていった。

イングランドの場合と同様に、そして間違いなく同じ理由から、証人らは、宣誓のうえで誰かの罪や悪事を告発するという重大で危険な儀式を経験することに消極的だった。そこで学者らは「半証明」についての規則をつくった。これらの事例では、裁判官は自白を引き出すために被告人を拷問できた。この方法の魅力は、犯罪の証明が手に入ることだ。被告人が自白すれば、裁判官は証拠の質を心配する必要はなくなるので、彼の良心がとがめることはない。まもなく裁判官らはこの新たに手に入れた力を使って証人を召喚し、重大な犯罪の被告人を拷問しはじめた。そして極めて厳しい裁きを下しはじめた。犯罪を罰することは重要だという教皇の言葉に背中を押された裁判官らは、むち打ち、目つぶし、焼印、鼻削ぎ、絞首といった刑はすべて公益のためだと考えていた[43]。神学者やその他の著述家らはこうした刑罰の是非について議論を続け、なかには司法による拷問に疑義を投げかける人もいた。しかし一六世紀になると、どうもあまり気にせずそれらの方法を常用する職業裁判官の階層があらわれた。裁判官らが、自白によって得られる確実性なしで、〝疑惑〟に基づき、より軽いとは言え、刑を言い渡せると考えるようになったのは一八世紀になってからのことだった。司法による拷問はしだいに廃れ、現代のわれわれが知る審理手続きが形になってきた。

血の刑罰

刑事裁判で宣誓や神判以外の方法を模索したのはヨーロッパの法律家だけではなかったが、世界のどこでも、証拠収集と判決の手続きのための法規則をつくるのに学者は苦労した。中国では、孔子は〝法家〟の提唱した厳しい刑罰に反対し、道徳教育についての新たな思想を奨励した。しかし孔子とその弟子たちでさえ、社会秩序のための刑罰の必要性は認めていた。中国政府の役人らは神判を用いることはせず、ヨーロッパよりも数世紀先んじて司法による拷問を考案していた。秦が法典をつくった紀元前三世紀にはすでに、しっかりと確立していた。中国の役人らが、不当な有罪判決についてキリスト教世界の役人と同様の懸念をいだいていたかどうかは不明だが、腐敗した地上の裁判官は黄泉の国で報復を受けることになっていた。そこでは地獄の裁判官らが請願を審理し、証言を得て、裁きを下す。(44) 中国の裁判官〔地方行政府の長官が裁判官を兼ねた〕は、自白が確実ではないということをよくわかっていた。多くの有罪犯が、拷問の痛みに耐えかねて自白したと訴えたし、上級裁判所は間違った有罪判決を出した行政長を罰していた。しかし彼らはおそらく、やはり自白が血の刑罰の最善にしてもっとも安全な正当化の方法だと考えていた。多くの人が難しい事件の解決に天の介入を期待した。脅して自白させるために土地神の像の前で反抗的な証人を尋問したり、寺院で裁判をおこなったりすることもあった。しかしそうしたことは公の法制度では認められていなかった。立法者らは宣誓を規定したことはなく、裁判官が神判を執りおこなうこともなかった。刑罰を正当化するためには、たとえよく知られた犯罪者でも、直接自白を引き出す必要があった。

いっぽうインドの仏教徒は、血の刑罰の問題に極端な考えをもっていた。(45) ブッダは、その生涯の古典的な記録によれば、富と家族を捨ててさすらいの苦行者となり、支配階級のふるまいに疑念を投げかけた。広く読まれている同じ時期の道徳物語であるジャータカ〔『本生話』と訳される仏教説話〕には、ある王子が父王の跡を継ぐには戦争をしたり血の刑罰を命じたりしなければならないと気がつく話がある。王子の結論は、善き王であることと善き仏教徒であることは両立しないというものだった。そこで王子はブッダと同様に、生まれながらの権利を放棄した。仏教には、刑罰の広範な道徳的目的について、それが矯正や予防になるという認識に基づいて正当化されるという〝高尚な〟話もあったが、純粋主義な仏教徒は、あらゆる血の刑罰は罪深いと主張した。二〇世紀のはじめでも、ダライ・ラマの政府の最高位のラマ兼行政官は、反逆罪で有罪を宣告された大臣の手足切断刑の令状への署名を、そうすることは仏教の僧侶として不適切だという理由で拒否した。実際には大臣の刑罰は執行された[46]。

ヒンドゥー教のバラモンらはこうした懸念を、少なくとももっとも極端な形では、避けることができた。統治、戦争、刑罰はクシャトリヤの務めだと主張したからだ[47]。カルマの法によって、罪深い一生を送った者は誰でも悲惨な生まれ変わりをすることになっていたので、王とその裁判官らはヨーロッパと同様に、間違った有罪判決を懸念していた。しかしバラモンは、平和と秩序を維持することが彼らのダルマであり、犯罪者をどのように起訴して刑罰を与えるかについて詳細な規則を提供した。「王が罰せられるべき者を罰し、極刑にふさわしい者を極刑に処せば、それは一〇万回も生贄を捧げたのに等しい」と、ある中世の文献には書かれている[48]。それに続けて作者〔バーチャスパティミシュラ〕は、正しい刑罰の判断に影響する多くの要素を説明している。訴訟は、提訴、応訴、証拠、判決という段階を経て、裁判官は証人の適格性を検討して徹底的に尋問し、その他の証言や証拠を比較・評価しなければならない。この文書の言う「人間の裁判」では、証人、文書、推論に依存し、「神の裁判」では、宣誓や神判とともに、われわれの言葉で言えばある種の運による方式を用いる。作者の刑事手続きについての注釈では、ヒンドゥーの裁判官らが中世キリスト教世界の裁判官らと同じ神学的な不安に悩んでいたという記述はほぼないし、裁判官が〝神の〟証拠に頼るのは最後の手段にするべきだとくり返し強調されている。適正な神判は証人のカーストによって決まり、証人はその前に王とバラモンの立ち合いのもとで断食した。訴訟手続きや証拠の評価方法についての詳細な指示によって、おそらく裁判官はもっとも厄介な事件を除けば心にやましいところなく有罪判決を下せたことだろう。

イスラム世界の初期の法学者らもまた、伝統的な宣誓の習わしを正式なものにした。だがそれらは、アッバース朝のスルタンやカリフが確立した高度に中央集権化された複雑な法制度には十分ではなかった。クルアーンには懲罰についてごく短い指導があるだけだった。不貞、レイプ、殺人など血の刑罰に相当する犯罪で誰かを有罪にするためにはどんな証拠が必要なのかも書かれていなかった。法学者らは時間をかけてより詳細な手続きの規則や原則をつくってきた。しかし法学者らは難しい裁判で有罪判決を出す裁判官を助けたのではなく、一一世紀には裁判官に対して、疑いのあるあらゆる事件で刑罰を回避するように求めた[49]。法学者らはみずからを預言者の伝統の継承者であるとして、ごく初期から、自分たちの役割とカリフや役人の役割とを区別してきた。政府の任命する裁判官、カーディーは、刑を言い渡すことができ、役人がその刑を執行するが、ほとんどの法学者は自分自身が裁判官にはなりたがらなかった。

法学者には法は何かを述べる権威はあるものの、裁判官の仕事は道徳的に不確かで、汚職や強要や誤りにまみれていると考えていた[50]。対して自分たちの仕事は、彼らの言葉で言えば、政治の力の行使に対して〝敬虔な対抗勢力〟をつくることだった[51]。

セルジューク朝が中央アジアからペルシアに侵攻してアッバース朝のカリフらを追い出したとき、彼らは現在のトルコに政府の基盤を置いた。新たな支配者らは強権かつ独裁的で、裁判官らに対して、厳しい判決を下し、死刑、むち打ち、さらし刑、監禁刑を遠慮なく命じるように促した。政府役人の権力からある程度離れたマドラサでは、イスラム法学者たちが懸念を深め、セルジューク朝の行政権に抑制と均衡をもたらす必要があると感じていた。彼らは初期のメディナから当時のイエメンまでの判例を徹底的に調べて、疑いの原則に関する判例を捜し、刑罰の正当性に制限をかけようとした。アラビア語で「疑い」を指す言葉である「shubha」には広い意味があり、彼らはその言葉が、事件の事実についての疑い、法についての疑い、提案された刑罰の道徳性についての疑いを指していることにした。この疑いの原則にしっかりした神学的土台を与えようとして、法学者らは預言者の生涯の伝承と関連づけた。それはよく言ってそうとも取れるという程度だったが、法学者らは大胆にも、程度にかかわらず疑いのある事件については、裁判官は二回以上の自白を要求する必要があると主張した。裁判官は軽減事由の調査をおこない、原文の曖昧さはすべて被告人に有利になるよう解釈する必要があった[52]。

イスラム法学者らは明らかに、キリスト教世界の法学者と同じ道徳的懸念につき動かされていたが、その結果、まったく異なる目的の規則をつくりだした。ヨーロッパの「合理的な疑い」の原則、神判の利用、司法による拷問、陪審員などは、裁判官が血の刑罰を正当化するための助けになったが、イスラム教の規則は裁判官に、どんなときに疑いをもつべきかを教えた。それらの規則に反映されていたのは、裁判官ではなく法学者の、刑罰の道徳性についての懸念だった。イスラム法学者らは、裁判官の仕事に道徳的安心を提供する代わりに、ひじょうに幅広い事件の厄介な性質を強く主張して不確実性の要素を注入した。その目的は、道徳的懸念をもつ裁判官が、イスラム法で決まっているからという理由で死刑を求める役人の圧力を退けるのを助け、死刑を抑止して行政権に歯止めをかけることだった。その後の数世紀、裁判官のなかにははっきりしない事件で死刑判決を出す前に、自白を引き出す目的で司法による拷問を使った者もいた[53]。しかし来世に及ぶ影響への裁判官の恐怖は、法学者らの主張した「疑いの原則」によって高まった。多くの裁判官はそれを引用して、証拠が示すよりも軽い刑を言い渡した[54]。

＊　＊　＊

刑罰の問題と判決の危険は、ある人々がほかの人々を懲罰する権利をもったときに生じる。何世紀にもわたり、多くの人々が判決の過程には困難がともなうと考えてきた。神による制裁のおそれを呼び起こし、有罪か無罪かの直接的な立証を求める宣誓や神判はもっとも基本的なテクニックで、刑罰の正当性を裏付けるために世界中で使われた。しだいに一部では別のテクニックが確立された。中国の裁判所の拷問からイングランドの陪審制、ヨーロッパの裁判所の審理手続きからイスラム世界の疑いの原則まで。やがてほとんどの官僚国家では証拠の法則を採用し、法律の認めるふるまいとはどういうことかを定義することによって裁判官や陪審員の不安を軽減した。それらはまた裁判官と役人の力を制約することになった。これは現代法が、何世紀もの試行錯誤を経て、正義の約束を果たす新たな方法を提供したもっとも劇的なやり方のひとつだった。

最初の立法者らが石碑に壮大な文章を刻んだときから、人々は正義、とくに裁判官や役人の権力を制御することによる正義を求めて法を頼りにしてきた。客観的な規則は、すなわちものごとをおこなう正しいやり方があるという、確実性の感覚をもたらした。そうした事業の動機はおそらく、商法によって商業関係を制定・規制したいといった、純粋に実際的なものだった。しかしアイルランド、アイスランド、インドの共同体やダゲスタンの部族民にとってそうだったように、法が、場合によっては地域の慣習を統合して、正義を約束し自治を確立することもある。また、法規則を守ることによってより大きな宇宙的秩序を共有している、あるいは地上における神の道を歩んでいるという意識が人々のあいだに生みだされることもある。それは偉大な宗教体系への信仰と同じだ。だがほとんどの法制度において、法は権力がどのように行使されるべきかを定義し、制限して、人々が彼らを統べる人間の行動に異議申し立てをするせめてもの可能性を与えた。これが法の支配であり、ハンムラピの時代から歴史を貫流してきた力学だ。この考えに抵抗したのは、懲罰制度に立って統治した中国皇帝たちだけだった。

現代において法の支配は、古代の法制度における宗教的また宇宙的なビジョンに匹敵する理想となった。第三部では、古いビジョンがどのように衰え、ヨーロッパの法がいかにして世界を席巻するに至ったのかを検証する。

第三部

世界の秩序化

ORDERING THE WORLD

第12章　王から帝国へ——ヨーロッパとアメリカの台頭

現在世界で大勢を占めている国家法はおもに、一七世紀以降ヨーロッパ諸国とアメリカで発達した法に基づいている。この期間に法は国家やその統治手続きと関連づけられ、法の懲罰的な可能性が正義や秩序の約束と結びついた。国連や世界銀行のような強力な国際機関によれば、法は、紛争を解決し刑事制裁を決定する独立した司法制度とともに、民主主義体制、効率的な規制、私有財産制度、個人の権利を支えるものだとされている。そして現代の国家は、はっきり境界を定められた国境内で独立した裁判権を行使する。これは驚くほど成功した力強いモデルだ。どのようにあらわれたのか？

一七世紀、ヨーロッパの諸王国は政治的境界線をめぐる戦争を仕掛けて消耗していた。当時、世界の主要な政治勢力やもっとも進んだ法制度は、アジアにあった。満州人の清の為政者らは、中国帝国に新たな王朝を興し、二世紀にわたって世界一複雑かつ官僚的な法制度を運用していた。ムスリムのムガル帝国はインド北部の大部分に支配を広げ、揺るぎない政治権力と繁栄を謳歌した。同じくイスラム法を守るサファビー朝はペルシアを支配し、オスマン帝国はコンスタンティノープルで勢力の絶頂期を迎えていた。彼らは一四五三年にビザンティン帝国を滅亡させ、メソポタミア、エジプト、ギリシア、バルカン半島を支配し、北アフリカの大部分を属国にした。そして一六八三年にはウィーンの門に到達した。オスマン帝国はまた、シャリーアに緩やかにもとづく独自の民法典、カーヌーンを整備した。ある学者の言葉によれば、「イスラム法は世界経済および、アルメニア、ヒンドゥー、ギリシアが築いた国際通商文化を保護した。それはヨーロッパのものと同等に発達していた」[1]。

ヨーロッパの君主たちはオスマン帝国の力や、ムガル帝国や清やサファビー朝の洗練された文明を強く意識しており、その商人らとの取引を熱望していた。一八世紀、中国法の優位性を認めていたのはモンテスキューだけではなかった[2]。しかしヨーロッパ人は自分たちの法的および宗教的伝統と、それらが人々に与える恩恵のすばらしさを確信していた。アメリカに入植者を送ったとき、法もいっしょに送るべきだというのが大方の意見だった。それらの法の無秩序さを考えれば、それで遠い土地を管理できるということの自信は驚くべきことだった。

一七世紀のヨーロッパの法は部分的で、重なり合い、非体系的だった。それでも、その後二世紀のあいだに、ヨーロッパ大陸では法典編纂の動きによってローマ法が系統立った国家法制度の数々に変わり、イングランドの裁判官らはコモン・ローを合理化し、その範囲を広げた。そうした動きは大西洋の対岸でも起こり、新しいアメリカの植民地は独立を求めて、法を熱心に支持した。戦争、革命、植民地の征服のただなかで、台頭するヨーロッパ諸国は新たな形の強力な法を確立した。

ヨーロッパに訪れた変化

中世、ほとんどのヨーロッパの裁判所ではローマ法と独自の慣習法を混ぜて適用していた。フランスでは、国王たちが各共同体に独自の慣習法書をつくるように命じ、一五一〇年に公布された「パリ慣習法」はフランス全国で適用される標準となった。パリの裁判所は、ローマ法の前例に基づいて教会のつくったローマ－カノン法の手続きを採用し、それらを実践するために職業法曹という新たな階層が生まれた。スペインでも国王が、「七部法典」を補完する法の編纂を命じた。「七部法典」はユスティニアヌス法典を模倣したものだった。当時のヨーロッパで支配的勢力であった神聖ローマ帝国を構成する地域では、慣習的な基準や手続きは依然として重要とされなかった。[3] ここでは皇帝がゲルマンの諸侯国や自由都市の緩やかな連合体を支配していたが、それら領邦国家はそれぞれの裁判所をもち、裁判所は一二世紀にロンバルディア地方で法典化された封建法書をよく参考にしていた。

しだいに変化が訪れた。皇帝たちは二、三の一般法、とくに皇帝の選挙や選帝侯の役割に関する法を成立させ、一四九五年、皇帝マクシミリアン一世が血讐〔フェーデ〕およびその他の非認可の暴力を禁止することで「永久平和」をもたらそうとした。[4] 皇帝はまた新たな最高裁判所として帝室裁判所を設置し、帝国全域からの上訴を受けつけるようにした。数十年後、一五三二年、皇帝カール五世はイタリアの法典に倣った刑法典「カロリーナ刑事法典」を公布した。そのなかで皇帝は、法の訓練を受けていない裁判官は法学識者――プラハ、ウィーン、ハイデルベルク、ケルンの法学識者がとくに有名だった――に鑑定を求めなければならないと定め、彼らの権威とローマ法の権威を確立した。より効率的な行政の確立を目指していたドイツ諸侯の多くがローマ法を、官僚国家をつくる有用な道具として、また強力な封建領主の独立性に対抗する手段として見るようになった。後続の皇帝たちは雑多な領邦の統一に役立つ可能性をローマ法に見て、帝室裁判所の裁判官は訓練を受けた法学者に限り、ローマ－カノン法の訴訟手続きを適用するように命じた。職業法曹が活躍し、その権威と社会的権利の主張は一部から批判されたが、影響力のある改革派が、ローマ法にはつまらない党派争いを超える力があると称賛した。(5) 多くの人々にとってローマ法は、平和と秩序の公平な法の象徴だった。

一六一八年に三十年戦争が勃発したとき、神聖ローマ帝国の版図は現代のドイツほぼ全域と現在のオランダ、イタリア、ベルギー、チェコ共和国、ポーランドの一部に及んだ。王国、公国、侯国、司教領、郡、皇帝の大修道院、村、すべて独自の裁判所をもっていたが、いずれもローマ法を受け入れた。パリの裁判所でも、バリャドリードの裁判所でも、ウィーンの裁判所でも、法律家らはユスティニアヌスの「ローマ法大全」を引用した。スコットランドでも、ジェームズ五世が刑事裁判所にはローマ法の訓練を受けた裁判官が審理にあたるべきだと決定した。(6) スコットランドの裁判官らは、コモン・ローではなく大陸で成文化された手続きを受け入れ、その〝衡平〟や〝合理性〟を理由にユスティニアヌスの文書をスコットランド法の補完に利用した。ローマ法は、広範囲の地域裁判所、為政者、税関、訴訟手続きに対して評価基準と一般原則の根源を提供した。

イングランドの法

スコットランド国境の南側では事情が違った。一六世紀半ば、イングランドは世界の大国ではなく、その法は法典、裁判所、原則、手続き等の不調和な集合だった。(7) 一二世紀にヘンリー二世によって国王裁判所が導入されて以来、イングランド国王と国会は政府を拡大・改善するため、歳入を増やすため、社会や経済をよくするために法令を発行してきた。しかし高等裁判所で適用される法の実質は、おもに令状によって形作られていた。令状とは、訴訟を申し立てる際に訴訟当事者が使う定型文の命令書だ。この〝コモン・ロー〟は包括的とはほど遠かった。普通の人々はたいてい地域の慣習に従い、相手も従うと期待していた。

コモン・ローが一種の体系を形作っていた中央裁判所でさえ、構成や裁判権はさまざまで、事件をめぐって競い合うこともあった。王座（女王座）裁判所は王室に関する訴訟、人民訴訟裁判所は人民間の訴訟、財務府裁判所は歳入問題に関する訴訟を扱った。年に二回のアサイズ巡回裁判では、国王が任命した一二人の陪審員が地域で生じた事件を審理する。国王の最高大臣である大法官が独自の裁判所である大法官府裁判所を開き、中立人らに国王裁判所の硬直化した令状よりも柔軟な手続きを可能にし、同様に財務府裁判所や請願裁判所も小規模な訴えを扱った。(8) ほかにもローマ法の訴訟手続きをつかって名誉の等級の申し立てを審理する騎士高等裁判所や海事を管轄する海事裁判所があった。

実際には、国王の法官らの人々の生活を規定する力は限られており、中央裁判所が彼らの紛争すべてを解決することは不可能だった。教会裁判所は、いまや国王の支配下にあったが、結婚許可証を発行し、遺言を検認し、夫婦間の争いを聴取し、十分の一税を裁定し、性的不品行の申し立てを審理した。荘園裁判所は引き続き地域の事件を審理し、土地取引を記録し、地域の慣習や制度を承認していたが、しだいに都市に置かれているバラ（自治区）裁判所が影響力を増したことで影が薄くなった。人々が借金の訴訟を申し立てるのはバラ裁判所だったからだ。こうした都市の裁判所では、治安判事も軽罪の審理をおこない、さまざまな地域裁判所が市場や定期市や御料林で生じる紛争を審理した。

弁護士も裁判官も、事件を提示し、弁論し、令状や訴答の技術的な細部を進めていくにあたって「王国の法と慣習」について語った。ほとんどの裁判官はもし訊かれれば、「コモン・ロー」は法曹の学びと彼らが高等裁判所で使った論拠のなかに見いだせると同意しただろう。[9] 一五世紀、民訴裁判所判事だったトマス・リトルトンは「土地法論」を著し、土地の所有と借用の複雑な制度を解明しようとした。[10] 彼は「弁護士の共通の学び」と彼らの「法の理解」について書いた。またこちらも一五世紀、王座裁判所の首席裁判官だったジョン・フォーテスキューは「イングランド法の礼賛について」を著したが、実際の内容は新たな裁判所の導入への反論だった。そのなかでフォーテスキューはイングランドの優れた法的論法を称賛し、裁判官が法諺《ほうげん》として示す基本原理の重要性を強調した。[11] 一五二三年、クリストファー・セント・ジャーマンも、ヘンリー八世の顧問トマス・ウルジーに対する反論の小冊子を出版した。セント・ジャーマンはコモン・ローを神の意志とその永遠の法に重ね合わせた。イングランドのコモン・ローはたしかに系統立っていなかったかもしれないが、法学者も裁判官もその長所や古い起源を強調した。

下級裁判所の裁判官もイングランドの法の〝美点〟とその法をいだく人民の〝自由〟についてひんぱんに言及した。[12] 大方の場合、彼らの念頭にあったのは裁判所手続きの保護手段、何よりも陪審制だった。一七世紀はじめ、弁護士で政治家だったフランシス・アシュリーは、イングランド人なら誰でも脅かされ、抑圧されたと感じれば「いかなる自由人も」ではじまる条項を思い出すであろうと述べた。「いかなる自由人も、彼の同輩の適用な判決か、国土の法によるのでなければ、今後逮捕され、投獄され」ないと宣言するマグナ・カルタの第二九条（『マグナ・カルタ』J・

C・ホウルト、森岡敬一郎訳、慶應義塾大学出版会、二〇〇三年）は、イングランド人の自由の基本宣言だった。[13]

エリザベス一世による統治の末期、一七世紀はじめの地域の裁判官らは、法とその歴史やエクイティおよび法律学に関する安価な専門書、それに加えて実際的な手引きや法律の抄録を参考にすることができた。[14] それらの著作は、裁判官がもっとも知る必要のある判例、そして法の内容についての手引書となった。人々は裁判所に詰めかけ、イングランドの歴史上ほかのどの時代よりも一人あたりの訴訟件数は多くなった。[15] しかし高等裁判所で適用された「コモン・ロー」でさえ、規則と原則の体系を成していなかった。網羅的であろうとする教科書もなく、裁判で勝てるかどうかは正しい令状を使うかどうかにかかっていた。手続きがすべてだった。法曹学院での訓練中、法曹研修生らは法律の〝リーディング〟（講義）を聴講し、仮定の事件についての議論をし、「年書」〔コモン・ロー裁判所の法廷での議論の筆記録〕や訴答集に法的議論を書き留めていた。いっぽう裁判官らは先任者らの論法や判決に従うべきだと考えた。だが公判記録は大雑把で、裁判官は先の判決に拘束されるという先例拘束性の原則もまだ確立されていなかった。[16]

クックの抵抗

イングランドの法は不完全な体系だったが、法は独自の権威を有する重要なものだという意識はあった。一七世紀、これが国王と司法のあいだの緊張を高めた。ヘンリー八世も、その娘エリザベス一世も、国会に諮ることなく国王評議会を使うことで勅許状や布告を発行できるように、「王の特権」を強化しようとした。エリザベス一世は布告を使って、ある種の国際貿易を独占させる特許を商人に与えた。外国の脅威、さらに国内の陰謀を理由にして、女王はさらに国王大権にもとづき簡潔な司法を提供する星室裁判所の仕事を広げて、「常識はずれの犯罪は通常の法の手続きの対象外である」と大胆な主張をした。[17] しかしコモン・ローの制度に完全に背を向けたわけではなかった。聖職者のリチャード・フッカーは女王の忠実な支持者だったが、法が女王（王）を導くべきで、その逆ではないと述べ、そうすれば国家、つまりイングランドは「ハープのような美しい旋律を奏でる楽器」のようになり、その弦はひとりによって調律され奏でられると主張した。[18] これによって、不人気な国王の取り組みに対する異議申し立てに、法をつかう余地が残された。

一七世紀はじめ、前王のように政治的に明敏でなかったジェームズ一世は、国王はすべての法の源であり、法を所有し、法を定義し、規制し、運用する権利を有すると主張した。国会も国王裁判所の裁判官らもその主張を受け入れることはできず、ジェームズ一世の大法官であったエジャトンやフランシス・ベーコンでさえ、王の法的権力は究極的にはコモン・ローから生じると論じた。アイルランド法務長官のジョン・デイヴィーズは、法は「王国の共通の慣習」であり、古く有史以前から存在すると大げさな意見を述べた。彼に続いて国会議員のトマス・ヘドリィは一六一〇年、コモン・ローは理性の産物でありイングランドとその人民に固有の経験に応えて発展した大昔の慣習だとして、国会の立法権限を確立したのはコモン・ローだと論じた。[19]

同じ年、人民訴訟裁判所の首席裁判官エドワード・クックは、ロンドン大学の医師ボナムの事件の裁判権について議論を検討した。[20] クックは有名になった判決で、「共通の正しさと理性に反していたり、矛盾していたり、実行不可能である」国会制定法を裁判所が施行させることはないと述べた。コモン・ローが「それを規制し」、「無効と裁定する」というのだ。クックは以前、ジェームズ一世と裁判所の管轄について論争したことがあり、そこで「法は国王を守る」のだから国王も法に従わなければならないと述べた。これは最高裁判官の権限を王の上に置くということであり、ジェームズ一世を「たいそう怒らせた」。当時の報告によれば、クックは国王に謝罪し、赦しを求めて「床にひれ伏した」。[21] しかし二人のあいだの対立は続いた。一六一六年、王座裁判所〔当時のクックは王座裁判所首席裁判官だった〕と大法官府のあいだの裁判権争いで二人はついに対決した。委託寺領事件においてクックは、裁判官の審理を遅らせようとする国王の要求は無効だと、ほかの裁判官を説得した。ジェームズ一世は激怒して裁判官らを呼び出し、彼らの下した判決を破って、コモン・ローは「国王にもっとも有利である」はずだと断言した。ほかの裁判官らは圧力に屈したが、クックは自分が正しいと考えることをおこなう義務を守り、首席裁判官を罷免された。後世の著述家らによる、国王と対決し絶対王権に抵抗するクックの決意は誇張されていたかもしれないが、クックがコモン・ローの至上性を確信していたのはたしかだ。法が国王の権力に歯止めをかけるという考え、すなわち「法の支配」は、その後数十年間、法と政治の世界でくり返し論じられた。クックの考えは大西洋の対岸でも受け入れられ、劇的な効果をもたらした。

こうした論争や議論のなかで、長年のあいだに煩雑になってしまったコモン・ローの統合が必要ではないかという意見もあった。しかしクックは法典編纂の要求に反対して、コモン・ローはその適応性と精緻さでローマ法より優れていると強調した。[22] そして、裁判官を罷免されたあと、「イングランド法提要」を著し、「本王国における古来のコモン・ローの枠組み」を詳述した。書名はユスティニアヌス帝を思い起こさせるよう考えてつけられた。[23] 一六二八年に出版された第一巻は財産と相続関係について書かれており、おもにリトルトンの「土地法論」に基づいている。第二巻では「イングランドの基本的な法の主たる根拠を宣言する」制定法を提示している。第三巻は刑事法、第四巻は「国王陛下の王国と領土内のすべての高等で、立派で、尊く、必要な、法廷および裁判所」の「地図」を示した。カノン法、市民法、森林法、他国商船拿捕免許法、商慣習法、ジャージー島やガーンジー島およびマン島の法と慣習、錫鉱区法、イースト、ウエスト、ミドルマーチ〔マーチとはイングランドとスコットランドの境界を挟んだ辺境領。両国側にあった〕の法、税関の権限などについても述べている。[24]

クックの業績によってイングランド法の煩雑さにある程度の体系と秩序がもたらされたものの、アルファベット順のリストが最善だと考えた人々もいた。また、悪名高い審理進行の遅延を憂慮して、訴訟手続きを統合しようとした人もいた。[25] 法典化を求める声はやまなかったが、一世紀後に総論を著そうとした法学者らは断念した。[26] マシュー・ヘイルというある裁判官は次のように述べた。一四世紀にエドワード三世が「王国中で順守されるべきひとつの法」を幾多の慣習法および地域法から抜粋し、それが「イングランド共和国の様相と政体」となった。[27] しかし、「それらはあまりにも数が多く、そこに多様なつながりがあるため、それを正確に論理的方法にまとめることは不可能だと白状し、最初の、二番目の、そして三番目の小論で絶望しているとあらかじめ言明しておく」。クックの大著に取って代わるウィリアム・ブラックストンの著書〔『イングランド法釈義』〕が出版されるまで、一世紀以上待たなければならなかった。

『リヴァイアサン』

ヨーロッパの大部分の国々は一七世紀までにローマ法のいくつかの側面、とりわけ手続きを採り入れていた。しかしイングランドおよびスコットランド王のジェームズ一世がローマ法に基づいて両国の異なる法伝統を統合しようとしたとき、どちらの裁判官も激しく反対した。[28] イングランドには独自のコモン・ロー、すなわち「王国の共通の慣習」があり、イングランド人の自由を保護している。それはイングランド人の生得権であり、スコットランド人には与えられない。以前、ヘンリー八世がウェールズの支配を確固たるものとしたとき、彼はウェールズ統合法を成立させ、その法は「イングランドの本王国の法、布告、法律」がウェールズの「多様で矛盾する」法と慣習に取って代わると宣言した。しかし裁判官らはスコットランドについては異なる見方をしていた。一六〇八年、彼らはスコットランド人がイングランドの裁判所に訴訟を申し立てられると決定したが、イングランドの裁判所はスコットランドの土地に対する裁判権がなかった。(29) これはイングランド国王が大西洋の対岸に入植者を送りこんだときに、大きなジレンマをもたらした。植民地の法と慣習はどうなるのか？　植民地の住民らはイングランドの法の保護を受けつづけることができるのか？

先行したスペインやオランダの探検者たちに続き、イングランドの探検者たちも一六世紀後半には北アメリカへの遠征を組織しはじめた。エリザベス一世は彼らに入植地をつくることを許可する勅許状を発行し、ジェームズ一世もこれに倣った。一六〇六年、国王は植民会社ロンドン・カンパニーに対して、ヴァージニアに定住用の植民地をつくることを認可した。ロンドン・カンパニーは「同植民地政府にふさわしくまた必要な、同政府に関するありとあらゆる法、指示、命令、形式、式典をつくり、制定し、成立させる」こととされた。クエーカー教徒や清教徒の多い入植者らも、勅許状の下で、ほかの地域に小さな共同体をつくり、その勅許状では、イングランドの法に「近く」、「合致しており」、「矛盾しない」限り、独自の法を制定する権限が彼らに与えられていた。(30)

一七世紀半ば、イングランド政府は清教徒革命の大混乱にかかりきりで、植民地をほとんど放任して自治を許していた。(31) 多くの植民地では、略式と住民の総意を強調する地域の司法形態をつくりだした。しかし人口が増え、ほとんどの植民地がイングランドをモデルにした裁判所を設置し、地域の指導者から裁判官を選んだ。一六一八年にはすでに、ロンドン・カンパニーはコモン・ローの原則に従った土地保有制度を導入し、ヴァージニアの弁護士らは土地をめぐる紛争でリトルトンやクックの文献を引用しはじめた。彼らはまた、イングランド辺境地方の評議会の法のなかに、役立つ判例を見つけた。実際には、アメリカの植民地で弁護士を務めた人々に、きちんとした訓練を受けている人はほとんどいなかった。多くは法に関心をもつ素人で、イングランドの慣行手引きや法書の注釈書を読み、裁判官は治安判事のために書かれた指導書や遺言書に関する論文を学んだ。しかし入植者らは新しい裁判所は有益だと考え、大勢で詰めかけた。一七世紀、マサチューセッツの裁判所は、商人、債務者、債権者、スウェーデン人、クエーカー教徒、農民、職人、家事使用人、奴隷から申し立てられた訴訟を審理した。(32)

イングランドでは、アメリカの入植者の地位について大きな論争になっていた。おもな争点は、イングランドの国会が入植地に裁判権をもつのか、それとも王室が直接統治するのかということだった。この問題は国王と議会のあいだの緊張に大きな影響をおよぼし、ついに一六四九年、チャールズ一世が処刑された。一部の裁判官は国王と、何の制約も受けずに統治するというその主張を支持し、しばらくはこれが、クックが強く主張していたコモン・ローの権威と絶対王政を制御する力を弱らせるのではないかと思われた。一六五一年に出版された『リヴァイアサン』でトマス・ホッブズは、法をつうじて秩序を実現する強い主権者を主張した[33]。しかしコモン・ローと裁判官らは生き残った。学者らはオリヴァー・クロムウェル〔ピューリタン革命の指導者〕が王位を〝奪った〟のかどうかをめぐり議論していたが、クロムウェルと彼の政権はコモン・ローを守ると確約した。コモン・ローの正統性を必要としていたからだ[34]。

　ジェームズ二世が追放されて、娘メアリとその夫オレンジ公ウィレムが王位に就いた一六八八年の名誉革命後、議会は国政においてより積極的な役割を果たすようになり、新たな法律を議論・可決した。しかし国王裁判所はその権威を維持することに成功し、その裁判権の拡張に向けて意図的な努力を払った[35]。従来は教会裁判所が扱っていた多くの訴訟を引き継ぎ、商業活動に関係する法をつくり、それはある程度ヨーロッパで実施されている法を採り入れたものになった。それはつまり、商人らが従っている慣習である商慣習法の適用範囲の裁判権を引き受けるということを意味していた。大法官府裁判所、また海事裁判所は、別の管轄権を有していたが、国王の裁判官らはその権限を制限し、最終的には双方をコモン・ローの体系のなかに引き入れた。

　王座裁判所の裁判官らも、地方行政府の動向に関心をいだき、役人の仕事について判断する力を拡大した。チューダー朝の時代から各都市の行政府は職務を増やしはじめ、道路や橋を管理し、居酒屋を認可し、労働規制を実施し、貧民や私生児の面倒を見た。国王勅許状は都市が市を開催したり通行料を引き上げたりする権限を与え、多くがたくさんの条例をつくった。たとえばレスターでは、町の条例が共有地の権利を承認し、安息日の順守を義務づけ、蠟燭用の獣脂や貧民に販売する石炭、消防活動用の革バケツなどの供給を保証した。さらに歩道の修繕や販売用の羊毛の計量を規制し、他所の国の出身者である「外国人」によるパンや手袋の販売を禁じた[36]。都市当局はいまや、同業者組合や荘園裁判所のような地域集団よりも住民の生活を規制するようになった。同じ頃、囲い込みや沼地の干拓によって社会不安が引き起こされ、立ち退くことを余儀なくされた人々は、エセックスの裕福な地主らに利益をもたらすだけだと考え、計画を中止させようとした。彼らが排水委員会や町の評議員らや治安判事らに対する訴訟を申し立てると、国王の裁判所が審理することになった。王座裁判所はこれを受けて、人々が「誤った行政」について訴え、役人は共通の善を守るべきだと論じることを可能にする新たな訴訟形式を正式に設け、役人が役人に対する訴訟を申し立てることもしばしばだった。上級裁判所は今や、役人や行政について評価することになった。

裁判官も治安判事も、一六三八年に国会がチャールズ一世に送った権利の請願、一六七九年の人身保護法とともに、マグナ・カルタによって認められた自由を重要視しつづけた。[37] それらの法がまとまり、不当に投獄されない自由、裁判における平等、同輩の陪審による裁判を人々に保証した。ある学者によれば、イングランドの知識階級はコモン・ローと裁判所を中心とした法体制を、正義、手続きの平等、積極的同意の考えと重ね合わせ、ヨーロッパの他国の人々の抑圧された状況よりも地位が高められたと考えた。[38] 実際、新たな法の累積的影響は、貧困者の救済や労働規制など、比較的統一された一連の原則に結実した。またこの頃、地域の裁判所の多くが訴訟方式や手続きをコモン・ローから採り入れ、宣誓補助者ではなく陪審制を用いるようになった。[39] こうしたことすべてが、王座裁判所の地方政府への介入とともに、共通の司法制度という一定の意識を生んだ。しかしその制度はまだ、統合されたものではなかった。

イングランド法釈義

アメリカの入植者のほとんどはイングランドのコモン・ローの恩恵を信じていたが、一七世紀後半には、国会による法は自分たちには適用されるべきではないと論じる人もいた。[40] なんといってもアメリカはロンドンから遠く離れていた。しかし王政復古後の国会は海外の領地や、フランスに脅かされていた大西洋横断貿易の利益をあきらめるつもりはなかった。さまざまな政府機関が直接的な支配権をにぎろうと試み、ペンシルベニアなど新たな植民地に特許を与えた。特許では総督が法律を枢密院に送り、認可を受けなければならないとされた。いっぽう、植民地とその商業を規制するためにつくられた交易委員会は、植民地の法がコモン・ローに適合しているかを審査した。もっとも、古い植民地では、「グレート・ブリテンの法と矛盾しない」限りにおいてより自由に法を通すことができた。

一部の総督はイングランドの法律家を政府に招いたが、多くの法律家が植民地の法の状況について憂慮すべき報告書を本国に送った。一六九八年にニューヨークの総督として赴任したベロモント伯爵は、ロードアイランドの法務長官は「哀れな無学の機械工で、非常に無教養であり」、その前任者は「きわめて腐敗し、野蛮で、宗教上の道徳をまるで欠く」と述べた。[41] あるイングランド人法廷弁護士は、ヴァージニアの裁判所は大法官府裁判所、王座裁判所、人民訴訟裁判所、海事裁判所の仕事を合わせたようなもので、「法の意味が誤解され、手続きの方式や方法はしばしばひどく不規則だ」と指摘した。[42] 交易委員会は、入植者のあいだで正しい法的基準が守られるよう、総督やその他の行政官が対策を講じなければならないと指示した。このプレッシャーを受けて、アメリカ人の法律家らはイングランドの法と慣習をより入念に参照するようになった。ロードアイランドの議会はイングランドの法律書を入手して参照した。弁護士や裁判官も、何度も再版されて広く読まれていたクックの不動産に関する著作を研究した。植民地はしだいに、それぞれの法的諸制度をより一元化された制度に統合し、コモン・ローを受け入れ、法律家はより専門的な訓練を受けた。実際、イングランドの法的諸制度の歴史的な複雑性から自由なアメリカの法律家らは、イングランドに比べてより体系的で理路整然とした手続きを発展させた。[43]

イングランドの一部の著述家のあいだでは、統治の形態であると同時に特権だと考えられているイングランドの法が、海外に直接適用されるべきではないという意見も根強かった。裁判官も務めた法律家のウィリアム・ブラックストンは、アメリカの植民地は征服された土地であり、コモン・ローを直接適用することはできないと主張した。植民地の法が似ているのはイングランドの法をまねしたものだからだ。つまりそれは、アメリカがイングランドでは批判の的になっている奴隷制を維持できるということを意味する。しかし一七六五年にブラックストンの大著『イングランド法釈義』の第一巻が出版されると、アメリカの法律家らはこぞって注文し、熱心に勉強した。[44] 中身は整理されていなかったが、ブラックストンはコモン・ローの規則を秩序立てようと力を尽くした。これはまさに新たな法制度をつくっていこうとしていたアメリカ人が必要としていた本だった。イギリスの出版社は現地版が出る前にアメリカで一〇〇〇部を売り上げ、アメリカ版もすぐに一四〇〇部売れた。もっとも著名な法律家らがこれを購読し、最高裁判所長官を務めた高名なジョン・マーシャルは、二七歳のときに四回読んだと語っている。ブラックストンは法律家以上に、法専門家以外の人々に向けてこの本を書いた。農民、商人、家具職人、靴屋、兵士、居酒屋の店主、誰もがこの本を参考にした。当初、独立心の強いアメリカ人政治家のなかには、自分たちにはコモン・ローの恩恵が与えられていないというブラックストンの見解に反感をもつ者もあり、法学者らはブラックストンの文章にアメリカの新たな法についての注釈を書きこんだ。しかしアメリカの法を理解し、守り、発展させていくためにブラックストンが出発点になるということは、誰ひとり疑わなかった。[45]

自然法と自然権

いっぽうイングランドでは、政治と司法の活動の組み合わせでコモン・ローを発展させつづけていた。国会は一六八八年以降、定期的に開催されるようになり、新たな立法を求める請願の増加に対応していた。社会的問題を懸念する治安判事、厚みを増す中流階級の人々、新たな任意団体などが新法、よりよい取り締まり方法、効果的な刑罰を求めて働きかけた。ジンの飲酒や売春を罰する法案が提案された。どちらも、とくにロンドンではびこる貧困、無法、無秩序の兆候であるとともに原因であると見なされ、人々は新たに極端な厳罰を科す犯罪の制定を求めた。犯罪についての道徳的パニックは、現代の世界でもおなじみの過剰規制や権力濫用の懸念と表裏を成す。しかし一七五〇年代には、国会議員らは国の日常的な統治の法制化が必要と認めていた。人々はコモン・ローの古い原則と同様に、国会の決定にも法を見いだすようになった[46]。

それでもコモン・ローが、それ自体の存在と権威を有し、それは国王や議会のそれとは別物だという考えは消えなかった。急進派もホイッグ党員も、野党であるときには専断的で暴君的な統治に対して保障するものとしてコモン・ローを引用した。いわく、コモン・ローは、政府が保護しなければならない、人々の同意なしに変更不可能な基本的な権利を象徴している。彼らは哲学者や法学者らが構築した自然権についての理論に影響を受けていた[47]。一七世紀はじめにオランダ人法哲学者のフーゴー・グロティウスが、自然法に関する主著のなかでこれらの考えの土台を築いた。彼は自然法をキリスト教の原理と同等と見なしていた。一七世紀、イギリス人哲学者のジョン・ロックは、財産所有についての有名な著作のなかでこれらの考えをさらに発展させた。ロックによれば、個人は注ぎこんだ労働に基づいてその財産を所有する自然権を有する。

こうした自然法および自然権の考えは、とりわけ財産にかかわるので、大西洋の両岸にひじょうに大きな影響を及ぼした[48]。フランス相手にきわめて金のかかる戦争を終えたイングランドは、景気のいいアメリカの植民地からの歳入を増やそうと考えた。当然これは怒りと反感を買い、共通の法伝統という意識が存在するにもかかわらず、多くの弁護士をふくむアメリカ人たちは独立を実現する決意を固めた。一部はクックの自由と所有権についての考えや、法の権威を国王の権力の上に置いたとされる、医師ボナムの裁判における彼の陳述を拠りどころとした。多くの人々がイングランド人の「基本的権利」について論じ、イングランド国王とその政府によっておこなわれている法的規制は自然の衡平に反すると主張した。クックとその同時代人は国会の権威に重大な疑義を呈したことはなかったが、アメリカ人活動家らはコモン・ローを自然法と同じ意味で語った。つまりそれは個人に基本的権利一式を約束し、自由を保障する法だと。支配者から下げ渡される実体法とは異なり、コモン・ローは人々の同意を必要とする。

こうした議論が、入植者は先住民から土地を購入して自身の労働でそれを改良したという主張、国王は勅許状を無効にできないという主張、植民地住民らはフランスとカトリックに対する防衛という貴重な恩恵をイングランドにもたらしているといった主張に加わった。これらの議論が宗教や地域の違いを超えてアメリカ人の心に響き、共有の政治的また法的文化の形成を後押しした。自然であり、生得的であり、そして不可侵の権利の重要性を唱えたブラックストンの主張は貴重な支えとなった(49)。一七七〇年代にはジョン・アダムズが、ニューイングランドの法は国会に由来するのでも、コモン・ローに由来するのでもなく、自然法から生じたと述べた。「われらの祖先は、国を離れたときイングランドのコモン・ローを享受する資格があった」、しかしそれは自分たちの望むものに限るとアダムズは主張した。一七七六年に採択された独立宣言の序文は自然法の原理に訴え、「すべての人間はうまれながらにして平等であり」「その創造主によって、生命、自由、および幸福の追求をふくむ不可侵の権利を与えられている」という「自明の」真理を宣言した。

実際には、独立後のアメリカの各邦はイングランドの祖先から継受したコモン・ローを用い、発展させつづけた。独立宣言が出されたときには、イングランドのコモン・ローはアメリカの裁判所やその手続き、弁護士による訴答、また裁判官の引用する法諺のなかにあまりにもしっかりと確立されていたので、ほかの体系の構築を試みる余地はなかった(50)。もはやロンドンの枢密院への上訴はできなくなったが、人々はブラックストンの「イングランド法釈義」を読み、裁判ではイングランドの訴訟を引用した。自然法と自然権についての考えは、イングランドのコモン・ローの慣行と原理とともに、いずれ現代世界でもっとも優勢となる法制度のひとつへと発展する法の基礎を築いた。

ナポレオン・ボナパルト

しかしイングランドのコモン・ローにも批判はあった。一八一一年、イングランド人学者であり社会改革者でもあったジェレミー・ベンサムは、第四代大統領ジェームズ・マディソンへの書簡で、アメリカの新法典をつくることを申し出た。そうすれば「あなたがたの首にかかっている」言葉も、際限も、形式もないコモン・ローという「軛《くびき》」から新しい国を解放できると言って(51)。ベンサムは大西洋の両側で成文法典が必要だと固く信じる改革者のひとりだった。

その主張はイングランドでもアメリカでもほぼ無視されたが、ヨーロッパ大陸では違った。そこでは法典編纂の動きがすでに最高潮に達していた。

一八世紀後半、フランス革命による混乱と神聖ローマ帝国の崩壊、またアメリカ大陸の発見と入植に影響を受けたヨーロッパの著述家や改革者らは、国の議会の主権やその法の権威について新たな議論を進めた。たとえば、議会の主権は、自然法が個人を暴政から保護するという考えとどのように調整されるのか？　議会の決定は何よりも優先されるのか？　それとも裁判官は自然法の原理に反する制定法を無視できるのか？　個人は支配者や政府の暴政を防ぐために生得の権利に頼れるのか？

こうした議論が基づいていたのは、何世紀にもわたり学者らが築いてきて、ジョン・ロックをはじめとする政治改革者らが当時取り組んでいた自然法と自然権についての学説だった。いっぽう大陸の学者たちは、居住地にかかわらず万人に適用されるべき一般原則の体系である「国際法」という考えを発展させた。彼らは、ローマの万民法の概念を基に、すべての国に共通する法をつくりあげた。万民法はローマ市民にのみ与えられていた法的特権とは異なる。一六世紀、フランスの法学者シャルル・デュ・ムーランは慣習法の考えをローマ法と原則に統合することで、新たな考えの土台を築いた。一七世紀はじめ、グロティウスは、あらゆる文明人の法に共通の規範を観察することによって自然法を発見できると論じた。グロティウスとその仲間の理論はまもなくヨーロッパ中で尊敬を集め、学者らはローマの文書のなかに自然法の原理を探しはじめた。ドイツの法学者プーフェンドルフのように、自然法の考えをキリスト教神学と並列させて考えようとした学者もいた。神が人間の自然法をつくったとプーフェンドルフは論じたのだ。しかし神学的な関心をもつ学者ばかりではなかった。ドイツ人の数学者で哲学者のゴトフリート・ライプニッツは、理論に基づいた法体系を提唱した。フランスの法学者ジャン・ドマは一六八九年に出版したローマ法に関する著作のなかで、彼のいう自然法の論理原理に従ってローマ法をとらえ直した。大陸の学者たちも、イングランドにおいてと同様に、それが古い伝統か、キリスト教神学か、論理か、共通の人間性か、いずれに根差しているかどうかにかかわらず、政治的権威、そしてこの場合には政治的分断を超える法形式についての力強い考えを発展させていた。

一七世紀の三十年戦争の動乱が学者たちに、法の目的について、また法が実現できることについてより実際的に思考するように促した。多くの学者が、「人間の情念」や、支配者の敵意を超えた公平な法体系が必要だと考えた。そうした支配者の起こした戦争によって、北ヨーロッパの人々と暮らしは大きな被害をこうむった。そのいっぽうで、

「ローマ法大全」はローマ皇帝の法典であり、ユスティニアヌスは独占的な立法権を行使していた。ローマの法文に、「君主は法律に拘束されない」〔「学説彙纂」の一節〕（『ローマ法とヨーロッパ』ピーター・スタイン著、屋敷二郎監訳、ミネルヴァ書房、二〇〇三年）とあり、また「君主の好むところが法律の効力をもつ」（同前）ともある。ローマ法学者のウルピアヌスは当初、若干異なる考えを示していたが、中世および近代初期のヨーロッパの学者らはこれらの格言を、たんに君主の権威を述べたものとして引いた[52]。合理主義的自然法学者として知られるようになった学者らは、支配者の意志に基づき、わかりやすく論理的に言明される、完全な法一式の制定を主張した。こうすることで、支配者の主権という概念と自然で公平な法とを協調させようとしたのだ。当然のことながら、三十年戦争を終結させたウェストファリア条約後のヨーロッパの君主たちは、国家法典を領土の統一および地域の領主や裁判官の権力の制限に役立つものと見なし、法典編纂という考えに積極的だった。「パリ慣習法」や神聖ローマ皇帝の刑法では力不足だったのだ。

法がひとつの法典におさまるとする考えに反対する著述家もいた。有名なのは裁判官であり哲学者でもあるモンテスキューだ。一七四八年に出版された「法の精神」で、法は固有の気候、経済、伝統、作法、宗教をもつ社会とつながりをもたなければならないと論じた。自然法や神学の原理に万人共通の考えを探すのは間違っているというのだ。しかしほとんどの君主たちは包括的な法典の編纂に取りかかった。最初に、一七五六年ボヴァリア公国が、ローマ法のドイツ語版を公布した。次にプロイセン王フリードリヒ・ヴィルヘルム（一世）が命じ、息子であるフリードリヒ二世の代で完成した大法典が続いた。条項数はおよそ一万九〇〇〇箇条もあった。オーストリアでは、神聖ローマ帝国皇后マリア・テレージアが、一七五三年に私法典の編纂を命じた。「テレージア法典」には八〇〇〇の条項があったが、後継者によって大幅に改編された。法典は、神聖ローマ帝国がすでに崩壊したあとの一八一二年に公布された[53]。

この頃フランスでも、新たな世界秩序のための急進的構想を実現したいと考える革命家らの支持を受けて、包括的な法典編纂の動きが高まっていた。一七九九年に第一執政となったナポレオン・ボナパルトは、すぐに少人数の委員会に民法典の起草を命じた[54]。この草案は、新たな暦、メートル法、教育改革とともに、法と秩序を人民にもたらすはずだとナポレオンは述べた。彼はみずから議長として審議に加わった。法典は封建制を終わらせ、単一性、均一性、単純さという新たな精神のもと、あらゆるローマ法を時代遅れのものとするというのが、ナポレオンの主張だった。実際には、新しい法典の構成と内容の大部分は、ローマ法によって形作られている。委員会はユスティニアヌス帝の「法学提要」の構成に倣い、私有財産についての重要な法はローマ法の考えを土台にしている。またナポレオンは、法体系は「理性」に基づいていると強調した。理性もローマ法を強く連想させる概念だ。

ナポレオンがいだいていた野心は皇帝になることそのものだった。ローマにインスピレーションを求めて、トーガや剣を衣装に採り入れ、政府に元老院と護民官をつくった。また、君主の意志が法となるというユスティニアヌス帝の見解を熱心に適用した。ある学者の言葉を借りれば、ナポレオンは、ユスティニアヌス帝と同様に、世界を征服して再び秩序をもたらし、みずから創造した世界を神のように統治することが自分の使命だと信じこんでいた[55]。ナポレオンは、法そのものは変えてはならないと主張した。法曹は彼の法を適用するが、司法的解釈は禁じられた。そして一三〇〇年前のローマ皇帝と同じく、いかなる法も支配者の権威を超えるとする学者らの議論を無視して、皇帝の絶対的権力を主張した。しかしフランスの法学者らはまったく感心しなかった。ワーテルローの戦いでナポレオンが敗れ、一八一五年に王政復古が実現すると、新しい憲法に合うように法を見直し改正した。セント・ヘレナに流刑になっていたナポレオンは彼らがおこなった変更に愕然としたが、改正された民法典は時代の試練に耐え、現在でもフランスの法の基盤を成している。

ほかの国々では、法はその社会の封土に根差さなければならないというモンテスキューの考えが強力な賛同者を得た。ヨーロッパの大学では法典編纂を支持する人々と、法典編纂に反対するフリードリヒ・カール・フォン・サヴィニー率いるドイツの歴史法学派のメンバーたちとのあいだで、激しい論争が生じた。サヴィニーは、法は社会的また歴史的文脈から生じ、また生じることを許されるべきだと主張した。しかし最終的に前者のグループが勝利し、新たなドイツ帝国の支配者に包括的な法典をつくるよう促し、法典は一九〇〇年に公布された。これはヨーロッパにおける法典編纂の波を追いかけたものだった。その多くが明白にフランス民法典に基づいていた。フランスの民法典がその後数十年間にわたり多くの植民地にも輸出されたのは言うまでもなく、ルイジアナの法も形作った。

＊＊＊

二〇世紀のはじめ、ムガル帝国はすでになく、オスマン朝はぐらつき、中国の清朝は滅びかかっていた。ヨーロッパでは程度の差こそあれ国家体制が確立され、コモン・ローやシヴィル・ローが世界中に持ちこまれた。その頃、合衆国は経済力・軍事力を蓄えていた。ほんの二世紀前、ヨーロッパの法が規則や慣習や原則や制度の無秩序な塊だった。ところが野心的な政府は広大な領土を管理するのに役立つ法を発展させ、数々の刑罰をつくることで法を懲罰の道具へと変えた。また内戦の混乱によって多くの人々が、法は強い君主が反抗的な人民に服従を強いるのに役立つ道具だと考えるようになった。そうした考えの結果、多くの人々が訴訟手続きを抑圧的で不当なものとして経験した。しかし裁判官や法律家は依然として、法とは何か、法で何ができるかということについて理想主義的なビジョンをいだいていた。法学者らはローマ法の合理性と知的な洗練を目指し、自然法学者らはキリスト教神学や共通の人間性という考えに依拠した。そしてイングランドの裁判官らは、コモン・ローという古い伝統を守っていると主張した。著名な理論家らが法は合理的かつ理性的であるべきで、法は個人を守り、財産を定義し、商業を促進すると訴えた。それは権利の源であると同時に管理の道具だった。それはブラックストンによって発展した考えであり、アメリカで熱心に受け入れられた。それはまた植民地政府が、自分たちの法は、彼らの見るところ無知蒙昧《むちもうまい》な世界の他地域の人々に秩序と文明をもたらすという彼らの主張の根拠にした考えでもあった。

第13章　植民地主義——法を輸出する

新たな土地と人々に法体系や統治制度を押しつけたのは、ヨーロッパ人が最初ではなかった。ハンムラピは軍事作戦の仕上げに帝国中に法を刻んだ石碑を立てた。中国の皇帝らは広大な領土全域に中央集権化された官僚制を確立した。ローマのカラカラ帝は、帝国の臣民は誰でもローマ法の恩恵を受けると宣言した。ムガル朝はインドにペルシア形式の法と政府をもちこんだ。そして昔から、立法者らは遠くの伝統や前例から新たな様式の法を借用し、模倣してきた。

歴史的に新たな法はたいていの場合、程度の差こそあれ、すでにあった法伝統と調和して共存した。中世のユダヤ人とムスリムはそれぞれの法を守りながら隣り合って暮らしていた。ムガル朝はヒンドゥーの王たちが自領地で自分たちの法を用いることを許した。初期のルーシの諸公、司教、商人らはそれぞれの領域で並立する規則をつくっていた。しかしヨーロッパの植民地主義とその法は、世界史上どの法形式よりも広範囲を、何にも増して徹底的に支配した。これはもちろん、一八世紀および一九世紀に展開した地政学的なできごとによるものだった。しかしヨーロッパの列強は効率的な新形式の官僚政府を生みだし、懲罰の道具としてまた規制の手段として法を利用し、彼らが導入した〝合理的な〟法制度はたちまちほとんどの植民地の歴史的な法を周縁化した。

スペインによる征服

はじまりは、一四九二年のクリストファー・コロンブスによるアメリカ航海の数カ月後だった。スペイン王室の要求に応えて、ローマ教皇アレクサンデル六世は西半球の全地域の「領有権」を認める大勅書を発布した。フェルディナント国王とイサベル女王はナスル朝の最後の包領であったグラナダを〝征服〟し、連合王国はこのうえない軍事力を誇っていた。両王はまもなく大西洋を越えて軍を派遣した。スペインのコンキスタドール（征服者）たちはメキシコのアステカ帝国、マヤ、さらにペルーへと移動し、次々と敵軍を破り、支配者を処分し、都市を破壊していった。ヨーロッパの軍隊は洗練された文明を滅ぼし、記録を燃やし、人々に感染症と飢饉をもたらしたので、南アメリカにあった王国の法慣習についてはほとんどわかっていない。筆記記録はほとんど残っていないものの、アステカでは刑法の一部が記録されていたこと、征服された国々には体系的な構造をもつ政府と統治が存在していたのはわかっている。

スペインによる征服の残虐さはよく知られている。あまり知られていないのは、スペインの神学者や哲学者らが激しい反対を展開したこと、そうした事業の正当性について長期にわたり論争がおこなわれたことだ。[1] ほとんどの人々は先住民に加えられた迫害に愕然とし、多くの人々が、教皇の発布の背後にある、皇帝を立法者とするローマのインペリウム〔命令権〕の幻影に危機感を募らせた。スペイン王国に大勅書を与えた教皇は、まるで世界のどの地域の主権でも与えられる権威をもっているかのようにふるまった。ドミニコ会士であり神学教授でもあるフランシスコ・ビトリアは一五三九年、歯に衣着せぬ批判の講義をおこない、サラマンカ大学およびコインブラ大学の学者らも続いた。彼らはすべての人間に共通する法、万民法についての法的主張を展開し、万民法はスペイン人と先住民の関係にも適用されるはずだとした。[2] ビトリアの同僚である、ドミニコ会修道士のバルトロメ・ラス・カサスも、征服は非道で不正であるだけでなく、違法だと主張した。これを受けて国王カルロス一世〔神聖ローマ帝国皇帝カール五世〕は、一五五〇年にラス・カサスと人文主義学者ファン・ヒネス・セプルベダによる討論会を開催した〔いわゆる「バリアドリーの大論争」〕。セプルベダは当時、先住民の慣習が自然法に反しているという理由で征服の正統性を弁護していた。ラス・カサスは議論を優勢に進めたが、国王は勝者を発表することも、征服をやめることもなかった。先住民の文明を救うには手遅れだった。

征服の結果、スペイン人は南アメリカ全域で、ポルトガル人はブラジルで、先住民に新たな形式の政府を押しつけた。[3] カルロス一世は、カスティーリャの法と矛盾しない限り地域の法伝統を維持すると宣言し、アメリカ大陸の領土における司法権を行使するインディアス枢機会議を、国王直属に格上げした。会議の布告によって、帝国全域でカスティーリャの法を順守することが命じられた。カスティーリャの法とは事実上、「七部法典」とそれに続く法律、そしてスペインがとくにアメリカ向けに制定した新法や法令を意味していた。

スペインによる征服は、やがて世界中にヨーロッパの法形式を輸出することになる一連の植民事業の始まりだった。しかしこのような事業の正統性に関する議論は続いた。ヨーロッパ人は優越した軍事力・経済力を享受していたが、それでも自分たちの活動を正当化する必要は感じていた。

学者らは現代文明を促進するためにキリスト教、合理性、自然法に訴え、それらが現在の国家という考えや法の支配の基盤を形成した。

空いている土地の改良

セプルベダは、征服は異教徒にキリスト教を伝道する最初のステップだと論じた。フランスも北アメリカに遠征した際、同じ大義名分を利用した。イングランドの初期の探検家らも同じだ。一六世紀、有名な著作家リチャード・ハクルートは異教徒に福音を説く義務を語り、植民地化を奨励した。ジェームズ一世は、一六〇九年にヴァージニア・カンパニーに勅許状を与えたとき、これが「今なお闇のなかで、真の知識と神への崇拝を知らぬ惨めな状態で生きている」人々にキリスト教を伝えることになるだろう、その結果、「いずれ彼らを人道的な文明に導けるかもしれない」と述べた。[4] 裁判所ではエドワード・クックが、先住民の法は征服と同時に消滅した、なぜならそれらの法は「神と自然の法に反しているから」だと断言した。批評家のウィリアム・ストレイチーは、ローマによる「われわれの野蛮な島〔ブリテン島のこと〕」の征服と重ねた。イングランド人には「異教徒の野蛮人」を文明化する義務があるとストレイチーは述べたのだ。[5]

しかしスペイン人らが気づいたように、あからさまな征服を弁護することは難しい。北アメリカの入植者らは自分たちのしていることを正当化するために新たな根拠を探した。[6] 自分たちは〝空いている〟土地の〝改良〟をおこなっており、アメリカ領は〝ほぼ誰も住んでいない〟ので、入植者はその土地を平和的に占有していると主張した。実際には、彼らは村落に住み土地を耕作している人々と出会い、彼らが狩猟や漁猟をしている場所の一部を交渉によって買っていた。最初のうち先住民らはよろこんで土地を売り、その利益で道具や武器や装飾品を購入した。しかしさらに入植者がやってくると、その多くが先住民の居住権に異議を申し立てた。北アメリカは広大で、現在の人口はひじょうに少ないから、人口過多のイングランドからやってきた人々が、事実上放置された豊かさを利用することは正しいことだと、彼らは考えた。

同じ頃、哲学者らも、財産についての新たな考えを発展させ、先住民らの権利を疑う理由を見つけた。トマス・ホッブズは『リヴァイアサン』(一六五一年)のなかで、財産権は有効な政府にかかっていると論じ、ジョン・ロックは『統治二論』のなかで、財産権と耕作を強力に結びつけた。つまり先住民が土地を耕さず、狩猟に用いているだけなら、入植者は合法的に入植できるということになる。入植者が土地の計画を立てれば、すなわちロックの言葉で言えば「労働を土地と混合」すれば、新たな占拠者は所有権を得る。ほかの著述家らもこの考えに飛びついた。スイスの法学者エメール・ド・ヴァッテルは、「国際法」について有力な論文を執筆し、そのなかで自然法の下では人々には土地を耕作する義務があると説いた。つまり、ペルーやメキシコの文明を征服したことは「ひどい侵害」だったが、北アメリカにおける植民地の設置は「正しい限度でおこなわれるなら」完全に合法だとヴァッテルは述べているのだ(7)。

こうした議論はやがてヨーロッパ人による大平原への進出をも正当化したが、東海岸の先住民のほとんどは農民であり、入植者らは彼らの土地を購入するために交渉による契約を結びつづけた。同時に、彼らは先住民を「未開の」「無法な」やつらだと躊躇なくけなした。当時は人間の進歩という考えが定着しつつあり、入植者の目には、先住民はいまだ文字をもたず政府という機構も生み出さなかった、進歩の初期段階の人々だと映っていた(8)。法、およびその欠如は、文明の重要な象徴となった。なにしろ「オデュッセイア」でも、ホメロスがキュクロプスを、傲慢で「無法な」生物だと言っている(9)。たとえ先住民が占拠に同意しなくても、彼らは入植者のもたらす恩恵に感謝するはずだといった主張もあった。入植者は「彼らの野蛮な生き方をヨーロッパの文明化された礼儀正しい慣習に」矯正するからだという理由だった(10)。

実際には、多くの入植者が先住民をだまして、彼らが理解していない契約書に署名させた。集団全体を代表しない「代表者」と交渉したり、ただ暴力で脅したりした。先住民にとっての最大の問題は、違法な土地占有を防ぐ力はイングランドの支配する裁判所にあったということだ。しかし少なくともその方法は存在し、先住民はそれを利用し、ときには勝訴することもあった。多くの入植者によっておこなわれていた不正を重く見て、一七六三年、ジョージ三世は私的土地取引を禁じる声明を出した。以降、適切な交渉による合意によって土地を取得できるのは植民地政府に限られた。多くの総督が、高利益の毛皮取引の存続を案じて、先住民の領地を尊重することを承認した。しかしこの声明の間接的影響によって、入植者らは、先住民と彼らに土地の権利があるという意識から遠ざけられることになった。

先住民の権利の剝奪

北アメリカの先住民にとっては、植民地の独立戦争後、事態は悪化した。アメリカ独立革命の間、先住民たちは、少なくとも彼らの権利を政府が認めていたイングランドを支持していたが、新たな国家連合の総督らには彼らの利益を守ろうとする気はなかった。当初、合衆国の連邦政府および多くの州政府は積極的な土地政策を実行し、先住民らに「契約」を押しつけ、事実上補償なしで彼らの土地を接収した。一七八〇年代には土地購入を再開し、〝インディアン〟の財産権を認めると宣言したが、新たな土地への進出を望む入植者たちは新政府に制限の緩和をたえず要求した。追いつめられた役人たちは、先住民にツケで品物を売り、売掛金を回収するとして土地の譲渡を求めるなどの卑劣な手段やあからさまな強要など、無節操な方法をつかった。先住民を適正に扱いたいと考える人は、とくに東部では多かったが、辺境で困難な暮らしを営む人々は、自分が耕作したい土地を自由に歩き回る先住民に怒りを向けた。

一八二三年の法的決定が、ついに先住民の土地所有権を剝奪した。著名な「ジョンソン対マッキントッシュ」裁判で、裁判官は先住民にあるのは所有権ではなく占有権だと判断した。これはひじょうに重要な決定だった。これによって連邦政府および州政府が先住民の強制移住、保留地、土地の割り当てといった政策を推進しやすくなった。法的議論は複雑だったが、その背後には、当時入植者らは東部の先住民集団のほとんどを弱体化させ、境界は西へ、遊牧民の住む大平原へと移動していたという事実があった。以降、法律家らは先住民の人々は「放浪する野蛮人」であり、「アメリカの荒野を横断し」、農耕に従事せず、そのおもな営みは戦いだと主張できるようになった。[11] ここでジョン・ロックの思想がとりわけ有用になる。のちに第六代合衆国大統領になるジョン・クインシー・アダムズは、先住民の土地所有権は彼らが実際に耕作している土地のほんの一部に限られると主張した。一八一四年の条約交渉の際、彼はイギリスの代表団に対して「領土の広大な地域を、数百人の野蛮人が獣を狩るだけの不毛で辺鄙な土地のままにしておくことを、合衆国の人民はけっして認容しない」と述べた。

アダムズの後任の大統領、アンドリュー・ジャクソンは、さらに思いやりに欠けた。ジャクソンは強制移住政策を推進し〔インディアン強制移住法〕、東部に暮らしていた八万人の先住民のほとんどをミシシッピ川以西に追いやった。一八三〇年の一般教書演説でジャクソンはこの政策を、〝進歩〟を理由に正当化した。「どのような善人が、都市や町や豊かな農場が点々と存在し、芸術が生み出し産業が達成するあらゆる改良に飾られ、一二〇〇万人の幸福な人々が暮らし、自由、文明、信仰の恵みに満たされたわが共和国よりも、森に覆われて数千人の野蛮人がうろつく国のほうがいいと思うだろうか?」

文明は進歩を意味し、進歩は財産権を意味した。合衆国はコモン・ローに基づいた土地所有制度を確立し、それによって政府がアメリカの地の最終的な所有権を有することになった。その結果、狩猟や漁猟をおこない、古くからの生き方をしていた先住民の権利を剝奪する政策がやりやすくなった。こうしたことすべての背後には、開発と進歩の両方に私有財産が根本的に重要だという意識がある。

その後数百年にわたりヨーロッパ人が追求した植民事業の多くの背後に、同じ思想が存在した。

東インド会社

北アメリカの植民地が失われたとはいえ、イギリスはすでにアジアと中東における貿易事業を確固たるものにしていた。[12] 一五世紀、喜望峰を回る最初の航路開拓によってポルトガル人とオランダ人航海者らは繁栄するサファビー朝やムガル朝に触れた。ヨーロッパ人らは彼らの技術的進歩に驚き、オスマン朝の壮麗な首都コンスタンティノープルにも引けをとらないイスファハーンやデリーのムスリム宮廷のすばらしさに目を奪われた。同じ頃、インド洋では中国人商人がインド人、ペルシア人、オスマン朝のトルコ人、アラブ人と商取引をしていた。

一七世紀半ばになると、偉大なムスリム帝国の三国すべてが、国内の敵対や紛争によって弱体化した。地域の有力者がスルタンの統治に反発し、ヨーロッパの列強は軍事力で貿易網を支配した。遅れて参入したイギリスは、事業を東インド会社に委ね、同社はインドの海岸沿いに交易所を設立した。最終的に東インド会社は事業をカルカッタにまとめ、それ以降、ムガル朝とそれなりに友好的な関係を結んだ。ペルシアのナディール・シャー〔アフシャール朝創始者〕がムガル朝の首都デリーを略奪すると、東インド会社はそれに乗じて活動を拡大した。一七五七年、ベンガル太守（ナワーブ）との戦いに勝利すると、その影響力をインド北東部全域に広げた。数年後、長い交渉の末にムガル朝皇帝シャー・アラムからベンガルとビハールの徴税権（ディーワーニー）を獲得した。これで東インド会社は、同地域の事実上の支配者となった。

ロバート・クライヴ率いる同社の軍隊は、インドにおける軍備拡張計画に取りかかり、地域の支配者を破り、事実上その土地を押収した。多くのヨーロッパ人の目には、私有財産と商人階級が軍事政権のもとで押しつぶされ、皇帝の贅沢のために搾取されているムスリム王朝はおそろしい専制だと映った。だからクライヴは当初、イギリス国内で大いに称賛された。ホイッグ党のロバート・マコーレーは、クライヴが、「何世紀にもわたって専制の犠牲になってきた数百万人のインド人にできる限りの平和、安全、繁栄、自由をもたらした」と述べた。しかし「ムーア人の専制」の地域を統治するのは、まったく別の話だった。地税の徴収のため派遣された東インド会社の管理人らは、ペルシア語で書かれ、複雑な財産関係を反映した専門的な会計帳簿を手にした。困惑した彼らはインドの人々にひどく過大な税を課し、一七七〇年代にベンガルの大規模飢饉を引き起こした。数百万人の死者を出しただけでなく、会社は破産の瀬戸際に追いつめられた。イギリスの政治家たちは、東インド会社に矛先を向け、インドの人々を犠牲にして私腹を肥やしていると同社の代表者らを厳しく非難した。憤慨した文人・政治家のホラス・ウォルポールは「東インド会社とその手下の怪物たちの非道」を糾弾した。インド人たちもこうした非道を認識していたが、自国の富がイギリスに持ち出されるのをどうすることもできず、ただ見ていることしかできなかった。

新たに首相に就任したノースは何としてもインドにおける権益を手放すまいとして、東インド会社に対する統制を強めるという対策を講じた〔ノース規制法〕。一七七二年にはウォレン・ヘイスティングズをベンガル総督に任命し、カルカッタに最高裁判所を設立し、裁判官は国王が任命した。[13] イギリスでは多くが同社の「現住民」の扱いを批判し、腐敗した役人が本国に「東洋の専制」の慣習を持ち込むことをおそれた。数年後、東インド会社の軍隊がヒンドゥー教徒のマラーターとの戦争に敗れたことも、事態を悪化させた。しかし一七八四年、国会は戦略的に中国茶の関税を下げ、それによって輸入が急増し同社の財務状況も好転した。次の総督となったコーンウォリス卿は徴税と財産所有に関する新たな規則を導入し、その後は東インド会社の統治は「ヨーロッパの政策のあらゆる規則や体制」に導びかれていると主張した。[14]

東インド会社の軍は以前の失敗から体勢を立て直し、一八〇三年にデリーに侵攻し、マラーターからムガル帝国皇帝の保護権を奪った〔第二次マラーター戦争〕。ムガル朝の統治はもはやフィクション同然になった。一八一三年に改訂された東インド会社の特許状は、インド全領土におけるイギリス国王の「まぎれもない主権」に言及している。[15]

征服と異教徒の改宗

こうした展開のあいだずっと続いた抵抗、翻って植民地主義者から見れば地域の不安定によって、多くの人々が、平和は絶対的な最高位によってしか保障されないと主張した。[16] 人種的優越や政府の進化についての新たな思想がこうした態度を強化した。一九世紀になると、イギリスの人口増大、経済発展、政治改革によって、より結束を強めた愛国的なエリートが台頭した。彼らは古い貴族の権利や特権を当てにするのではなく、国会をつうじて規制や監査で統制や強制をおこなった。農業改革、地価の上昇、不動産市場の成長から恩恵を受けた支配階級は、自分たちの統治様式や私有財産制度の優越性を確信し、それらを植民地へ輸出するべきだと考えた。

影響力のある政治家や役人は、インド政府は「恣意的で」「法にも、人類の意見や愛情にも基づかない」とけなし、インド人の「ひねくれと堕落」を指摘した。[17] 東インド会社のある従業員は、インドの〝法〟はムスリム支配者の意志にほかならないと報告した。地域の裁判所で、人々は正義を求めて訴訟を申し立てるが、裁判官は、規則やきちんとした記録に拘束されることなく、恣意的な判決を下すというのだ。[18] 対照的にイギリス人は「統治する民族」であり、その「道徳的独立性」から支配者にふさわしい。「道徳的独立性」は政界でよく聞かれた言葉だった。一八〇〇年、新ベンガル総督のウェルズリー卿は、同社の士官らは当初インド人士侯の専制的な方法を模倣したが、今では「イギリスの憲法から引き出した原則」に基づく方法に変えたと説明した。インドにおける帝国主義拡大は今や、ムガル朝支配下で苦しんだ人々に、文明化された形の政府と法を与える改革運動として提示された。

イギリス人の考えは当時のヨーロッパで広く普及していた思想を反映していた。フランスの商人や冒険家らは、一六世紀からアフリカ沿岸に要塞都市や交易包領をつくっていた。彼らはここでモンテスキューの言葉で言えば「野蛮なアラブ人たち」と接し、「放浪するこそ泥」に毛が生えたような人種だと考えた。[19] 哲学者で数学者のニコラ・ド・コンドルセは「レ・ノワール」、つまりアフリカ人の利益は尊重されるべきだが、彼らはいまだ「文明化を待つ」人々だと述べた。[20] ヨーロッパのどこでも、征服と〝異教徒〟の改宗という思想が文明化事業に取って代わった。一八世紀後半、ドイツ人哲学者イマヌエル・カントは、植民地事業は交易路や通信を開き、真に国際的な世界秩序を生みだすだろうと論じた。カントは人種や宗教や文化の違いを超えて人々をまとめる世界文明を予言したコンドルセと同調した。しかし二人にとってそれは、ヨーロッパの法的かつ政治的原則に基づいた秩序を意味した。[21]

インドの法

「東洋の専制」と誹謗していたにもかかわらず、イギリス人の役人らはインドで慎重にものごとを進める必要があるとわかっていた。アメリカでの経験から学んだ彼らは、大規模な移住、領地の収用、先住民の搾取や奴隷労働を促進することはなかった。[22] ムガル朝が複雑な徴税制度を確立していたのを理解していたし、ほとんどのイギリスの役人は、たとえ混乱状態にあるとしても独自の高度な政府をもつ領地に介入し管理しようとすることは危険だとよくわかっていた。地域の法と統治機構の尊重が東インド会社の方針となった。問題は、どのようにそれらを理解するかだ。土地から得られる収益の査定や徴収のために派遣された同社従業員らは、西洋の言葉に翻訳不可能な疑似封建制の権利や義務に直面した。彼らはペルシアの財産法の複雑さに困惑し、財産所有権について説明する中世の文書の言葉を身につけるのに苦労した。インド人が、文書記録と同じくらい口承の伝統や慣習や地域慣行に重きを置いているのも、厄介だった。[23]

ムガル朝皇帝の徴税権では、東インド会社が新たな所領を統治するにあたり、「マホメンの規則と帝国の法に合致するように」しなければならないという条件が定められていた。したがって一七七二年に赴任したウォレン・ヘイスティングズ総督は、「帝国の古い憲法に合致するように」統治することを命じた。[24] 彼は部下たちに対して、インドの法や制度と連携する統治機構をつくるために、インドの学問と行政に使用されている言語であるサンスクリット語、ペルシア語、アラビア語を学ぶよう促した。ヘイスティングズはムガル朝のやり方を熟知しており、一五世紀にペルシア語で統治技術について書かれた「アクバル会典」〔ムガル朝アクバル時代の法令集等をまとめたもの〕を研究していた。その内容は、徴税や司法の規則や規制等に加えて、善き支配者の資質についての詳論だった。ヘイスティングズは、インドの制度を尊重しなければならないと言明し、部下たちに地域の土地所有を確認・記録するように命じた。問題は、イングランドの区分がかならずしも現地の考えや取り決めに適合しないということだった。

イギリスの国会の委員会が東インド会社の統治する領域すべてにイギリスの法と制度を導入すべきだと論じたとき、ヘイスティングズは断固として反対の論陣を張り、ベンガルの「古い憲法」はしっかりと維持されていると主張した。ヒンドゥー教徒は「大昔から変わらぬ法を維持しつづけてきた」と。彼は地区に駐在する社員に対して、徴税、秩序の維持、司法といった業務に加えて、「土着民」を知ることを指示した。[25] 地方裁判所では、彼らはヒンドゥーおよびムスリムの専門家と同席し、関連法について助言をもらった。ヒンドゥーとムスリムの人民は法と正義の精緻な体系をもつということに関して、ヘイスティングズの理解は正しかったが、〝神政国家〟では宗教学者が行為規則をつくり、法として適用しているというのは彼の思い込みだった。そうした規則は法典として成文化されているはずであり、そうでなくとも一式の規則としてまとめることは可能で、イギリス人裁判官がそれを読んで適用できるはずだと考えていたのだ。彼は古いダルマ・シャーストラに感心し、それらはバラモンの学び、知恵、宗教的原則、祭儀の手引き、実務的な行政指示書などの混合ではなく、法典であると理解した。シャーストラはバラモンなら誰でも知っていて、ムスリムの支配者にも尊重された、したがって必要なのはイギリス人が地方裁判所で適用できる英語版だと、ヘイスティングズは論じた。あとは彼が英語版をつくらせるだけだった。カルカッタにはサンスクリット語をつかえるヨーロッパ人がいなかったので、ヘイスティングズはベンガル人学者（賢者）のチームを雇い、もっとも関連性の高いダルマ・シャーストラをペルシア語に翻訳させ、社員のひとりがペルシア語から英語に翻訳した。ヘイスティングズは一七七六年、その成果である「ヒンドゥー法典」あるいは「賢人の法令集」を公布した。

ヘイスティングズのやり方は、一七八三年にカルカッタ高等法院裁判官に任命されたウィリアム・ジョーンズにも引き継がれた。ジョーンズはアラビア語とペルシア語を学び、イギリスの法はインドの法よりも優れているが、それを実施するには専制が必要になると論じた。「先住民の法はそのままで維持されなければならない」、そして裁判所の判決は彼らの法伝統に一致するものでなければならないと言った。問題は、インドの法には、ユスティニアヌスの「ローマ法大全」に匹敵する権威をもつ文献がないということだと彼は考えた。つまり裁判官は、頭のなかに法を記憶しているインド人学者に頼らざるをえない。ジョーンズは学者らが信用できないことを懸念していた。ジョーンズは、判例からコモン・ローが具体化され、変化する状況にも適応できるというイングランドの法伝統のなかで訓練を受けたにもかかわらず、彼もヘイスティングズと同様に、ヒンドゥーの法は大昔から不変だと思いこんでいた。それなら最古の法文が最大の権威を有する。ジョーンズが見るところ、ダルマ・シャーストラは法典であると同時に宗教的文献でもあった。そこで彼はヘイスティングズの業績を土台として、ヒンドゥー法とイスラム法の完全な抄録を編纂することに決め、多くの賢者に最古の文献から重要な法原則を引き出すように依頼した。学者らはそれを、契約や相続や私有財産などジョーンズが決めた見出しをつかって系統立った順序に並べた。もちろんこれは、古いローマの資料から新たな法を編纂するように命じたユスティニアヌス帝と同じ方法だった。こうすることで、イギリス政府はインドの先住民に「ユスティニアヌス帝が市民であるギリシア人とローマ人に与えていたのと同様の、しかるべき司法行政」を与えることになると、ジョーンズは力説した。そうすれば彼らは、イギリスの支配下で満ち足りた生産的な生活を送ることができるというのだ。彼はインドの法を、まるでそれを宗教的土台から分離できるかのように、ヨーロッパの言葉で解釈していた。

一七九四年にジョーンズが亡くなったあと、「インド古代法の摘要」の翻訳を完成させたのは彼の後継者であるH・T・コールブルックだった。[26] コールブルックはサンスクリット語を研究し、ジョーンズよりもヒンドゥーとムスリムの法をよく理解し、固定的な規範一式の確立を阻止する方向に働くさまざまなヒンドゥーの伝統の法書や注釈の原則に精通していた。彼が導き出した結論は、裁判官がもっとも信頼できる法文をつきとめる手掛かりとなる体系を確立する必要があるということだった。しかし時間や資源が限られ、行政の仕事に労力をとられて、コールブルックはこの事業を完成させることができなかった。そしてイギリス人総督らの、インドの法を発見して適用するという目標が行き詰まることになった。

いっぽう、一七九三年の「永代ザミーンダーリー(地税)制度」によって独立した司法制度、少なくとも理論上では、法の支配が確立された。[27]法はすべての領民の私有権を定義し、保護すると考えられていた。その後数十年間、インドのエリートの一部は新たな財産権の恩恵を受け、それに応じて商業活動を順応させた。イギリス人裁判官や役人は、インド人訴訟当事者らの訴えに対して、慣習や宗教的規範を〝発見〟および適用することになっていたが、有用な文書がないなか、彼らはおもにインド人学者の助言に頼っていた。先住民は信用できないというイメージは根強く、とくにイギリスで訓練を終えてすぐインドにやってきた人々のあいだではなおさらだった。彼らはイギリスで、一八一七年に出版されたジェームズ・ミルの大著『英領インド史』で、インド人の「不正直と偽証」について読んでいたはずだ。ミルは一度もインドを訪れたことはなかったがイギリスの制度がインド人学者を当惑させ、ほとんどの請願者がしばしば軽蔑をもって扱われ、偽証や作り話と混同されたり疑われたりすることになると批判した。もっとも良心的で公平な役人も、地域差のある慣習や法的規範の正確さの欠如、ヒンドゥーの慣習とムスリム法の違いには苦労した。[28]もちろん、イングランドのコモン・ローはこうした多様で曖昧な一連の慣習から生まれたのだが、イギリスの役人らは自国の法が実際よりも合理的だと考えていた。

一九世紀、イギリスの裁判官と役人らは事実上、コモン・ローの原則に基づき、インドの裁判所で適用される民法をつくりだした。コモン・ローの原則は市場志向の規則を支持し、地位に基づいた権利や関係の代わりに、私的財産関係を定着させた。[29]バラモンの学者らはカーストの重要性について主張しつづけて多くの不平等を強化し、また法の専門家としての力によって彼らはカーストヒエラルキーを確立し、結果として多くの層の人々は破滅的影響をこうむった。いっぽうで、インド人商人らは親戚やカーストのネットワークで活動しており、土地の多くは地域社会で共有されていた。しかし裁判所は、こうした土地もある種の「信託」を受けた「先祖伝来の」ものだと決め、そうすることで歴史的なインドの複雑な財産関係を、イングランド人法律家に馴染みのある分類に変えた。同時に、植民地の裁判官らは、イギリスで馴染んでいた判例の体系を導入し、指導と権威の源として以前の判決に関心を向けた。

インドにおける教育改革を任されたトマス・マコーレーは、一八三七年、インド刑法典を提唱した[30]。彼は「よいヨーロッパ図書の棚ひとつは、インドとアラビアの土着の文学すべてよりも価値がある」という考え方で、行政の言語をペルシア語から英語に変えるべきだと主張した。彼の刑法典は、イギリスが一八六〇年にインド帝国を宣言した後で議会を通過し、理論上は第一原理に基づくとされていたが、実際にはインドの社会的・宗教的規範の多くを組み入れていた。裁判官は、判決が効力を発揮するためにはそれらを尊重する必要があると考えていたからだ。役人らはまもなく、現在のパキスタンの一部である北西部の辺境では、法典で許可されているより厳罰をより迅速に科す必要があると主張した。そこでは一八六七年、一六人のヨーロッパ人が死傷していた。「殺意ある攻撃」をおこなった者には「服従の教訓」が必要であり、地域の委員は「大量殺人」の「特別な危険」に対処するために、その法的権力を行使できるとされた[31]。「殺人暴動法」は「狂信者」による殺意をともなった暴動を取り締まるためにつくられた。皮肉なことに、東インド会社に雇われていた哲学者のジョン・スチュアート・ミルは、インド人は代議政治の準備ができていないと述べた。「精力的な専制はそれ自体が、インドの人々が高等文明を可能にするためにとくに不足していることを彼らに身につけさせるためには、最高の政治体制だ」とミルは書いた[32]。

やがて植民地当局は、インド人学者を解雇して、商法、刑法、手続き法のほぼすべてを成文化し、裁判官らはイングランドの判例法体系を模して、裁判記録を参照した。インド土着の法制度を発見・保護しようとしたウォレン・ヘイスティングズやウィリアム・ジョーンズの尽力にもかかわらず、またインド人学者らの意見と助言にもかかわらず、イギリス当局はインド全域に、イングランドのコモン・ローの一種を確立した。伝統的なインドの法および法慣行は、分散的で、長年かけて蓄積された難解な文書や宗教的学識に基づいており、もし行政官らがもっとよく理解したとしても、植民地政府の構築した構造にはけっして適合しえなかった。法的確実性や合理性についてのヨーロッパの考え、また最終的な権限や執行の仕組みに関しての前提は、ヒンドゥーのダルマ・シャーストラやイスラムのシャリーアの規則や慣行とは、まったくの別世界だった。古いインドの法は、たしかに法律尊重主義であり、学者や裁判官をとおして正当に機能していたとはいえ、イギリスの「合理性」や、「東洋の専制」の国を「改良し」「文明化する」という決意の猛攻にもちこたえることはできなかった。

フランスによるアフリカ支配

スペインとポルトガルが南アメリカの最後の領土を失った一八三〇年代以降、イギリスとフランスは帝国主義の野心を膨らませた[33]。何世紀にもわたり、ポルトガルとオランダの商人らはインド、マレーシア、東インド諸島の包領を拠点にアジアの商人らと取引し、スペインとフランスはアフリカ沿岸に集中していた。今やイギリスとフランスがこの交易の大部分を支配することが可能となった。両国は中国、明治時代の日本、シャム（タイ）、ザンジバル、マスカットに領事裁判権を確立した。この新たな協定によって関税が引き下げられ、ヨーロッパ人は地域の裁判所や法を免れることが許された。

その他の地域では、両国は新たな領土を力ずくで併合した。ビルマではその一部が一八二六年にインドに併合され、マレーシアの包領であるマラッカは一八二四年にオランダからイギリスに譲渡され、まもなく力ずくで「鎮圧」された。この頃にはイギリスはシンガポールも占領していた。イギリスは一八世紀後半からオーストラリアの一部に入植していたが、その支配をニュージーランドに広げ、一八四〇年には先住民のマオリ族とワイタンギ条約を結んだ。いっぽうフランスはアルジェリアに侵攻してこれを征服した。同国にとって最初のアフリカ領土だ。さらに力ずくでインドシナ（現在のベトナム、カンボジア、ラオス）の大部分を占領した。オランダとインドネシアに植民地を設けていた南アフリカとインドネシアに植民地を設置した。

フランス海軍は一八三〇年代にアルジェリアを占領し、最終的に政府は全土をフランス領とすることに決めた[34]。本国からの入植者はフランス政府に土地の供与を求めたが、アルジェリアは多くの人口を有し、農地の半分にはイスラム教の寄進制度であるワクフが設定されていた。ワクフの一部は宗教施設の維持につかわれていたが、基本的には家族の財産であるものもあった。フランス人学者はすでに北アフリカのイスラム法について論文を執筆していたが、ここへ来て家族ワクフは不道徳かつ不法で、土地の〝効率的な〟開発を妨げているという趣旨の、あやしげな議論を展開した。この見解によって、一八四四年におこなわれた、そうした土地すべての没収が正当化された。しかしほとんどのムスリムはそれらを私有財産として取引することを拒否した。フランス当局は宗教施設に運営資金を供給する責任を継承したが、その資金はしだいに枯渇した。フランス政府は最終的にはアルジェリアにおけるイスラム法体系「アルジェリア・ムスリム法」を支持することを決定したが、それはムスリムに完全な政治的権利を付与することを避けるためという側面もあった。しかしイスラム法体系を中央集権化し、シャリーアの流動的で細分化された特徴とは相容れない官僚構造や手続きに合わせたことによって、それはまったく別物に変わった。インドのイギリス人たちのように、アルジェリアのフランス人たちはヨーロッパのモデルに基づいた新たな法形式を構築したのだ。

一九世紀後半には、イギリス、さらにイタリアとドイツも、フランスに続いてアフリカに侵攻し、どの国も広大な領土を自分のものにした。ふたたびヨーロッパ列強による消耗戦が起きることをおそれたドイツの首相オットー・フォン・ビスマルクは、一八八四年にアフリカの領土取得のための国際会議を開催した〔ベルリン会議〕。こうして始まった「アフリカ分割」の結果、三〇年間で大陸のほぼ九割がヨーロッパの国々の支配下に入った。フランスはアルジェリア侵攻に続いて西アフリカへの作戦に取りかかった。いくつかの植民地を、ダカールを本拠とする総督の下にまとめて、やがてイスラム改革指導者によって建てられた強力なトゥクロール帝国と戦った[35]。最終的には、フランス軍はフォン人のダオメー王国〔17世紀から19世紀にかけて現在のベナン南部に栄えた王国〕の統制がとれた軍も打ち破った。ダオメー王国は奴隷をつかって大規模なパームオイルのプランテーション経営をおこなっていた。二〇世紀はじめには、フランスは現在のモーリタニア、セネガル、コートジボワール、ギニア、ブルキナファソ、マリ、ニジェール、ベナンの大部分をふくむ広大な植民地を支配した〔フランス領西アフリカ〕。

ムスリムの「狂信的行動」を抑えるために、フランスはアルジェリアに学校や病院をつくった。一八七〇年代には、教育、裁判、行政の役所をつうじて文化的変化をもたらす計画を推進した。西アフリカにも同じ政策を広げ、当初は鉄道網を建設したり公衆衛生プログラムを立ち上げたりして、はっきりと「文明化」の使命を掲げた。一九〇〇年代はじめに総督を務めたエルネスト・ルームは、自分たちは秩序の維持や商業の促進の先を考えていると述べた。「われわれにはより高い志と大がかりで幅広い目的がある。アフリカを真の文明に開こうと願っているのだ[36]」具体的には、通信を拡張し、医療支援をおこない、公衆衛生を奨励し、教育を提供し、農業を発展させ、そして「同じくらい大事なことに、個人の権利、なかでももっとも神聖な、個人の自由の権利、その享受を保障すること」だった[37]。

ルームの考えでは、公平で人道的な司法制度を設け、法の支配を保障するためには、植民地政府が紛争を解決する最高権力を行使することが必要だった。しかしフランスがつくった新たな裁判所は、アフリカの慣習を尊重しなければならなかった。アフリカ人をフランス人にすることが目的ではないからだ。都市部の裁判所ではフランスの法が適用された。家族関係は例外で、ムスリムはそれをシャリーア裁判所に申し立てることが可能だった。だがフランス植民地政府はアフリカの部族長らとの条約で、風習を尊重することに同意した。したがってアフリカ人部族長が運営する地方の裁判所は、アフリカ人に対して、慣習法やイスラム法を適用した。その上に、フランス人行政官が裁判官を務める「巡回裁判所」があり、重大な犯罪や上訴された事件を審理した。

アフリカの慣習を尊重すると言明したにもかかわらず、ルームは先住民にはしっかりした司法行政を保障する必要があり、それを与えられるのはフランス人の役人だけだと考えていた。彼は部下の行政官らに対して、結婚、契約、家系、相続などについての地域の慣習を調査し、「それらがしばしば欠いている明瞭さ」をもって分類するようにと命じた。これは諸慣習を、「あらゆる立法行為の源泉」である自然法の基本的原則に従って修正することを意味していた。刑事事件では死刑を懲役刑に変更し、神判は廃止、手続きは「文明のレベルにかかわらず、すべての国に適用される刑法の原則にしたがう」ものにする。[38] つまりアフリカの風習を尊重するという目標は、フランスの法原則に適合する慣習にしか適用されなかった。

毒を飲む

アフリカにいたイギリス人は、少なくとも最初のうちは、「文明化の使命」についてそれほどあからさまではなかった。彼らは組織化された政府がないと考える地域には「保護領」をつくったが、たいていは先住民の制度を快く思わず、やがて新たな法体系を導入する必要があると決めた。[39] 行政官らは地域の役人にイングランドの法を適用するように指示する。アフリカの法を認めるのは、当事者がアフリカ人同士の事件で、その法がイングランドの法原則に〝矛盾しない〟場合に限られていた。新たな役人たちが行政官として経験を積んでいることはまれで、彼らは複雑な裁判や訴訟手続きを導入するための能力を欠いていた。ますます多くの新人が不安をいだいて就任し、しばしばアフリカのサバンナで孤独感と心細さにさいなまれた。アフリカ人の生活も紛争もよく理解していないそうした役人らは、アフリカの人々の治安をどのようにして保てばいいのかわからず、たいていの場合、「自然的正義」に従って裁こうとして、自分の判断で判決を下した。彼らは、アフリカ人が、殺人をふくむ犯罪でも刑罰ではなく賠償金を要求するのはなぜか、けっして理解できなかった。そして毒を飲む神判におそれおののいた。多くのアフリカ人が不正行為で告発されると、すぐに毒を飲むと申し出た。イギリス人の役人らは多くの場合、暴力を抑圧しなければならないと考え、即決裁判をおこなうことが多かった。人々にはただ、あることは「禁じられている」と伝えて厳罰を下し、たとえば

「食べ物を買うのに時間を無駄にした」や、「働かず火の周りに座っていた」などのささいな違反を罰したりした。[40] 不正行為についてのアフリカ人の考えを無視していたせいで、アフリカ人から見た彼らの権威が高まることはなかった。

二〇世紀はじめには、イギリスの植民地当局は優れた「白人の司法」の理想は実現されていないということを認めた。多くの役人は純粋に「迅速で効率的な司法」を導入しようとしたが、現実はまるで違っていた。北ローデシア（ザンビアの旧称）では、弁護士からのたび重なる抗議を受けて、イギリス政府は王立委員会を設置した。「文明化および平和と秩序の維持は政府の務めである」と委員会は述べた。つまりイギリスの不正の概念を導入すべしということだ。委員会は、伝統的なアフリカの賠償金制度に代わって、投獄や罰金を科すことを推奨した。それらはすべての〝文明国〟で受け入れられているからだ。しかし地域の行政官の多くは、委員会の提言どおりにすればアフリカ人に異質の司法の考えを押しつけることになるとして、これに反対した。ほとんどの行政官はナイジェリア総督のルガードが提唱した「間接統治」を選んだ。ルガードは土着の制度を「原始的な異教徒の稚拙な裁判」と見なしていたが、植民地政府はそれらを支援することでしか、みずからの権威への敬意を確保できない。

ルガードの意見は賛同を集め、一九二九年、「先住民裁判所条例」によって刑事事件についての裁判権を地域のアフリカ人裁判所に与えた。その他のイギリス植民地政府もこれに続いた。実際には、これは植民地の役人がアフリカ人部族長の権威を認めなければならないということであり、その過程で彼らの地位と権力は強化された。おそらく世襲貴族制度を念頭に、役人らは部族長らに対して、請願を受けつけたり知恵を授けたりして小国の王のようにふるまうことを勧めた。しかし彼らの手続きはとても法律尊重主義とは言えなかった。アフリカ人請願者は自分の問題を訴えると同時にその結果を論じて、法原則や事実にかかわる問題によって合理的な結論を導き出そうとするのではなく、特定の社会関係の文脈における善悪の意見を述べた。[41] アフリカ人のやり方にもそれなりの論理はあるが、地域の行政官の望みに反して、成文化して直接適用できるような規則の体系を構築することはできなかった。

一九世紀の前半の数十年間、多くのアフリカ人が戦争に巻き込まれ、侵略を受け、奴隷貿易に狩り出された。そうしたことすべてが伝統的な権力構造や規範や紛争解決の仕組みを損なわせた。にもかかわらず植民地政府は、あたかもアフリカの慣習法は固定した内容から成り、それらは規則に形式化されて裁判所で適用可能であるかのように論じた。イギリス人役人はさらに、自分たちが導入した徴税、森林管理、公衆衛生、農業生産等の規制に関する新たな犯罪を部族長が裁くのを期待した。それによって部族長らは規制を事件の事実と分けて考えなければならなくなり、「法」の観点で論じるようになった。その裁判所では書類を調べ、文書記録を残すようになった。神判を禁止し、犯罪と不法行為の違いを主張し、さらに伝統的な賠償金交渉では重要でなかった〝故意〟という考えに言及しはじめた。部族長らは自分でも気づかないうちに、イギリスの形式に基づく新たな種類の法を生みだしていた。

ヨーロッパの軍事力や組織力に感心したアフリカのエリートの多くが、司法行政を「法制化」しようとする植民地当局の事業への支持を決めた。地方の役人や伝統的な指導者の一部はより融通の利く司法行政の利点もわかっており、新たな法の事業の是非についての論争は続いた。しかし独立を主張する民族主義者の指導者らはたいてい、アフリカの法は「適正な」裁判所で適用されるべきだとし、二重構造体系の考えに反対した。

一九六〇年には、多くの元イギリス植民地は独立し、新たな国の議員らはダルエスサラームに集まり、各国の裁判所の裁判権について協議した。(42) 代表たちは、「慣習法」は自国の法制度の重要な一部でありつづけるが、「統一した」法典をつくることの重要性を確認した。そうした法はアフリカの慣習法と、植民地行政から継承した規則および手続きとを統合するものになる。会議の結論に暗示されていたのは、アフリカの慣習法が以前とほぼ同じ形のままで生き残り、それらは文書に記録されて新たな統治機構に円滑に統合されうるということだった。しかし、インドの場合と同じように、これは歴史的かつ伝統的な体系がこれまで以上にヨーロッパの形式に近づいているということだった。

植民地政府が先住民の法を理解し、記録し、適用しようとした地域はインドとアフリカだけではなかった。二〇世紀、オランダ支配下のインドネシアの法学者たちは、植民地政府を説得して、地域の法である「アダット」を記録し、承認し、適用させた。(43) これは実質的に、変化する慣習や慣行や規範のまとまりを定式化・固定化したということだった。それと同じくらい重要なのは、それが植民地行政の基盤として役に立たなかったことだ。独立したインドネシアがやがて国の法制度を確立したとき、オランダ植民地当局の導入した様式に倣い、「先住民たちの生活を形づくり、いまも形づくっているアダット」の古い体系はわずかに考慮されただけだった。

独立後の憲法

世界中で、植民地の法を記録し適用しようとする試みは、政府の新たな事業を受け入れる地域のエリートに支持された。今や法の存在は発展の重要なしるしとなり、それゆえ自分の祖先たちは、たとえ成文化されていなくても独自の法をもっていたのだと誰もが思いたがった。その結果、彼らは事実上、伝統的な統治体制の特徴だった流動的な規範や慣習から、「慣習法」や「伝統法」という新たな種類の法をつくりだすことになった。

古来の法伝統を有するインドでも、地域のエリートらは法と政府についてのヨーロッパの思想をすぐに受け入れた。東インド会社の活動の最初の犠牲者に、ムガル朝の支配層の人たちがいた。徴税権の譲渡によって彼らの世界は大混乱に陥った。「どの心も悲しみで燃え立ち、どの目も涙であふれていた」と、あるムスリム詩人は詩に詠んだ。ヒンドゥーの知識人らは「白い顔の成り上がり」による権力の掌握を新たな悪魔の時代の先触れとして見たのだ[44]。インド人ムスリム教師のシャー・イスマイル・シャヒドは、植民地大領主であるイギリス人を批判するにあたり、彼らの言葉をそのまま返して、シャリーアや慣習にお構いなしにふるまう彼らを「専制君主」だと断じた。だが要領の良いインド人は新たな政治秩序と共生することを学び、高カーストのベンガルのヒンドゥーらは新たな不動産所有権の枠組みから利益を上げ、通商の世界に参入し、子息をカルカッタに送ってイギリスの教育を受けさせた。その多くがナポレオン戦争でイギリスを支持し、一七七二年生まれのインド人、ラム・モハン・ローイは、寡婦殉死といったインドの伝統的慣習を改革する影響力のある運動を開始した。長期的に見れば、権利と自由についてのイングランドの思想を知ったことで、インド人民族主義者らは自信をもち、個人的な侮辱に立ち向かい、イングランド法の特権は支配層にしか与えられていないと訴えることができた。一九世紀はじめから、彼らは民族自決を求める演説のなかでいつも法と権利の言葉をつかってきた[45]。

このようにして、ヨーロッパの植民地帝国は植民地などの領土に新たな社会的また政治的な思想を導入し、それらは独立後の憲法の形成にも影響を及ぼしつづけた。新しい国際秩序に参加したいと願う先住民のエリートによってつくられた憲法ではとりわけその影響が強かった。新たな国民国家は領土、言語、宗教的なしきたり、独自の法の境界をはっきりと定めた。そうしたことすべての背景には、世界の進歩と、平等な政体の存在する世界における法の相互尊重を強調し、「国際礼譲」を認め合う国際秩序という思想があった。このモデルによって、ヨーロッパの政治の形態や法や財産権が、アジアやアフリカの文明を形作ってきた、かなり流動的で分権化していた社会に根を下ろした。

二〇世紀をとおして、これらの思想があまりにも優勢になったので、新しくできた国や植民地独立後の政権は世界中でヨーロッパ型の法を参考にした。植民地にならなかった国々でさえフランスの民法典を新たな法制度の土台に選び、それによって新たな経済的また商業的秩序に参加しやすくなることを期待した。植民地独立後のラテンアメリカの国々はすでにヨーロッパモデルの法を採り入れていた。ブラジルの法はおもにポルトガルの法に由来し、それがアルゼンチンの法に影響を与えた。一八五五年に発布されたチリの民法典は「ナポレオン法典〔フランス民法典〕」とスペインの「七部法典」に基づき、カノン法の要素も採り入れられていた。一九世紀に公布された日本の大日本帝国憲法はドイツ（プロイセン）モデルに基づき、タイの立憲君主制はヒンドゥーのダルマ・シャーストラから派生した法を廃し、シヴィル・ローの原則に基づく法を発布した。二〇世紀はじめにオスマン朝崩壊後の中東で準植民地的な保護領となっていた国々も、同じような道筋をたどった。毛沢東の下で我が道を歩みつづけた中国でさえ、最終的には、実質的にヨーロッパの形式による法形式および法慣行を採用した。二〇世紀後半、中国が経済成長して国際貿易に参入すると、指導者たちは外国の取引相手が理解できる法の必要性に気づいた。もっとも長く続いていた古い法制度が、ついにヨーロッパモデルに取って代わられたのだ。

＊　＊　＊

ヨーロッパの列強が世界中に輸出して押しつけた法は第一に、新たな植民地行政を支え、商業を規制し、人民に秩序を保たせるための政府の道具だった。役人らは古いインドの法やアフリカの風習に口先では賛同したが、彼らが認めたのは自分たちの新たな官僚構造に合うものだけだった。道徳と宗教、それらとともにヒンドゥーやユダヤやムスリムの精緻な宗教法、さらにはアフリカ人が紛争解決につかっていた流動的で交渉によるやり方も、ほとんど別の領域に限られることになった。

しかし植民地事業は完全に実利的なものでもなかった。ヨーロッパ人らは自分たちの行動を正当化する必要があると考え、自分たちの法が実現するであろう変化を主張した。たとえば効率的な行政、私的財産制、個人の権利、そして法の支配だ。それは文明の約束だった。のちに独立を達成した国々の支配者らは、最終的にこのモデルの法を受け入れ、何世紀にもわたり続いてきた精緻な法学および先人が秩序を維持してきた力学に背を向けた。二〇世紀後半には、ほとんどの国がヨーロッパモデルを採用し、国際連合に加盟した。しかしこの形式の法は、強力ではあったが、先行したものすべてを凌駕したわけではなかった。

第14章　国家の陰で——現代世界におけるイスラム法

一九世紀末には、台頭するヨーロッパの国々が新たな国際秩序を推進していた。英仏をはじめとする〝列強〟は、植民地や保護領に官僚政治、法、土地所有制を確立し、そこでは総督が〝文明化された〟体制を促進するということになっていた。インドでは、ダルマ・シャーストラの規則やバラモンの学者の権威は、「個人の法」のことがらに縮小されて成文化され、専門の家庭裁判所で適用された。中国の法制度でさえ、一九一一年に国民党政府が清朝を打倒したことで廃止され、一九五〇年代には毛沢東率いる共産党政府が帝国時代の法の残滓に完全に背を向けた。

しかしイスラム法はそれほど簡単には打倒されなかった。二〇世紀はじめ、ムスリムの大帝国はほぼ崩壊し、それとともに裁判所、裁判官、陪審員のネットワークも廃れた。オスマン朝のスルタン、エジプトの指導者、イランのシャーらは皆、近代化とヨーロッパの先例を念頭に、大規模な改革プログラムに取り組んだ。しかし学者らはその地位と影響力をすべて失ったわけではなかった。実際、二〇世紀には、シャリーアに対する人々の関心やイスラム法による統治への回帰を求める声の高まりがあった。中東や北アフリカでムスリムが多数を占める国々はいまだにイスラム法を公認しており、エジプトのムスリム同胞団やサウジアラビアのワッハーブ派など、西洋化した政府に敵対する政治運動は、イスラム法の厳格な適用を訴えてきた。

識者や学者らは、こうした政治運動が真に「イスラム法」と呼べるものを実行しようとしているのかどうかを議論してきたが、大多数はイスラム国家が可能だとは考えていない[1]。イスラム法を実施しようとすれば、シャリーアが完全な国家システムでもなければ、部分的な国家システムでさえないという問題に直面する。イスラム法学者であるウラマーは政治的支配者の支配から距離を置いた。ウラマーはファトワー（法学意見）を出し、裁判官に助言をおこなったが、自分たちは国に任命された役人よりも道徳的優位にあると考えていた。実際、人々は日常生活のさまざまな場面でシャリーアを実践した。生活のなかではイスラム法、すなわちフィクフの規則や原則は地域の風習や慣習と交じりあっていた。そこでは社会的規制は、仲裁者が人々の紛争の実際的かつ効果的な解決のために用いる道徳的規範や儀式の義務とほとんど区別されない。そうした慣習が国家建設や新たな裁判所や法の導入によって途絶し、現在の政府はそれらを国家体制に組み込むのに苦労している。しかし多くの場合、シャリーア裁判所は家族の紛争を審理しつづけ、イスラム法学者はその地位を保った。そしてもっともカリスマ性豊かなウラマーらは大衆の運動、革命さえ起こしつづけている。イスラム法は今なお、一目置くべき力なのだ。

変化する者としない者

一五世紀から一八世紀まで、サファビー朝、ムガル朝、オスマン朝の支配者らは互いに敬意をもってつきあい、ペルシア語で書簡をやりとりし、外交儀礼や慣習に従っていた。オスマン帝国はもともと、一四世紀にトルコ系オグズ族が本拠としていたアナトリアに起源をもつ。[2] 一四五三年にコンスタンティノープルを攻略したメフメト二世（征服王）は帝国拡大に乗り出し、後継の王たちによって帝国は中央アジアや北アフリカまで広まった。一五一七年には歴史のある都市メッカ、メディーナ、エルサレムのすべてがオスマン帝国の支配下に入り、アッバース朝のカリフはコンスタンティノープルに移住させられた。オスマン朝のスルタンらはまもなく、人々に正統性を認めさせるためには、イスラム教の宗教学者であるハナフィー派のウラマーを引き入れることが必要だと気づいた。そこでかなりの資金をマドラサに注ぎこみ、事実上の宗教教育をコンスタンティノープルに集中させた。スルタンに助言するムフティーの長は、不適当な支配者は退位するべきだと宣言する力を有し、実際に何度かそういうことが起きていたが、スルタンもまた、シャリーアの正義を守っていると主張できた。

イスラム法、すなわちフィクフの規則はおよそ一〇〇〇年前にアラビア半島の砂漠で形成された。しかしそれらは台頭する軍事大国に必要な法的資源を提供することはなかった。一六世紀、西洋で「壮麗帝」と呼ばれたスレイマン一世（立法者）は、多数の新法を公布した。そのカーヌーン kanun（ギリシア語のカノーン canon に由来する）によって、追いはぎ、窃盗、傷害、殺人、不貞、高利貸し、徴税、土地保有などについての規則と罰則が定められ、行政裁判所が設置された。スレイマン一世はウラマーからの承認を得るように努め、新たな規則はイスラム法の多くの面を追認していたが、必然的にシャリーアとは異なるものだった。スレイマン一世はすべての州都に大カーディーを任命し、政府役人に対する苦情申し立てをふくむ訴訟事件を裁く権限を与えた。カーヌーンとシャリーア両方のより標準化された適用を実現しようとしていたのだ。

スレイマン一世の治世の末期、帝国は一五六六年にイスラム世界最大にして最強となった。しかしその後の一世紀で行政は崩壊し軍の規律は緩んだ。一七世紀にいったん国勢が回復したオスマン朝はふたたびウィーンを包囲攻撃したが、一九世紀にはロシアに敗北した。アラビアは分離し、エジプトはアルバニア出身のムハンマド・アリーという軍事指導者に支配された。ヨーロッパ列強の脅威に直面したオスマン帝国は一八三八年、経済の自由化と行政改革プログラムをふくむ条約〔通商協定「バルタ・リマン協定」〕をイギリスと結んだ。一八三九年一一月、コンスタンティノープルのトプカピ宮殿で大々的に発布された「ギュルハネ勅令」でスルタンのアブデュルメジト一世は、「オスマン帝国の各州に良質な行政の恩恵をもたらす」一連の施策を発表した。彼の後継のスルタンらは銀行制度を改革し、軍を再編、学校を新設、政府の官僚制度を確立した。マドラサに対する管理を強め、その収益を押収し、イスラム法学者ではなく有給の役人を官職に就け、非宗教的な大学を設立した。また新たな議会を設置し、ウラマーから独立した形でカーヌーンの規制をつくる権限をもたせた。

「タンジマート」（タンジマートはトルコ語で「改革」を意味する）として知られるようになる改革運動は、オスマン帝国にヨーロッパの水準の法と行政を導入し、クルアーンやシャリーアによる原則の代わりに公民的平等と自由を保障した。ヨーロッパ人は西洋の慣習や服装を採り入れようとするオスマン帝国の努力を嘲笑したが、タンジマートは西洋法の概念や形式を導き入れた。マフムト二世はフランスをモデルとする刑法典の制定を約束し、息子はシャリーア裁判所と新たな民事裁判所の両方を管轄する司法省とともに、商業裁判所を設立した。司法改革を担った人々は、シャリーアの法体系はあまりにも広範で、利用しにくく、時代に合わないと考え、しばしばそれを「岸のない大海」になぞらえた。新たな民法典「メジェッレ」はオスマン帝国のトルコ語で書かれていた。一八七六年までに最終的に一六巻一八五一条が編纂された。[3]「内容はイスラムで形式はヨーロッパ」のこの法典は、「文明国」の民法典のトルコ版であると起草者らは主張した。

いっぽうエジプトでは、一九世紀はじめ、ムハンマド・アリー〔ムハンマド・アリー朝の創始者〕が独自の改革を断行した。[4]彼はエジプトの製造業者や貿易商に国際市場に進出するよう促し、その後継者は近代化計画を熱心に推し進めた。エリートのあいだにフランス文化を広め、ヨーロッパの国々の商業的関心を歓迎した。しかし新たな世界秩序のなかでエジプト経済は悪化して人々の怒りを呼び、一八八一年、中流階級および若いウラマーらの支持を受けた軍が反乱を起こし、ヨーロッパの影響を払拭しようとした。イギリスは自国の利益を守るために介入し、不人気な支配者を後援した。エジプト駐在総領事のクローマー卿はあたかも植民地の支配者であるかのように、エジプト人に対して情け深く見せつつも見下すようなふるまいで、新たな土地所有制度や積極的なインフラ整備計画を導入した。アフリカにおける植民地総領事と同様に、クローマーはエジプトをヨーロッパ化することで文明化しようとしたのだ。

東に目を向ければ、イランのシャーらも独自の近代化事業を推進していたが、成果はあがらなかった。強力なシャーと影響力をもつイスラム指導者のあいだの緊張が、サファビー朝時代以来ずっとイランを特徴づけていた[5]。一六世紀後半から一七世紀前半にかけて帝国を統治し大王と呼ばれたシャー・アッバース一世は、みずからを伝説の宗教指導者シーア派イマームの代理人であると宣言した。大王はもっとも影響力のある裁判官を裁判所に配し、刑事事件ではイスラム法よりもむしろ慣習法の適用を促した。結局のところ、クルアーンやハディースには刑事罰についての言及がほとんどない。しかし有力なウラマーは影響力を保持し、シーア派の正統派の考えを強く主張した。一八世紀はじめ、無能な行政官やつまらない内紛によってシャーの統治が弱まり、帝国はアフガン軍の侵攻を受け、やがてカフカスで興ったカージャール朝によって支配された。カージャール朝は宗教機関に多額の投資をおこなったが、シーア派ウラマーを完全に取り込むことはできなかった。法学者らは法曹の教育を担いつづけ、一八三〇年代と一八七〇年代には彼らのファトワーは王の勅令を無効にできると主張した。

一九世紀後半、かつてのイスラム帝国は変化しつつあった。インドはイギリスの植民地支配を受け、オスマン帝国、エジプト、ペルシアの支配者らは独自の近代化計画を推進していた。新たな法はシャリーアに基づくものだと主張してはいても、支配者はみな、ヨーロッパ式の国家のビジョンをしっかり視野に入れていた。そうした動きに反対の声をあげたのはペルシアのウラマーだけではなかった。アラビアはすべてのムスリムにとって預言者の生誕地として重要だったが、石油の発見以前、経済的には後進地域だった。一八世紀半ば、オスマン帝国がアラビアを支配していた頃、スンニ派ハンバル学派の法律家であるムハンマド・イブン・アブドゥル・ワッハーブが聖戦（ジハード）を呼びかけ、多数の支持者を集めた[6]。この運動の可能性に気づいた地域の豪族族長ムハンマド・ブン・サウードは、イブン・アブドゥル・ワッハーブのシャリーアの理想を実現する新たな国家樹立を宣言した。ムハンマド・ブン・サウードは部族の慣習を抑圧し、人気のあったスーフィー教団に入る人を迫害した。ワッハーブ派とサウード家のあいだの同盟は強固なものとなり、運動が勢力を増すなかで聖都を占領し、古い墓を破壊し、自分たちのイスラムの理想に従うことを拒否するムスリムを殺した。オスマン帝国は一八一八年に鎮圧に乗り出したが、運動はそのときにはすでに広まっていた。多くの巡礼者たちがイスラムを純化するというワッハーブ派の約束に好印象をもち、中東や北アフリカ中で同様の運動を起こした。それらが次の世紀のイスラム運動へと発展する。

しかしながら、イスラム改革者全員が同じ道をたどったわけではなかった。一九世紀後半、ヨーロッパの影響を懸念した学者で政治活動家のジャマールッディーン・アフガーニーは各地のムスリムに対して、近代化を受け入れて技術的・科学的な訓練を受けつつ、同時にイスラムの原則を守るべきだと呼びかけた[7]。アフガーニーは広く旅して支持者らに政治的行動主義を訴え、その協力者のひとりであるムハンマド・アブドゥフは一八九九年、エジプトの最高ムフティーに任命された。アブドゥフは積極的に近代化計画を推し進め、イスラムとフィクフをその時代の社会的、経済的、政治的状況に合わせるべきだとして、柔軟なアプローチを訴えた。アブドゥフから大きな影響を受けた次世代の中東の学者たちは、正統派イスラムを批判するまでになった。彼らはイスラム法の原則を新たな憲法の枠組みに組み込む可能性を探ったが、いっぽうでイスラムの柔軟な解釈を拒否し、それらを「まっすぐな道からの腐敗した逸脱」だとレッテルを貼る者たちもいた。こうした断層によってイスラム世界で引き起こされた不和は今日に至るまで尾を引いている。

二〇世紀はじめ、中東では改革の運動が異なる方向をとりはじめた。明らかに近代化した指導者らはヨーロッパ式の政治と法を受容し、イスラム改革を目指す勢力は変化する世界にイスラムを適応させようと試み、復古的な勢力はシャリーアをより伝統的に厳格にすべきだと強く主張した。それらの運動の後継者らは、北アフリカや中東や南アジアにおいて、多くのムスリムの人口をかかえる国々が独立を果たしたり勝ち取ったりした二〇世紀のあいだも、異なる道を進みつづけた。

イスラム諸国のその後

第一次世界大戦後、トルコ共和国初代大統領のケマル・アタチュルクは、断固として政府をイスラム組織や権威から遠ざけた。明確に世俗主義的な政策を推し進めて、スーフィー教団を廃止し、マドラサを閉校、ウラマーの訓練を中止させた。さらにはメジェッレに代えて、スイス民法に基づく新たな法典を編纂した。その序文ではシャリーアの欠陥および現代の世界における不適合性について批判的に述べた[8]。エジプトは一九二二年に独立してようやくイギリスの直接的な影響から脱し、独自の民法典の編纂を決めた。

その法典は一九四八年に公布された。その起草者であるアブドゥッラッザーク・サンフーリーは、アタチュルクよりも融和的な口調で、彼の目的は、民法の形式をとるが中身はシャリーアから成る近代化されたシャリーアをエジプトに再導入することだと説明した。(9) 中東に新たに建国された国々のほとんどは、同様の道を歩んだ。シリアはエジプトの法典をそっくり模倣した。イラクとクウェートはサンフーリーに法の草案への助言を求めた。そして一九七六年に施行されたヨルダンの法典、アラブ首長国連邦のつくった法典も同じパターンをたどった。エジプトの法では、法典と慣習を合わせても十分な指針が得られない場合には、イスラムのシャリーアの原則を検討することが裁判官の義務とされ、ヨルダンの法では、欠けた部分を補うために裁判官はフィクフに直接依拠するよう求められた。しかし形式的には、すべてヨーロッパ式の民法典だった。

イランでは、二〇世紀はじめの世情不安や宗教指導者の不満によってカージャール朝が弱体化し、第一次世界大戦中にはオスマン朝、ロシア、イギリスの軍に次々と占領された。(10) 一九二一年、イギリスの支援を受けたレザー・ハーン・パフラビー〔国王即位後はレザー・シャーと称した〕が軍事クーデターを起こし、カージャール朝最後の王を廃位した。カージャール朝はベルギーを手本に憲法を制定し、選挙で選ばれた議員による議会（マジャリス）を実現していた。この議会と、イスラム法のより柔軟なアプローチを主張する学者の支援を得て、レザー・シャーは近代的制度の確立に着手した。新たな工場や政府庁舎を建て、ヴェールを禁止して西洋の衣服を導入し、遊牧民族を無理やり定住させ、その独立を弱め、その生活を壊滅させた。州裁判所制度を設置し民事訴訟に新たな法律を導入した。家族法にはシャリーアの原則の一部が残ったが、その後二〇年のあいだにレザー・シャーは事実上、イランの法体系を変容させた。またウラマーの機関の資源を押収し、政府の管理下に置いた。当然のことながら、より保守的な宗教グループでは不満が高まり、その多くがより正統派のシャリーアの見解を守ることを主張しつづけた。近代のすべてのムスリム王朝のなかでもイランはもっとも不安定で、一九五三年には英米主導による軍事クーデターが起き、一九七九年の革命ではついにパフラビー朝が打倒された。

イランの西では、サウード家の王子が第一次世界大戦中に占領されていたアラビア半島を再統一し、一九三二年にサウジアラビア王国を建国した。(11) サウジアラビアの王たちは、一般市民のあいだで大きな尊敬を集めていたワッハーブ派宗教指導者らとの密接な関係を続けた。ウラマーは何としてもシャリーア裁判所の優位を維持するという決意のもと、一九五〇年代および一九七〇年代にサウジ王が導入しようとした管理体制や規制を限定することに成功した。

彼らは新たな規則を国籍の定義、社会保険の提供、自動車や銃器の規制といった新しい社会問題に制限し、それらの方策が規則〔ニザーム〕という位置づけに留まるようにした。ウラマーは法典化の動きや新たな裁判所の設置に反対した。例外のひとつが一九五五年に国王によって設立された苦情処理庁で、政府に対する苦情の審理や外国の判決の執行をおこなう。はっきりとシャリーアの伝統を参考にした同庁は、昔も今もウラマーに許容されている。石油の採掘は地域の経済を大きく変え、新たな商業の規制が必要となり、王はその実施についてウラマーの協力を引き出した。一九八〇年代、上級ウラマー評議会はさまざまな犯罪にどのように対処すべきかについて詳細なファトワーを発行した。彼らは苦情処理庁が民事の紛争を審理することを許可した。しかし法学者らはシャリーア裁判所の優位性については譲らず、彼らは二一世紀に至るまで憲法や法改革を事実上コントロールしつづけている。

イスラム世界の国のなかで、ここまで強硬に改革に反対し、またウラマーが伝統的な権威をもちつづけているのはサウジアラビアだけだ。イエメンでは、南部を支配していたオスマン朝が一八七二年にメジェッレを導入しようとした。[12] イエメンで支配的なシーア派の一派であるザイド派の学者らは、メジェッレはイスラム教スンニ派の教えに基づいているとして反対し、一九一九年にこの地域がふたたび独立国家となると、政治指導者たちはより伝統的な統治体制に回帰した。ところが革命によって一九六七年に南イエメンは共和国となり、新政府は行政・司法改革に着手し、シャリーアは「あらゆる法の法源である」と宣言した。一九七五年、新政府は法律家の委員会を設置し、包括的な新法を起草させた。その結果つくられた法典の法はイスラムのシャリーアの原則からとられており、シャリーアの法学がその解釈の指針とならなければならない、ということだった。それでも、中東の大部分の国と同様に、成文法の導入はそれだけで、伝統的なイスラム法学者の権威および彼らがフィクフを解釈し適用する営みを弱らせることになった。

第二次世界大戦後、ヨーロッパの帝国が支配していた地域に独立運動が広まり、アフリカではムスリムが多数派の国がいくつも生まれた。リビアは短期間イタリアの植民地にされたあとで、戦時中は連合軍に占領されていた。一九五一年にイドリース一世が国王に即位し、エジプトの民法典の起草者サンフーリーに、自国の法律の承認を依頼した。モロッコでは、国王ムハンマド五世が「一貫性と明確さ」を主張して家族法の編纂をおこない、西洋で訓練を受けた弁護士を重用した。事実上イスラム法学者に取って代わった新たな法曹は、フィクフを曖昧で複雑で無秩序、理解しがたいものと見なした。[13] スーダン、チュニジア、モーリタニアでもムスリムは多数派を形成したが、人々のシャリーアへの支持にもかかわらず、それらの国の指導者らは伝統的なイスラム法の形式を一切受け入れなかった。植民地にされたことに対しては大いに怒っていたとはいえ、エリートたちの多くはヨーロッパの学校や大学で教育を受けていた。憲法のなかではイスラムやシャリーアについて言及したとしても、彼らはヨーロッパ植民地政府が残していった政治機構や法体系の維持を支持した。いずれにせよ、国際連合への加盟を目指す彼らには、そうする以外の選択肢はなかったのだ。[14] フランスは一九六二年の独立戦争まで、アルジェリアをフランスの一部として統治した。[15] フランスは一九世紀に土地所有制度を再編し、多くの宗教施設への寄付をもたらしていた慈善信託であるワクフを廃止した。またイスラム教教育への支配を中央集権化し、マドラサの資金を制限したため、学院の数もイスラム法律家の影響力も激減した。新たに独立したアルジェリアの憲法には、シャリーアに基づいているという記述さえなかった。

神の法

ムスリムが多数派である新しい国々のほとんどはイスラム教を国教とし、シャリーアを憲法に盛りこんだ。法はシャリーアに基づいていると主張する国もあった。しかしイスラムか非イスラムかを問わず多くの学者たちは、こうした主張の一貫性に疑問をいだいていた。一九四八年のエジプトの民法典をはじめとして、イスラム法を実施しようとする試みは、シャリーアから生成される規則を民法の枠組みのなかに押しこんだだけであり、イスラム法に求められる根本的に異なる適用の形や解釈をないがしろにすることになるからだ。[16] シャリーアを成文化することもまた法を歪め、その開かれた性質を弱め、それを解釈・説明する法律家らの力を削ぐ。[17] そもそもシャリーアは神の法であるのだから、法律家の仕事も決定的なものではなく解釈的でしかありえない。立法者はイスラムの目的のための法をつくることはできるが、それらはけっして、近代法が必然的に目指す決定的かつ包括的なものにはなりえない。イスラム法の改革された原則は近代法制度に組み込まれうるし、組み込まれるべきだとする意見もあるが、固定された教義なしでは国家構造にまったくふさわしくないという意見もある。[18] シャリーアは儀式的、道徳的、社会的、政治的規範を統合し、学者の権威を国王や大臣よりも上に置く。つまり彼らの主張では、シャリーアとは、法がすべての上に立つ「反国家的事業」なのだ。

さらにシャリーアには近代の国民国家に不可欠な種類の法が包含されていない。[19] たとえば契約についての一般理論がなく、さまざまな種類の契約のための具体的な規則はあるが、それらは今日の商業界にとってはあまりにも限定されすぎている。またシャリーアには不法行為についての一般理論もなく、まして有限会社や合資会社の設立のための法は存在しない。サンフーリーの法典はそうしたギャップを埋める民法を取りこみ、サウジアラビアでさえ商事紛争のための新たな規則を導入した。

それでも、イスラム世界全域のムスリムらは、アメリカ、イギリス、その他の地域での少数派のムスリムもふくめて、今なお宗教指導者に助言を求め、家族の紛争解決にはイスラム裁判所を頼りにし、新たなシャリーア裁判所を求める声は高まっている。

ムスリム同胞団

ほかのイスラム改革運動家らは、より正統な宗教的・法的慣習への回帰を呼びかけた。その一部は政府にシャリーア擁護の訴えを重く受けとめさせることに成功した。二〇世紀はじめ、ワッハーブ派の影響を受けたエジプトのサラフィー〔スンニ派による復古主義的な改革運動〕と並行して、別のイスラム改革運動も生じた。若いエジプト人教師でありイマームでもあったハサン・アルバンナーは、彼自身の言葉によれば、スエズ運河で働くエジプト人労働者らに対しておこなわれている不正義にひどくショックを受けた[20]。一九二八年、アルバンナーは西側の帝国主義に反対する運動を起こし、人々の支持を集めて「ムスリム同胞団」と呼ぶ運動を確立した。アルバンナーは、変わりゆく世界に適応する改革イスラム法を主張し、カイロのアル・アズハル大学における保守派ウラマーによる支配に強硬に反対した。アルバンナーは新たなシャリーアがどのような形のものになるかを明言することはなく、一番の目的は神の国だった。彼は支持者に対して、政府と宗教の規則を区別することなく、務めと信仰に専心するようにと説いた。運動は広がり、エジプト全土に支部を設けて、一〇年たたずして五〇万人の信徒を集めた。アルバンナーはおもに宗教的道徳とイスラム法を確立することに注力したが、その人気を懸念したエジプト政府は一九五四年、同胞団を非合法化した。改革派のナセル大統領は運動の指導者らを迫害すると同時に、アル・アズハル大学を支配下に収め、その財産の大部分を国有化し、在籍する学者らを国の裁判所から追放した。しかしムスリム同胞団の広がりは中東、北アフリカを越えてパキスタンやマレーシアやインドネシアにも達し、アルバンナーの後継者で多数の著作をもつサイイド・クトゥブのもとで発展した。

スエズ危機、そして一九六七年のエジプトの敗戦を経て、ムスリム同胞団は再編を果たした。エジプトの新大統領アンワル・サダトは同胞団のメンバーの多くを釈放し、イスラム法は「立法上の主要な法源である」と憲法を書き直した。しかし国会および司法機関は、リベラルな世俗主義者に占められていたので、ムスリム同胞団の団員は最高憲法裁判所にいくつかの訴訟をもちこみ、エジプトの法の一部は「非イスラム的」だと訴えた。たいていの場合、裁判官は冷淡で、法がシャリーアに適合する意味を定義することには消極的だった。しかしついに一九九三年、新たな法は、何世紀にもわたってムスリム法学者の合意によって定義されてきたクルアーンのより広い法原則に適合しなければならないと裁判所が宣言した。もっとも重要なことに、いかなる法もムスリムを害してはならないと述べられた。また、下級裁判所はハナフィー派のフィクフの意見を参照するべきということが確認された。しかし実際には、ほとんどの裁判官が受けた法的訓練には、シャリーアやその論理様式についての知識も、まして古典アラビア語のスキルもふくまれていなかった。最高憲法裁判所でも、裁判官らは古典的なフィクフよりも実際的な懸念への言及を続け、憲法の目的や原則と一致していると考えたときに限り、イスラム教の教義を述べた[21]。

二〇一一年には、エジプトにおける民主化運動の革命〔一月二十五日革命〕がムスリム同胞団に新たな機会をもたらした。二〇一二年七月、同胞団の指導者ムハンマド・ムルシが大統領に就任した。ムルシはまもなく、シャリーアの原則と近代的な国民国家の構造に矛盾はなく、法の支配、個人の自由、機会の平等とともにイスラムの価値観を促進することは可能だと宣言した。エジプトのサラフィー主義者は、そうしたイスラム法の柔軟な法解釈を非難し、シャリーアのより厳格な適用を実現するため、新たな政党、ヌール党を創設し、イスラム国家の樹立を目標とした[22]。二〇一三年七月、軍はクーデターでムルシ大統領を失脚させ、ムスリム同胞団を非合法化した。

ワッハーブ派、サラフィー、ムスリム同胞団が中東におけるイスラム法のビジョンを競い合っているあいだに、シーア派は東方の地でかなり異なる改革運動を展開していた[23]。一九七九年、イラン革命の火付け役となってパフラビー朝最後の国王を打倒したシーア派イマームのルーホッラー・ホメイニは、イスラム教の原則に基づく政治秩序を打ち立てはじめた。その憲法では、本来のシーア派イマームを代表する法学者としての最高指導者を設け、当初ホメイニ自身がこの地位に就いた。ホメイニはイスラム法のもっとも基本的な原則のひとつを承認し、確立されたシャリーアは不変のものとして扱うと述べた。政府は目に見えるイスラムのシンボルを導入することに注力し、女性にヴェールの着用を強制し、ナイトクラブ、酒、音楽、踊りを非合法化した。いっぽうで国家構造の改革は段階を踏んで進め、法体系についてはパフラビー朝で導入された方式を踏襲し、従来の民法の継続をおおむね許可した。やがてホメイニは法を、最高政治権力に異を唱えることも可能な上位のシステムではなく、社会の正義実現のための手段として語るようになった。彼はイマームの代表者として、自分は法について意見を述べる最高権力を有すると宣言した。これはイスラム国家の利益のためであれば、イスラムの伝統的な法解釈と異なる判断をすることにも及んだ。それは彼の当初の態度の劇的な反転であり、ホメイニ自身の権威をシャリーアの上に置くということだった。

同時に、ホメイニ政権は西側の法形式を使いつづけた。限られてはいるがクルアーンの刑法を用いながら、それ以外の違法行為には、イスラム法のタージール〔イスラム法においてクルアーンに規則のない犯罪に対する刑罰。裁判官がその罪状の重さに応じて刑を加える〕の伝統でおこなわれていたように裁判官の裁量に任せるのではなく、法定刑を導入した。ホメイニは新法を監視する憲法擁護委員会を設置したが、そのメンバーにはシャリーアの研鑽《けんさん》を積んだ学者と西洋で訓練を受けた法律家の両方がふくまれていた。実際に、新政府のつくる新法の多くが西洋法を手本にしたものであり、イランは国際的な法秩序に参加しつづけ、他国と条約を締結していた。要するにイランの法体制は、本質的には西洋の法の枠組みのなかにイスラムの法原則を一部組み込んだものだった。

ほかの国々では、イスラム法学者らはそれほど急進的ではないやり方で、イスラムの原則により適合するように家族法を改正しようとしていた。一九七〇年代における石油の採掘とその価値の高騰にともない、金利の問題も表面化した。湾岸諸国がより積極的に国際経済秩序に参加するようになり、イスラム法における高利貸しの禁止が問題になることが明らかになった[24]。そこで法律家らは、ムスリムがシャリーアを破ることなく金融や銀行取引に関与できるような金融商品の開発に着手した。イスラム銀行制度をつくろうとしたエジプトの試みを足掛かりにして、組合員らが利息をとることなく利益を分け合える商業組合の仕組みを考案した。また、伝統的な西洋の融資に近く、イスラムの原則に適合するムラバハ〔金融機関が商品をいったん購入し、借り手に商品を転売して、その差額を事実上の利子として受け取る〕という商品売買契約も利用された。その後の数十年間で中東における金融および銀行の中心地は劇的な成長をとげ、投資家らがシャリーアの価値観を守りながら商業的事業の利益を受け取れるとする「選別された」金融商品が提供されるようになった。国際機関等はシャリーア委員会を設けて著名なイスラム学者を参加させ、ムスリムの当事者をふくむ取引についての助言を受けている。もちろん、伝統的なイスラム学者らは、利益、買いだめ、賄賂、投機を避けるというシャリーアの方針に反するとして、これら新たな金融商品を批判している。ウラマーが最高の威光を維持するサウジアラビアでは、そうした反論によって、新たな金融商品を私的契約のみに制限し、金融部門の特別委員会はそれについて勧告・裁定できることになっている。(25) もっともそうした批判の声にもかかわらず、ムスリム世界の広範かつ有力なセクターは、現代の商業秩序に多額の投資をおこなっている。

現代のイスラム法

このように、イスラム法を現代世界の変化に適応させようとする試みはさまざまな形をとってきた。イスラムのビジネスパーソンらが創意あふれる方法で利子の禁止を克服するいっぽうで、ワッハーブ派やサラフィー主義者らのより原理主義的な姿勢は一連の激しい対立を触発し、イスラム主義者のグループが西側に対するジハードを呼びかけた。一九九六年から二〇〇一年まで実質的にアフガニスタンを支配したタリバンはもともと、伝統的な教育を受けて、イスラム法の厳格な解釈を掲げる学生グループから生まれた。いくつかの州でムスリムが多数派を占めるナイジェリア北部では現在、ボコ・ハラムが実権を握っている。二〇〇二年に結成されたイスラム過激派であるボコ・ハラムは、西洋式教育を否定し、ナイジェリア政府と暴力的衝突をくり返している。同様な過激派組織であるアル・シャバーブは、二〇〇六年、ソマリアの長引く政治的混乱のなかから生まれた。アルカイダは中東におけるサラフィー主義運動から興り、二〇一三年にはアルカイダとつながりをもつスンニ派のジハード主義者〔イスラム聖戦士。ムジャーヒディーン〕がシリア大統領バッシャール・アサドに対して独自の蜂起を開始し、ダーイッシュ〔Daesh はイスラミック・ステートのアラビア語名の略称〕と称した。彼らは二〇一四年には最高指導者アブ・バクル・アル・バグダディの下、世界規模のカリフ国家樹立を宣言した。しかし彼らはウラマーというよりも活動家であり、そもそも正統派のイスラムの原則によるとは言えない軍事行動や国家建設に乗り出した。彼らのイスラムに対するおもな姿勢は、個人の道徳の重要さを強調することだ。軍事行動の成功によって行政の規制を導入し、主要な町に特許状を交付し、忠誠とイスラム教徒としての正しいふるまいと引き換えに安全と行政サービスを約束した。必然的に、ダーイッシュは伝統的なカリフ国家というよりも現代的な国民国家の構造に近づいていった。(26)

現代世界において真のカリフ国家が存在できるかどうかにかかわらず、サウジアラビアの政治体制においてはウラマーが圧倒的な法的権威を行使している。より局地的な文脈においても、たとえば国家としてはほとんど機能していないソマリアのような地域でも、イスラム教のフィクフは商人らにとって便利な規則を提供している。商人らの多くはイスラム法を使って商取引に対処し、比較的小規模の取引、とくに当事者が同じ社会的ネットワークのメンバーである場合にはそれがうまく適合した。(27) その他の国々も、法典化されなかったシャリーアが広く使われる余地を残した。スーダンでは、植民地政府および独立後の政府が法伝統の多様性を認め、すべての法実務および権威の源を統制することは控えた。(28) パキスタン、モーリタニア、イエメン、リビア、スーダンはシャリーアに基づく法を国の法体制に組み込もうと試み、インドネシア、マレーシア、アルジェリアなどの国々は、憲法ではシャリーアにほとんど触れていないにもかかわらず、家事事件についてはシャリーア裁判所が権限を行使するのを認めている。

こうした変化や改革への動きのなかでも、シャリーア裁判所は粛々と業務をおこない、多くの場所で主要なイスラム法の実務と原則にのっとって紛争を解決しようと努めてきた。(29) マレーシアからモロッコまで、シャリーア裁判所は結婚、離婚、遺言、相続、後見、扶養についての事件を審理している。たとえばレバノンでは、多様な人々が数多くの宗教を信仰しており（ドゥルーズ派、ユダヤ教、キリスト教諸派、イスラムの諸教派をふくむ）、政府は一四の異なる家庭裁判所を承認している。各裁判所は独自の法を運用し、独自の裁判官を任命する。シーア派とスンニ派の裁判所はいずれもオスマン朝に起源をもち、その業務にレバノン政府はあまり干渉してこなかったが、一九六二年、両裁判所に対して民法の手続きを採用することを義務づけた。(30) これによってシーア派の上訴裁判所では、裁判長を務める伝統的な法律家であるシャイフに民事裁判官が同席し、手続きに関して助言をおこなうことになった。しかしシャイフのターバンとローブの式服から、彼が適用する法の中身は一目瞭然だ。実際、レバノンにおけるシーア派の訴訟当事者は最初にシャイフに助言を求め、シャイフは簡素な事務所で相談を聞く。あるシャイフは、自分たちは善きムスリムとしてふるまうことで人々の尊敬を得なければならず、富をひけらかすようなことは禁物で、裁判所では慈悲を示し、〝同胞的〟態度をとるべきだと説明した。真のシャイフになるには、道徳的問題に直面している人と個人的にかかわる必要があるとも。伝統的なムスリムの裁判官として、高度な道徳的態度を示し、シャリーアの規則を適用するだけではなく、その原則を体現する。しかしながら、レバノンの法ではシャイフは官僚的な手続き法を順守しなければならず、そのためシャリーアと国家法との間の緊張から生じるジレンマに陥ることもある。シャリーアには独自の手続き法がふくまれるが、現代の裁判官は手続き上のミスをおかせば民事の弁護士から非難されるおそれがある。同時に、一般市民のなかにはこの法律尊重主義に反対する人もいるかもしれない。「裁判官は怒鳴りつけ、追い出す。そんなのは間違っている」と、ある訴訟当事者は厳格な裁判官に不満を漏らした(31)。シャイフは親切で優しくあるべきだと人々は感じている。事実、シャリーア裁判官はつねにそうした批判の的になり、そのために優秀なイスラム学者はカーディーとしての法的権限よりムフティーとしての道徳的権威を選んできた。シャイフのそうしたジレンマは、現代国家においてより鮮明になっている。

そうした緊張はあれども、シャリーア裁判所はイスラム世界全域で、たとえ国から承認されていない場所でも、人気がある。一八九〇年代に東アフリカはイギリスとドイツ両帝国によって地域が分割されたが、イギリスもドイツもカーディーによる裁判所の存続を許可した(32)。ケニア政府も独立時に同じことをして、裁判所は人々に広く利用されたが、憲法上の議論を呼び、二一世紀はじめにはムスリムとキリスト教徒間の緊張の焦点にもなった。いっぽうタンザニアでは、独立時にシャリーア裁判所が廃止されたが、その再建を求める声が一九九〇年代から高まっている。インドでは、一九世紀にムスリムの聖職者が植民地の制度に代わる独自の裁判所を設置し、イスラム宗教学校で学んだ裁判官が家事事件の審理と裁定をつづけている(33)。インドの国の裁判所でも理論上はイスラム法を適用できたが、それは法典化されないまま、シャリーア裁判所が民間の代替手段となった。イスラム教評議会はイギリスでも設置され、尊敬を集める仲裁人がカーディーとしての地位や法執行力なしでも当事者らを説得してイスラム法に調和した解決に達した。イスラム学者のなかには、複雑な婚前契約書を作成することで、家族の取り決めにおいてムスリムたちがイスラム教の規範に従えるように手助けした者もいる。そうした取り決めは、国の法制度で執行されなくても効力を発する(34)。

国の法制度の一部であるか否かにかかわらず、こうしたイスラム裁判所や評議会はイスラム法の原則を適用しようと努め、学者らの権威を認めた。皮肉なことに、公にイスラム国家を宣言した国々では、裁判官が今や法典化されたシャリーアを新たな申し立ての審理に使うことができた(35)。一九七九年のイラン革命後、ルーホッラー・ホメイニは、イスラム女性の家庭的役割を反映していないとして家族法を撤回した。そこで裁判官らは、シャリーア、加えてホメイニの意見に従うだろうと思われた。しかし法務官と訴訟当事者双方が、それによって生じた混乱に抗議して、より均一な家族法を要求し、政府にヨーロッパ方式の家族法を復活させた。一九九〇年代に設置された新たな裁判所には、民法の手続きの訓練を受けた裁判官が配置され、大学で学んだ法務助手が補佐した。ここでは教育を受けたイラン人女性たちは、伝統的なシャリーア裁判所では不可能だったようなやり方で、法典化された法によって与えられた個人の権利を主張することができた。

もちろんムスリムがシャリーアと触れるのは裁判所だけでではなく、信心深い人々は日常生活のさまざまな局面でシャリーアの規則を守ろうと努めている。彼らはムフティーの法学意見を求め、シーア派イスラム教徒は〝模倣の源泉〟といわれる法学者、マルジャの導きに従おうとする。伝統的にムフティーやマルジャには、スルタンや上級カーディーに助言をおこなうような学識の深い著名な学者から、田舎の人々や地方の裁判官の相談に乗る謙虚な人までいた。近代化の過程で彼らの状況は変化し、シャリーア裁判所以外では、裁判官に対して直接助言をおこなうことはなくなった。しかし、オスマン朝スルタンの伝統を守り、エジプト政府は一八九五年、大ムフティー〔最高イスラム法官〕を任命し、歴代の大ムフティーらはその役割を刷新して、政府の近代化政策を支えるファトワーを発行してきた。[36] なかには長文の意見書を新聞に掲載し、シャリーアをいかにして現代の生活に適応させることができるかを示した大ムフティーもいた。

その他のマルジャには多数の個人信奉者を有し、外交に影響を及ぼす者もいる。二一世紀はじめ、三人のマルジャがシーア派の人々のあいだでとくに人気を博していた。なかでも傑出していたのは、イラクのナジャフ在住のサイイド・アリー・フサイニー・スィースターニーだった。[37] 数百万人がスィースターニーを支持し、集まってきた巨額の資金は世界各地にある彼の事務所運営に使われた。スィースターニー自身は隠遁者で、シーア派の宗教指導者らが迫害されていたサダム・フセイン政権下ではほぼ引退していた。しかし支持者向けの本の出版は続けており、そのなかには西洋に住むシーア派教徒向けの指針もあった。二〇〇三年のアメリカ主導によるイラク侵攻時には、最終的にスィースターニーが介入し、アメリカが任命する議会ではなく、総選挙で選ばれた議会を招集すべきだと訴えた。彼のイラクのシーア派の人々に対する影響力が明らかになると、アメリカは政策を転換し、二〇〇四年、スィースターニーは交渉を成功させて休戦を実現した。つかのま表舞台に立ったのち、スィースターニーはふたたび超然とした権威ある立場に戻った。

レバノンでは、マルジャであるアーヤトッラー・モハメド・フセイン・ファドララはスィースターニーよりも政治に深くかかわった。若者らの教育を推進し、慈善や教育のネットワークをとおして「反帝国主義」政治を主張した。独自のラジオ局および活発なウェブサイトを運営し、定期講演をおこない、クルアーン釈義二五巻および法学書一五冊をふくめて多数の著作を出版した。法学書は古典的な文体ながら、専門用語や自身の裁定の根拠を説明することで、法学の素人である読者にも読みやすくしようと努めた。モハメド・フセイン・ファドララは現代の問題にも取り組み、たとえばDNAを証拠に採用すべきかどうかなど、医療および科学の倫理についての意見を述べた。また個人からの依頼に応えて数え切れないほどの数のファトワーを発行した。スィースターニーと同様に、彼の著作を読み、ウェブサイトを見て、彼の意見を求めたムスリムらに対して大きな影響力をもっていた。

ムスリムの世界には、そうした著名な学者らとともに、彼らほど野心的ではなく、より伝統的な役割を担った多数の学者や指導者がいた。彼らは政治にかかわることもあったが、個人的な請願者に助言を与えることに重点を置き、ときには現代的なメディアを利用した。イエメンは歴史的に、イスラムのシーア派に特徴的な、学識と政治の役割を組み合わせた指導者であるイマームによって統治されてきた。その他のイエメンの学者や著名な法学者らは政府から距離を置き、シャリーア解釈の権威である、独立したムフティーとしてふるまった。一九七〇年代のイエメンの革命と法の法典化後も、そうしたムフティーらは自分たちの仕事を続けた[38]。イエメン司法省は、エジプトの大ムフティーと同様の共和国ムフティーを任命した。共和国ムフティーは首都サヌアに本拠を置き、各州にいる地域のムフティーを支えた。

一九七〇年代にある文化人類学者が、南部の高地にある都市イッブのムフティーを紹介された。ムフティーはその当時も毎日午後に自宅の二階で依頼を受け、地元の住民らも集まってその様子を見物していた。人々がカートという弱い覚醒作用のある葉っぱを噛みながら、低いクッションにもたれて地元のできごとについて語らうなか、紛争についての助言や裁判用書類の認証をムフティーに依頼する人がやってくる。たとえば開襟シャツを着てゆるめにターバンを巻いた農民がひびわれた手をして裸足で入室し、ムフティーの前で深々とお辞儀をしてから、結婚や離婚、問題のある相続、あるいは宗教的基金への寄付金について尋ねる。ムフティーは学者用のターバンと短剣と上着を入口に置き、スカルキャップ、白いガウンにベストという室内用の服装で、即座に助言をおこなう。伝統的な葦《あし》ペンで、依頼についての記録としてファトワーは書面にされたが、その書式は短縮され、暗号めいたもので、教養のない人は読解に助けを必要とするかもしれない。ムフティーは一九九〇年に引退するまで、土地取引、法的紛争、結婚協定などについての助言をおこなった。

サヌアでは、共和国ムフティーがやはり自宅で依頼者を受け入れていた。また毎週放送されるファトワー番組にも出演していた。番組では四人の学者らが、リスナーの投稿した質問に答える。放送は不特定多数の人向けなので、学者らが発行するファトワーはわかりやすいものになる。ある人の説明によれば、伝統的なムフティーは短い回答で依頼者に熟考させるが、ラジオのリスナーは回答をすぐに理解しなければならないし、リスナーのなかにはあまり教育を受けていない人もいると仮定する必要があるということだ。しかし現代的なメディアを利用することで、ムフティーのファトワーはより多くの人々に届く。テレビのファトワー番組にも、髭をたくわえターバンを巻いた老人たちが出演し、視聴者の質問に答えて知恵を授けている。

シャリーアは多くの方法でムスリムの生活を形作りつづけている。ムフティーはファトワーを使って直接的な助言をおこない、カーディーはシャリーア裁判所で判決を下し、上級のムフティーやマルジャは政治的な影響力をもつ。たとえばセネガルでは、伝統的なスーフィー教団指導者であるマラブーは、ピーナッツの生産で財を成し、宗教的な地位を利用して内政に大きな影響力を行使できた。人々が道徳的問題について議論したり善きムスリムとしてどうふるまうべきかの助言を求めたりして、イスラム法の規範はより間接的な方法でも日常生活を形作っていた。シャリーアの教えは個人の道徳の問題、さらには家族、財産、商業関係の条件の定義にまでおよび、精力的な活動家らはイスラム法の規則や原則を一般の人々に届ける新たな方法を見つけている。

カイロでは、一九七〇年代にイスラム世界を席巻したイスラム復興の波のなかで、女性のモスク運動が始まった[39]。この運動は二〇世紀前半に女性説教師を育成したザイナブ・アル＝ガザーリーの活動に起源をもつ。彼女が設立した団体〔ムスリム姉妹団〕はムスリム同胞団と同時期にナセル大統領によって解散させられたが、のちに、カイロに地域のモスクが急増すると、女性説教師であるダヤットも増えた。彼女たちは信仰に関することがらで女性を導くことを主眼とし、衣服や話し方の基準、大人や子供にふさわしい娯楽、家政や家計、貧しい人々の世話、公の場における議論での適切な言葉遣いなどについての教えや助言をおこなった。エジプト民法の代わりにシャリーアを復活させるべきだとは言わなかったが、適切な宗教的ふるまいは世俗的また法的な問題に大きな影響を及ぼすと主張した。

カイロにおける運動はマスメディアや、エジプトにイスラムの古典を広く普及させた識字能力の高さを利用することができた。宗教的な義務、人格形成、道徳的な高潔さの問題に関する規則を説明した新たな手引書が急増した。露店で、フィクフについての冊子や、ムスリム同胞団が依頼し広く読まれていた三巻の大要が売られていた。人々は録音された説経を買ったり、しばしば注目のファトワーを紹介するラジオやテレビ番組から宗教的な知識を得たりすることもできた。女性たちの運動は、とくにフィクフの手引書を利用して、支持者らに実用的な教えを説明した。中流階級以上の地域では古典教育を受けた説教師が、学者がファトワーを発行するという古くからの伝統を生かし、さまざまな法にかかわる意見を提示したうえで、何に従うかは一人ひとり自分で選択しなければならないと聴衆に訴えた。いっぽう、労働者の多く住む地域では、説教師は説経の随所に礼拝に用いられる文句やクルアーンの一節を挿入した。イエメンのムフティーと同様に、カイロの説教師らも法や道徳や宗教的慣習や個人の信仰を区別することはしなかった。注意深く紛争を避け、イスラム主義者と世俗主義者のあいだの緊張に巻き込まれないようにした。しかしその教えは、伝統的なイスラムの知識やシャリーアの権威に深く根ざしたものだった。

＊　＊　＊

シャリーアはいつの時代も単なる法体系にとどまらず、ムスリム世界にあまねく儀式や道徳についての手引きを提供してきた。それは国家の法制度とは異なり、固定された法典や単一の一貫した教義をもたらすことを目的とはしていない。むしろ示されるのは指導のための規則であり、それは専門の学者に解釈されるものだ。シャリーアは何よりも個人の義務に焦点をあて、本来はカリフの判断に委ねられていた犯罪行為に言及することはほぼない。シャリーアの目的は規則を押しつけることでも正義を約束することでもないが、フィクフは紛争の解決に使われうるし、実際に使われている。シャリーアは道徳的な道程であり、この世界の神の道へと人々を導くためのものだ。近代国家とはまったく別の秩序のビジョンを示している。

ムスリムの多くは、現代の政府や国家の限界および無宗教性に対する平衡錘として、シャリーアは現代世界において今以上に権威をもつ力があるし、またそうあるべきだと考えている。ムスリムが多数派を形成する国々は自国の民法体系にその原則を組み込もうとし、シャリーアを守ると主張したが、いっぽうでほとんどの場合、伝統的な法学者の組織や権威を弱体化させた。イスラム国家という考えには根深い問題があり、ダーイッシュの例を見てもそれを否定することはできない。しかしイスラム法の権威は神に由来し、その宗教学者らは官僚機構よりも説得力のある導きとより効果的な解決を提供しつづけている。そしてなかには国際的な紛争に介入し、大きな成果をあげられることを証明した宗教学者もいた。

イスラム学者は政治的支配者から距離を置き、彼らの法と原則がもっとも力ある支配者をも従わせるべきだと主張する。そうした力関係は国家の構造と容易には相容れないが、これもまた法の支配のひとつの形だ。そして、もっとも著名な学者らが何百万人もの尊敬を集めると同時に、イスラム法は力と影響の両方を保ちつづけている。

第15章　国家に背を向けて──部族、村落、ネットワーク、ギャング

世界の指導者らが国連総会の席に着くとき、彼らはきれいに主権国家に分かれた世界を象徴している。各国はその国民、経済、環境に責任をもち、独自の法制度を維持する。それらは物の売買から住宅や公共空間の安全まで、家族関係の構成や金融システムの効率まで、人々の生活の細部まで規制することを目的としている。平和と秩序を保つことは国の仕事だとされる。しかしながらそうした法制度がたとえ強力であっても、その及ぶ範囲は政府がわれわれに思わせているよりも狭く、効率もよくない。現代世界で秩序の源の代替になりうるのは、イスラム法や法学者だけではない。

チベットの部族民はいまだに中国を無視して法をつくり、それに従っている。世界中の村落共同体で独自の法典が守られている。現代のアメリカ合衆国の中心でも、業界団体はメンバーが国の裁判所に訴えるのを抑制している。法と法律尊重主義の力学は、現代国家にすっかり囲い込まれたわけではない。同時に、ごく小さな共同体は予見可能性、秩序、自治の根拠を提供するために規則をつくり出すが、すべての組織化された集団が法律尊重主義をとるとは限らない。法を明確化することは法を可視化することであり、なかには法やその構造を見えないように隠すことを選ぶ人々もいる。反法律尊重主義はまた、ギャングやマフィアが国家に逆らうための強力な道具でもある。

チベットの血讐

現在は中国の一部であるチベットの草原では、何世紀も前から変わらず、ヤクの遊牧民のあいだで今でも血讐がおこなわれている。アジア、中東、アフリカの牧畜民に共通するパターンで、紛争から暴力が生まれ、それに対する暴力がくり返される血讐は、部族の長らにとってなんとかして終わらせなければならないものだ。さらなる復讐をやめて補償を受け取るように、熟練の仲裁人が当事者の部族民らを説得する必要があるかもしれない。中央集権化された政府は例外なく遊牧民に定住を促し、部族の慣習ではなく国家による法や刑罰を押しつけようとしている。現代の中

国も例外ではない。しかし青海省《せいかい》や甘粛省《かんしゅく》の草原では二一世紀になっても、チベット人遊牧民らが血讐と仲裁の風習を続けている。(1)

牧畜民は数世紀前に広大なチベット高原に羊や山羊をもちこみ、歩き回っていた野生のヤクを飼い馴らした。峡谷では氷河や雪原の雪解け水で畑を灌漑して大麦をつくることが可能で、次第に人々が定住して僧院が設けられた。一部の部族はまとまって帝国〔吐蕃王国〕をつくり、六世紀から九世紀にかけてこの地域を支配した。しかし標高の高い高原では遊牧民が依然としてヤクや羊や山羊の飼育をしていた。チベットの詩歌や物語、宗教文献には牧畜のイメージが強く、羊革のコートを着た現代の放牧民らは今も黒い天幕の外に馬をつなぎ、天幕のなかでは重たげなサンゴの宝飾品をつけた女性たちが乳を攪拌《かくはん》してバターをつくっている。冬は埃っぽい平原に風が吹きすさび気温が下がる厳しい季節だが、夏は、遊牧民らが飼っているヤクの毛で織った広い天幕のなかでくつろぐ季節になる。男性たちは中央の炉の周りに敷いた絨毯の上に集まり、ミルクティーを飲んだり、大麦の粗挽き粉に風味豊かなバターやチーズを入れてこねたもの〔ツァンパ〕を食べたり、屋外で日差しを浴びながら草を食《は》む家畜の世話をしたりする。そのあいだに、女性たちは家事の大半をこなす。

中国の破壊的な文化大革命のあいだには農業と牧畜がすべて集産化されたが、一九八〇年代に政府はチベットの牧畜民がふたたび部族を形成することを許可した。ほとんどの人々が歴史的なパターンに回帰した。近年、中国当局は、牧草地の劣化を理由に遊牧民に対して定住を説得する積極的な取り組みをおこなっているが、実は遊牧民の〝後進的な〟生活様式と、税や管理を逃れる能力を不快に思っているのだ。しかし二一世紀はじめでも、多くのチベット人部族は昔ながらのパターンで略奪や血讐をくり返している。

青海省の大部分を占め、歴史的にチベット人の居住地域であるアムドでは、各部族が数千の天幕をもち、それらが約四〇の露営地に分かれている。アムドの遊牧民は食事も社交も寝るのも天幕内の草を敷いた床でする。早春には女性たちが羊小屋の隣に小さな小屋をつくり、若い男性らは略奪から家畜を守るためにそこで寝る。侵入者を防ぐために獰猛な大型犬のマスチフを飼っており、多くの大人たちの体には、不注意な子供の頃に咬まれた傷痕が残っている。しかし、どれだけ警戒していても、略奪は起きる。夜のうちに羊が数頭いなくなっていることに気づいた男性は、馬で追跡すると宣言する。仲間を集めて泥棒を見つけ出し、戦うつもりだと表明する彼のことを、家族が止めるのは不可能で、子供が部族長のもとに使いにやらされる。略奪は被害者に対する侮辱であり、習わしでは天幕の主はすぐに復讐するべきだとされている。男性は誰でもナイフを携帯し、装飾された鞘に納めたナイフを仰々しく腰に吊るしている。牧畜の仕事はそれほど負担ではない。母親や姉妹や妻たちが天幕周囲の労働の大部分と子育てを担ういっぽうで、男性らは、必要とあれば、すべてを中断して馬に飛び乗り、略奪の復讐に向かうことができる。彼らはつねに「戦争の準備をしている」(2)。

近くに住む人々のあいだで草地をめぐる口論はよくあり、露営地どうしの小競り合いもある。しかし略奪者が別の部族出身の場合、双方が仲間を集めて襲撃に襲撃をくり返すなかでエスカレートし、ひとつの事件がすぐに戦いに、そして戦争に発展する。もっとも深刻な血讐では、全面的な攻撃をおこなうために指導者らが散らばった部族のメンバーを招集する。二一世紀になってもアムドの遊牧民らは、一九五〇年代の牧草地をめぐる紛争に根をもつ血讐を断続的に続けている。母親たちは銃に撃たれて死んだ息子のことを語りながら涙を流し、部族長は、境界近くの露営地から男性を集めることは難しいと言う。というのもそうした場所では敵の部族の家族と縁戚になっている人々が多くいるからだ。だがそれは言い訳にはならない、と部族長は述べる。己の家族、己の露営地、己の部族に対する忠誠がすべてなのだ。

ほとんどの血讐はそこまでひどくならないうちに解決する。どの部族も、刃物ざたや殺人まで起きた深刻な血讐が、賠償の支払いによってすぐに解決したという経験をもつ。誰でも、交渉によって暴力の連鎖を避けるほうがいいのはわかっている。若い男性たちがどれほど激怒していたとしても、あるいは激怒しているように見せなければならないとしても。もちろん、盗まれた財産は返還されなければならない。そのうえで失われた命やけがに対する殺人償金や傷の償金が支払われる。深刻なケースでは、長老たちが、ときには地元僧の助けを借りてまず休戦を交渉し、尊敬される仲裁人に仕事を依頼する。一九三〇年代に遊牧民たちと生活を共にしたアメリカ人宣教師が、交渉のために草地に設けられた露営地の様子を書き残している。当事者それぞれが別の天幕に控え、仲裁人のグループがそのあいだを行き来した。仲裁人は損害や地位についての興奮した言い分に耳を傾け、激怒した遊牧民たちに賠償を受けとるようにと説得する(3)。それは昔から続くパターンだ。一四世紀の法文書には、仲裁人が「重大事」に直面し、巧みな話術によって怒りを鎮め、双方に合意させたことが述べられている(4)。現在でも、昔と同様に、被害を受け怒っている部族民らはまず賠償を拒否することから始める。名誉を守るには、直接復讐しなくてはならない。しかしそこで熟練の仲裁人は、現在ではたいてい地元のホテルの別々の部屋にいる双方のあいだを忍耐強く仲介し、大義名分を訴える勇ましい演説を聴き、賠償を頑なに拒否する人々を、時間をかけて説きふせていく。家族、部族の仲間、そして仲裁人らがゆっくりと、忍耐強く圧力をかけ、双方に賠償を受け入れさせる。もっとも頑として譲歩しない血讐では、仲裁のうまさで尊敬を集めている高位のラマ僧が呼ばれ、その介入によって被害者の部族民は、いかにもしぶしぶという様子で、ようやく賠償に合意することもある。

仲裁人はそれぞれの事実に基づいて事案に取り組み、適当な賠償を交渉する。賠償の額は被害の大きさと略奪の状況、さらに双方の地位によって決まる。現代世界では、警察も介入することがある。大きな紛争は警察の耳に入るので、相手に大けがをさせた人は逮捕され、裁判にかけられて実刑判決を受けるおそれもある。そうなっても、部族民のあいだでは、残された家族に賠償を支払う義務がある。彼らは二重に罰を受けていると文句を言うかもしれない。息子は刑務所に入り、賠償を払えば自分たちの家畜は激減する。仲裁人は彼らに同情するだろう。しかし、ある仲裁人の指摘では、政府の制度は「正義」をおこなっていない――被害者になにも与えていないからだ。彼は、「二つの法に従う人間は二つの鞍を置かれた馬と同じだ」という古来の格言で問題を要約した。正義は、交渉によって実現される。事件の状況、被害者の地位、その擁護者の弁論の巧みさによって決まる。もっとも有名な仲裁人でも単純に規則を当てはめることはできないし、最高位のラマ僧でも困難な事件の解決に失敗することがある。その一例が、数え切れないほどの調停の試みがおこなわれたにもかかわらず、一九五〇年代から二一世紀まで続いている草地をめぐる紛争だ。

こうしたやり方は法律尊重主義とかけ離れている。正義は交渉によって実現されるべきだ。しかしチベット人遊牧民は法をもっている。青海省南部に位置する荒涼とした地域のゴロク〔ゴロク＝チベット族自治州〕は、もっとも猛々しく独立心の強いチベット人遊牧民の故郷だ。ある主要部族の一員は、誇らしげに自分たちの古い法について述べた。ゴロク部族の有力家族は、自分たちが三人の兄弟の子孫だと主張している。歴史的には、そうしたグループが外部からの脅威に立ち向かうために連合することもあったが、その関係は争いや血讐によって損なわれた。経験豊かな仲裁人の説明では、もっともこじれた紛争を解決するのに必要な技術は、雄弁術、美辞麗句の派手な提示、和解に必要な時間をかけた説得らしい。また部族の法も重要らしい。彼が説明した複雑な法一式は、前述の仲裁人による交渉プロセスにどことなく似ている。しかし交渉のなかで規則が適用されたり、もしくは参考にされたりしたことはない、と彼は言った。それでもそれらの法は明らかに重要で、成文化されていた。地域の書店には一九八〇年代に書かれた二巻から成る歴史書が売られており、そのなかには部族の法のある版が収録されていた。著者のひとりは、ゴロクの部族はつねに成文法をもっていたと述べている。文化大革命の混乱で写本はすべて失われたが、著者のチームは法をよく知る部族長らへのインタビューによって、新たな版を編纂したそうだ。

印刷された法は詳細で明確であり、さまざまな地位の人々への賠償金の額を正確に定めている。古いチベットの文献と同様に、現代の法も賠償による正義を約束する。また複雑な手続きを必要とする。たとえば、殺人者は休戦の申し入れの前に、襲撃に使用した馬と銃を引き渡さなければならない。ゴロクの部族は今でもこの規則を守っている。しかし法は直接適用されることも、交渉中に参照されることもないうえに、法で規定される地位の著しいヒエラルキーと、現実の遊牧民の比較的平等主義的な地位との関連性は低い。それならなぜ、わざわざ法を成文化する労をとったのか、また仲裁者はなぜ今でもかなりの敬意をもって法を参照するのだろうか？

かつて中央チベットの農民らは荘園に住んでおり、大部分は実質的な農奴で貴族や僧院に縛りつけられていたが、ゴロクの部族は長年、中央の支配を受けず独立を守ってきた。彼らはモンゴルやムスリムの侵入に抵抗し、地域の僧院に対しては税ではなく自発的な貢物を納めると主張した。二〇世紀はじめ、あるロシア人の旅人がゴロクの部族民の言葉を記録している。その男は軽蔑、そしておそらくは軽い誇張をこめて、ほかのチベット人たちは中国のダライ・ラマや有象無象の首領らの決めた規則に従うが、「われわれゴロクの民は自分たちの法しか認めない」と言ったというのだ。[5] 独自の法を成文化することは独立のしるしだった。それでも彼らは、ラサや仏教団体の権威に完全に背を向けることはしなかった。気前よく僧院を支援し、子息を送って修行僧にし、最高位のラマたちに最大限の敬意を払った。そして、チベット人なら誰でもそうだが、彼らはダライ・ラマを崇敬していたし、今でも崇敬している。法は冒頭で、古代チベット王ソンツェンガンポと、彼が法の根拠にしたという宗教的原則に言及している。ゴロクの部族民らはそうした原則をよく考えて独自の法をつくったのだと書き手は主張している。部族民らはそうすることで自分たちの法典を、伝統的な（しかし典拠の疑わしい）チベット最初の仏教王の言い伝えと結びつけた。伝説ではソンツェンガンポ王が宗教と法をもってチベットに文明をもたらしたことになっている。実際には、古代のチベットの法――またはその内容と考えられているもの――とゴロクの法で守られる規則とのあいだに関連性はない。しかし書き手らは明らかに、ゴロクの法と中央チベットにおける法伝統とを結びつけ、仏教で上辺を飾ろうとしている。

ではゴロクの法はなんのために存在するのだろう？　別

の仲人者によれば、昔は部族のなかの主要な家族が集まって法について議論したそうだ。そうすることで、仲裁人らが紛争を解決する際に拠りどころとする原則を標準化していたのだろう。だが規則には、賠償の交渉が実際よりもずっと整然として規則に則っているかのように書かれている。あるいはそれこそが重要だったのかもしれない。チベットの草原の生活は略奪、暴力、血讐の応酬、部族への不確かな忠誠心またかつては中央チベット、今は国からの干渉によってつねに不安定で、断ち切られていた。直接適用されることがなかったとしても、賠償交渉の拠りどころとなるべき原則の整然さや秩序は、道徳的な秩序という意識を生んだ。それは部族の独立に根差した秩序だが、道徳的な意味で中央チベットの法的また宗教的伝統と通じている。注意深く観察すれば、中国の支配下でも、部族の法は、どのように生きるべきかをそのメンバーに伝えている。

カーヌーン

チベットの遊牧民のほかにも法をつくった牧畜民がいる。イエメン北部の高地に住む部族は、一八世紀に調和と協力の複雑な取り決めを書き記した。(6) チベットの部族の法と同様に、それらは復讐および保護と保証の複雑な体系に基づく賠償の交渉をおこなう方法を規定している。安定した共同体の農耕民も法をつくった。アルジェリア北東部の山岳地帯であるカビリア地方では昔からベルベル人が、畑やオリーヴ園のなかに石造りの家々が建つ特徴的な村をつくっている。(7) この地方は一六世紀に名目上はオスマン朝の支配下に入ったが、税を納めたり軍に兵を提供したりしたのは、派遣された役人が訪れやすい村だけだった。ベルベル人の村人らは、市場に行ったり沿岸の港まで遠出して仕事を探したりすることもあったが、文化的にも言語学的にも低地の人々とは異なり、自分たちのことは自分たちでなんとかしていた。それは自分たちの共同体内の秩序を保ち、外部の人間との関係を慎重に管理するということだ。ほとんどの村で、選ばれた首長は週に一度、成人男性全員が出席する総会を開き、また助役や村のイマームと共に村の評議会を構成した。評議会では、「カーヌーン」と呼ばれる村の規則を議論した。イマームがその形式化を助け、その他の重要な文書と併せてカーヌーンを書面で記録した。村々はまとまってより大きな部族を形成し、共同体のゆるやかな連合として毎週の市《いち》を催した。

一八五七年、フランス軍は植民地拡大の機運のなかでカビリア地方を征服し、猛烈に強い独立心をもつ共同体についての報告書を本国に送った。フランス国民は、彼らが自給自足の調和した暮らしを送る理想の農民のイメージにぴったりだと早合点し、まもなく彼らの「慣習法」を記録する目的で学者がやってきた。学者らは、イマームによる口述で書き取った地域のカーヌーンの規則を何巻も編纂した。彼らはしばしばナポレオン民法典における法的な分類を使ってそれらをフランス語に翻訳し、植民地総督に送った。総督はベルベル人統治のためにそれらを参照することになっていた。

フランス人によって記録されたカーヌーンの多くは多様で、明らかにそれぞれ異なる村の慣習を反映しているが、ほとんどは比較的標準の形式に沿っていた。口述したイマームらはおもに各部族の最大の村の規則を説明し、ほぼ間違いなくイスラムで上辺を飾っていたはずだ。それ以前にカーヌーンがどの程度まで成文化されていたのかは不明だが、規則はなんらかの形で存在していたはずであり、たとえば犯罪と刑罰のリストでは、人々が個人または集団としてどのようにふるまうべきかを定めていた。各文書の導入部分には、宗教学者、イスラムのカーディー、クルアーン、ときにはオスマン朝のスルタンへの敬意をこめた言及がある。次に犯罪とそれに対応する罰金の長いリストが続く。規則では、村人の義務として、道路敷設や水路の維持管理といった集団活動への参加および、週に一度の村の会合や葬儀や共同礼拝などの共同体の催しへの出席をあげている。また、村人らは農耕を協力しておこなうこととされ、ほかに服装についての決まりや、これ見よがしな見栄の張り合いを抑制する奢侈《しゃし》禁止令、家庭の資産の浪費に対する禁止令などの規則があった。大部分のカーヌーンでは、出産、割礼、結婚、死亡の際に村の基金への少額の支払いを義務づけていた。また持参金の額や結婚の祝宴に費やす金額を定め、女性は自分より身分の低い人間と結婚してはならないと規定したカーヌーンもあった。

それらは明らかに共同体の平和を守るためにつくられたものだ。ほとんどの場合、誰でも口論したりどんな形であれ暴力をふるったりすれば、罰金を払わなければならないと定められている。興味深いことに、殺人や傷害についてはあまり言及がない。しかしベルベル人にはチベットの部族民と似ていなくもない復讐と賠償の伝統があり、関連する手続きではそうした伝統が適切に調整されていたのだろう。家庭内でも殺人など、それらの伝統が適用されない事件では村の共同体が介入する必要があった。いくつかのカーヌーンでは、たとえばある人が相続を確実にするために誰かを殺した場合、村の総会が家族の全財産を押収してもよいと定められている。また村の首長や役人のふるまいを規定し、適切に役目を果たさなかったり村の金を横領したりした人に対しては罰金を科すという決まりもある。そうした罰金で集められた金はすべて、共同の食事や村の改良に使われることになっていた。また、村人は役人に敬意を払わなければならないとされ、違反すればより一層の罰金を科せられた。

これらのカーヌーンには、人々に公的な場で正しい行動をさせようとする規則が数多くふくまれている。たとえば通りに排泄物など汚いものを放置してはいけない、服を洗って村の泉をよごしてはいけない、水路を迂回させてはいけない、モスクに小便をかけてはいけない、通りで競争したりみだらな歌を歌ったりしてはいけないといった規則だ。他人の家のドアの前に横たわったり、盗み聞きをしたりすることも禁じられた。女性は髪を隠してふさわしい服装をしなければならず、逸脱した性的行為はとりわけ厳しく禁じられた。喧嘩も禁止で、カーヌーンのなかには村人が使ってはいけない武器について詳細に定め、それぞれ異なる罰金を科しているものもある。口論の一方の肩をもった人にとくに厳しい罰を与えているカーヌーンもあれば、暴力を止めようとしなかったり止められなかったりした人を罰するカーヌーンもある。またカーヌーンには、正義を求めるとスルタンに訴えるのは村全体に不名誉をもたらすことであり、それは重大な罰金に値する悪事だと明記されている。よそ者を村の問題に介入させることも同様だ。このようにしてカーヌーンは村の憲法を形づくり、共同体内の生活を規制・管理し、外部の人々との距離感を生みだしている。

ベルベル人の農耕民はほかの村の人と結婚したり、仕事を探して別の地域に移住したりすることも多い。したがってどのカーヌーンにも、彼らが村に土地を所有しつづける場合には、地域財政に貢献する義務があると定めた規則がふくまれている。なかにはよそ者への土地売却を禁じているカーヌーンもある。このようにしてカーヌーンは、村の構成員の範囲を定義している。また客人へのもてなしも、詳細に決められている。村は全体としてよそ者に保護を提供するべきであるとされ、よそ者に宿や食物を提供しなかった村人は罰金を科される。庇護を求めたよそ者に危害を加えた場合には、さらに重い罰金を払う。しかし各家庭は、よそ者、しかも復讐から逃れてきた人間を家に入れるのは慎重に判断しなければならない。村の名誉はよそ者から共同体を守ることにかかっていた。よそ者はたいていの場合、騒動や腐敗や醜聞のもとだと見なされており、共同体を守るということはつまり、村人が接触するすべての人との関係を慎重に管理するということだった。

フランス軍がカビリア地方にやってきた頃、ベルベル人はすでにイスラム教徒に改宗してから長い年月がたっており、イマームの権威を明確に尊重していた。しかし彼らは、自分たちの共同体がときにはシャリーアの決まりからはずれる必要があるということも理解していた。ある規則にそれがはっきりと書かれている。イスラム法は窃盗の罰として手を切り落とすと定めているが、それはベルベル人の慣習ではないと明記しているのだ。同様に、多くのカーヌーンでは、女性に相続を認めないという慣習——おそらくは土地をよそ者に譲渡しづらくさせるための、ベルベル人の慣習——を非難せず、それはシャリーアに反するということも受け入れている。つまりカーヌーンは、村と近隣の村、あらゆるよそ者とのあいだに距離を置いたのと同じように、村とその慣習を、より広い世界のイスラム法とイスラムの権威から区別するという役割を果たしている。

一九世紀終わりから二〇世紀の政治的変化によって、フランスの軍政が文民による植民地政府に取って代わると、村の生活と法づくりにも変化があった。政府が山岳地帯まで支配を広げると、村人らは植民地行政官から借用した新たな用語を自分たちの規則に採り入れはじめた。村人らは殺人や窃盗に対処することも、悪人を追放してその財産を押収することもなくなり、それに従って規則を適用した。しかし共同体は大部分では自治的な性質を保った。第二次世界大戦後、フランスは一部の村々を「市長」が統治する「自治体」として認め、村人たちは古いカーヌーンにしっかりと基づく新たな規則をつくりだした。一九六〇年代のアルジェリア独立の直後にやってきた近代化の余波で、村人たちはそのメンバーをコントロールすることが難しくなった。村人の多くは首都で学ぶ機会を得たり、パリに移住したり、たんに仕事を求めて村を出ていったりした。それでも、ほとんどの村は変わらず彼らに地域の事業への貢献を求めつづけ、共同体の資金でできた舗装道路や電力供給施設や水道管を、訪れた文化人類学者に誇らしげに見せた。また村はイスラム教過激派の影響力にも抵抗し、都会から帰郷した若者たちには髭を剃り落とさせ、スカーフを脱がせた。一九九〇年半ばに起きたベルベル文化復興運動は、多くの村が、行事や祝祭における費用を管理する団体協約を結ぶのを後押しした。古いカーヌーンの重要な一部であった奢侈禁止令と同様に、新たな規則は、人々が婚約式でおこなう贈り物や婚礼に費やす金額に制限を設けた。この新たな規則が、細かい部分まで執行されたことは一度もないようだが、村人らはかなり誇らしげにそれについて語る。何よりも、それらは村の自治のしるしであり、村人たちには、国家や迫りくる武装勢力に背を向ける力があるというしるしだからだ。

成文化しない理由

世界各地の小規模共同体は、内輪の問題を調整し、独自性と自治を維持するために法をつくってきた。ベルベル人の法と同様に、一六世紀のスペインでは村人らが独自の法をつくり、維持して、村のことに介入したがる王や聖職者を遠ざけていた。[8] 中世のカイロにあったユダヤ人共同体も独自の規則によって内輪の問題を調整し、同じく中世のイタリアの都市国家は憲章を策定した。[9] 法をつくる能力は、それがたとえ平凡なものでも、独立の重要なしるしであったのだろう。[10] もちろん、さまざまなパターンがある。中世ドイツの町にも独自の条例があった。しかし一四世紀頃、一部の町は近隣の町の法務担当者に、自分の町の法はどうあるべきかについて助言を求め、いわゆる「母娘」の関係になった。[11] この例では法の実践が断固とした独立ではなく、自発的な従属の関係につながったということになる。

ほかにも、法律尊重主義の情報源はすぐに入手可能なのに、法や法律尊重主義にまったく背を向け、不文律や慣習法に従って地域の問題を管理する共同体もあった。チベット高原のゴロク部族と草原をはさんで反対側に位置するラダックは、長らく独立国家で、チベットのダライ・ラマに貢物を納めていた。現在はインドの一部であるこの地域は人口密度が低く、冬季は雪で数カ月間閉ざされる通行困難な道を通って山を越えたところにある。ラダックの人々は、氷河の融解水を細い水路網に引いて灌漑した農地を取り囲む、独特の村をつくっている。水路が村と耕作地の境界をはっきりと示している。二一世紀はじめ、多くの地域ではまだ道路がなく、つまり近くの町への旅——たとえば政府の役所を訪問したり、医療にアクセスしたり、家庭用品を買ったり、政府による食料配給を受け取ったり、子供を全寮制の学校に送っていったりすること——は、高い山道を越えていく難儀な道のりを意味した。冬には、氷でなんとか通行可能になる渓谷を移動した。驚くことではないが、教師、医務官、開発支援員などの来訪はめったになかった。

歴史的には、ラダックの人々は地域の僧院や土地所有者に税を納めていたが、自分たちの問題には自分たちで対処してきた。インドの独立後、彼らの村々は事実上、自治になった。二一世紀のはじめでも遠隔地の村では首長が地域行政を管理し、その地位は主要な家族で持ち回りだった。[12] 農業に関する事柄も確立したやり方に従っておこなわれていた。ほかに多数ある村の仕事も持ち回りだが、高位のラマの法文、地域の寺院の修繕、大きな行事についての決定などには総会の合意が必要だ。そうした場合に首長は、重大な紛争が起きたときと同様に成人男性全員を招集する。ラダックの人々はそれを極めて真剣に受けとめる。彼らは状況にふさわしい共同体の取り決めを協議したり、立腹した村人たちが違いを乗り越えて和解し、前に進めるように粘り強く説得したりする。しかしベルベル人やスペインの村人らとは違い、ラダックの人々は地域の法を成文化しなかった。彼らはよく自分たちの「慣習」について語る。それは伝統的な服装や食事の支度やもてなしで、また彼らは宗教その他の祝祭では厳密に日程を守る。その日取りは村の占星術師によって決められた。また、相続についての規則もあり、村の役目の持ち回りもルールに従い、紛争を解決する方法は誰でもよく知っていた。それでも、首長はほとんど記録を残さなかった。ある村では、おもに不動産関係の共同体の取り決めを一冊の薄いファイルに保管していたが、成文法はなかった。

ラダックの村人らは自分たちの憲法を起草する力をじゅうぶんもっていた。多くの村人は読み書きができた。およそ一〇〇〇年前に仏教僧がこの地域に僧院を開き、学問の伝統をもちこんだ。ラダックの王や貴族は図書館や記録保管所を維持し、村人らは学問を重視して、息子を地域の僧院に通わせていた。政府が学校を設置する以前から、村では伝統的にたいていは父から子へと読み書きが教えられ、村人らは宗教的な文献を読むこともできた。二一世紀のはじめには大多数が識字能力を備えていた。つまり村人らは、僧院や宮殿や役所で接する法律尊重主義にあえて背を向け、自分たちの問題を不文律や慣習によって対処しつづけようとしていたのだ。それ自体は、ラダックが王に統治されていた時代に税を取り立てた土地所有者をふくむよそ者に対する反応だったのかもしれない。成文化された法は村の組織を目立たせ、外部の介入を招きやすくする。実際には、村人はよそ者や役人に大いに敬意を払うことは可能だったし、今も農業その他の改良を紹介するために訪れる開発支援員に同様の敬意を払っている。村人らは支援員の要求に同意して、彼らがいなくなってから黙ってそれらを無視することもできる。

世界中で、独立した村々はそれぞれの論理をもつ独自の統治形態をつくってきた。村の内政は内部の規則や慣例によって運営されたが、すべての村が規則を成文化したわけではなかった。成文化した法や裁判の記録は可視化され、多くの村はそれによる詮索を避けたがった。(13)

ニューヨークのファッション業界

同様なパターンは、現代世界で有数の法律尊重主義の社会の中心においても見られる。一九七〇年代に植民地独立後のアフリカの部族においてフィールドワークをおこなっていた法人類学者は、ニューヨークのファッション業界のメンバーらが国家から距離を取っている方法がそれとよく似ていることに気づいた。(14) そこでは製造業者と商人のネットワークが、鍵となる人々のあいだで個人的関係を築くことによって、国が認可した組合規制をほとんど避けることができた。ファッションビジネスは当時も今も不安定だ。季節のトレンドの気まぐれな変化によって、突如としてある商品に大きな需要が生まれ、そのほんの数カ月後には、小売店はなんとか似たような商品に切り換えようと努める。ドレス一着に、当時としては破格に高価な、三〇〇ドル以上の価格がつく市場の頂点では、服はファッションハウス〔高級服メーカー〕によってデザイン・製造されており、その代理人は〝ジョバー〟という業界名で呼ばれた。ファッションハウスは製造業務の大部分を下請業者に外注し、下請業者はお針子のチームを雇って工房を経営していた。小売業者は変動する需要に応じて、ジョバーに注文を送る。ジョバーはすぐに大量の服を下請業者に発注する。工房はお針子のチームに対し、注文を期限内に仕上げるために、今後数日間は組合規制ではとうてい許されないような長時間労働をするように指示する。

理論上は、業界の労働慣行は、請負業者の協会と、ジョバーとのあいだで結ばれた契約によって統制され、国際婦人服労働組合（ＩＬＧＷＵ）はお針子の適正な賃金を規定し、労働時間を制限している。組合の職場委員は定期的に各工房を訪問し、双方が合意された条件を守っているかどうかを確認する。職場委員がおもに接するのは下請業者のフロアマネージャーだ。しばしば「フロアレディー」と呼ばれた彼女たちは、工房のチームを監督し、ジョバーやジョバーの代理人を相手に価格と注文について交渉し、組合と良好な関係を維持した。実際には、職場委員はビジネスがどのように回っているかを理解しており、下請業者がチームに対し、組合の協定で許されるよりも長時間働くように頼まざるをえないということも知っていた。下請業者は予期せぬ需要に応えることで、事実上失業状態であるほかの時期の埋め合わせをする必要があった。実際には、職場委員は協定に記された労働時間を強制することはないだろうと、誰もが考えていた。職場委員の〝分別〟に感謝して、下請業者のフロアマネージャーは委員に慎重に選んだ贈り物をした。たとえばクリスマスにウィスキーのボトルや高級服を贈り、子供の誕生や卒業や結婚時にも、贈り物をする。下請業者とフロアマネージャーはどちらも、各職場委員と個人的な関係を築き、健康問題についてのアドバイスや子供の就職の口利きを提供したり、フロアマネージャー自身が委員の妻の服をつくらせたりした。彼らは、仕事を発注し、また完成品を点検するという、実質的に下請業者に流れる仕事のコントロールをしているジョバーの代理人とも、同じように個人的な関係を築いた。同時に、お針子は時間外労働を受け入れなければならなかった。それが事実上の雇用条件だと理解していた彼女たちは、たいてい時間外労働を厭わなかった。

このように、下請業者と組合の職場委員との関係は、はっきりと確立されてはいるが不文律の規則に従っており、その規則によって組合の義務を無視することができた。いっぽうでは、キャッシュフローの厳しいとき、下請業者はお針子たちに借金を頼むことがあり、お針子たちはたいてい貸していた。そしてジョバーもまた、個人的な事業を起こすための資金を下請業者に融資してもらうことがあった。全員が結託して雇用契約の条件を回避し、契約がメンバーに与えるはずの保護をなし崩しにしていた。どの立場の人も、相手が困ったときには返済をくり延べたり、融資の取り立てや賃金の支払いを待ってあげたりした。ほとんどの人は自分の法的権利を知っていたが、誰もそれを強く主張することはなかった。

つまりファッション業界では、もっとも成功した企業のオーナーや代理人らが、個人的な関係のネットワークを注意深く築いていた。それらが適切に管理されれば、人々は厚意により便宜を図ってもらうことを期待できたし、契約による権利を強く主張されることもなかった。組合の職場委員は協定の履行を強要することもできたし、誰かが契約の合意による支払いを求めて国の裁判所に訴えることも可能だった。しかし業界で成功したいと願うなら、相手に贈り物をしたり便宜を図ったりする別の規則一式に従う必要があり、同業者も自分に同じことをしてくれるはずだと期待した。

ユダヤとダイヤモンド

同じくニューヨークの別の場所でも、おもにユダヤ系のトレーダーのネットワークがダイヤモンドの市場を牛耳っていた[15]。ニューヨーク・ダイヤモンド・ディーラーズ・クラブは、昔も今も、合衆国最大かつ最重要なダイヤモンド取引ネットワーク、いわゆる「ブース」〔取引所〕だ。ブースには輸入業者、卸売業者、製造業者、ブローカーが集まり、ある研究者がネットワークを調査した一九八〇年代には、合衆国に入ってくるダイヤモンド原石の八〇パーセント、研磨したダイヤモンドのかなりの割合がネットワークを介したものだった。クラブの会員資格は限られており、非メンバーであってもマンハッタンのクラブ内で取引をおこなおうとするなら、メンバーからのふさわしい紹介としっかりした後援が必要だった。

クラブの会員資格は重要なネットワークへのアクセスと信頼に値するという評判をもたらす。またメンバーの資格要件を定めた規約一式に従うことも意味した。ディーラーは業界で少なくとも二年の実績をもち、クラブ理事に要求された情報を提出しなければならない。メンバーであれば誰でも新メンバー候補に反対することが可能で、メンバーになれた人は二年間の試用期間を経て本メンバーと認められる。入会時に五〇〇〇ドル、その後は毎年一〇〇〇ドルの会費を支払う。クラブの会員資格はきわめて高く評価される。信用のおけるディーラーのしるしになるからだ。しかしスペースの制限、そしておそらくは排他的な意識のために、クラブ理事らはメンバーをおよそ二〇〇〇人に制限している。メンバーシップの規約はとくに面倒ではないが、つねに順番待ちのリストがある。

メンバーの息子や娘、義理の息子や娘、未亡人にはより有利な入会の規則が設けられている。これはクラブの起源がユダヤ人家族のネットワークであったことの名残だ。ユダヤ人家族のネットワークは現在でも、ダイヤモンドの国際取引の大部分を支配している。ユダヤ人商人は、取引の中心地であるアムステルダムやアントワープに定住した一五世紀後半から、取引の一部を担ってきた。どのように取引をおこなえるか、またおこなうべきかを定めたクラブの規約の多くは、ユダヤ人のトーラーと彼らが数世紀かけてつくってきた商慣習に由来する。たとえば、ディーラーは、イディッシュ語で「運と恩恵」を意味する「マザル・ウブラッハ」や、それに似た言葉で口頭による注文を受けた。ディーラーもまた、不文律の規則と慣習を尊重し、それには取引をおこなう前に市況および適正価格を確定させる手続きもふくまれていた。たとえば買い手はある石について買値を申し出て、売り手が受諾するまで一定の時間を与える。その間、売り手は石を封筒に入れて特別な方法で封をし、申し出の条件を書き記しておく。売り手も同様のやり方で、一定の時間、買い手に猶予を与える。いずれのケースでも当事者らは、口頭の取り決めにも拘束力があると理解していた。

規約では、各メンバーはいかなる紛争の解決も国の裁判所ではなくクラブに申し出るという仲裁契約への署名が義務づけられていた。クラブの理事らはほとんどの紛争を審理する「フロア委員会」に複数の仲裁人を任命した。ある仲裁人によれば、仲裁人らはクラブの規約を考慮すると同時に、商慣習や常識、少しではあるがユダヤのトーラー、そして彼らが適当と認める場合には国の裁判所で適用されるコモン・ローの原則も考慮に入れた。仲裁人らは和解を調停するが、事実認定はおこなわない。そのためディーラーが国の裁判所に訴えることは難しかった。代わりに、クラブの仲裁人による上訴審査会が、クラブ内で上訴を審理した。いずれにせよ、国の裁判所はクラブのメンバーが署名した仲裁契約の排他性を認め、たいていの場合は訴えを却下した。ディーラーのなかには委員会の恣意的な判断に不満を言う人もいたが、ほとんどのディーラーは、おそらく長期に及ぶ国の裁判と比較して、安価で迅速なプロセスの利点を評価していた。非メンバーのなかにも、そのプロセスの秘匿性が評判を守ることにつながると高く評価して、自分たちの紛争をクラブで仲裁してほしいと申し出る人もいたほどだ。

クラブにはまた、資金難に陥って借金返済が難しくなったメンバーを管理する手続きがあり、事案が破産裁判所に申し立てられるのを防いだ。国の破産処理手続きでは通常、債務者に未払い債務の一部を支払わせて、残りを債務免除するが、クラブの手続きはそれほど寛大ではない。メンバーは国内外の業界において評判を維持する必要があることから、クラブは全負債一〇〇パーセントの返済を要求し、できない場合にはクラブからの永久除名となった。クラブはその規約や判決を直接強制する手段をもたないが、メンバー資格の停止や除名といった極めて強力な制裁措置をもっていた。規約に基づき、フロア委員会は義務を履行しなかったり、「ふさわしくない」ふるまいをしたりしたメンバーに対して罰金を科したり、一時的にメンバー資格を停止したりすることが可能だった。さらに、仲裁裁定書に従わなかったディーラーの写真を公表することもできた。最後の手段として、クラブはユダヤ教のラビ法廷に介入を依頼し、ユダヤ教正統派の共同体から追放すると脅すこともあった。信用と評判がすべてである業界において、これらは非常に効果的な制裁となった。

一九八〇年代半ば、クラブは新たな技術を試しており、一部の若いメンバーらは、年長者らが頼りにしていた口頭による取り決めの代わりに、書面による契約を使っていた。その後の数十年間で、クラブが大きく変化したのは間違いない。しかし今でもクラブは相互扶助組合のように機能し、ユダヤ人メンバーらによって牛耳られている。その敷地内にはカシュルート〔ユダヤ教の適正食事規則〕レストランやシナゴーグがあり、医療サービスや社会委員会の援助が提供され、毎年クラブが一カ月閉鎖されるあいだの団体旅行の値引きまで交渉によって実現した。そうした活動が育む個人的なつながりは、メンバーらの信用関係を固めるのに役立ち、彼らの商業活動の多くを統制している不文律の規則を守るように促した。また、仲裁裁定書など、クラブの運営の大部分を覆う秘密主義を強化した。こうしたことすべてが、外部の競争を減らし、政府の規制を回避するために働いた。

マフィアの掟

ニューヨーク・ダイヤモンド・ディーラーズ・クラブはその規則を規約の形で公表し、メンバー全員および熱心な研究者に入手可能にした。クラブの理事や委員会も、注意深く策定された明確な規約を、尊重しなければならない。このようにして、クラブの役職員らはある種の法の支配を受け入れていた。しかし仲裁裁定書や破産への対処をふくむクラブの活動の一部は、外部の世界からは見えないようになっていた。そうすることで、クラブを取り囲む名声や謎めいた雰囲気およびメンバーの評判を高めただけでなく、国の介入を防いでいた。ニューヨークの別のファミリーも似たような隠し方を用いていたが、彼らが隠していたのははるかにひどい不正行為だ。

　マフィアはおもにイタリア系の家族によって結成された。長い年月のあいだに彼らは複雑なネットワークを築きあげ、そのネットワークを通して、巧妙で金になる「みかじめ料」などの違法ビジネスをおこなっていた。そのために秘密の掟を実践し、それによって活動の大部分および、組織そのものとそのメンバーを警察の目から隠すことができた。ニューヨークのマフィアは、大西洋の向こうの古い親戚、シチリアの「コーザノストラ」と関係があった。この犯罪組織はさらに古くから地元の人々に「みかじめ」サービスを提供していた。ビジネスを牛耳り、現実の、または自作自演の脅威に対する保護費を徴収した。また法の枠外の契約を強要したり、紛争を調停したり、ある種の秩序をつくりだしたりした。シチリアやほかの土地のマフィアが国家を模倣して代替政府を実践しているのかどうか――もしそうなら、どの程度まで――、それともたんにビジネスとして、あるいは「兄弟組織」として動いているのだろうか？学者のあいだではそれが長らく論争になってきた。[16] 一部の学者によれば、マフィアの構造と組織原理は法のようなものであり、マフィアを裏切って検察に証拠を提供したペンティート〔「後悔した者」の意〕が述べるように、構成員らは厳しい行動規範を守らなければならない。しかしそうした規範が法や法典として書かれることも、内部の構造やヒエラルキーが文書にされることも、けっしてなかった。「オメルタ」とも呼ばれる沈黙の掟は、そうした規則や構造を、ときにはマフィアの構成員にさえも、曖昧で目立たないものにする。実際、そうすることで規則や構造が法のようになるのを妨げている。

　シチリアのマフィアの起源は一九世紀はじめにさかのぼる。略奪や強盗からビジネスを保護するという、政府のやらないことを肩代わりしていた地域の実力者らは、やがてより組織的な保護の形態をつくりあげた。合法的なビジネスに支払いを要求し、違法行為にかかわっているビジネスを保護した。二〇世紀はじめに、裁判官はマフィアが法のようなもの（*ordinamento giuridico*）をもちはじめていると話していた。「コーザノストラ」の文字通りの意味は「われわれのもの」であり、組織は異なる地域の異なる「ファミリー」を基につくられ、それぞれのボスが選ばれる。一部のマフィアは拡大家族によって支配されているが、どのマフィアも血縁ではない人々を仲間に入れている。一九七〇年代までは、構成員は警察に捕まっても、地域や地方の組織に所属していることを全面的に否定し、自分たちはしかるべきふるまいの共通規則によって縛られた「名誉ある男たち」だと主張した。しかし反マフィア運動と検挙によって、上層の組織の存在が明らかになった。シチリアの各「ファミリー」のボスらが評議会をつくり、定期的に会合を開いて組織間の暴力を規制したり、ある程度は活動を調整したりしていることを、何人かのペンティートがようやく認めたのだ。またそれぞれのファミリーにも評議会、ボス、ボス代理が存在し、構成員になるための規則や儀式もあった。そしていずれのマフィアも、構成員には絶対的な忠誠と秘密の厳守を求めた。

情報提供者によれば、マフィアの構成員には互いに敬意を払い、よそ者が組織に潜入しないように注意する義務がある。コーザノストラの〝十戒〟についてすら話す人もいて、研究者は次第にどのマフィアでも受け入れられている規範一式の全体像を明らかにしていった。[17]潜入を防ぐために構成員はお互いに直接自己紹介をしてはならない、売春にかかわってはならない、お互いの妻に敬意を払う、つねに真実を話す、といった原則だ。また「ファミリー」を替えることはできなかった。そして何よりも、オメルタ、つまり沈黙の掟を守らなければならなかった。つまり組織のほかの部分の多くを知るべきではなく、知ろうとしてもいけない。また意思疎通には合図やシンボルや隠喩を使い、秘密にすべき情報について明確に述べることを避ける必要があった。こうした秘密と情報伝達の規則は、組織構造の細部および活動が外部の世界からはよく見えないようにするために設けられた。評議会やヒエラルキーをもつコーザノストラの組織は複雑だが、その構造、その掟、そのやり方が文書にされたことは一度もない。実際、組織に関することは何ひとつ書き残すなというのが絶対の掟だった。[18]このようにしてマフィアは、その存在やそのやり方が国家当局に注目されるのを防いできた。ほかの違法組織でも、マフィアと同じように、メンバーらはより明示的な情報伝達を避けるために、符号を使って互いに合図する。[19]

マフィアの「ファミリー」は権力を行使するのに法を必要としない。合法および違法ビジネスから資金を搾り取り、多くの事業を効果的に運営するが、それはおもにその評判、とくに暴力をふるったり命じたりする力があるという評判に負うところが大きい。マフィアはその力を使って〝保護〟を提供し、取り決めを守らせ、紛争を仲裁する。しかし官僚制度を確立することはなく、その構成員らは、現代の行政機関の役人のように決まった役割を演じたり明確な職務をおこなったりすることはない。こうすることで、もっとも力のある構成員は自分の都合のいい時に規則を変えられる。一九八〇年代のはじめ、コルレオーネ一家のボスであるサルヴァトーレ（・トト）・リイナに率いられた「ファミリー」の連合が、シチリアのマフィアの大部分を支配下に入れた。リイナはそれを準独裁体制で運営したが、一九九三年に逮捕された。この間、リイナのもっとも強力な同盟者らは、以前は極めて神聖視されていた掟を平気で破った。たとえば、夫婦間の貞操や、女性をマフィアの仕事にかかわらせないという掟だ。さらに抗争相手数人を、その妻、姉妹、母親ともども殺害した。[20]成文化されない規則では、内部手続きの濫用を抑えることはできない。マフィアは法の支配を認めていない。

＊＊＊

現代の世界でも多くの部族、村、クラブ、さらにマフィアの組織は、程度の差はあるが国家とその行政管理に背を向けることに成功している。成文法を使って結束と排他性のパターンを強化するものもあれば、法律尊重主義を拒絶して不文律の規則と期待に頼るものもある。完璧に合法的な手段を使って紛争を国の裁判所にもちこませないものもあれば、保護と恐喝の商売をおこなうために秘密主義と暴力を用いるものもある。そのすべてが、それぞれのやり方で、国家の権力および市民の生活を規制し秩序をもたらそうというその役目を削いでいる。

こうした力学の一部は完全に法律尊重主義で、それらを単なる規則として片付けるのは非論理的だ。現代国家がもつような懲罰を与える権限およびそれを執行する手段こそないが、法律尊重主義には独自の力がある。チベットの部族民たち、ベルベル人の村人たち、ダイヤモンドのトレーダーらはすべて法に似た規則をつくり、それらはメンバーの生活と行動を効果的に規制し、管理した。明示することで、規則にそれ自体の生命、すなわち秩序や正義や予見性を約束する力が宿る。規則は村の首長らを制約し、彼らが科すことのできる罰金を定め、ダイヤモンド・ディーラーズ・クラブが適用できる制裁に制限を設けた。ベルベル人の若い大卒者たちがもし、村の基金への寄付が、歴史的なカーヌーンで義務づけられたものだということを知らなかったら、彼らはこれほど熱心に寄付しただろうか？

しかし社会の秩序が法のみで実現されるわけではない。ラダックの村人らの不文律も、ニューヨークのファッション業界における期待も、マフィアのボスの命令も、まったく異なる力学をもたらすが、それらも生活や活動を秩序立てるのに有効な手段だった。不文律は変更されたり、間違って記憶されたり、無視されたりすることもあるが、明確な成文法の規則はそれを軽視し、理由を要求して非難しようとする人に対して引用可能だ。独裁的な形の支配や抑圧をおこないたい場合には、規則の明示を避ける必要がある。マフィアのボスが自分の組織と構成をあくまで秘密にしようとしたことは、成文法の力と可能性の証しだ。規則を「法」と呼ぶか否かにかかわらず、法律尊重主義の実践は、権力を制限して、世界を秩序立てるのに効果的な手段を提供する。それを避けるのは独裁につながる道のひとつだ。

第16章　国家を超えて——国際法

ニューヨーク・ダイヤモンド・ディーラーズ・クラブは、紛争が国の裁判所に申し立てられるのを防ぎ、独自の規則と規約を維持するために工夫をこらした。しかしその規約を公表することによって、公平で透明な自治プロセスをもつ信頼に足る組織だとみずからを売りこんでもいる。国家の構造や権力の及ばないところで、国際ダイヤモンド製造者協会（ＩＤＭＡ）をふくむ多数の国際機関が同じことをしている。同業者組合、金融機関、国際企業、インターネットや国際的スポーツを規制する団体などはすべて、国境を越える調整手段、共通基準、メンバーやネットワークに対する懲戒手続きを提供する法を作成している。それらの目指すものは、国家が今の形となる何世紀も前に実務的な規則をつくり出した商人たちが目指したものと驚くほど似ている。

それらの法には、国家法のような、直接執行の仕組みという裏付けはない。同様に、国際条約や決議の順守を確実なものとする世界政府も存在しない。国際連合は加盟国に圧力をかけることはできるが、反抗的な指導者は条約を軽んじて、非難をものともせずに侵略行為をおこなう。それなのになぜ、各国の代表らはあきらめないのか、なぜ圧力団体は新たな国際法を求めてロビー活動をおこなうのか？迫害の撲滅、人権の擁護、貧困の軽減、地域の文化遺産の保護を訴える運動は、新たな法に結実することが多い。そうしたことは、メソポタミアの王たちの目指していたことと大して変わらない。彼らも、法一式を成文化して人々に正義を約束したが、それらの法はおそらく厳密に適用されることはなかった。国家の懲罰的権威を超えたところで、法と法律尊重主義は独自の力をもっている。

世界を「標準化」する

国際商取引を促進するためにつくられた規則には、古い前例がある。二〇〇〇年前にシルクロードで商品を輸送していた商人らは、帳簿や記録をつけるための表記体系を生みだした。遠い国にいる相手と複雑な取引をするとき、商品がきちんと届くのか、代金は支払われるのか、損失は事前に合意したとおり分担されるのかなど、確かめておくべきことがある。商人らがつくり出した規則や証書が、最初期の成文法の土台となった。中世になると、アラブ人商人はインド諸島からアレクサンドリアにスパイスを届け、アフリカ人の隊商はサハラ砂漠を渡ってチュニジアまで金《きん》を運んだ。モンゴルのラクダ乗りがクリミアの港で荷下ろしした中国産のシルクや陶磁器は、船に積み込まれて北アフリカや南ヨーロッパへと運ばれた。

しばらくはユダヤ人商人らが貿易を牛耳っていた。彼らは地中海の両岸の町に居留地をつくり、遠くの土地に商品を送る際には代理人や共同事業の標準契約を利用した。(1) ユダヤ人の共同事業者は外国産の商品をフランス北部、シャンパーニュの大きな見本市にもちこんだ。見本市には多数の商人が集まり、めずらしい贅沢品と地元の商品を交換していた。ここでは紛争を専門の裁判所に訴えることが可能で、裁判官らは標準的な借款協定、担保、代理人契約に詳しく、商人らがよそに旅立つ前に迅速に判決を言い渡すことが可能だった。ユダヤ人商人に代わって遠隔地貿易を牛耳るようになったイタリア人商人は、ユダヤ人の共同事業契約を模倣しながら、ますます進歩した契約や為替手形を生みだし、異なる通貨間でも支払いを受け取れるようにした。専門の公証人が困難や意見の相違を考慮に入れた契約書を起草し、それによって当事者双方は裁判所を使うことなく拘束力のある義務を発生させる法的形式を導入できた。(2)

極東では、台湾人商人は国内で生産される米、砂糖、樟《しよう》脳《のう》を仕入れて、中国本土に送った。一九世紀まで彼らは、一度も会ったことがない取引相手との契約ではとくに、損失や瑕疵の責任を判定し、権利と義務を明記した複雑な法的文書を作成するのに取引慣行を頼りにしていた。台湾海峡の両岸の商人らは、時間がかかり考えの狭量な地域の裁判所とのかかわりを避けるために、法的文書を十分に明確かつ詳細にするために細心の注意を払った。中国の判事はそうした取引の商業的な事情を必ずしも理解しておらず、また法律も、契約の条項を履行させるのには大して役に立たなかった。(3) 国際ダイヤモンド製造者協会はその現代版にすぎない。ほかにも数多くの商業および金融ネットワークが独自の規則、協定、条約をつくり、その一部のルーツは長い伝統をもつ協調の定型にある。

一九世紀には、形式化された国際法の策定が盛んになった。ヨーロッパの国々が自国の境界を定めると、国際的な商人、金融業者、経済学者らは新たな国境が自由貿易を妨げるのではないかとの懸念を深めた。そこで、一八四七年、ベルギーのある団体がさまざまな国々の政治経済学者を招き、国際会議を開催した。代表者たちは、それぞれの政府に通商条約を起草することや、関税の取り決めを話し合うことを勧告することで合意した。(4) いっぽう、科学者と技術者も技術の進歩に促されて、国際的に使用される道具、技術、度量衡の標準化を進めた[5]。イギリスとフランスの間の海底に電信用ケーブル、続いて大西洋横断ケーブルが敷設されるなか、一八六五年には二〇カ国の代表がパリに集まり、万国電信連合が設立された。機器を標準化し、統一した操作指示書をつくり、共通の関税と会計ルールを策定することで合意した。電話機の発明によって、別の会議がベルリンで開かれ、各国の代表らは電話利用の国際規則を定めた。料金の単位は五分間とされ、ほかの人が電話線の利用を求めているときの通話は一〇分に制限された[6]。電気工学もまた標準化を必要としていた。各国の国立物理学研究所の科学者らが集まり、正確な電気単位をつくるという難題に取り組んだ。いっぽう、イギリスとアメリカの研究所は一九〇六年、電気電子技術に関連する標準を作成し普及させるために国際電気標準会議を創立した。飛行機の誕生によって、世界共通の無線コールサインの割り当てなど、さらなる国際協調が必要となった。一九一四年に第一次世界大戦が勃発したときには、電報、郵便、鉄道、道路といった国際的インフラストラクチャーの開発と利用を調整する数十の組織が存在していた。ヨーロッパ各国政府および国際機関は、度量衡の基準を定め、知的財産を保護し、科学研究を連携させるために次々と会議を開いた。

人道主義的な懸念もまた、国際法の策定を後押しした。一九世紀はじめ、イギリス領内における奴隷制の廃止を目指した運動の成功を受け、活動家らはイギリス海外反奴隷制協会を設立し、世界中の奴隷制の廃止を目指した。協会は一八四〇年、世界反奴隷制会議を主催した。現在は反奴隷制協会となった同協会は、今も活動中である世界最古の人権団体だ[7]。そのほかの会議でも、刑務所改革を勧告したり、国際労働運動では、労働者待遇の世界基準を協議したりしていた[8]。しかし、もっとも協調的な人道的活動を生み出したのは戦争だった。スイス人実業家のアンリ・デュナンは一八五九年、イタリアのソルフェリーノの戦いで、負傷した兵士も市民も適切な治療を受けられずに苦しんでいる惨状を見て慄然とした。スイスに戻ったデュナンは、戦傷者の治療をおこなう中立的な組織の設立を訴える小さな委員会を結成した。一八六三年、デュナンはジュネーブで国際会議を開催し、翌年スイス政府はヨーロッパのすべての国々、アメリカ合衆国、ブラジル、メキシコの代表を会議に招いた。その会議で、「戦時傷病兵の状態向上のための」最初のジュネーブ条約が採択された。これが赤十字国際委員会のはじまりであり、今日まで戦争を規制する最初の条約だった。

ロシア皇帝ニコライ二世はジュネーブの成功に触発され、またヨーロッパ各国の軍拡競争の行く末を懸念して、一八九九年、ハーグで万国平和会議を開催した。その結果、最初のハーグ法である多国間条約が締結された。負傷した戦闘員や戦争捕虜の取り扱いが定められ、軍隊による略奪、降伏した兵士の殺害、無防備都市に対する攻撃、占領地の市民への強制徴兵、集団の処罰（ある階級や集団全員を処罰すること）などを禁止する法律だ。また同時に、国際的な紛争は常設仲裁裁判所で調停することが決められた。

いっぽう、中国を訪れたアメリカの宣教師らはアヘン使用の有害な影響にショックを受け、国際的な麻薬取引の撲滅を目指す運動をはじめた。彼らはやがて連邦議会下院およびセオドア・ルーズベルト大統領の賛同を得た。ルーズベルト大統領は一九〇九年に上海において国際アヘン会議を開催した。続いて一九一二年にはハーグで国際会議が開かれ、ヨーロッパの九カ国、日本、ロシア、シャム王国（現在のタイ）の代表が「モルヒネ、コカイン、およびそれらの塩の製造、輸入、販売、流通、輸出にかかわるすべての者を規制し、または規制させるための最善を尽くす」という内容の条約〔万国阿片条約またはハーグ阿片条約と呼ばれる〕に署名した。

こうした国際的な取り組みが新たな形の法を生みだしていることを理解した法学者の一団が、国際法を研究する機関をつくるために集まった。こうして一八七三年、万国国際法学会が生まれ、創刊された学術誌では、国際法という新たな法の性質や、それらがかつての哲学者によってつくられた法の規範といかに異なっているのかが論じられた。より実用的なレベルでは、法学者らはプロイセン、オーストリア、フランス間で勃発した戦争を懸念し、国家が暴力を実行する力を制限する法をつくれないかどうかを模索していた。[9] メンバーのひとりであるトビアス・アッセルは、おもに結婚と商業協定について、ある国が別の国の法を認めるような、それぞれの規則を調和させるための新たな国際私法体系を推進した。一八九三年には第一回ハーグ国際私法会議の開催を主導し、参加した数カ国は結婚、離婚、後見人についての法を調和させることで合意した。

戦争を裁く

国際的な取り組みが戦争行為を抑制できると考えたアンリ・デュナンや国際的な法学者らの期待は、第一次世界大戦の惨禍によって挫折した。しかしこの戦争が、国際平和を守るための組織をつくろうとする新たな試みにつながった。パリ講和会議に出席した三二カ国の外交官は、国際連盟の設立に合意した。その常任理事国はフランス、イギリス、イタリア、日本だった。[10] 設立時の憲章には、その使命は世界平和を維持し戦争を防ぐことであり、そのために集団安全保障を促進し軍備縮小を進めると同時に、国際的な紛争の交渉や仲裁による解決を促すと書かれていた。また国と国との紛争を解決するために、ハーグに常設国際司法裁判所が設置され、当初は評判がよくて利用も多く、同裁判所が条約を解釈する権限がハーグ平和会議で確認された。

国際連盟の目的は戦争と平和に限られなかった。その他の世界的問題に対処し、新たな自由貿易協定を推進するための機関を次々と設立した。戦争によって飛行機の利用が急増したことを受け、国際連盟は一九一九年、パリで国際航空会議を開催して空の領有権という困難で重要な法的問題について協議した。また、航空交通、航空機識別、飛行安全性についての規則をつくるために、国際航空委員会（ＩＣＡＮ）を設立した。[11]一九二六年には、国際連盟加盟国は国家法を調和させるためにさらなる取り組みが必要だと判断し、ハーグ会議の成果を補完する目的で、私法統一国際協会（のちのＵＮＩＤＲＯＩＴ）を設立した。[12]同協会はＩＣＡＮその他の組織のために条約を作成し、模範法、原則、商品販売、商業契約、金融商品のための契約手引書を規定した。同協会は現在も存続し、最近では新興市場の有価証券、宇宙資産、衛星システム、鉱業・建設機器、文化財についての規則を定めている。[13]

パリ講和会議では、国際労働運動の成果を引き受けて国際労働機関（ＩＬＯ）の設立が決まった。ＩＬＯは労働時間の制限、児童労働の禁止、船員にかかわる事故の責任を船主に負わせることなどを目指した。国際連盟はさらに、ユネスコ（ＵＮＥＳＣＯ）の前身である国際知的協力委員会や、難民委員会、奴隷委員会、アヘン常設中央委員会を設立した。国際連盟の保健機関は、多くの公衆衛生会議がすでに着手していたコレラ・黄熱・腺ペストに立ち向かう仕事を引き継いだ。こうした国際協調の流れのなか、一九二六年、国際的な技術規格をつくるために各国の標準化団体が集まり、万国規格統一協会を結成した。これが国際標準化機構（ＩＳＯ）の前身となった。

国際連盟と並んで赤十字国際委員会も人道活動を継続し、二、三年ごとに会議を開催した。出席者は各国の全国組織の構成員や政府代表や技術専門家だった。一九二九年、同委員会は「俘虜《ふりよ》の待遇に関する条約」を定めた。[14]人道にかかわる二〇カ国の団体によって国際人権連盟が設立されたが、その仕事は赤十字やＩＬＯの人道支援活動の陰に隠れていた。人権が国際法における重要な問題だという考えは、まだ根づいていなかった。

第二次世界大戦後の世界

第二次世界大戦はジュネーブ条約の効果を厳しく試すことになった。一九四一年六月、ドイツはソヴィエト連邦がジュネーブ条約に調印していないことを理由に、東部前線では条約は適用されないと宣言した。[15]しかし明らかに集団殺害的な戦争をおこなっているときでさえ、ドイツの首脳らは戦時国際法に対するリップサービスを続けていた。また法務部門を残し、建前上は敵国による戦争犯罪について議論していた。戦争によって国際法への信頼が損なわれるどころか、多くの人々は新たな施策が必要だと訴えた。ドイツによるイギリス南部への爆撃が続いているなかでさえ、ポーランドから逃れた国際法学者のハーシュ・ラウターパクトは、現代社会に「必須の多様な連帯」について語った。曰く、各国家は私的暴力と戦争のどちらも廃絶するという共通の利益をもつ。戦争後、ラウターパクトは「人道に対する罪」の認識、および法の支配を強化する対策を粘り強く訴えた。ほかの法学者らは、暴力を抑制し、残虐行為を防ぐためのより強力な規則を求めた[16]。

連合国がナチス・ドイツのおもだった指導者らを裁くためにニュルンベルク裁判を設置した際、ラウターパクトの「人道に対する罪」の訴えが注目を集めた。裁判所は被告を司法の一般原則に則って裁けると判断し、それらの原則は国内法や内部統制がどれだけ彼らの活動を認めていようと優先されると判断した。これは国際法における新たな展開、おそらくは国際刑事裁判所にもつながると思われた。しかしさしあたり連合国は、平和と世界の安全保障を守るための「国際連合」という新たな国際機関をつくるという考えに傾いた。今回の大惨事を防ぐのに明らかに失敗した国際連盟に代わるものをどのようにつくるかという議論は、戦争中にはじまった。一九四五年四月、アメリカ合衆国とイギリスはソヴィエト連邦と中国の代表を招いて力を借り、最初の国際会合を催した。そこでは、五〇カ国の政府代表が国連憲章を採択した。憲章では国際連合の目的として、国際平和と安全の維持、諸国間の友好関係の発展、国際協力、各国の行動の調和がうたわれている。五つのおもな機関のなかに、平和と安全に責任をもつ安全保障理事会がある。その会合には各国の代表が出席し、核兵器や軍縮や化学兵器や地雷に関する条約を策定してきた。

一九四八年におこなわれた第三回国連総会において、世界人権宣言が採択された。同時に国際司法裁判所が設置され、ハーグにある常設国際司法裁判所に取って代わった。ニュルンベルク裁判でイギリス検察チームの長を務めたデーヴィッド・マックスウェル＝ファイフの後押しを受け、ヨーロッパの国々はヨーロッパ審議会を創設した。同審議会は一九五三年に独自の人権条約を採択し、一九五九年に欧州人権裁判所を設置した。しかし当初の熱意にもかかわらず、国際刑事裁判所は設立されなかった。国連の機構は、各国の法や活動に優先する一連の国際的な法的原則を推進するよりもむしろ、国家の主権と国家同士の協定を肯定するものだった[17]。

国際連合の加盟国の一部は新たな経済秩序の構築に向け

て協調して動いていた。アメリカ合衆国は連合国四四カ国の代表者を招き、一九四四年七月、ニューハンプシャー州ブレトンウッズで会議を開催した〔連合国通貨金融会議。ブレトンウッズ会議とも呼ばれる〕。出席者は戦後の通貨・金融システムをどのように規制すべきかを話し合い、国際通貨基金（ＩＭＦ）、そして世界銀行の前身〔国際復興開発銀行〕の設立を決めた。どちらも翌年に設立され、国連機関となった。国連は貿易と雇用についての会議を開き、会議で関税・貿易に関する一般協定（ＧＡＴＴ）がまとめられた。ＧＡＴＴは貿易関税を軽減し、二、三年おきに新たな交渉の場を設け、最終的には一九九五年、独立機関として世界貿易機関（ＷＴＯ）を発足させた。国連総会も、商取引の調和と統一を目的とする国連国際商取引法委員会（ＵＮＣＩＴＲＡＬ）を設立した。ＵＮＩＤＲＯＩＴと同様に、ＵＮＣＩＴＲＡＬも会議を開き、模範法や立法の手引書を作成した。ただしＵＮＩＤＲＯＩＴも研究活動を続け、ハーグ会議も存続し、一九五五年には常設の国際機関であるハーグ国際私法会議（ＨＣＣＨ）となった。[18] 国連はまた補助団体や機関も設置し、それらと協働して専門分野における活動の調整や規制をおこなった。たとえば一九五七年に自立機関として設立された国際原子力機関（ＩＡＥＡ）、一九四七年に国連機関として設立された国際民間航空機関（ＩＣＡＯ）などだ。

　国連は、こうした通商・技術分野における活動のほか、国連食糧農業機関（ＦＡＯ）や世界保健機関（ＷＨＯ）といった専門機関を設立（それぞれ一九四五年、一九四八年に設立）し、社会・人道上の利益促進もおこなっている。のちにＦＡＯとＷＨＯは共同で、ローマに本部を置くコーデックス委員会（国際食品規格委員会）を創設した。同委員会は国際的な食品の規格をつくり、消費者の安全と保護に関する紛争に取り組んでいる。

　一九四六年、国連総会は児童に緊急の食糧支援をおこなう国連児童基金（ＵＮＩＣＥＦ《ユニセフ》）を設立、同年、国連教育科学文化機関（ＵＮＥＳＣＯ《ユネスコ》）も設立した。二年後、ユネスコの事務局長が政府代表や保護組織に働きかけ、国際自然保護連合（ＩＵＣＮ）が設立され、ユネスコおよび欧州評議会との協議のうえで絶滅危惧種のリストが公表された。同連合の後援によって、一九六八年にはアフリカ自然保護協定、一九七三年には、「絶滅のおそれのある野生動植物の種の国際取引に関する条約（ＣＩＴＥＳ）」〔ワシントン条約〕が採択された。[19]

国境を越えてつながる業界

　国連およびその機関が資金を提供した国際会議、国際条約、国際組織は増加しつづけている。国連は活動範囲が広く、国家や世界的組織の代表者を集める能力は群を抜いているが、それでも国際協定や国際法の策定を独占しているわけではない。国連と並んで、その他の団体や組織も国際的な協力と調整のための規則や基準や手続きを推進している。すべてではないが、その多くが金融分野に属する。[20]

スイスのバーゼルに本部を置く国際決済銀行（ＢＩＳ）は、一九三〇年代に開かれたハーグ会議に起源をもつ。その会議で一〇カ国の代表は、ドイツに科せられた賠償金の支払いを監督するために銀行をつくった。第二次世界大戦後、ＢＩＳはＩＭＦと協調して各国の通貨を安定させるという責務を引き受けた。一九七〇年代、国際金融市場の急拡大とドイツおよびアメリカの主要銀行の破綻という事態を受けて、ＩＭＦの創設にかかわった主要一〇カ国〔Ｇ10〕の中央銀行総裁が同意して、バーゼル銀行監督委員会を設立した。同委員会は、ＢＩＳと共同で世界中の銀行監督当局を集め、共通の規制や基準の合意を形成した。その後数十年間、ＢＩＳは、金融・銀行の統一基準を促進するための国際委員会づくりを後援し、保険監督者国際機構と協働して保険業界の基準をつくった。二〇〇八年の世界的金融危機を受けて一九の国およびヨーロッパ連合（ＥＵ）が設立したＧ20は、ほぼＧ10に取って代わり、金融の安定化を目指した。

今やバーゼルは国際金融監督の中心地となったが、国際金融に関する取り組みは拡大しつづけた。マドリードに事務局を置く証券監督者国際機構は世界の証券・先物市場を規制している。そして一九八九年、先進七カ国であるＧ７がマネーロンダリング対策のために金融活動作業部会（ＦＡＴＦ）を設立した。また二〇〇一年には、各国の競争法当局間の協力を促すための国際競争ネットワークが発足した。

一九九〇年代には安全保障上の懸念が、通常兵器および関連汎用品・技術の輸出管理に関するワッセナー・アレンジメント〔ワッセナー協約ともいう〕のような国際的イニシアチブにつながり、旧ソヴィエト連邦から数カ国が参加した。二〇〇三年には、ジョージ・ブッシュ米大統領の主導で多くの国々が、「拡散に対する安全保障構想」と、大量破壊兵器についての情報を共有するというその指針に賛同した。国際連合は国際取引における倫理的懸念に対応した措置を講じつづけ、それは二〇〇三年のキンバリープロセス証明制度に結実した。さらに競争ネットワークを監督する地域団体も存在する。たとえば一九六九年に組織された南米のアンデス共同体、一九八九年に設立されたアジア太平洋経済協力会議（ＡＰＥＣ）、一九九三年に設立されたアフリカ商事法調和化機構（ＯＨＡＤＡ）などだ。[21]

ときには、ひとつの国際問題に対して複数の組織が似たようなプロジェクトをはじめることがある。たとえば、破産の国境を超えた影響が一九九〇年代に顕著となったのは、世界的な景気後退と多数の有名企業が倒産に至ったからだ。一九九九年には、アジア開発銀行、欧州復興開発銀行、IMF、世界銀行、UNCITRALなどによって、破産に関するさまざまな規則がつくられた。[22] しかし二〇一二年までにUNCITRALは単一の規範集を定め、今ではすべての組織がそれを認めている。また、国際組織が意図してそれぞれの取り組みを統一する例もある。一例では、二〇一五年、UNCITRAL、UNIDROIT、HCCHが国際売買法の規則を統合しようという野心的な事業に着手した。[23] 同時にいくつかの異なる組織が、文化財を保護するとともに、盗まれた遺物を原産国に返還するという必要性に対応してきた。ユネスコは文化財の取引業者の倫理規則を作成し、国際博物館会議(ICOM)は、紛失または不法に譲渡された文化財のリストを作成した。[24]

こうした組織の大部分は現在、国の代表者や国の監督当局の職員に占められているか、少なくとも影響を受けているが、民間の組織が定めた国際協定や規則も存在する。たとえばデリバティブ〔金融派生商品〕取引業者らは一九八五年に国際スワップ・デリバティブ協会を設立し、取引における標準契約や言語形式を定めている。二〇〇八年にはウエルス・ファンド〔政府系ファンド〕のマネージャーらによる国際団体が、ソブリン・ウェルス・ファンド国際フォーラム(IFSWF)を結成した。これらは国際ダイヤモンド製造者協会と同様に、業界のベストプラクティスのための基準を定める。国際航空運送協会(IATA)など、数え切れないほどの事業者団体が設立され、さまざまな業界を規制するうえで重要な役割を果たしている。一例をあげれば、医薬品規制調和国際会議は、医薬品業界のメンバーおよび各地域の規制当局をまとめている。こうした組織すべてが国際取引の円滑化、信用の確立、紛争解決手段の提供などを目指しているが、そうした目標は、五〇〇年前に契約を標準化し、国際取引の規則を定めた中世の商人らの目指したものとあまり変わらない。

インターネット

一部の研究者や法律家は、これらの国際規則や協定の急増、およびそれらの序列を定める困難に対して懸念を表明した。[25] また、事業者団体のつくる非公式の法を考察し、より民主的に、より責任ある形にしていくにはどうすればいいのかと問う人もいた。しかしそれらは国家法の理想から出てくる懸念だ。組織や条約や手続きがその場その場で生まれてくるのは避けられない。実際、そうした取り組みは世界の発展に欠かせないものだ。

その好例に、今や疑う余地なく世界的に重要な存在になったインターネットがある。はじめのうち、インターネットはそれをつくった技術者や研究者らによって運営されていた。彼らは一九八六年、アメリカ合衆国政府の支援を受けてインターネット技術標準化委員会（ＩＥＴＦ）を設立し、インターネットの発展のために技術の標準を策定した。ところが、より広範な問題を懸念した一部のインターネットの草分けらは、ワールド・ワイド・ウェブの自由、公平、普遍的で安定した発展を促進し、誰もが有効活用できるように、一九九二年、インターネット・ソサエティ（ＩＳＯＣ）を設立した。現在ＩＥＴＦはＩＳＯＣの指揮下で活動し、おもに総意によって新たな標準を確立するための作業部会を開いている。ＩＳＯＣは世界中から加入者を受けつけ、一〇万以上の組織と個人をかかえる大所帯となった。インターネットの創始者のひとりであるティム・バーナーズ＝リーが創設したワールド・ワイド・ウェブ・コンソーシアム（Ｗ３Ｃ）は、技術の標準化について話し合うもうひとつの場を提供している。Ｗ３ＣはＩＥＴＦやＩＳＯＣと定期的に協議し、三者はいずれもＩＳＯや国際電気標準会議（ＩＥＣ）と協働している。

インターネットのユーザーたちの紛争の大きな原因、したがってインターネット組織の争点のひとつに、ドメイン・ネーム・システムがある。ドメイン・ネーム・システム、略してＤＮＳは、ユーザーらがウェブサイトを作成・運営できるようにドメイン名と数字のＩＰアドレスを対応させる。[26] 当初、この仕事をおこなっていたのはカリフォルニアに住むひとりの人間だった。米商務省の下部機関である電気通信情報庁（ＮＴＩＡ）が、アイキャン（ＩＣＡＮＮ）を設立してドメイン・ネーム・システムを改善すると発表したのは、ようやく一九九八年になってからのことだった。ＩＣＡＮＮは厳密に言うと世界各国の理事らによって運営される国際ＮＧＯで、米商務省およびＩＥＴＦとの契約の下、ＤＮＳ機能を管理している。ＩＣＡＮＮは設立一年後に、「統一ドメイン名の紛争解決ポリシー」をまとめ、「サイバースワッティング（ドメインの不法占拠）」とも呼ばれる、ドメイン名の不正使用および悪意ある登録について定義するための基準を定めた。一部の学者らが、この分野の施策とその適用を「インターネット法」と名づけた。実際にＩＣＡＮＮはユーザーらに、確立された仲裁機関を利用するよう促している。[27]

二〇一六年までＩＣＡＮＮは、ＮＴＩＡをとおしてある程度はアメリカ合衆国政府の監督を受けるという独特の官民パートナーシップだった。しかし二〇一三年、ＩＣＡＮＮ、ＩＥＴＦ、ＩＳＯＣの会合で「グローバリゼーション」の必要性が唱えられ、代表者らは「あらゆる政府もふくめてすべてのステークホルダーが対等の立場で参加する環境」をつくることで合意した。[28] そのプロセスは長く複雑だったが、最終的にＮＴＩＡは、すでにＩＣＡＮＮの内部にあった補助組織、およびエンドユーザーを代表する組織によって構成された、カリフォルニアに本部を置く任意団体へその監督権限を移管した。[29] 以降、多くの国々の政府がインターネットのガバナンスの問題に関与してきたが、二〇〇三年と二〇〇五年の世界情報社会サミット、さらに二〇一二年の世界国際電気通信会議の決議をめぐっては長い交渉があった。関与者の多くは独自のガイドライン、模範法、一般原則を推進することを選んだ。[30] 透明性、説明責任、公正な表示の理想は、少しずつではあるがこの国際規制のシステムに浸透してきている。

国際スポーツの世界もまた、独自の国際団体や仲裁手続きをもつ。[31] 一九〇四年、ヨーロッパ七カ国のサッカー協会によって設立された国際サッカー連盟（ＦＩＦＡ）は世界のサッカー競技を統括している。同連盟はヨーロッパの枠を超え、設立後一〇年もたたずに南アフリカおよび南北アメリカまで加盟地域を広げた。よく知られるワールドカップなど、主要な大会を運営している。ワールドカップの第一回は一九三〇年に開催された。また同連盟は「ゲームの法」である国際ルールを実施している。しかしその権限は引き続き、一八八六年にイングランド、スコットランド、ウェールズ、アイルランドのサッカー協会が設立した国際サッカー協議会（ＩＦＡＢ）がもっている。さらにそのメンバーの半分は現在も、その四カ国で占められている。

国際サッカー連盟がつくられたのと同じ時代、フランスの教育者・歴史家であったピエール・ド・クーベルタン男爵は、近代オリンピックを運営する小さな委員会を創設した。こうしてはじまった国際オリンピック委員会（ＩＯＣ）は、一八九六年にアテネで開催されて成功した第一回大会後も存続した。ＩＯＣはさまざまな国出身の委員を選び、現在はおよそ一〇〇人の委員がいる。各国のオリンピック委員会を認可し、その構成や活動に関する規則を作成し、各大会の組織委員会を設置する。これらの組織がそれぞれのスポーツの国際連盟とともに、「オリンピック・ムーブメント」〔オリンピズムの理念に沿ってＩＯＣをはじめとする組織や人々がおこなうさまざまな活動〕を形成していく。

ＩＯＣはオリンピック大会に関連して生じる紛争を審理するため、一九八四年にスポーツ仲裁裁判所を設立した。しかしまもなくドーピングが世界のスポーツ界で問題になった。一九八九年、ヨーロッパ評議会はアンチ・ドーピング条約を採択し、禁止薬物や方法のリストを示すとともに、あらゆるスポーツにおける薬物乱用と闘うための規制を定めた。一〇年後にＩＯＣが国際会議を開催し、会議では「あらゆるスポーツにおける薬物乱用との闘い」の重要性が確認されると同時に、世界アンチ・ドーピング機構（ＷＡＤＡ）の設立が決まった。[32] 同機構は二〇〇四年、世界のあらゆるスポーツと各国のアンチ・ドーピング規制の調和を図る「世界アンチ・ドーピング規程（Ｃｏｄｅ）」を採択した。

いっぽうスポーツ仲裁裁判所は、ＩＯＣから独立して国際理事会によって運営される独立機関となり、その管轄をオリンピック大会からあらゆる国際スポーツに広げた。[33] 同裁判所の業務はその大部分がドーピング疑惑に関連するものであり、ＷＡＤＡ設立後はいっそうその傾向が強まった。大会期間中のスポーツ仲裁裁判所は忙しい。表面化したドーピング事件を審理するために裁判所が急ぎ開かれたのは、二〇一六年夏のオリンピック大会の数日前のことだった。同裁判所はまた、選手の性別鑑定、ジブラルタルの欧州サッカー連盟（ＵＥＦＡ）への加盟問題、北アイルランドとアイルランド共和国のサッカー協会間の選手の出場資格をめぐる紛争についても審議した。

こうした国際組織はいずれも、各国政府が国際的な協定を結ぶのを待つのではなく、実際的な必要に応える形で法の規則や原則をつくり、一部では裁判所の設置もする。国際組織の多くは各国の組織と連携しているが、その国の政府が規則や決定を認可しない場合、多くの活動が困難に陥るだろう。たとえば「世界アンチ・ドーピング規程（Ｃｏｄｅ）」の場合、二〇〇五年にユネスコで採択された国際規約〔スポーツにおけるドーピングの防止に関する国際規約〕が大部分の国々に批准され、同規約の下で各国はＣｏｄｅに従う義務を負い、ＩＯＣは国際連合のオブザーバーの資格をもつことになった。しかし数多くの影響力をもつ規則一式や協会や方法が、たいていは政府の公式代表者抜きでつくられつづけている。その一部はＩＣＡＮＮのように、もっとも重要な世界的資源のひとつへのアクセスを事実上管理するきわめて有力な組織となる。

国際法をつくるには時間と労力がかかり、国連条約や多国間条約でさえかならずしも世界中への展開力をもつとは限らない。たとえば中国は事実上、為替相場を管理しようとするＩＭＦの権限に異議を唱えている。[34] しかし多くの協定や規則はたとえ執行機構がなくても有効だ。それらは、たとえばドメイン名の登録についての規則を定め、技術者やその他のユーザーが受け入れる基準をつくる。そして、ＩＯＣや国際ダイヤモンド製造者協会、ＩＣＡＮＮと同様に、多くの場合、紛争に対処する必要が生じて、仲裁機構を設け、かならず出てくる正義と公正の問題に対処するための手続き規則をつくることになる。

学者たちは、こうした新たな法制度の目的と効果についての懸念を表明しつづけている。すなわち、多くの国際組織は新たなグローバルエリートのための国際資本主義を支えているだけではないか。自由貿易、国際金融制度、経済的自由主義を促進する法的構造が、他国の内政への軍事介入を正当化する法的構造とともに、新たな帝国主義的秩序をつくりだしているというのだ。[35]さらに、人権や正義を促進するという明確に理想的な目標をもつ法でも、西洋の価値観と理想を象徴しているという指摘もある。冷戦の終結以来、爆発的に増えた権利についての議論は、適さない場所に異質な価値観を押しつけることになりかねない。学者たちの言うことには一理ある。

人権

第二次世界大戦後の世界人権宣言および欧州人権条約を取り巻く高揚感が去ると、権利の力が国際法的秩序の土台になるという確信は大きく薄れた。国際連合は市民的および政治的権利を正式に記し、法制化する取り組みを続け、経済的、社会的および文化的権利とともに一九六六年には市民的および政治的権利に関する国際規約を作成した。しかしアメリカ合衆国とソヴィエト連邦のあいだの冷戦はそうした取り組みに影を投げかけ、一九六八年に世界人権宣言二〇周年を記念してテヘランで開かれた国際会議は、多くの人々に失敗と見なされている。会議が、イスラエルと、ムスリムが多数派の国々との対立をめぐる論争に陥ってしまったのもよくなかった。

一九七〇年代後半になると人権への関心がふたたび高まった。国連は条約や宣言を次々と採択した。女性差別撤廃条約（一九七九年）、拷問等禁止条約（一九八四年）、信教の自由の権利〔「宗教または信念に基づくあらゆる形態の不寛容および差別の撤廃に関する宣言」〕（一九八一年）、児童権利条約（一九八九年）、移住労働者権利条約（一九九〇年）である。ジミー・カーター米大統領の外交政策に対する倫理的ビジョンによって、共産主義、社会主義などの世界の理想に幻滅していた社会運動が国際的権利を推進するための努力を新たにし、それが国際法律家の関心をふたたび喚起した。[36]冷戦の終わりと一九八九年のソヴィエト連邦の崩壊、それに伴う共産主義のイデオロギーの力の消失によって、人権思想に対する熱意がさらに高まった。数多くの社会運動が、さまざまな人々の権利を守るための国際条約や決議を採択させることに成功した。少数者（一九九二年）、人種差別（二〇〇一年）、障害者（二〇〇六年）、先住民族（二〇〇七年）、農民の権利（二〇一八年）、そして「発展の権利」に関する宣言（二〇〇六年）やＬＧＢＴの権利（二〇一四年）もあった。[37]国連は一九九三年に人権委員会（現在は人権理事会に引き継がれた）を設立した。世界中の支援団体が、少数民族、難民、囚人、戦争の犠牲者あるいは人身売買の被害者らの保護を促進する議論や運動に、人権を引き合いに出した。

実際には、多くの人権条約や宣言の原則は、実行されなかった。概括的で漠然としているうえに、裁判所や有効な国際機関という支持機構を欠いていたからだ。たとえば国連の拷問等禁止条約は、加盟国があらゆる拷問を犯罪として処罰しなくてはならないと定めていた。イギリスは一九八八年に加入すると、同年の刑事司法法の下で正式に拷問罪をつくった。[38] しかし、その後三〇年間にわたり、拷問罪で逮捕されたイギリス人はひとりもいない。ただひとり有罪となったのはアフガニスタン人の「軍閥のリーダー」で、彼はアフガニスタンで犯罪をおかしていた。二〇〇三年から二〇〇四年にかけてのイラク戦争において、バスラでイギリス人兵士らがイラク人捕虜を撲殺した事件でも、イギリスの検察官は別の罪状で起訴した。故殺、非人道的扱い、暴行、身体への傷害などは、拷問という曖昧な犯罪よりも具体的で、証明しやすい。

「人権」という言葉に納得している人間ばかりではない。「les droits de l'homme（人間の権利）」という概念は、フランス語を話す地域には深く根付いていたものの、一九四〇年の国連会議でこれを聞いた多くの英語話者にとっては、はじめて聞く耳慣れない言葉だった。[39] 国連人権宣言の起草委員会に出席していたサウジアラビア代表は、メンバーのほとんどが西洋文明で認められている基準しか考慮していないと抗議した。「万国のための統一した基準を確立するのに、ある文明がその他すべての文明より優れていると宣言すること」は委員会の職務ではない、と。サウジアラビア代表がとりわけ懸念していたのは、信教の自由の保障および女性が結婚相手を選ぶ自由だった。[40] 人類学者もまた、普遍的な権利という考えを厳しく批判した。一九四七年、アメリカ人類学協会の会長は「普遍的価値観」を推進することで人々が文化的差異を見落とし、異なる考え方や、人権の観点で見ない人々の考えに対する敬意の欠如につながりかねないと警告した。[41] それ以来、多くの人々が、人権法とその推進派は、西洋の文化的価値観をふさわしくない人々や場所に押しつけていると非難してきた。一九九三年、ウィーンで開かれた世界人権会議において、アジア数カ国の代表がこの議論を再開し、独自の「アジア的価値観」を認識する必要があると訴えた。[42]

「普遍的価値観」に対する批判には、いくらかうなずける部分もある。人権法律家の草分けの多くは、西洋文明とその価値観の優位性を信じていた。そのひとりは〈ニューヨークタイムズ〉への手紙のなかで一九六六年の条約は「西洋的価値観、そしてわれわれ［合衆国の］イデオロギーへの賛辞」だと述べた。[43] 歴史的には、西欧においてさえ、自分の利益や生活を守ろうとする人々は、権利という考えに頼ってこなかった。たとえば近代初期のイングランドで救済措置を嘆願した人々は、ある程度は貧民救済法を受ける資格があったにもかかわらず、権利という言葉を使うことはなく、大多数は資格があると主張することもしなかった。(44)今日でも、ラダックの村人らは、権利という概念に訴えることなく共同体内の関係や国の代表者との関係をうまくやっている。(45)仏教徒は、「権利をもつ個人」という概念とはうまく両立しない複雑で哲学的なやり方で、自我や感情を捨てるように教えられる。しかし人権という言葉は広まった。ヒンドゥー教国家ではなくより世俗的な国家を求めるネパールの仏教徒は一九九四年、「世俗主義は人権だ」と書かれた横断幕をかかげて行進した。(46)世俗への執着を捨てるように教える宗教を信仰しているにもかかわらず、彼らは自らを権利をもつ人間として呈示した。

このことは以前から人権運動のパラドックスのひとつだった。ネパール人仏教徒は国家の関心を引くために人権の概念を使い、人権という言葉が国際的に通用することもおそらく意識していた。そしてどうやら、政治的主張の手段としての言葉と、仏教徒としての自分たちについて語るときに使う概念とを分けておくことになんの困難も感じないようだ。アマゾンの熱帯雨林からアフリカのサバンナまで、世界中の先住民団体は「自決の権利」を引き合いに出し、先住民族の権利に関する国連宣言の言い回しを使った。(47)ハワイ人主権運動もまた、一九八〇年代にはすでに権利の言葉を使っていた。土地をめぐる紛争と新たな文化的意識によって、一八世紀にハワイに渡ってきたポリネシア人の子孫であるカナカ・マオリ〔ハワイ人。「真の人」の意味〕らは、アメリカ合衆国の帝国主義に対する反対運動に取り組み、まもなく国連文書や世界人権宣言から文言を引用するようになった。同運動のメンバーらは一九九三年、彼らの主権国家を乗っ取った罪で合衆国を裁くために、ニューヨークにおいて法廷を設置した。法廷で検察官らはカナカ・マオリの法に基づいて合衆国を告発し、同時に国際条約、合衆国憲法、国連宣言を引用した。彼らは自分たちの闘争に注目を集めるために西洋の法の形式を借用し、他国の有力者たちが理解する言葉を使ったのだ。

こうした運動の多くは、国際法の言葉を容易に使いこなせる知識人エリートらに率いられている。他方で、とりわけイスラム世界には、彼らが西洋の帝国主義と見なすものに対する抵抗を続ける人々がいる。彼らがとくに懸念しているのは、女性の権利と平等を促進することで、彼らはそれが自分たちの宗教的価値観に反すると考えている。しかし世界中の先住民、社会の周縁に追いやられている人々、貧困に陥った人々は人権の言葉の力をよく理解し、その表現を採用した。それは、彼らが自分の利益や問題を表明するのにまず考えるやり方ではないかもしれないが、権力の座にいる人間が耳を傾ける言葉だ。

人権法は国際的な場で何度も、議論の強力な道具を提供してきた。法は往々にしてそういうふうに働く。訴訟当事者は弁護士に、自分の訴えを裁判官が審理する主張に変換してもらう。ときには自分たちの話が歪曲されたり、大事なことを省略されたり、理解できない語句を使われたりもする。それは国際的な文脈だけでなく国内の裁判所でも起きていることだ。しかし国内の訴訟当事者らが実利的な理由から訴訟を起こす一方で、人権法に訴える当事者らは、社会改革を目指す長期的運動における自分たちの大義に注目を集めるために、道徳的議論を起こす。実際、一九四八年の世界人権宣言の起草委員会メンバーだったレバノン人哲学者は、拷問を禁止する条項の曖昧さを、それはおもに道徳的声明であるからだとして、正当化した。さらに彼は、それは国際的な法律文書で「人類の良心はナチス・ドイツのおこなった非人道的な行為に衝撃を受けた」と説明しているのだと語った[48]。

インターネットの先駆者らは、その法づくりにおいて、国際的な調整という実際的な目標を念頭に置いており、人権活動家らは、世界をよりよい場所にするために、長期的運動における道徳的声明となる新たな法を求めている。両者とも、明確な規則をつくるという単純なテクニックが、有力な手段をもたらすということを理解している。

戦争犯罪

冷戦の終わりと人権に寄せられた新たな関心は、運動家らに国際刑事裁判所という考えをよみがえらせた。彼らは一九九一年に勃発した旧ユーゴスラビア紛争における残虐行為を受け、国際連合に働きかけて旧ユーゴスラビア国際戦争犯罪法廷（ＩＣＴＹ）を設置させた[49]。ＩＣＴＹは二四年間で、一兵卒から大統領のスロボダン・ミロシェビッチまで、紛争にかかわった一六一人に対する起訴状を受け取った。一一一件の裁判がおこなわれ、九〇人が有罪となった。さらに一九九四年にはルワンダ国際刑事法廷が開かれ、二〇〇三年にようやく常設の国際刑事裁判所（ＩＣＣ）が設立された。ＩＣＣは戦争犯罪、大量虐殺、人道に対する犯罪、侵略犯罪を管轄する。

国際法および裁判所に対する関心の新たな盛りあがりは、「移行期正義」という考えに結実し、運動家らは二〇〇一年、ニューヨークに国際移行期正義センターを設立した。同センターは、紛争や抑圧的体制からの「移行期にある」国々の「過去における大規模な人権侵害の遺産を是正する」方策を提唱している。具体的には、刑事訴追、被害者への損害賠償、制度改革、「加害者が処罰されるのを見届け、真実を知り、損害賠償を受け取る」被害者の権利行使に対処する真実和解委員会の設置などだ[50]。しかし誰かを戦争犯罪で訴追するのがきわめて困難なのは周知の事実だ。一〇〇〇人以上の死者を出した、二〇〇七年のケニア大統領選挙をめぐる暴力を受け、国内外の運動家は責任者に法の裁きを受けさせるべきだと精力的に訴えてきた。ICCは人道に対する犯罪の「刑事免責は認められない」と正式に発表し、もしケニアの司法制度が措置を講じなければ、おもな加害者を刑事訴追すると約束した。ICCの検察官は元政治家数人を起訴した。ケニア政府は表向きはICCに協力したが、のちに起訴されたうちの二人が大統領と副大統領に選出されると、検察官による証拠の収集は困難になり、訴訟手続きは頓挫した。(51)

こうした失敗にもかかわらず、熱心な運動家らは引き続き戦争や紛争後の正義を訴え、加害者の処罰と被害者への損害賠償を目指しつづけた。コロンビア、ルワンダ、シエラレオネでは、支援団体が戦争犯罪法廷のメンバーに助言し、被害者のためのプログラムを手配して、加害者の更正を促した。しかし彼らの楽観的な運動は部分的な成功をおさめたにすぎない。シエラレオネでは、一一年にわたって続き二〇〇二年に終結した内戦の戦闘員らは、刑事訴追をおそれて真実和解委員会への参加をためらうことが多かった。(52) 和平合意には大赦が盛りこまれたが、国連は大量虐殺、人道に対する犯罪やその他深刻な人権侵害にはそれは適用されないと宣言した。ある国連代表はのちに、委員会は成功だったと語ったが、実際には地域の共同体が、移行期正義の規範が求める手続きとはまったく相容れないやり方で元戦闘員らをふたたび受け入れた。シエラレオネの人々にとっては、元戦闘員らに過去の責任をとらせることよりも、彼らが共同体のよき一員となるか否かのほうが重要だった。移行期正義という考えは、地域共同体の実利的な懸念とは合わなかった。

国際プロセスの内部でも、平和の追求と正義の必要との対立が許容される程度について、緊張が生じている。そうしたことは南アフリカの真実和解委員会の事例のなかで詳細に述べられており、当時の調停者もそれ以降の調停者も、そのジレンマに直面しつづけている。恩赦か、それとも刑事訴訟手続きか、どちらを選ぶべきだろうか？　一九九九年以来、国連は紛争解決のプロセスにかかわる人々向けに多数の手引書を発行しており、そのなかには、ICCによる逮捕令状の対象となった人の取り扱いもある。(53) さまざまな国際組織がこうした困難をなんとか乗り越えようと努力し、ある学者が「平和の法」と呼ぶものをつくり出した。彼らは人権法、人道法、国際刑事法を引き合いに出して、平和プロセスのための規範と指針を確立しつつある。(54) これが正しい用語なのかどうかはともかく、紛争後の正義実現を追求するある国際ネットワークは、少なくとも一般に適用できる規則や基準をつくろうとしている。それらの取り組みが直面する実務上の困難はあったとしても、法と法的手続きの力に対する信頼は揺るぎないままだ。

＊　＊　＊

拘束、裁判、処罰という効果的な手段に裏付けられた懲戒的な刑事法は、近代国家の成果だ。社会生活上のさまざまな面を規制しようとする精巧な法とともに、刑法は新たな社会プログラムの土台となり、経済発展を促進している。どの国家も平和、秩序、繁栄の源であると主張している。しかし国民国家にきっちりと分かれ、それぞれが独自の政治的・法的権限の管轄をもつ世界は、世界の歴史では比較的新しいことだ。商人らが遠隔地との取引のために実用的な規則や手段を生み出し、伝道者らが信者らをこの世界の神の道へと導こうと努めて、法は昔から国境を超えていた。現代社会では、国際組織が実用的な目的で規則をつくり、大きなネットワークどうしの調整や規制を目指している。いっぽうで、世界をよりよい場所にしようとする運動家らによって、理想的な目標をもつ取り組みも生まれている。

独裁的な支配者らは通常、管理や圧制や排除のために法を利用する。そうした支配者の最悪の暴政を抑えるのに、国際条約は無駄な試みに思えるかもしれない。しかし国連で決議が採択されることは国際的な非難ともなり、もっとも頑固な独裁者であってもそれを完全に無視することは不可能だろう。国際的な舞台において、多くの法は、それが実際どのように政府の権力を制限するかではなく、その法が象徴するもののほうが重要なのだ。人権とその関連法は道徳的声明として効果を発揮する。紛争や差別や被害や圧制などの乱雑な現実を、より直接的な言葉に翻訳するそれらの法を、多くの人々が好ましく有力だと評価している。それらの法は、自分たちの意見を聞いてもらいたいと願う人たちに、訴えるのに使える概念を提供する。ＩＣＣについても同様の期待が存在する。人道に対する犯罪をおかした人間を起訴・処罰することがいかに困難だとしても、ＩＣＣには象徴的な重要性がある。こうしたすべてのことの背景に、法には、より秩序があり、より文明的な世界を実現する力があるという信頼が存在する。法の可能性は、近代国家の懲罰を与える力や執行機関をはるかに超越している。

結論　法の支配

法は世界に秩序をもたらす一見単純な方法だ。われわれが社会はどうあるべきかを表すのに用いる一般規則や、裁判官の判決の背後にある規範を明確にする。メソポタミアの王や古代中国の立法者が、粘土板に規則を刻んだり竹簡に刑罰の一覧を記したりして目指したのは、そういうことだ。彼らの法はどこまでも地味な声明文だった。それでも、いったん書き記されて誰でも見られるように掲示されると、法は社会に秩序をもたらす新たな方法を可能にした。賠償、処罰、あるいは義務についての実際的な声明文が、より公平な社会秩序を約束し、裁判官が判決を下す方法を示し、王たちの立法の力をはっきりとさせ、役人がどのように処罰を与えるか指示する。規則を明確にすることによって起草者は言葉を法に変え、法それ自体が社会的な力となる。

古代メソポタミアの立法者らの社会的野心は、古代中国の支配者のものとはまったく異なっていた。そして中国の支配者らの社会的野心もまた、ヒンドゥーのバラモンのそれとは違っていた。ウルナンムは、増え続ける債務によって社会が荒廃しそうになったとき、犯罪と賠償について決疑法形式の声明文を書き（「男が最初の妻を離婚するならば、彼は銀一マナ［約四三〇グラム］を量るべきである」）、そこには人民に正義をもたらすという約束を新たにする意図があった。戦争で荒廃した中国で秦の皇帝らは、いまだばらばらに分裂している人民に規律と帝国の結束を課す手段として、犯罪と刑罰の一覧をつくった。ガンジス川流域の平野ではバラモンが、信者向けの基本的な規則とダルマの原則についての物語を組み合わせて、洗練された聖典を編纂し、それは儀式においてバラモンを王侯の上に置くという、社会階層の最上位である彼らのエリート的地位をたしかにするものだった。こうした三者の法づくりは異なる基本原則に基づいている。メソポタミアは正義、中国は懲罰、インドは義務だ。しかしこれらは全体として、事実上これまでにつくられたあらゆる法の土台を確立した。

中東の伝統がもっとも古く、もっとも広範囲に伝わった。メソポタミアでつくられた法はイスラエル人祭司、ギリシアとローマの市民、最終的にはイスラム法学者に影響を与えた。さらに年月を経て、ローマ法はヨーロッパ中の法づくりに影響を及ぼした。その頃には、ユダヤとイスラムの法伝統はまったく異なる方向に発展していたが、それでもなお、両者にはウルナンムの人民への約束という共通の根源があった。いっぽう、ヒンドゥーの法は東南アジア一帯に広まった。法はバラモンによって運ばれ、それを使って自分たちの王の法制度をつくろうとした仏教の学者にまで模倣された。中国の歴代の皇帝は拡大しつつある帝国をまとめるために法を利用し、僻地に住むさまざまな人々にも同一の法を適用するように役人に指示した。これらの伝統が、それぞれ分岐しながら二〇〇〇年以上も続いてきた。西欧の法がほぼ世界中で主流となったのは、ここ二、三世紀のことにすぎない。

こうした展開のあいだ、さまざまな場所に住むさまざまな時代の人々が法や法形式を広め、借用し、模倣してきた。小規模な共同体や部族民は法という技術の可能性を理解し、それを複数の目的に利用した。中世のユダヤ人商人は、法を使って取引関係を規則化しようとした。アイルランドの法の作者は蜜蜂について難解な文書を書いた。ベルベル人の村人は結婚式や井戸の使用を規制するために法を起草した。イスラム法学者は知的に複雑なちょっとした傑作をつくりあげ、アルメニア人司祭は新興のセルジューク朝の裁判官から人々を守るために法典を著した。一般規則を書き記すという簡単な行為により、さまざまな方法で人間の社会に秩序をもたらすことができる。

法の目的

もっとも基本的なこととして、法は社会生活に秩序をもたらす手段を提供する。世界中の法体制は殺人を罰し、被害を賠償し、結婚や相続を規制し、債務者を救済し、子供の扶養を規定する。これらは人々が共に生きる場所ならどこでも生じる問題だ。ほとんどの法にはさらに不動産取引と通商関係のための規則もある。法は政府や商人らの調整や規制に役立つ。たとえばわれわれが事故を避けるためにはどのように運転するべきかを規定したり、国際的な技術の統一基準をつくり出したりする。しかし法が有効であるために、すべての法が直接的な執行の裏付けを必要とするわけではない。ダゲスタンの村人らには警察も監獄もなかったが、共有財産の利用を規制する規則をつくった。中世の商人のほとんどは、簡単に逃げられるとわかっていても、商事裁判所の判決を尊重する。現代の世界でも、直接的な執行力のない国際同業者組合が標準を定め、メンバーらはそれを守ろうと考える。

為政者が法を利用するのは、人々や事物、その活動を種類や階級に分類し、それら相互の関係を規定して、政府をより広範かつ効果的に運営できるからだ。何が犯罪でどんな罰が適当かを定義するためにも法が使われる。法はどのように財産が売買、貸借、相続されるのかを規定する。拘束力のある契約や法的に有効な結婚の条件を定める。社会階層を確認し、所属する人間をはっきりさせ、異なる階級に属する人々の不平等な権利と義務を明記する。このように法は、統制、階層、中央集権型管理で政権を支える。

しかし規則は、社会秩序や政府のための単なる実用的な手段ではない。法は、具体的なことを達成するのと同じくらい、立法者が実現したいと望む社会を象徴し、正義と公正を約束して文明のビジョン——通常は支配者または祭司のビジョン——を示してきた。中世前期のヨーロッパの王とその顧問らは、格調高いラテン語のローマ法を模倣し、貴重な羊皮紙に不合理な結果を注意深く刻みつけた。ビルマの法学者らはヒンドゥーのバラモンによるダルマ・シャーストラの文献を写本したが、仏教徒の社会ではカーストの違いはほとんど意味を成さなかった。そうしてつくられた法は非実用的だったが、重要な役割があった。それらは実用的な文書というより、こうありたいという目標を記した文書だったのだ。偉大な文明を模倣しようという試みであり、高名な歴史的体制の秩序を再現しようという試みだった。それらの法は宇宙的な理想を反映し、文明世界のビジョンを創造した。

普通の人々もさまざまな理由で法を頼りにした。たいていの場合、彼らは正義を求めていた。アトラス山地にあるベルベル人の村の住民らは、自分たちが優先する水利権をもっていると証明するために、近隣の村との紛争をくり返し地域の裁判官に訴えた。中世のカイロではユダヤ人の姉妹二人が、兄弟からの不当な扱いはシナゴーグで提起されるべきだと主張した。法は物事の正しいやり方を示す。イングランドの農民らは、荘園裁判所で隣人を裁くときに、国王裁判所の法手続きを手本にした。インドの職人の組合は、その技術を標準化する規則を定めた。故郷とは遠く離れた土地で居留地をつくったアルメニア人らにとって、法はアイデンティティの拠りどころだった。法のなかには、一種の高次の秩序や文明世界を象徴しているものもある。だからこそ、トゥアトという小さなオアシスに住む農民らが、結果的に家畜のロバを分割することになってまで、複雑なイスラムの財産法を受け入れたのだ。法は今も昔も、礼節の言葉を提供する。また法は、不正義や圧制に対して抗議し、有力者に対抗する方法を人々に与える言葉でもある。紀元前五世紀に債務と処罰についての法を要求したローマ市民らは、このことを理解していた。彼らは、これが初めてでも最後でもないが、法の支配を求めていた。抽象的なカテゴリーを使って一般規則を書き出すという簡単な技術が、概念的秩序を生み出し、この秩序は正義の力強いシンボルとなりうる。

もっとも力のある権力者の法体制の背後には、たいていの場合、神権、宇宙的秩序、あるいは自然法の存在が感じられる。そして規則は当然、不法行為や不正義を防いだり正したりする。中国の皇帝らは、彼らが天の代理として体現する平和と安定のために、人民を懲罰する必要があると主張した。インドの王たちはバラモンを後援し、バラモンは、ヒンドゥー教信者は惨めな生まれかわりを避けるために、それぞれのダルマの義務を遂行しなければならないと説いた。そして世界中の近代国家は、もし「犯罪者」が処罰されなければ混乱と無秩序が起きると主張し、懲罰制度を正当化している。われわれはいまなお、国家がなければ人間の生活は「険悪で、残忍でしかも短い」というホッブズの観方の継承者なのだ(1)。

古今東西の支配者は、平和、秩序および繁栄を促進すると主張し、人々が自分たちの導きに従い、じゅうぶんな権力を付与するなら、自分たちはそれらの目標を追求するのにもっとも有利な立場にあると断言してきた。法の公布は、それらの目標を明確化したり、どのように資源を管理し、犯罪を抑制し、富を再分配するのか、その方法を明らかにしたり、あるいは現在人々の想像力を働かせていることを実現したりする手段だ。

わずか三〇〇年のあいだに、法は国民国家と強く関連づけられるようになった。今では西欧で発展してきたモデルや体系が世界中で優勢になっている。もちろん、国家の制度は政府がわれわれに信じさせたがっているほど包括的でもなければ、効果的でもなく、一貫してもいない。小規模の共同体は独自の規則に従って生活をつづけ、ムスリムはムフティーのファトワーに従い、国際組織は国境を超えて人々をひとつにする規則一式をつくっている。しかしヨーロッパの支配者らは、メソポタミア、中国、インドといった初期の立法者らの工夫である懲罰、実用的技術、理想的なビジョンを統合し、強力な法のモデルをつくりだした。その背景には自然法および共通の人間性という考えがある。経済、技術、軍事の驚くべき拡大によって、西欧諸国が世界中に法を輸出することが可能となり、彼らは法が先住民に「文明」をもたらし、「独裁的」あるいは「原始的」な体制という時代遅れなモデルを刷新すると主張した。二〇世紀にはそれが国際的な秩序のビジョンとなった。そのビジョンでは、適正な選挙で選ばれた政府が平和と繁栄を促進し、民主主義を擁護し、人権を尊重する。それは、植民地を支配した列強があれほどお払い箱にしたがった、中国の皇帝たちが祈願した宇宙的秩序や、ヒンドゥーのバラモンが詳しく論じたダルマの秩序と同等のものだった。

法とは何か

そうした約束をすることによって、いつの時代の支配者たちも市民が利用できる法をつくってきた。大部分の独裁的支配者の懲罰テクニックにもかかわらず、多くの一般市民は公正な社会秩序を生み出す法の力を信用しつづけた。それは大規模な集会を開き、腐敗した役職者の権力を制限する法を可決したローマ市民だけではない。中世のフランスの農民らも、地域の裁判所で領主のみならず、子爵や司祭に対しても法で立ち向かうという可能性を理解した。ダゲスタンの部族民らは、地域を支配するハーンやシャイフに対抗して自分たちの法をつくった。あるロシア人旅行者は、自分の部族の法は、中国やダライ・ラマや「ご立派な王たち」の法よりもずっと優れていると自慢したチベット人部族民に、強い印象を受けた。ハワイの民族主義者らは独自の裁判所を設けて、アメリカ合衆国による植民地侵略の罪を〝裁く〟試みをおこなっている。

法にはそれ自体に善い力も悪い力もない。歴史をふり返れば、法の多くはまったく冷笑的で狡猾なものだった。ゲルマンの王たちはローマ皇帝の権力や地位を手に入れたがっていた。ハンムラピは、後世に温和なイメージを残したがった非情な軍事指導者だった。法をつくる司祭やその機関は、自分の利益のために権力や資源を溜めこむことが多い。独裁的な指導者は自分の行動を正当化するためによく法を利用する。そして現代の政府は、実際よりも危機を制御する力があると人々に思わせたがる。もしかしたら文明、能力、人権というビジョンは、野心や私欲、あるいは単純に権力を隠すための方便かもしれない。しかしビジョンや方便が効果を発するのは、人々がそれらの投影する価値観を信じるからだ。ひとたび法がビジョンを示し、それを人々が信じれば、法は、法を無視しようとする権力者に対しても使うことができる。このことが法に、権力を正統化する力と制限する力の両方を与えている。

法がひとたび明示されれば、人々はそれを引用したり、頼りにしたり、腐敗や権力濫用への抗議に使ったりすることができるようになる。ハンムラピは、誰でも石碑に刻まれた彼の法を読み、正義を求めることができると宣言した。また、自分の後継者で法を破る者にはかならずおそろしい呪いがかかると述べた。ハンムラピは法の支配をわかりやすく示していたのだ。そして法の専門家らはたいてい、政治権力に立ち向かうことができた。インドのバラモンは、ひじょうに強力なダルマのビジョンを守り、その法を引用することで王の正統性を否定できた。中世の教皇らは、ヨーロッパの王の司法権を定義する権限はみずからにある、と主張した。イスラム世界におけるカーディーは強力なカリフに後援されていたが、ムフティーはそれと距離を置くことで、より上位の権威を主張した。カリフもカーディーも、人々の支持を得たければムフティーの法律上の見解を尊重しなければならない。そしてイスラムのマルジャで隠遁者のスィースターニーは二〇〇三年のイラク戦争中、断固たる態度で政治に介入し、政府を選挙によって選ぶことを主張し、自分たちが簡単に任命するつもりでいたアメリカ当局を当惑させた。ヨーロッパ植民地主義者らは占領した土地の運営に着手すると、古い法や慣習、公正や正義をほとんど考慮することなく自分たちの規則を押しつけた。実際、彼らは、先住民は法の保護の枠外に存在すると規定することが多かった。しかしやがて植民地のエリートらは、独立を要求する強力な議論において、新たな法や法原則を本国に突きつけることができた。法が支配者の世界に対するビジョンを説明し、その権力を正統化するものであるなら、それはまた権力を制限したり転覆させたりするのにも使える。

人類の歴史をつうじて、政治権力を行使する人間と、法とは何かを明らかにする権威をもつと主張する学者や裁判官とのあいだで、くり返し緊張関係が生じているのは、それが理由だ。イングランドのエドワード・クックはジェームズ一世に公然と反抗し、国王が法を解釈することはできないと述べた。そうすることでクックは、四世紀後にボリス・ジョンソン首相の政府が国会を閉会したのは違法だと断じたレディ・ヘイル最高裁長官に範を示したのだ。[2] 強力な政府は、裁判官らに行政機関の行為を違法と断じられれば苛立ち、司法の「越権」や「政治への逸脱」だなどと、脅しまがいの不平を漏らす。支配者はみずからの権力を抑制されれば不機嫌になるが、歴史をつうじて法はくり返しこのような形で利用されてきた。

法による支配

法は社会のビジョンを具体的かつ明確にし、誰にでも見えるように示す。これは王や宗教エリートや共同体や国家の約束かもしれないし、あるいはそうした勢力が正統の権力を求める手段かもしれない。しかしひとたび明示されれば、そのビジョンはそれ自体が生命をもつ。規則や判例を公表することによって、それらにはそれ自体の不変性、したがって権威が付与される。だからこそ法は権力の道具とも、権力に対抗する手段ともなる。強引な支配者らは自分の意のままに法を歪めて、支配・圧制するために利用し、みずからのおこないを正当化するかもしれない。しかしほとんどの場合、彼らはいずれ、法を引用し、それが破られたと示せる誰かに法を突きつけられることになる。それは人々が法制と手続きへのアクセスを手に入れ、発言できるからこそ可能なのだ。規則は、それを破った人の行為に対して引用できる。独裁者は規則集を破り捨てるかもしれないが、人知れずそうすることはできない。曖昧さ、不正確さ、秘密主義は、独裁者やマフィアのボスや暴君の便利な道具だ。

よくあることだが、中国は例外だ。中国では長年にわたり歴代の強力な皇帝が、みずからを複雑な法体制の源であると同時に、その保護の究極の対象であると主張して、法の支配を受けずにきた。彼らが成し遂げたことは、社会秩序は刑罰法規を強制することによる規律のおかげだという考え、そして皇帝は天の代理なのだという考えの確立だった。皇帝は王としてまた祭司としての役割、権力と正義という力を併せもち、それは中国の歴代王朝でくり返され、ほかの支配者ではこれほど成功したこともこれほど長くつづいたこともなかった。ヨーロッパの王権神授説の寿命はきわめて短かった。破廉恥な支配者らが法を廃止したり、裁判官をやめさせたり、マドラサを閉じたり、あるいはホメイニ師のように自分は法よりも上だと宣言したりすることはあったが、誰も中国の皇帝ほどうまくはやれなかった。現在でも中国における「法の支配」という考えは、党指導部に対する明確な制限として機能するのではなく、政府の役人には国家法に従う義務があることを意味する。(3) それは法による支配であり、法の支配ではない。

＊＊＊

どれだけ広まり、人間の歴史上いくたびくり返されたとしても、法の支配には不変なことなど何もない。問題は、法が善い力なのか悪い力なのかでも、法の支配がどれほど力強く権力の濫用を防げるかでもない。法は権力を抑制するものとして働くが、権力者はしばしばその効力を避けられる。つまり大事なのは、法がいかにその役割を果たし、われわれはどのようにその約束や潜在的な力を使って世界をよりよい場所にできるかだ。人々は何度も法を信頼し、不公正や不正義に遭った自分たちの経験を公の訴えに変えるという、その可能性をつかもうとする。しかし法だけで世界を変えることはできない。正義を確かなものにするには、法は実行されなければならない。ハンムラピ法典の石碑の前に立ったメソポタミアの市民は、彼が法を引用するのを聞く裁判官を必要とした。ローマ市民は、数十年かけて自分たちの法で約束された正義を確かなものにする政治機関を確立しなければならなかった。そしてユスティニアヌス帝がそれらの法を法典化したとき、そうした政治的な権利はとうの昔に失われていた。現代の支配者が、自分は法の支配を擁護していると説得力をもって主張しようと思うなら、裁判官に敬意を払わなければならない。裁判所は利用しやすく、法は公平であるべきだ。これをどうしたら実現できるのか、どのように実現すべきかは、本書が扱う範囲を超えている。しかしわれわれ一般市民は、法の支配を要求しなければならないし、そのためには法とは何か、それはどう働くのかを理解しておくべきだ。

法の支配には長い歴史がある。過去四〇〇〇年の成果だ。しかしそれは、人間の歴史のなかではわずかな時間にすぎない。法の支配は、人々が権力をふるう人間と対決し、立ち向かうために幾度となく姿を現してきたが、それは必然でも無敵でもない。それを生かせるかどうかは、われわれの努力しだいなのだ。

謝辞

本書の学術的発端は「オックスフォード・リーガリズム」プロジェクトにある。二〇〇九年から二〇一八年にかけてさまざまな分野や研究機関から集まった刺激的な同僚たちのグループが、法の本質や歴史についての議論を活性化する論文やケーススタディを発表し、その成果が四巻の書物にまとめられた（『法律尊重主義（*Legalism*）』オックスフォード大学出版局）。彼らはそうすることで本書に発展する議論の土台をつくった。わたしはプロジェクトに所属していたポール・ドレッシュとジュディス・シェールのイニシアチブと洞察力からとりわけ恩を受け、プロジェクトを支援したいくつかのオックスフォードの機関に感謝している。結果は、もっとも生産性の高い種類の、実証に基づく調査学問だった。

オックスフォード大学が手厚いサバティカル休暇を取らせてくれたおかげで、わたしは一年を原稿の執筆にあてることができ、その間のわたしの教職および管理業務は法社会学センターの同僚たちが親切にも肩代わりしてくれた。

新たな方向に進み、新しい読者に届くことを目指す大きな本の執筆に乗りだすことは、人をひるませるような課題であり、わたしが大いに頼りにしていたのは、友人たち数人の励ましだった。ニール・アームストロング、ニック・スターガート、アンドリュー・ポスト、ローズマリー・キャメロン、マーク・ローズマンにはとりわけ感謝している。彼らの支援と力添えのおかげで、思弁的な考えを説得力のあるブック・プロポーザルにまとめることができた。

重要なのは、それがわたしのエージェントで、名前と同じくらいすばらしい人であるクリス・ウェルビラヴを納得させたことだった。彼は本書の可能性を理解し、一学者が職業作家となる困難なプロセスを助けてもいいと言ってくれた。そして彼は優秀な編集者ふたり、プロファイルのエド・レイクとベーシックのブライアン・ディステルバーグを説得して仕事を引き受けさせた。タイトルはもちろん、原稿は三人の専門的助言によって大いによくなった。タイトルという厄介な問題については言うまでもない。タイトルについてはおそらく、その他すべてについてよりも多くのメールをわたしたちは交わした。

多くの友人や同僚が時間をとって原稿の各章を読み、細やかな専門的助言を提供し、わたしのひどい間違いや遺漏を防いでくれた。それでも残ってしまったものは、もちろん、わたしの責任だ。またアンドリュー・ポスト、ジリード・クーパー、デーヴィッド・ゲルナー、マイケル・ロバンは序章と結論に洞察に満ちた意見と提言をくれた。ウルリッチ・ボージェスは初期のユダヤ法について、デーヴィッド・ゲルナーは（ふたたび）ヒンドゥー世界について、アーネスト・カルドウェルは初期の中国について、クリスチャン・サーナーはイスラム世界について、トム・ランバートはアングロサクソン法について、アリス・リオは中世ヨーロッパについて、マリーナ・カークチヤンは初期ルースについて、ジェイムズ・マコーミッシュは中世イングランドについて、ジュディス・シェールは現代イスラムについて助言してくれた。とくにローマ法の歴史を二六ページにまとめようとしたわたしの試みを修正し、改善してくれたグレゴリー・カンター、近世初期ヨーロッパの章について同じくらい英雄的な役目を果たしてくれたマイク・マクネールの名前は特筆に値する。ここにあげた全員を同僚そして友人に数えることができるわたしは幸運であり、心からの感謝を申し上げる。

原稿は、ベーシックのカイル・ギブスンのていねいな編集のおかげでとてもよくなった。改善するための鋭い提案とともに、気前よく「おもしろい」「すごい」と言ってもらったのがひじょうに励みになった。サンドラ・アサーソーンは急な依頼にもかかわらず、たいへん効率よく多数の図版の出典を明らかにしてくれたし、ベーシックのチーム全体といっしょに仕事をすることはよろこびだった。

ニック・スターガートは最初から最後までそこにいてくれた。ハウスプロジェクトの後も、貴重な助言を提供し、（ほぼ）すべての原稿に目をとおしてくれた。

最後に、本書を執筆するにあたり、わたしがその偉業を参考にさせてもらったすべての学者諸賢に感謝する。本書がこれほど広範な時代と場所を網羅できたのは、今日われわれが有する、人々、社会、そして過去の法についての知識を積みあげてくれた長年の学問研究のおかげだった。最小限の考古学的文脈のみで古代言語や断片的で曖昧な文章の意味を解明するには、何時間もの骨の折れる作業が必要で、しかもそれはしばしば困難で報いの少ない状況で続けられた。またほかにも、大量の証拠を使いこなして近年の法的展開についてわれわれに伝え、グローバルなできごとについての鋭い分析を提供してくれる学者もいる。本書で引用した出版物の多くは、考古学、古典、歴史、古代言語、そしてわたしの専門である文化人類学の大学教職員による著作だ。最近、人文科学への研究資金が容赦なく減らされている（文化人類学も同じようなものだ）のは、この重要な学問の価値が暗におとしめられているということだ。どこかの学部が閉鎖されるたびに、われわれは、壊れやすい過去についての源泉から学ぶ機会を失う危険をおかしている。本書は、いまも困難に立ち向かい、もっとも難解な史料に取り組むそうした学者諸賢、とくにオックスフォード大学の（いまだに古風な名をもつ）オリエンタル研究所のみんなに敬意を表すものだ。本書の参考文献は、彼ら全員の貢献を正当に評価するにはとうてい足りない。

Hawai'i, 1993', in Wilson, *Human rights, culture and context.*

48. チャールズ・マリク。以下を参照。Kelly, 'Prosecuting human rights violations', 95–96.
49. Richard Ashby Wilson, 'Judging history: the historical record of the International Criminal Tribunal for the Former Yugoslavia', *Human Rights Quarterly* 27: 908–42, 2005.
50. ウェブサイトを参照。www.ictj.org.
51. Lionel Nichols, *The international criminal court and the end of impunity in Kenya*, New York: Springer, 2015.
52. Rosalind Shaw, 'Linking justice with reintegration? Ex-combatants and the Sierra Leone experiment', in R. Shaw and L. Waldorf (eds), *Localizing transitional justice: interventions and priority after mass violence*, Stanford, CA: Stanford University Press, 2010.
53. これらは以下の彼の著作のなかで Martin Wählisch によって概観されている。'Normative limits of peace negotiations: questions, guidance and prospects', *Global Policy* 7: 261–66, 2016.
54. Christine Bell, *On the law of peace: peace agreements and the* lex pacificatoria, Oxford University Press, 2008.

結論　法の支配

1. トマス・ホッブズの『リヴァイアサン』はロンドンで 1651 年に出版された。
2. 2019 年 8 月、イギリス政府は国会の停会を女王に要請したが、それはのちに最高裁判所によって不法とされた。R (on the application of Miller) (Appellant) v. The Prime Minister (Respondent); Cherry and others (Respondents) v. Advocate General for Scotland (Appellant) (Scotland), [2019] UKSC 41.
3. Taisu Zhang and Tom Ginsburg, 'China's turn toward law', *Virginia Journal of International Law* 59: 277–361, 2019. 317 ページに、中国の法に向かう動きは法の支配に向かう動きではないという説明がある。

trafficking-of -cultural-property/1995-unidroit-convention, and the website of the International Council of Museums, https://icom. museum/en.

25. Martii Koskenniemi, 'Fragmentation of international law : difficulties arising from the diversification and expansion of international law, a report of the study group of the UN's International law commission', 2006. それらがほんとうに法なのかどうか疑義をもつ人もいる。以下を参照。Zaring, 'Finding legal principle', 684: 'Both legal traditionalists and their critics tend to discount any international arrangement that is not accompanied by a treaty and a court.'
26. DNS については以下を参照。Gianpaolo Maria Ruotolo, 'Fragments of fragments: The domain name system regulation. Global law or informalisation of the international legal order?', *Computer Law and Security Review* 33: 159–70, 2017.
27. David Lindsay, *ICANN and international domain law*, Oxford: Hart, 2007.
28. Ruotolo, 'Fragments of fragments', 161.
29. Roxana Radu, *Negotiating Internet governance*, Oxford University Press, 2019, ch. 6.
30. Radu, *Negotiating Internet governance*, ch. 7.
31. Franck Latty, *La lex sportiva: recherche sur le droit transnational*, Leiden: Brill, 2007.
32. ローザンヌ宣言。1999年2月4日に発表。
33. ウェブサイトを参照。www.tas-cas.org.
34. Halliday and Shaffer, *Transnational legal orders*, 30.
35. Michael Hardt and Antonio Negri, *Empire*, Cambridge, MA: Harvard University Press, 2000. ［アントニオ・ネグリ、マイケル・ハート、2003年『帝国：グローバル化の世界秩序とマルチチュードの可能性』水嶋一憲、酒井隆史、浜邦彦、吉田俊実訳、以文社］
36. Moyn, *Last utopia*.
37. Moyn, *Last utopia*; Martii Koskenniemi, 'Expanding histories of international law', *American Journal of Legal History* 56:104–12, at p. 106. 国連人権高等弁務官事務所のウェブサイトを参照。www.ohchr.org/EN/pages/home.aspx.
38. Tobias Kelly, 'Prosecuting human rights violations: universal jurisdiction and the crime of torture', in M. Goodale (ed.) *Human rights at the crossroads*, Oxford University Press, 2013. Section 134(1) of the act provides that 'a public official or person acting in an official capacity, whatever his nationality, commits the offence of torture if in the United Kingdom or elsewhere he intentionally inflicts severe pain or suffering on another in the performance or purported performance of his official duties'.
39. Moyn, *Last utopia*, 215–16.
40. Anthony Pagden, 'Human rights, natural rights, and Europe's imperial legacy', *Political Theory* 31: 171–99, 2003.
41. R. A. Wilson, *Human rights, culture and context: anthropological perspectives*, London: Pluto Press, 1997.
42. 「アジア的価値観」と西側の人権の違いについてシンガポールと中国が介入したことは学者、活動家、政治家らのあいだで大きな論争を引き起こした。一例として以下を参照。Yash Ghai, 'Human rights and governance: the Asia debate', *Australian Year Book of International Law* 15: 1–34, 1994; Amartya Sen, 'Human rights and Asian values: what Kee Kuan Yew and Le Peng don't understand about Asia', *New Republic* 217, nos. 2–3: 33–40, 1997.
43. 1977年、ルイス・ヘンキンだった。Moyn, *Last utopia*, 205–6.
44. Steven King, *Writing the lives of the English poor, 1750s–1830s*, Montreal: McGill-Queen's University Press, 2019.
45. Fernanda Pirie, 'Community, justice, and legalism: elusive concepts in Tibet', in F. Pirie and J. Scheele (eds), *Legalism: community and justice*, Oxford University Press, 2014.
46. Lauren Leve, '"Secularism is a human right": double binds of Buddhism, democracy and identity in Nepal', in M. Goodale and Sally E. Merry (eds), *The practice of human rights: tracking law between the global and the local*, Cambridge University Press, 2007.
47. Sally Engle Merry, 'Legal pluralism and transnational culture: the Ka Ho'okolokolonui Manaka Maoli tribunal,

第16章　国家を超えて――国際法

1. Avner Greif, 'Reputation and coalitions in medieval trade: evidence on the Maghribi traders', *Journal of Economic History* 49: 857–82, 1989.
2. M. M. Postan, *Medieval trade and finance*, Cambridge University Press, 1973; Robert S. Lopez and Irving W. Raymond, *Medieval trade in the Mediterranean world: illustrative documents*, London: Geoffrey Cumberlege, 1955.
3. Rosser H. Brockman, 'Commercial contract law in late nineteenth-century Taiwan', in Jeremy Alan Cohen, R. Randle Edwards, and Fu-Mei Chang Chen (eds), *Essays on China's legal tradition*, Princeton, NJ: Princeton University Press, 1980.
4. Gordon Bannerman and Anthony Howe (eds), *Battles over free trade*, vol. 2, *The consolidation of free trade, 1847– 1878*, London: Routledge, 2008, 73ff.
5. そうした様々な合意については以下を参照。Craig N. Murphy, *International organization and industrial change: global governance since 1850*, Cambridge: Polity, 1994.
6. the International Telecommunications Union のウェブサイトを参照。www.itu.int.
7. ウェブサイトを参照。www.antislavery.org.
8. Markku Ruotuola, 'Of the working man: labour liberals and the creation of the ILO', *Labour History Review* 67: 29–47, 2002.
9. Martii Koskenniemi, *The gentle civilizer of nations: the rise and fall of international law, 1870–1960*, Cambridge University Press, 2001.
10. 1913年から1921年までアメリカ大統領だったウッドロー・ウィルソンは国際連盟設立に主導的役割を果たしたにもかかわらず、アメリカは加盟しなかった。とはいえ重要な会議には代表団を派遣した。
11. Albert Roper, 'The organization and program of the international commission for air navigation (C.I.N.A.)', *Journal of Air Law and Commerce* 3: 167–78, 1932.
12. Lena Peters, 'UNIDROIT', in the *Max Planck Encyclopedia of International Law*, 2017, https://opil.ouplaw.com/view/10.1093/law:epil/9780199231690/law-97801992 31690-e536.
13. ウェブサイトを参照。www.unidroit.org.
14. Jean S. Pictet, 'The new Geneva Conventions for the Protection of War Victims', *American Journal of International Law* 45: 462–75, 1951.
15. ドイツの侵略戦争の正当化については以下を参照。Jacques Schuhmacher, 'The war criminals investigate,' DPhil. diss., University of Oxford, 2017.
16. Martii Koskenniemi, 'What is international law for?' in Malcom Evans (ed.) *International law*, Oxford University Press, 2003.
17. Samuel Moyn, *The last utopia: human rights in history*, Cambridge, MA: Harvard University Press, 2001, ch. 5.
18. 頭文字は 'Hague Conference' と 'Conférence de La Haye' からとられた。ウェブサイトを参照。www.hcch.net.
19. ウェブサイトを参照。www.cites.org.
20. 概説は以下を参照。David Zaring, 'Finding legal principle in global financial regulation', *Virginia Journal of International Law* 52: 683–722, 2012.
21. Joost Pauwelyn, Ramses A. Wessel, and Jan Wouters, 'An introduction to informal international lawmaking', in *Informal international lawmaking*, Oxford University Press, 2012.
22. Terence C. Halliday and Gregory Shaffer, *Transnational legal orders*, Cambridge University Press, 2015; Susan Block-Lieb and Terence C. Halliday, *Global lawmakers: international organizations in the crafting of world markets*, Cambridge University Press, 2017.
23. Peters, 'UNIDROIT'. HCCH のウェブサイトが2016年に発表した文書のなかで HCCH、UNIDROIT、UNCITRAL が立案した会議や関連文書すべてを一覧にして、結果的に彼らが同じ目的を追求していると認めた。
24. 以下を参照。'The 1995 UNIDROIT Convention', UNESCO, www. unesco.org/new/en/culture/themes/illicit-

第15章　国家に背を向けて——部族、村落、ネットワーク、ギャング

1. これらの詳細はわたしが2003年から2007年にかけて同地でおこなった民俗学フィールドワークに基づいている。以下のわたしの著作を参照。'Legal dramas on the Amdo grasslands: abolition, transformation or survival?', in K. Buffetrille (ed.) *Revisiting rituals in a changing Tibetan world*, Leiden: Brill, 2012; 'Rules, proverbs, and persuasion: legalism and rhetoric in Tibet', in P. Dresch and J. Scheele (eds), *Legalism: rules and categories*, Oxford University Press, 2015; 'The limits of the state: coercion and consent in Chinese Tibet', *Journal of Asian Studies* 72: 69–89, 2013. 'Tribe' is a useful, if somewhat controversial, term for the pastoralists' social groups.
2. Robert B. Ekvall, 'The nomadic pattern of living among the Tibetans as preparation for war', *American Anthropologist* 63: 1250–63, 1961.
3. Robert Ekvall, 'Peace and war among the Tibetan nomads', *American Anthropologist* 66: 1119–48, 1964; Robert Ekvall, *Fields on the hoof*, Prospect Heights, IL: Waveland, 1968.
4. Fernanda Pirie, 'The making of Tibetan law: the *Khrims gnyis lta ba'i me long*', in J. Bischoff, P. Maurer, and C. Ramble (eds), *On a day of a month of the fire bird year*, Lumbini, Nepal: Lumbini International Research Institute, 2020.
5. P. K. Kozloff, 'Through eastern Tibet and Kam', *Geographical Journal* 31: 522–34, 1908.
6. Paul Dresch, *The rules of Barat: tribal documents from Yemen*, Sanaa, Yemen: Centre Français de d'Archéologie et de Sciences Sociales, 2006.
7. ベルベル人については以下を参照。Judith Scheele, 'A taste for law: rulemaking in Kabylia (Algeria)', *Comparative Studies in Society and History* 50: 895–919, 2008; Judith Scheele, 'Community as an achievement: Kabyle customary law and beyond', in F. Pirie and J. Scheele (eds), *Legalism: community and justice*, Oxford University Press, 2014.
8. Ruth Behar, *The presence of the past in a Spanish village: Santa María del Monte*, Princeton, NJ: Princeton University Press, 1986.
9. Patrick Lantschner, 'Justice contested and affirmed : jurisdiction and conflict in late medieval Italian cities', in Pirie and Scheele, *Legalism: community and justice*.
10. John Sabapathy, 'Regulating community and society at the Sorbonne in the late thirteenth century', in Pirie and Scheele, *Legalism: community and justice*.
11. Alan Watson, *Sources of law, legal change, and ambiguity*, Edinburgh: T&T Clark, 1985, 31–39.
12. わたしは1999年から18カ月以上の民俗学フィールドワークをおこなった。村に道路が通じたのは2012年のことだった。以下のわたしの著作を参照。*Peace and conflict in Ladakh: the construction of a fragile web of order*, Leiden: Brill, 2007.
13. その他の例は以下を参照。James C. Scott, *The art of not being governed: an anarchist history of upland Southeast Asia*, New Haven, CT: Yale University Press, 2009.［ジェームズ・C・スコット、2013年『ゾミア：脱国家の世界史』佐藤仁監修・訳、池田一人、今村真央、久保忠行、田崎郁子、内藤大輔、中井仙丈訳、みすず書房］
14. Sally Falk Moore, 'Law and social change : the semi-autonomous social field as an appropriate subject of study', *Law and Society Review* 7: 719–46, 1973.
15. Lisa Bernstein, 'Opting out of the legal system: extralegal contractual relations in the diamond industry', *Journal of Legal Studies* 21: 115–57, 1992. 著者はいささか奇妙なことに情報源を記していないが、インタビューは1989年におこなわれたと述べている。
16. マフィアについては以下を参照。Diego Gambetta, *The Sicilian mafia: the business of private protection*, Cambridge, MA: Harvard University Press, 1993; Letizia Paoli, *Mafia brotherhoods: organized crime, Italian style*, New York: Oxford University Press, 2003.
17. Gambetta, *Sicilian mafia*, 118–26; Paoli, *Mafia brotherhoods*, ch. 3.
18. Paoli, *Mafia brotherhoods*, 112.
19. Diego Gambetta, *Codes of the underworld: how criminals communicate*, Princeton, NJ: Princeton University Press, 2009.
20. Paoli, *Mafia brotherhoods*, 136–40.

16. Messick, *Calligraphic state*, ch. 3.

17. Joseph Schacht, 'Problems of modern Islamic legislation', *Studia Islamica* 12 : 99–129, 1960 ; Joseph Schacht, *An introduction to Islamic law*, Oxford : Clarendon Press, 1964, ch. 15.

18. An-Na'im, *Islam and the secular state* ; Hallaq, *Impossible state*.

19. Haider Ala Hamoudi, 'The death of Islamic law', *Georgia Journal of International and Comparative Law*, 38 : 293–338, 2010.

20. ムスリム同胞団については以下を参照。Hallaq, *Introduction*, 143–47 ; Saba Mahmood, *Politics of piety : the Islamic revival and the feminist subject*, Princeton, NJ : Princeton University Press, 2005, 62–64.

21. Baber Johansen, 'The constitution and the principles of Islamic normativity against the rules of fiqh : a judgment of the Supreme Constitutional Court of Egypt', in M. K. Masud, R. Peters, and D. S. Powers (eds), *Dispensing justice in Islam : qadis and their judgements*, Leiden : Brill, 2006.

22. Hallaq, *Impossible state*, 172.

23. イランについては以下を参照。Hallaq, *Introduction*, ch. 9.

24. イスラム法と金融については以下を参照。Anver M. Emon, 'Islamic law and finance', in Emon and Ahmed, *Oxford handbook of Islamic law*.

25. Vogel, *Islamic law and legal system*, 306ff.

26. Mara Revkin, 'Does the Islamic state have a "social contract"? Evidence from Iraq and Syria', Working paper no. 9, Program on Governance and Local Development, University of Gothenburg, 2016.

27. Hamoudi, 'Death of Islamic law', 318.

28. Jeffrey Adam Sachs, 'Seeing like an Islamic state : shari'a and political power in Sudan', *Law and Society Review* 52 : 630–51, 2018.

29. シャリーア裁判所についての文献は豊富にある。以下を参照。John R. Bowen, 'Anthropology and Islamic law', in Emon and Ahmed, *Oxford handbook of Islamic law* ; Morgan Clarke, 'The judge as tragic hero : judicial ethics in Lebanon's shari'a courts', *American Ethnologist* 39 : 106–21n6, 2012.

30. レバノンのシャリーア裁判所については以下を参照。Clarke, 'Judge as tragic hero'.

31. Clarke, 'Judge as tragic hero', 112.

32. John A. Chesworth and Franz Kogelmann (eds), *Shari'a in Africa today : reactions and responses*, Leiden : Brill, 2013. ケニアについては以下を参照。Susan F. Hirsch, *Pronouncing and persevering : gender and the discourses of disputing in an African Islamic court*, Chicago : University of Chicago Press, 1998. ジンバブエについては以下を参照。Erin E. Stiles, *An Islamic court in context : an ethnographic study of judicial reasoning*, London : Palgrave Macmillan, 2009.

33. Katherine Lemons, *Divorcing traditions : Islamic marriage law and the making of Indian secularism*, Ithaca, NY : Cornell University Press, 2019.

34. John R. Bowen, *On British Islam : religion, law, and everyday practice in shari'a councils*, Princeton, NJ : Princeton University Press, 2018.

35. Arzoo Osanloo, *The politics of women's rights in Iran*, Princeton, NJ : Princeton University Press, 2009, ch. 4.

36. Jakob Skovgaard-Petersen, *Defining Islam for the Egyptian state : muftis and fatwas of the Dār al-Iftā*, Leiden : Brill, 1997.

37. マルジャについては以下を参照。Morgan Clarke, 'Neo-calligraphy : religious authority and media technology in contemporary Shiite Islam', *Comparative Studies in Society and History* 52 : 351–83, 2010.

38. イエメンのムフティーについては以下を参照。Messick's *Calligraphic state*, ch. 7 ; 'The mufti, the text, and the world : legal interpretation in Yemen', *Man* 21 : 102–19, 1986 ; and 'Media muftis : radio fatwas in Yemen', in M. K. Masud, B. Messick, and D. S. Powers (eds), *Islamic legal interpretation : muftis and their fatwas*, Cambridge, MA : Harvard University Press, 1996.

39. カイロの運動については以下を参照。Mahmood, *Politics of piety*.

36. Conklin, *Mission to civilize*, 51.
37. Conklin, *Mission to civilize*, 73.
38. Conklin, *Mission to civilize*, 90–93.
39. アフリカにおけるイギリスの法と植民地主義については以下を参照。Martin Chanock, *Law, custom and social order: the colonial experience in Malawi and Zambia*, Cambridge University Press, 1985, ch. 4. この文献はおもにマラウィとザンビア由来の文献に基づいているが、アフリカにおけるその他のイギリス植民地からの報告を引用している。
40. Chanock, *Law, custom and social order*, 72–78, 106–8.
41. O. Adewoye, *The judicial system in Southern Nigeria, 1854– 1954: law and justice in a dependency*, London: Longman, 1977; Chanock, *Law, custom and social order*, 58.
42. Eugene Cotran, 'African conference on local courts and customary law', *Journal of Local Administration Overseas* 4: 128–33, 1965.
43. インドネシアについては以下を参照。M. B. Hooker, *Adat law in modern Indonesia*, Kuala Lumpur: Oxford University Press, 1978; Daniel S. Lev, 'Colonial law and the genesis of the Indonesian state', *Indonesia* 40: 57–74, 1985.
44. Ray, 'Indian society', 508.
45. Ray, 'Indian society', 526–28.

第14章　国家の陰で——現代世界におけるイスラム法

1. Abdullahi Ahmed An-Na'im, *Islam and the secular state: negotiating the future of shari'a*, Cambridge, MA: Harvard University Press, 2008; Wael B. Hallaq, *The impossible state: Islam, politics, and modernity's moral predicament*, New York: Columbia University Press, 2013.
2. オスマン帝国については以下を参照。Marshall G.S. Hodgson, *The venture of Islam: conscience and history in a world civilization*, vol. 3, Chicago: University of Chicago Press, 1974, bk. 5, ch. 3; Wael B. Hallaq, *An introduction to Islamic law*, Cambridge University Press, 2009, ch. 6.
3. メジェッレについては以下を参照。Brinkley Messick, *The calligraphic state: textual domination and history in a Muslim society*, Berkeley: University of California Press, 1993, ch. 3, 54–56.
4. エジプトについては以下を参照。Hodgson, *Venture of Islam*, bk. 6, ch. 1.
5. イランについては以下を参照。Hodgson, *Venture of Islam*, bk. 5, ch. 1, and bk. 6, ch. 5; Hallaq, *Introduction*, 106–9, 152.
6. ワッハーブ派については以下を参照。Hodgson, *Venture of Islam*, vol. 3, bk. 5, ch. 4; Hallaq, *Introduction*, ch. 9.
7. 改革派については以下を参照。Wael B. Hallaq, *Sharīʻa: theory, practice, transformations*, Cambridge University Press, 2009; Nathan J. Brown and Mara Revkin, 'Islamic law and constitutions', in A. M. Emon and R. Ahmed (eds), *The Oxford handbook of Islamic law*, Oxford University Press, 2018, 790.
8. Messick, *Calligraphic state*, 63–64.
9. サンフーリーとその影響については以下を参照。Nabil Saleh, 'Civil codes of Arab countries: the Sanhuri codes', *Arab Law Quarterly* 8: 161–67, 1993.
10. イランについては以下を参照。Hodgson, *Venture of Islam*, bk. 5, ch. 1, and bk. 6, ch. 5; Hallaq, *Introduction*, 106–9, 152.
11. サウジアラビアについては以下を参照。Frank E. Vogel, *Islamic law and legal system: studies of Saudi Arabia*, Leiden: Brill, 2000.
12. イエメンについては以下を参照。Messick, *Calligraphic state*, ch. 3.
13. Hallaq, *Sharīʻa*, ch. 15.
14. Mark Fathi Massoud, 'How an Islamic state rejected Islamic law', *American Journal of Comparative Law* 68: 579–602, 2018; Brown and Revkin, 'Islamic law and constitutions', 781–83.
15. アルジェリアについては以下を参照。Hallaq, *Sharīʻa*, ch. 15.

9. Bk. IX. 以下を参照。Peter Fitzpatrick, *The mythology of modern law*, London: Routledge, 1992, 72.
10. Jeremiah Dummer, *A defence of New England charters*, 1721, 20–21. 以下に載る。Pagden, *Lords of all the world*, 87.
11. Banner, *How the Indians lost their land*, 150–51.
12. インドにおける英国人については以下を参照。C. A. Bayly, *Imperial meridian: the British Empire and the world, 1780–1830*, London: Longman, 1989; H. V. Bowen, 'British India, 1765–1813: the metropolitan context', in P. J. Marshall and A. Low (eds), *The Oxford history of the British Empire*, vol. 2, Oxford University Press, 1998; Rajat Kanta Ray, 'Indian society and the establishment of British supremacy, 1765–1818', in Marshall and Low, *Oxford history of the British Empire*, 512–15.
13. ノース規制法については以下を参照。Bowen, 'British India', 439–40.
14. Ray, 'Indian society', 521.
15. Bowen, 'British India', 547.
16. この流れについては以下を参照。Bayly, *Imperial meridian*, chs. 3 and 4.
17. Ray, 'Indian society', 525. さらなる背景は以下を参照。Bernard S. Cohn, 'Law and the colonial state in India', in J. Starr and J. F. Collier (eds), *History and power in the study of law: new directions in legal anthropology*, Ithaca, NY: Cornell University Press, 1989, 137–39.
18. Bayly, *Imperial meridian*, 109.
19. Bayly, *Imperial meridian*, 154.
20. Pagden, *Lords of all the world*, 4.
21. Pagden, *Lords of all the world*, 61, 189.
22. Pagden, *Lords of all the world*, 6.
23. Ranajit Guha, *A rule of property for India*, Paris: Mouton, 1963, 13.
24. ヘイスティングズと後継者の活動については以下を参照。Cohn, 'Law and the colonial state'; J. Duncan M. Derrett, *Religion, law and the state in India*, London: Faber and Faber, 1968.
25. Cohn, 'Law and the colonial state', 135.
26. 書名は以下のとおり。*The digest of Hindu law on contracts and succession*, Calcutta, 1798.
27. D. A. Washbrook, 'Law, state and agrarian society in colonial India', *Modern Asian Studies* 15: 649–721, 1981.
28. こうした緊張については以下を参照。Ray, 'Indian society', 525; Radhika Singha, *A despotism of law: crime and justice in early colonial India*, Delhi: Oxford University Press, 1998.
29. インドにおける後世の法の発展については以下を参照。Washbrook, 'Law, state and agrarian society'; Marc Galanter, 'The displacement of traditional law in modern India', *Law and society in modern India*, Delhi: Oxford University Press, 1989.
30. The Indian Penal Code, 1860, and the Code of Criminal Procedure, 1861. マコーレーの司法および教育改革については、以下を参照。Singha, *Despotism of law*.
31. Elizabeth Kolsky, 'The colonial rule of law and the legal regime of exception : frontier "fanaticism" and state violence in British India', *American Historical Review* 120: 1218–46, 2015.
32. 以下を参照。John Stuart Mill, *Considerations on representative government*, London: Parker, Son, and Bourne, 1861. [ジョン・スチュアート・ミル、2019年『代議制統治論』関口正司訳、岩波書店]
33. こうした展開については以下を参照。C. A. Bayly, *The birth of the modern world, 1780–1914: global connections and comparisons*, Oxford: Blackwell, 2004 [C・A・ベイリ、2018年『近代世界の誕生：グローバルな連関と比較 1780–1914』平田雅博、吉田正広、細川道久訳、名古屋大学出版会]; Matthew Craven, 'Colonialism and domination', in B. Fassbender and A. Peters (eds), *The Oxford handbook of the history of international law*, Oxford University Press, 2012.
34. アルジェリアのフランス人については以下を参照。Wael B. Hallaq, *Sharī'a: theory, practice, transformations*, Cambridge University Press, 2009, ch. 15, 432–38.
35. フランスの植民地主義については以下を参照。Alice Conklin, *A mission to civilize: the republican idea of empire in France and West Africa, 1895–1930*, Stanford, CA: Stanford University Press, 1997.

and the empire, Cambridge, MA: Harvard University Press, 2004, 'Introduction' and ch. 2.

41. Bilder, *Transatlantic constitution*, 15.
42. Offutt, 'Atlantic rules', 171.
43. Offutt, 'Atlantic rules', 168–69.
44. アメリカにおけるブラックストンについては以下を参照。Albert W. Alschuler, 'Rediscovering Blackstone', *University of Pennsylvania Law Review* 145: 1–55, 1996, at pp. 4–19.
45. Alschuler, 'Rediscovering Blackstone', 6-7. 19世紀はじめ、若いエイブラハム・リンカーンはたまたま旅人から購入した樽のなかにこの本を見つけた。彼はのちに、そのことで政治家を志したと述べている。
46. この時期については以下を参照。Lemmings, 'Introduction', *The British and their laws*; his *Law and government in England*; Lee Davison, T. Hitchcock, T. Keim, and R. Shoemaker (eds), *Stilling the grumbling hive: the response to social and economic problems in England, 1689–1750*, London: St. Martin's Press, 1992.
47. Michael Lobban, 'Custom, nature, and judges: high law and low law in England and the empire', in Lemmings, *The British and their laws*, 52–57.
48. こうした流れについては以下を参照。Nelson, *The common law in colonial America*, vol. 4.
49. Alschuler, 'Rediscovering Blackstone', 15–16.
50. Bilder, *Transatlantic constitution*, ch. 9.
51. Andrew P. Morriss, 'Codification and right answers', *Chicago-Kent Law Review* 74: 355–92, 1999, at p. 355.
52. Stein, *Roman law in European history*, 290.
53. Henry E. Strakosch, *State absolutism and the rule of law: the struggle for the codification of civil law in Austria, 1753–1811*, Sydney: Sydney University Press, 1967.
54. ナポレオンとその法典については以下を参照。Jean-Louis Halpérin, *L'impossible Code Civil*, Paris: Presses universitaires de France, 1992; Donald R. Kelley, 'What pleases the prince: Justinian, Napoleon, and the lawyers', *History of Political Thought* 23: 288–302, 2002.
55. Kelley, 'What pleases the prince', 289.

第13章　植民地主義——法を輸出する

1. Anthony Pagden, *Lords of all the world: ideologies of empire in Spain, Britain, and France, 1500–1800*, New Haven, CT: Yale University Press, 2005, 46ff.
2. Peter Stein, *Roman law in European history*, Cambridge University Press, 1999, 94–95. ビトリアはまた、スペインの領地が res nullius、つまり無主物であるという主張も退けた。たとえ先住民が異教徒であっても、彼らは自然法の下で権利を有すると彼は論じた。
3. 南アメリカのスペイン法については以下を参照。Sonya Lipsett-Rivera, 'Law', in D. Carrasco (ed.) *The Oxford encyclopedia of Mesoamerican cultures*, Oxford University Press, 2001; C. H. Haring, *The Spanish Empire in America*, New York: Oxford University Press, 1947; Ana Belem Fernández Castro, 'A transnational empire built on law: the case of the commercial jurisprudence of the House of Trade of Seville (1583–1598)', in T. Duve (ed.) *Entanglements in legal history: conceptual approaches*, Frankfurt: Max Planck Institute for European Legal History, 2014.
4. これらの論争については以下を参照。Pagden, *Lords of all the world*, 64, and his 'Law, colonization, legitimation, and the European background', in M. Grossberg and C. Tomlins (eds), *The Cambridge history of law in America*, vol. 1, *Early America (1580–1815)*, Cambridge University Press, 2008.
5. Daniel J. Hulsebosch, 'The ancient constitution and the expanding empire: Sir Edward Coke's British jurisprudence', *Law and History Review* 21: 439–82, 2003, at pp. 461–62.
6. 北アメリカについては以下を参照。Stuart Banner, *How the Indians lost their land*, Cambridge, MA: Harvard University Press, 2005, ch. 1.
7. Emer de Vattel, *Le droit des gens, ou, principe de la loi naturelle, appliqués à la conduite et aux affaires des nations et des souverains*, London [Neuchâtel], 1758, bk. 1, ch. 3, §81. 以下を参照。Pagden, *Lords of all the world*, 78–79.
8. Pagden, *Lords of all the world*, 5.

ら許可する、中世の海事法における原則だ。以下を参照。Kathryn L. Reyerson, 'Commercial law and merchant disputes: Jacques Coeur and the law of marque', *Medieval Encounters* 9: 244–55, 2003.

25. Mike Macnair, 'Institutional taxonomy, Roman forms and English lawyers in the 17th and 18th centuries', in Pierre Bonin, Nader Hakim, Fara Nasti, and Aldo Schiavone (eds), *Pensiero giuridico occidentale e giuristi Romani: eredita e genealogie*, Turin, Italy: G. Giappichelli Editore, 2019.

26. たとえば以下を参照。Thomas Wood, *An institute of the laws of England, or, the laws of England in their natural order, according to common use*, 1720. 以下で論じられている。S. F. C. Milsom in 'The Nature of Blackstone's Achievement', *Oxford Journal of Legal Studies* 1: 1–12, 1981.

27. Sir Matthew Hale, *Analysis of the civil part of the law.* おそらく彼の講義を土台に 17 世紀半ばに執筆されたが、出版されたのは 1713 年だった。

28. これらの論争については以下を参照。Hulsebosch, 'Ancient constitution', 447–49.

29. これはカルヴィン事件として知られる事件で裁判官にはエドワード・クックが含まれていた。

30. 植民地アメリカの法については以下を参照。William M. Offutt, 'The Atlantic rules: the legalistic turn in colonial British America', in E. Mancke and C. Shammas (eds), *The creation of the British Atlantic world*, Baltimore: Johns Hopkins University Press, 2005; William E. Nelson, *The common law in colonial America*, 4 vols., New York: Oxford University Press, 2008–2018.

31. 初期の裁判所とその手続きについては以下も参照。Warren Billings, 'The transfer of English law to Virginia, 1606–50', in K. R. Andrews, N. P. Canny, and P. E. H. Hair (eds), *The westward enterprise: English activities in Ireland, the Atlantic, and America, 1480–1650*, Liverpool: Liverpool University Press, 1978, 215–44; David Konig, '"Dale's Laws" and the non-common law origins of criminal justice in Virginia', *American Journal of Legal History* 26: 354–75, 1982; John M. Murrin, 'The legal transformation: the bench and bar of eighteenth-century Massachusetts', in S. N. Katz (ed.) *Colonial America: essays in politics and social development*, New York: Knopf, 1983; Mary Sarah Bilder, 'The lost lawyers: early American legal literates and transatlantic legal culture', *Yale Journal of Law and the Humanities* 11: 47–177, 1999; James A. Henretta, 'Magistrates, common law lawyers, legislators: the three legal systems of British America', in M. Grossberg and C. Tomlins (eds), *The Cambridge history of law in America*, vol. 1, *Early America (1580–1815)*, Cambridge University Press, 2008.

32. David Konig, *Law and society in Puritan Massachusetts: Essex County, 1629–1692*, Chapel Hill: University of North Carolina Press, 1979, 57–88.

33. Thomas Hobbes, *Leviathan or the matter, forme and power of a common-wealth ecclesiasticall and civil*, 1651.［トマス・ホッブズ、2022 年『リヴァイアサン』加藤節訳、ちくま学芸文庫］

34. Alan Cromartie, *Sir Matthew Hale, 1609–1676: law, religion and natural philosophy*, Cambridge University Press, 1995, ch. 5. 彼は共和制の失敗をコモン・ローの存続によるものと見なしている。(p. 58).

35. J. H. Baker, 'The law merchant and the common law before 1700', *Cambridge Law Journal* 38: 295–322, 1979; J. H. Baker, 'The common lawyers and the Chancery', *The Irish Jurist* 4: 368–92, 1969; J. H. Baker, *The legal profession and the common law: historical essays*, London: Hambledon Press, 1986; Baker, *Introduction*, 108.

36. Edith G. Henderson, *Foundations of English administrative law: certiorari and mandamus in the seventeenth century*, Cambridge, MA: Harvard University Press, 1963, 39.

37. Lemmings, *The British and their laws*, 1–2.

38. David Lemmings, *Law and government in England during the long eighteenth century: from consent to command*, Basingstoke, UK: Palgrave Macmillan, 2011, 15–16.

39. これによって訴訟にかなりの金がかかるようになり、それが 17 世紀と 18 世紀の訴訟の減少につながった可能性がある。以下を参照。W. A. Champion, 'Recourse to the law and the meaning of the great litigation decline, 1650–1750: some clues from the Shrewsbury local courts', in Brooks and Lobban, *Communities and courts*, 186.

40. こうした変化については以下を参照。Hulsebosch, 'Ancient constitution'; Offutt, 'Atlantic rules'; Nelson, *The common law in colonial America*, vols. 2 and 3; Mary Sarah Bilder, *The transatlantic constitution: colonial legal culture*

1999, 92.［ピーター・スタイン、2003年『ローマ法とヨーロッパ』屋敷二郎監訳、関良徳、藤本幸二訳、ミネルヴァ書房］

6. 以下を参照。Mark Godfrey, *Civil justice in renaissance Scotland: the origins of a central court*, Leiden: Brill, 2009.

7. この時期のイングランドの法については以下を参照。J. H. Baker, *An introduction to English legal history*, London: Butterworths, 1971［サー・ジョン・ベイカー、2023年『イギリス法史入門』深尾裕造訳、関西学院大学出版会］; Christopher W. Brooks, *Law, politics and society in early modern England*, Cambridge University Press, 2009.

8. In the *Earl of Oxford's Case* (1615), 1 Rep Ch 1, at 6, 大法官エルズメア【訳註：トマス・エジャトン】は、みずからの職務を「性質のいかんにかかわらず、詐欺、背信、不正、抑圧をおこなう人々の道義心を正し、法の窮地を緩和することだ」と述べた。

9. この時代のイングランド法についての対照的見解は以下を参照。J. G. A. Pocock, *The ancient constitution and the feudal law: a study of English historical thought in the seventeenth century*, Cambridge University Press, 1987; J. W. Tubbs, *The common law mind: medieval and early modern conceptions*, Baltimore: Johns Hopkins University Press, 2000.

10. リトルトンの *Explicit tenores nouelli* は1482年頃にロンドンで出版された。

11.「イングランド法の礼賛について *De Laudibus Legum Angliae*」。［ジョン・フォーテスキュー「イングランド法の礼賛について」北野かほる・小山貞夫・直江眞一共訳、『法學』（東北大学法学会）、第54巻・第1号、pp. 169–187］

12. Brooks, *Law, politics and society*, 426.

13. Brooks, *Law, politics and society*, 432.

14. David Lemmings (ed.) *The British and their laws in the eighteenth century*, Woodbridge, UK: Boydell Press, 2005, 7–8; Richard J. Ross, 'The commoning of the common law: the Renaissance debate over printing English law, 1520–1640', *University of Pennsylvania Law Review* 146: 323–461, 1998.

15. さまざまな裁判所と訴訟事件についてはとくに以下に掲載された論文を参照。Christopher Brooks and Michael Lobban (eds), *Communities and courts in Britain, 1150–1900*, London: Hambledon Press, 1997; Brooks, *Law, politics and society*, 428. 訴訟事件の増加とその後の減少の理由について、学者のあいだではいまも論争が続いている。

16. Baker, *Introduction*, 207–12.

17. James S. Hart Jr, *The rule of law, 1603–1660*, Harlow, UK: Pearson Longman, 2003, 9.

18. *Laws of Ecclesiastic Polity*, bk. VIII, ii, 12. フッカーの『教会統治法論』8巻を参照。フッカーと立憲危機については以下を参照。Alan Cromartie, *The constitutionalist revolution: an essay on the history of England, 1450–1642*, Cambridge University Press, 2006.

19. これらの論争については以下を参照。Tubbs, *Common law mind*, ch. 6.

20. クックとジェームズ1世との対立については以下を参照。David Chan Smith, *Sir Edward Coke and the reformation of the laws: religion, politics and jurisprudence, 1578–1616*, Cambridge University Press, 2014; Tubbs, *Common law mind*, ch. 7.

21. この *Case of Prohibitions* は法的事例ではなく管轄についての争いだった。クックはみずからの演説を誇張し、国王は必要な「技術的理性 artificial reason」、すなわち法的論証能力をもたないゆえに法的判断を下すことはできないと述べた。しかし、もしクックがこの有名な演説をおこなわなかったとしても、おそらくこれは当時の彼の考えを反映していた。以下を参照。Roland G. Usher, 'James I and Sir Edward Coke', *English Historical Review* 18: 664–75, 1903.

22. Smith, *Sir Edward Coke*, 11–16.

23. この一節は後世に発表された彼の報告書の序文からとったものだが、枠組みの喩えは当時よく使われていた。以下を参照。Daniel J. Hulsebosch, 'The ancient constitution and the expanding empire: Sir Edward Coke's British jurisprudence', *Law and History Review* 21: 439–82, 2003, at p. 445.

24. 他国商船拿捕免許法は、海賊や借金不払いの被害に遭った人が犯人と同国人に報復することを国王か

31. これらには外科手術も含まれていた。この反論はキリスト教神学に入りこんだユダヤの穢れに対する恐れから生じたものだ。同じ理由から、教会は馬上槍試合、武術競技会や決闘裁判を認めなかった。
32. Whitman, *Origins*, 93.
33. Whitman, *Origins*, ch. 5.
34. Whitman, *Origins*, 139–44.
35. Whitman, *Origins*, ch. 6.
36. Martin Ingram, '"Popular" and "official" justice : punishing sexual offenders in Tudor London', in Pirie and Scheele, *Legalism : community and justice*.
37. 以下を参照。サー・エドワード・クックの *Third institutes of the laws of England, Pleas of the Crown*, 137（1640年代に発表された）。これらの文献について Mike MacNair に感謝する。
38. E. P. Thomson, *Whigs and hunters : the origin of the Black Act*, London : Allen Lane, 1975.
39. John H. Langbein, *The origins of adversary criminal trial*, Oxford University Press, 2005, 334–35.
40. Whitman, *Origins*, ch. 7.
41. Whitman, *Origins*, 'Conclusion'.
42. Whitman, *Origins*, ch. 4 ; Richard M. Fraher, 'The theoretical justification for the new criminal law of the High Middle Ages : "rei publicae interest, ne crimina remaneant impunita"', *University of Illinois Law Review*, 577–95, 1984.
43. Fraher, 'Theoretical justification', 588.
44. Paul R. Katz, *Divine justice : religion and the development of Chinese legal culture*, London : Routledge, 2009, ch. 2.
45. Michael Zimmerman, 'Only a fool becomes a king : Buddhist stances on punishment', in his *Buddhism and Violence*, Lumbini, Nepal : Lumbini International Research Institute, 2006.
46. Melvyn Goldstein, *A History of modern Tibet, 1913–1951 : the demise of the lamaist state*, Berkeley : University of California Press, 1989, 199–212.
47. Donald R. Davis, *The spirit of Hindu law*, Cambridge University Press, 2010, chs. 5 and 6.
48. これはバーチャスパティミシュラの *Vyavaharacintamani : a digest on Hindu legal procedure* であり、Ludo Rocher, Gent によって 1956 年に翻訳・編集された。
49. Intisar A. Rabb, '"Reasonable doubt" in Islamic law', *Yale Journal of International Law* 40 : 41–94, 2015.
50. カーディーとムフティーについては以下を参照。Brinkley Messick, 'The mufti, the text and the world : legal interpretation in Yemen', *Man* 21 : 102–19, 1986 ; Brinkley Messick, *The calligraphic state : textual domination and history in a Muslim society*, Berkeley : University of California Press, 1993.
51. Rabb, '"Reasonable doubt" in Islamic law', 79–80.
52. Rabb, '"Reasonable doubt" in Islamic law', 84–85.
53. Baber Johansen, 'Vom Wort-zum Indizienbeweis : die Anermerkung der richterlichen Folter in islamischen Rechtsdoktrinen des 13. und 14. Jahrhunderts', *Ius commune* 28 : 1–46, 2001.
54. David Powers, *Law, society and culture in the Maghrib, 1300–1500*, Cambridge University Press, 2002.

第三部　世界の秩序化

第12章　王から帝国へ——ヨーロッパとアメリカの台頭

1. C. A. Bayly, *Imperial meridian : the British Empire and the world, 1780–1830*, London : Longman, 1989, 21.
2. James Q. Whitman, 'The world historical significance of European legal history : an interim report', in H. Pihlajamäki, M. D. Dubber, and M. Godfrey (eds), *The Oxford handbook of European legal history*, Oxford University Press, 2018.
3. 神聖ローマ帝国については以下も参照。G. Dahm, 'On the reception of Roman and Italian law in Germany', in G. Strauss (ed.) *Pre-Reformation Germany*, New York : Harper and Row, 1972.
4. マクシミリアン 1 世が神聖ローマ帝国皇帝を名乗ったのは 1507 年だが、それ以前に父親の跡を継いで「ローマ人の王」となっていた。
5. とくにフィリップ・メランヒトン。Peter Stein, *Roman law in European history*, Cambridge University Press,

mediaeval England', *Speculum* 4 : 669–95, 1972 ; Harold J. Berman, 'The background of the Western legal tradition in the folklaw of the peoples of Europe', *University of Chicago Law Review* 45 : 553–97, 1978 ; R. H. Helmholz, 'Crime, compurgation and the courts of the medieval church', *Law and History Review* 1 : 1–26, 1983 ; R. C. van Caenegem, *Legal history : a European perspective*, London : Hambledon Press, 1991.

5. J. M. Kaye, 'The early history of murder and manslaughter, part 1', *Law Quarterly Review* 83 : 365–95, 1967.
6. Helmholz, 'Crime, compurgation and the courts'; James Q. Whitman, *The origins of reasonable doubt : theological roots of the criminal trial*, New Haven, CT : Yale University Press, 2008.
7. Shelomo Dov Goitein, *A Mediterranean society : the Jewish communities of the Arab world as portrayed by the documents of the Cairo geniza*, vol. 2, Berkeley : University of California Press, 1971, 340.
8. Rudolph Peters, 'Murder in Khaybar : some thoughts on the origins of the *qasāma* procedure in Islamic law', *Islamic Law and Society* 9 : 132–67, 2002.
9. Paul Dresch, 'Outlawry, exile, and banishment : reflections on community and justice', in F. Pirie and J. Scheele (eds), *Legalism : community and justice*, Oxford University Press, 2014, 115–16.
10. Whitman, *Origins*, 75–76. 地権争いに巻きこまれた地主階級の人々でさえ、ときには自分の訴えを宣誓することに消極的で、決闘代理人を雇って決闘裁判にすることを選んだ。
11. John M. Roberts, 'Oaths, autonomic ordeals, and power', *American Anthropologist* 67, no. 6, pt. 2 : 186–212, 1965.
12. John S. Beckerman, 'Procedural innovation and institutional change in medieval English manorial courts', *Law and History Review* 10 : 197–253, 1992 ; John W. Baldwin, 'The crisis of the ordeal : literature, law, and religion around 1200', *Journal of Medieval and Renaissance Studies* 24 : 327–53, 1994.
13. Pirie, 'Oaths and ordeals in Tibetan law', 186.
14. Richard W. Larivière, *The Divyatattva of Raghunandana Bhattācārya : ordeals in classical Hindu law*, New Delhi : Manohar, 1981.
15. 以下のわたしの著作を参照。'Oaths and ordeals in Tibetan Law'. このテキストは 14 世紀のものだが、述べられている手続きはおそらくもっと古くからある。
16. Baldwin, 'Crisis of the ordeal', 336.
17. 文献は豊富にある。Robert Bartlett, *Trial by fire and water : the medieval judicial ordeal*, Oxford : Clarendon Press, 1986, ch. 2［R・バートレット、1993 年『中世の神判：火審・水審・決闘』竜崎喜助訳、尚学社］; Paul Hyams, 'Trial by ordeal : the key to proof in the early common law', in Morris S. Arnold, Thomas A. Green, Sally A. Scully, and Stephen D. White (eds), *On the laws and customs of England : essays in honor of Samuel E. Thorne*, Chapel Hill : University of North Carolina Press, 1981 ; Peter Brown, 'Society and the supernatural : a medieval change', *Dedalus* 104 : 133–51, 1975 ; Baldwin, 'Crisis of the ordeal'; Dominique Barthélmy, 'Diversité dans des ordalies médiévales', *Revue historique* (T. 280), Fasc. 1 (567) : 3–25, 1988 ; Whitman, *Origins*.
18. Bartlett, *Trial by fire and water*.［バートレット『中世の神判：火審・水審・決闘』］
19. 第2 エセルスタン法典第 23 条。F. L. Attenborough によって編集・翻訳された。*The laws of the earliest English kings*, Cambridge University Press, 1922.
20. スザンナの話は第二聖典の「ダニエル書」に出てくる。
21. Pirie, 'Oaths and ordeals'.
22. William Ian Miller, 'Ordeal in Iceland', *Scandinavian Studies* 60 : 189–218, 1988.
23. Roberts, 'Oaths, autonomic ordeals, and power'.
24. E. E. Evans-Pritchard, *Witchcraft, oracles, and magic among the Azande*, Oxford : Clarendon Press, 1937, 309–12.
25. Miller, 'Ordeal in Iceland'.
26. Miller, 'Ordeal in Iceland', 194–98, 200–3.
27. Whitman, *Origins*, 'Introduction' (p. 3), ch. 1.
28. Whitman, *Origins*, ch. 2.
29. Whitman, *Origins*, ch. 3.
30. Robert Thomson, *The Lawcode (Datastanagirk') of Mxit'ar Goš*, Amsterdam : Rodopi, 2000, 92–99.

16. こうした変化については以下を参照。Beckerman, 'Procedural innovation'.
17. 後期については以下を参照。Christopher Harrison, 'Manor courts and the governance of Tudor England', in Christopher Brooks and Michael Lobban (eds), *Communities and courts in Britain, 1150–1900*, London: Hambledon Press, 1997.
18. 教会裁判所については以下を参照。Charles Sherman, 'A brief history of medieval Roman canon law in England', *University of Pennsylvania Law Review* 68: 223–58, 1920; David Millon, 'Ecclesiastical jurisdiction in medieval England', *University of Illinois Law Review* 1984, 621–38; Hyams, 'What did Edwardian villagers understand?'. 教会裁判所では、たとえば教会財産に対する暴力行為、修道院長への襲撃、修道女の拉致といった重大な刑事事件、および教会財産の所有権をめぐる多くの係争についても審理した。
19. L. R. Poos, 'Sex, lies and the church courts of preReformation England', *Journal of Interdisciplinary History* 25: 585–607, 1995.
20. バラ裁判所については以下を参照。Richard Goddard and Teresa Phipps, *Town courts and urban society in late medieval England*, Woodbridge, UK: Boydell and Brewer, 2019.
21. サー・エドワード・クックは1644年に出版した *The fourth part of the institutes of the laws of England: concerning the jurisdiction of courts* のなかでイングランドの76の裁判所を記述した。多くは地方裁判所だったが、それ以外に「被後見人および家臣従者」の裁判所、下水道局裁判所、ステイプル裁判所といった特別な管轄を有する裁判所もあった。
22. この事件は以下に詳述されている。Beckerman, 'Procedural innovation', 207–8.
23. Robert R. Pennington, *Stannary law: a history of the mining law of Cornwall and Devon*, Newton Abbot, UK: David and Charles, 1973.
24. 林野裁判所については以下を参照。Cyril Hart, *The verderers and the forest laws of Dean*, Newton Abbot, UK: David and Charles, 1971; Coke, *Fourth part of the institutes*, 229–37.
25. 海事裁判所については以下を参照。M. J. Prichard and D. E. C. Yale, *Hale and Fleetwood on admiralty jurisdiction*, London: Selden Society, 1993; Elizabeth Wells, 'Civil litigation in the High Court of Admiralty, 1585–1595', in Brooks and Lobban, *Communities and courts*.
26. ヘンリー8世はまた、ケントの五つの港町を管轄とする五港長官を任命し、五港長官は地域の事件を審理する法廷を開いた。以下を参照。Prichard and Yale, *Hale and Fleetwood*, cxlvi.
27. Prichard and Yale, *Hale and Fleetwood*, ccxxxvii ff.
28. Wells, 'Civil litigation', 90–94.
29. Wells, 'Civil litigation', 92.
30. Prichard and Yale, *Hale and Fleetwood*, ccxliii–ccxlvii.
31. Wells, 'Civil litigation', 95.
32. W. A. Champion, 'Recourse to the law and the meaning of the great litigation decline, 1650–1750: some clues from the Shrewsbury local courts', in Brooks and Lobban, *Communities and courts*, 180.

第11章　判決の問題——宣誓、神判、証拠

1. Nathan Hill, 'The *sku-bla* rite in imperial Tibetan religion', *Cahiers d'Extrême-Asie* 24: 49–58, 2015.
2. Brandon Dotson, 'The princess and the yak: the hunt as narrative trope and historical reality in early Tibet', in B. Dotson, K. Iwao, and T. Takeuchi (eds), *Scribes, texts, and rituals in early Tibet and Dunhuang*, Wiesbaden: Dr. Ludwig Reichert Verlag, 2013.
3. これらの一部の懲罰の意味はよくわかっていない。以下のわたしの著作を参照。'Oaths and ordeals in Tibetan law', in D. Schuh (ed.) *Secular law and order in the Tibetan highland*, Andiast, Switzerland: International Institute for Tibetan and Buddhist Studies, 2015.
4. 文献は豊富にある。とくに以下を参照。Frederick Pollock and Frederic Maitland, *The history of English law before the time of Edward I*, 2nd ed. Cambridge University Press, 1898; James Thayer, *A preliminary treatise on evidence at the common law*, Boston: Little, Brown, 1898; Thomas A. Green, 'Societal concepts of criminal liability for homicide in

37. McKnight and Liu, *Enlightened judgments*, 432–35.

38. McKnight and Liu, *Enlightened judgments*, 180–83.

39. Katz, *Divine justice*, 47–50. 清朝における慣行については以下を参照。Philip Huang, *Civil justice in China: representation and practice in the Qing*, Stanford, CA: Stanford University Press, 1996.

40. McKnight and Liu, *Enlightened judgments*, 226–27.

41. McKnight and Liu, *Enlightened judgments*, 150.

42. これらの習わしについては以下を参照。Matthew H. Sommer, *Polyandry and wife-selling in Qing dynasty China: survival strategies and judicial interventions*, Berkeley: University of California Press, 2015.

43. Hansen, *Negotiating daily life*, ch. 7.

44. Katz, *Divine justice*, ch. 2.

45. この時代の地方の法慣行については、以下を参照。Huang, *Civil justice*.

46. Sommer, *Polyandry*.

第10章　中世ヨーロッパの裁判所と慣習

1. 大陸における発展については以下を参照。Peter Stein, *Roman law in European history*, Cambridge University Press, 1999, ch. 4.［ピーター・スタイン、2003年『ローマ法とヨーロッパ』屋敷二郎監訳、関良徳、藤本幸二訳、ミネルヴァ書房］

2. 神聖ローマ帝国については以下も参照。G. Dahm, 'On the reception of Roman and Italian law in Germany', in G. Strauss (ed.) *Pre-Reformation Germany*, New York: Harper and Row, 1972.

3. このパラグラフについては以下を参照。Alan Watson, *Sources of law, legal change, and ambiguity*, Edinburgh: T&T Clark, 1985.

4. Esther Cohen, *The crossroads of justice: law and culture in late medieval France*, Leiden: Brill, 1993; Paul Hyams, 'Due process versus the maintenance of order in European law: the contribution of the *ius commune*', in P. Coss (ed.) *The moral world of the law*, Cambridge University Press, 2000, 64–65.

5. セプティマニアの法慣行については以下を参照。Fredric L. Cheyette, 'Suum cuique tribuere', *French Historical Studies* 6: 287–99, 1970.

6. Howard Bloch, *Medieval French literature and law*, Berkeley: University of California Press, 1977, 8–9.

7. Michael Clanchy, 'Law and love in the Middle Ages', in J. Bossy (ed.) *Disputes and settlements: law and human relations in the West*, Cambridge University Press, 1983.

8. F. W. Maitland, *Select pleas in manorial and other seignorial courts*, vol. 1, *Reigns of Henry III and Edward I*, Selden Society, London: B. Quaritch, 1889, xxxi. これは1166年につくられたクラレンドン法だ。

9. アサイズについては以下を参照。Anthony Musson, *Medieval law in context: the growth of legal consciousness from Magna Carta to the peasants' revolt*, Manchester University Press, 2001; Anthony Musson and Edward Powell, *Crime, law, and society in the later Middle Ages*, Manchester University Press, 2013.

10. Musson, *Medieval law*, ch. 4.

11. 荘園裁判所についての文献は大量に存在する。わたしはとくに以下を参考にした。Zvi Razi and Richard M. Smith, 'The origins of the English manorial court rolls as a written record: a puzzle', in Z. Razi and R. M. Smith (eds), *Medieval society and the manor court*, Oxford: Clarendon Press, 1996; Lloyd Bonfield, 'What did English villagers mean by "customary law"', in Razi and Smith, *Medieval society*; John S. Beckerman, 'Procedural innovation and institutional change in medieval English manorial courts', *Law and History Review* 10: 197–253, 1992.

12. Beckerman, 'Procedural innovation', 221.

13. Paul Hyams, 'What did Edwardian villagers understand by "law"?', in Razi and Smith, *Medieval society*, 98ff.

14. 刑事事件の手続きについては以下を参照。H. R. T. Summerson, 'The structure of law enforcement in thirteenth century England', *American Journal of Legal History* 23: 313–27, 1979; Hyams, 'What did Edwardian villagers understand?'

15. これは38条。 Beckerman, 'Procedural innovation', 227.

University Press, 2010, ch. 5; Morris Rossabi, *A history of China*, Chichester, UK: Wiley Blackwell, 2014, chs. 5 and 6.

7. 唐律については以下を参照。Wallace Johnson, *The T'ang Code*, 2 vols., Princeton, NJ: Princeton University Press, 1979, 1997.
8. 恩赦については以下を参照。Brian E. McKnight, *The quality of mercy: amnesties and traditional Chinese justice*, Honolulu: University of Hawaii Press, 1981.
9. 西部地域における地方の法慣行については以下を参照。Hansen, *Negotiating daily life*.
10. Hansen, *Negotiating daily life*, 42.
11. 宋の背景については以下を参照。Rossabi, *History of China*, ch. 6; Brian E. McKnight and James T.C. Liu, *The enlightened judgments: Ch'ing-ming Chi. The Sung dynasty collection*, Albany: State University of New York Press, 1999; Ebrey, *Cambridge illustrated history*, ch. 6.
12. Marco Polo, *The description of the world*, trans. A. C. Moule, compiler Paul Pelliot, vol. 1, London: Routledge, 1938, 320.［マルコ・ポーロ、ルスティケッロ・ダ・ピーサ、2013年『世界の記：「東方見聞録」対校訳』高田英樹訳、名古屋大学出版会］
13. Marco Polo, *Description of the world*, 1:329.［マルコ・ポーロ『世界の記』］
14. この時代のさらなる詳細は以下で得られる。Jacques Gernet, *Daily life in China on the eve of the Mongol invasion, 1250–1276*, London: Allen and Unwin, 1962.［J・ジェルネ、1990年『中国近世の百万都市：モンゴル襲来前夜の杭州』栗本一男訳、平凡社］
15. 宋朝における法と司法については以下を参照。Brian E. McKnight, *Law and order in Sung China*, Cambridge University Press, 1992; Ebrey, *Cambridge illustrated history*, 150–54; Ichisada Miyazaki, 'The administration of justice during the Sung dynasty', in J. R. Cohen, R. R. Edwards, and F-M. C. Chen (eds), *Essays on China's legal tradition*, Princeton, NJ: Princeton University Press, 1980.
16. 宋朝における地方行政については以下を参照。Rossabi, *History of China*, ch. 6; McKnight and Liu, *Enlightened judgments*, 'Introduction'.
17. *Qingmingji*（清明集）のこの翻訳はValerie Hansenによる。McKnight and Liuは*The enlightened judgments*と呼んでいる。
18. McKnight and Liu, *Enlightened judgments*, 63–68.
19. McKnight and Liu, *Enlightened judgments*, 417–18.
20. McKnight and Liu, *Enlightened judgments*, 146–47. 引用の表現を少々調整した。
21. McKnight and Liu, *Enlightened judgments*, 208–10.
22. 事件は以下を参照。McKnight and Liu, *Enlightened judgments*.
23. McKnight and Liu, *Enlightened judgments*, 170–72.
24. McKnight and Liu, *Enlightened judgments*, 355–56.
25. McKnight and Liu, *Enlightened judgments*, 354.
26. その他の事件は以下を参照。R. H. Van Gulik, *T'ang-yin-pi-shih: 'parallel cases from under the pear tree'*, Leiden: Brill, 1956.
27. Miyazaki, 'Administration of justice'.
28. McKnight and Liu, *Enlightened judgments*, 152–53.
29. McKnight and Liu, *Enlightened judgments*, 453–54.
30. Hansen, *Negotiating daily life*, 103.
31. 上申の制度については以下を参照。Brian E. McKnight, 'From statute to precedent', in his *Law and the state in traditional East Asia: six studies on the sources of East Asian law*, Honolulu: University of Hawaii Press, 1987.
32. McKnight, *Law and order*, 17.
33. Miyazaki, 'Administration of justice', 69.
34. McKnight and Liu, *Enlightened judgments*, 213–15, 226–27.
35. Hansen, *Negotiating daily life*, 97; McKnight and Liu, *Enlightened judgments*, 154–55, 440–41.
36. McKnight and Liu, *Enlightened judgments*, 154–55.

15. Goitein, *Mediterranean society*, 2:323.
16. 裁判手続きについては以下を参照。Goitein, *Mediterranean society*, 2:334–44.
17. Goitein, *Mediterranean society*, 2:336.
18. Goitein, *Mediterranean society*, 2:331–32.
19. Goitein, *Mediterranean society*, 2:331.
20. Goitein, *Mediterranean society*, 2:328 ; 3:210–11.
21. Goitein, *Mediterranean society*, 2:328.
22. Phillip I. Ackerman-Lieberman, *The business of identity : Jews, Muslims and economic life in medieval Egypt*, Stanford, CA : Stanford University Press, 2014, ch. 2.
23. Marina Rustow, *Heresy and the politics of community : the Jews of the Fatimid caliphate*, Ithaca, NY : Cornell University Press, 2008, ch. 10, 278–80.
24. Goitein, *Mediterranean society*, 2:327–28.
25. Krakowski and Rustow, 'Formula as content'.
26. David N. Myers, *Jewish history : a very short introduction*, Oxford University Press, 2017, 17.
27. この節の大部分は以下を参考にした。David S. Powers, *Law, society, and culture in the Maghrib, 1300–1500*, Cambridge University Press, 2002.
28. フェズでは 1897 年から 1898 年にかけて、12 巻のリソグラフが 8 人の法律家による委員会によってつくられた。印刷されたものはラバトで出版された。Ahmad al-Wansharisi, *Al-mi'yar al-mu'rib wa-l-jami' al-mughrib 'an fatawi 'ulama' Ifriqiya wa-l-Andalus wa-l-Maghrib*, M. Hajji (ed.) Rabat, Morocco : Wizarat al-Awqaf wa-l-Shu'un al-Islamiyah lil-Mamlakah al-Maghribiyah, 1981–1983. 以下を参照。Powers, *Law, society, and culture*, 4–6.
29. サリムの事件については以下を参照。Powers, *Law, society, and culture*, ch. 1.
30. この争いについては以下を参照。Powers, *Law, society, and culture*, ch. 3.
31. Powers, *Law, society, and culture*, 140.
32. Judith Scheele, 'Rightful measures : irrigation, land, and the shari'ah in the Algerian Touat', in P. Dresch and H. Skoda (eds), *Legalism : anthropology and history*, Oxford University Press, 2012.
33. 概要は以下を参照。Michael Kemper, 'Communal agreements (*ittifāqāt*) and *'ādāt*-books from Daghestani villages and confederacies (18th–19th centuries)', *Der Islam : Zeitschrift für Geschichte und Kultur des islamischen Orients* 81 : 115–49, 2004. さらなる背景は以下を参照。Moshe Gammer, *Muslim resistance to the tsar : Shamil and the conquest of Chechnia and Daghestan*, London : Cass, 1994.
34. Kemper, 'Communal agreements', 121.
35. Kemper, 'Communal agreements', 127–28.
36. Kemper, 'Communal agreements', 132.
37. これらのできごとについては以下を参照。Gammer, *Muslim resistance*.
38. Kemper, '*Adat* against *shari'a* : Russian approaches toward Daghestani "customary law" in the 19th century', *Ab Imperio*, 3 : 147–72, 2005.
39. Kemper, 'Communal agreements', 144–45.

第9章　中世中国における帝国の法と天の正義

1. Paul R. Katz, *Divine justice : religion and the development of Chinese legal culture*, London : Routledge, 2009, ch. 1.
2. Donald Harper, 'Resurrection in Warring States popular religion', *Taoist Resources* 5, no. 2 : 13–28, 1994.
3. Anna Seidel, 'Traces of Han religion in funerary texts found in tombs', in Akizuki Kanei (ed.) *Dōkyō to shūkyō bunka*, Tokyo : Hirakawa, 1987. ［秋月観暎編、1987 年『道教と宗教文化』平河出版社］
4. 地域の法慣行については以下を参照。Valerie Hansen, *Negotiating daily life in traditional China : how ordinary people used contracts, 600–1400*, New Haven, CT : Yale University Press, 1995.
5. Hansen, *Negotiating daily life*, ch. 2
6. 隋と唐については以下を参照。Patricia Buckley Ebrey, *Cambridge illustrated history of China*, 2nd ed. Cambridge

2002.

42. これらには、もとはブルガリア人の学者によって翻訳されたがビザンティン帝国の法に基づく *Zakon Sudnyi Liudem*, 'Court Law for the People' もふくまれていた。ほかの人々は the Ecloga and the Prochiron として知られるビザンティン帝国法のギリシア語テキストや翻訳された概要に直接あたっていた。Franklin, *Writing*, 137–39.

43. 同テキストは Robert Thomson によって以下に翻訳・考察されている。*The Lawcode (Datastanagirk') of Mxit'ar Goš*, Amsterdam: Rodopi, 2000. さらなる背景は以下に提供されている。Peter Cowe 'Medieval Armenian Literary and Cultural Trends', in R. Hovannisian (ed.) *The Armenian people from ancient to modern times*, vol. 1, Los Angeles: University of California Press, 1997, 297–301.

44. Thomson, *Lawcode*, 22.

45. Cowe, 'Medieval Armenian', 299.

46. Cowe, 'Medieval Armenian', 300.

47. Cowe, 'Medieval Armenian', 301; Krikor Mahsoudian, 'Armenian communities in eastern Europe', in Hovannisian, *Armenian people*, 1:62–64.

第8章　宗教の法を受容する――ヒンドゥー、ユダヤ、イスラムの世界

1. 南インドの背景については以下を参照。Rajan Gurukhal, 'From clan to lineage to hereditary occupations and caste in early south India', *Indian Historical Review* 20: 22–33, 1993–1994.

2. Donald R. Davis Jr., 'Responsa in Hindu law: consultation and lawmaking in medieval India', *Oxford Journal of Law and Religion* 3: 57–75, 2014, at p. 61.

3. Chattopadhyaya, '"Autonomous spaces" and the authority of the state: the contradiction and its resolution in theory and practice in early India', in B. Kölver (ed.) *Recht, Staat und Verwaltung im klassischen Indien*, Munich: R. Oldenbourg Verlag, 1997, 8–9. This phrase was repeated in the Manu *dharmashastra*. See Patrick Olivelle, with the editorial assistance of Suman Olivelle, *Manu's code of law: a critical edition and translation of the* MānavaDharmásāstra, South Asia Research, Oxford University Press, 2004, 169.

4. こうした地域の合意や取り決めについては以下を参照。Donald R. Davis, 'Intermediate realms of law: corporate groups and rulers in medieval India', *Journal of the Economic and Social History of the Orient* 48: 92–117, 2005. そして同業者の 'Centres of law: duties, rights, and jurisdictional pluralism in medieval India', in P. Dresch and H. Skoda (eds), *Legalism: anthropology and history*, Oxford University Press, 2012.

5. D. R. Davis, 'A historical overview of Hindu law', in Timothy Lubin, Donald R. Davis, and Jayanth K. Krishnan (eds), *Hinduism and law: an introduction*, Cambridge University Press, 2010, 20.

6. Davis, 'Responsa', 65.

7. エジプトの社会的・経済的状況については以下を参照。S. D. Goitein, *A Mediterranean society: an abridgment in one volume*, Jacob Lassner (ed.) Berkeley: University of California Press, 1999.

8. Mark R. Cohen, *Jewish self-government in medieval Egypt: the origins of the office of Head of the Jews, ca. 1065–1126*, Princeton, NJ: Princeton University Press, 1980.

9. Shelomo Dov Goitein, *A Mediterranean society: the Jewish communities of the Arab world as portrayed by the documents of the Cairo geniza*, vol. 1, Berkeley: University of California Press, 1967, 329–30.

10. ゲニザ文書は以下で総括的に論じられている。Goitein, *Mediterranean society*, 6 vols., Berkeley: University of California Press, 1967–1993.

11. 書記については以下を参照。Eve Krakowski and Marina Rustow, 'Formula as content: medieval Jewish institutions, the Cairo geniza, and the new diplomatics', *Jewish Social Studies: History, Culture, Society* 20: 111–46, 2014.

12. Goitein, *Mediterranean society*, 2:332.

13. Goitein, *Mediterranean society*, 2:324.

14. ユダヤ人の裁判所と法的手続きについては以下を参照。Goitein, *Mediterranean society*, 2:1971.

8. Charles-Edwards and Kelly, *Bechbretha*.
9. Gerreits, 'Money', 329–30.
10. Downham, *Medieval Ireland*, 66.
11. Gerreits, 'Money'.
12. 法慣行については以下を参照。Richard Sharpe, 'Dispute settlement in medieval Ireland', in Wendy Davies and Paul Fouracre (eds), *Settlement of disputes in early medieval Europe*, Cambridge University Press, 1986.
13. この難解なテキストは以下で論じられている。Stacey, *Road to judgment*, ch. 5.
14. Charles-Edwards, Review of the 'Corpus Iuris Hibernici'; Charles-Edwards and Kelly, *Bechbretha*, 25ff.
15. Fergus Kelly, *Marriage disputes: a fragmentary Old Irish law-text*, Dublin: Institute for Advanced Studies, 2014.
16. Kelly, *Guide to early Irish law*, 7.
17. Stacey, *Road to judgment*, 22.
18. 王のための法については以下を参照。Kelly, *Guide to early Irish law*, 18–26.
19. Charles-Edwards, 'A contract between king and people in early medieval Ireland? *Críth Gablach* on kingship', *Peritia* 8: 107–19, 1994.
20. Stacey, *Road to judgment*, 16ff.
21. この節の背景と詳細の大部分は以下を参考にした。William Ian Miller, *Bloodtaking and peacemaking: feud, law, and society in saga Iceland*, Chicago: Chicago University Press, 1990, with further detail from Jón Jóhannesson, *A history of the old Icelandic commonwealth: Islendinga saga*, trans. H. Bessason, Winnipeg: University of Manitoba Press, 1974.
22. Miller, *Bloodtaking*, 223.
23. Miller, *Bloodtaking*, 222–23.
24. Miller, *Bloodtaking*, 227, 257.
25. Jóhannesson, *History*, 40.
26. 一部の学者は、後の写本に記されたこれらの条文すべてが当初からあったのかどうかについて疑いをもっている。しかしウラジーミルとその息子がこのような性質の法律を発令したのはほぼ確実だ。Simon Franklin, *Writing, society and culture in early Rus, c. 950–1300*, Cambridge University Press, 2002, 152–56. 法の分析については以下も参照。Daniel H. Kaiser, *The laws of Rus': tenth to fifteenth centuries*, Salt Lake City: C. Schlacks, 1992; Simon Franklin, 'On meanings, functions and paradigms of law in early Rus', *Russian History* 34: 63–81, 2007.
27. Franklin, *Writing*.
28. 法については以下を参照。Kaiser, *Laws of Rus'*, 14–19. どちらの版の the *Russkaia Pravda* も日付と著者がはっきりしない。
29. Simon Franklin and Jonathan Shepard, *The emergence of Rus, 750–1200*, London: Longman, 1996, 224.
30. 筆記の出現については以下を参照。Franklin, *Writing*, ch. 1.
31. Franklin, *Writing*, 38–39.
32. Franklin, *Writing*, 184. この手紙は 12 世紀前半に書かれたものだ。
33. Kaiser, *Laws of Rus'*, 20–34. 拡充された法はおそらくこの時期に現れたものだが、作者は不詳。
34. Franklin, *Writing*, 140.
35. Franklin, *Writing*, 149.
36. Franklin, *Writing*, 151–52.
37. Franklin *Writing*, 137.
38. これらは 11 世紀半ばにビザンティン帝国の洞窟大修道院からもちこまれた規則に定められている。Franklin, *Writing*, 143–44.
39. Kaiser, *Laws of Rus'*, 20–34.
40. この文書の要約について Marina Kurkchiyan に感謝する。
41. Elena Bratishenko, 'On the authorship of the 1229 Smolensk–Riga trade treaty', *Russian Linguistics* 26: 345–61,

20. この節の大部分は以下に基づく。Charles M. Radding, *The origins of medieval jurisprudence: Pavia and Bologna, 850–1150*, New Haven, CT: Yale University Press, 1988. ランゴバルド法については以下を参照。Katherine Fischer Drew, *The Lombard laws*, London: Variorum Reprints, 1988; Charles-Edwards, 'Law in the western kingdoms'.
21. さらなる詳細は以下を参照。Chris Wickham, 'Land disputes and their social framework in Lombard-Carolingian Italy, 700–900', in W. Davies and P. Fouracre (eds), *The settlement of disputes in early medieval Europe*, Cambridge University Press, 1986.
22. ボローニャとその重要性については以下を参照。Stein, *Roman law in European history*, ch. 2. [スタイン『ローマ法とヨーロッパ』]
23. Stein, *Roman law in European history*, 54. [スタイン『ローマ法とヨーロッパ』]
24. ヨーロッパにおけるローマ法の影響については以下も参照。Alan Watson, *Legal transplants: an approach to comparative law*, Charlottesville: University Press of Virginia, 1974.
25. Stein, *Roman law in European history*, 54–57. [スタイン『ローマ法とヨーロッパ』]
26. プランタジネット朝（アンジュー王朝）の法の発展については以下を参照。Wormald, *Making of English law*; John Hudson, *The formation of the English common law: law and society in England from the Norman Conquest to Magna Carta*, London: Longman, 1996.
27. 国王裁判所の発展については以下を参照。Paul Brand, *The origins of the English legal profession*, Oxford: Blackwell, 1992.
28. Anne J. Duggan, 'Roman, canon, and common law in twelfth century England: the council of Northampton (1164) re-examined', *Historical Research* 83: 379–408, 2009, at p. 402.
29. Paul Brand, 'Legal education in England before the Inns of Court', in A. Bush and Alain Wijffels (eds), *Learning the law: teaching and the transmission of law in England, 1150–1900*, London: Hambledon Press, 1999, 54–55.
30. 法学教育については以下を参照。Brand, 'Legal education'; J. H. Baker, 'The Inns of Court in 1388', *Law Quarterly Review* 92: 184–87, 1976.

第二部　文明の約束

第7章　周縁で——キリスト教とイスラムの周辺における立法

1. アイルランドの背景については以下を参照。Clare Downham, *Medieval Ireland*, Cambridge University Press, 2018; Robin Chapman Stacey, *The road to judgment: from custom to court in medieval Ireland and Wales*, Philadelphia: University of Pennsylvania Press, 1994.
2. アイルランドの諸王については以下を参照。Francis Byrne, *Irish kings and high kings*, London: B. Y. Batsford, 1973.
3. Marilyn Gerreits, 'Economy and society: clientship in the Irish laws', *Cambridge Medieval Celtic Studies* 6: 43–61, 1983.
4. 初期の法律家については以下を参照。T. M. Charles-Edwards, Review of the 'Corpus Iuris Hibernici', *Studia Hibernica* 20 : 141–62, 1980 ; Jane Stevenson, 'The beginnings of literacy in Ireland', *Proceedings of the Royal Irish Academy: Archaeology, Culture, History, and Literature* 89C: 127–65, 1989.
5. 18 世紀はじめにある著述家は、博学の聖職者と伝統的なアイルランド人学者と才能豊かだが無学な詩人を区別していた。Stevenson, 'Beginnings of literacy', 161–62.
6. D. A. Binchy (ed.) *Corpus iuris hibernici: ad fidem codicum manuscriptorum recognovit*, Dublin: Institute for Advanced Studies, 1978. 法については以下を参照。Fergus Kelly, *A guide to early Irish law*, Dublin: Institute for Advanced Studies, 1988; Charles-Edwards, Review of the 'Corpus Iuris Hibernici'; Thomas Charles-Edwards and Fergus Kelly, *Bechbretha*, Dublin: Institute for Advanced Study, 1983; Marilyn Gerreits, 'Money in early Christian Ireland', *Comparative Studies in Society and History* 27: 323–39, 1985.
7. Fergus Kelly, *Early Irish farming: a study based mainly on the law-texts of the 7th and 8th centuries ad*, Dublin: Institute for Advanced Studies, 1997.

32. Calder, *Islamic jurisprudence*, 94.
33. Calder, *Islamic jurisprudence*, 92–95, 112–15.
34. Calder, *Islamic jurisprudence*, 92.
35. スブキーについては以下を参照。Calder, *Islamic jurisprudence*, ch. 3.
36. Calder, *Islamic jurisprudence*, 119.
37. Calder, *Islamic jurisprudence*, 124–25.
38. Calder, *Islamic jurisprudence*, 127.

第6章　ヨーロッパの王たち——ローマ帝国崩壊後の裁判所と慣習

1. 本章の冒頭部分の背景はおもに以下を参考にした。Peter Heather, *The fall of the Roman Empire: a new history of Rome and the barbarians*, Oxford University Press, 2005. 法的詳細は以下を根拠にしている。Peter Stein, *Roman law in European history*, Cambridge University Press, 1999.［ピーター・スタイン、2003年『ローマ法とヨーロッパ』屋敷二郎監訳、関良徳、藤本幸二訳、ミネルヴァ書房］
2. Étienne Renard, '*Le pactus legis Salicae*, règlement militaire Romain ou code de lois compilé sous Clovis?', *Bibliotèque de l'École des chartes* 167: 321–52, 2009.
3. Patrick Wormald, 'Lex scripta and verbum regis: legislation and Germanic kingship from Euric to Cnut', in P. H. Sawyer and I. N. Wood (eds), *Early medieval kingship*, Leeds: University of Leeds, School of History, 1977, 28; Patrick Wormald, *The making of English law: King Alfred to the twelfth century*, Oxford: Blackwell, 1999.
4. Wormald, 'Lex scripta', 25–27.
5. 「サリカ法典」については以下を参照。Katherine Fischer Drew, *The laws of the Salian Franks*, Philadelphia: University of Pennsylvania Press, 1991. 王は法に関して責任を負ったが、多くの法は慣習や評議会の決定に由来した。以下を参照。T. M. Charles-Edwards, 'Law in the western kingdoms between the fifth and seventh century', in A. Cameron, R. Ward-Perkins, and M. Whitby (eds), *The Cambridge ancient history*, vol. 14, *Late antiquity: empire and successors, A.D. 425–600*, Cambridge University Press, 2001, 274–78.
6. 「ディゲスタ」はそのギリシア語版の名前から、「the Pandects」としても知られていた。
7. Stein, *Roman law in European history*, 40–43.［スタイン『ローマ法とヨーロッパ』］
8. アリウス派は、256年に生まれ336年に没したアリウス〔ギリシア名アレイオス〕の教えに基づいていた。その教義は三位一体の本質をめぐり、主流のキリスト教と異なっていた。
9. Matthew Innes, 'Charlemagne's government', in J. Storey (ed.) *Charlemagne: empire and society*, Manchester University Press, 2005.
10. Alice Rio, *Legal practice and the written word in the early Middle Ages: Frankish formulae, c. 500–1000*, Cambridge University Press, 2009.
11. Drew, *Laws of the Salian Franks*, 132–39.
12. Wormald, *Making of English law*, 46–47.
13. Wormald, 'Lex scripta', 23. Wormaldの見解はCharles-Edwards, 'Law in the western kingdoms' によって追認されているが、以下では疑義が呈されている。Thomas Faulkner, *Law and authority in the early Middle Ages*, Cambridge University Press, 2016, and Rosamond McKitterick, *The Carolingians and the written word*, Cambridge University Press, 1989.
14. アングロサクソン法の翻訳は以下で読める。F. L. Attenborough, *The laws of the earliest English kings*, Cambridge University Press, 1922. 法の徹底的な分析は以下で提供されている。Tom Lambert, *Law and order in Anglo-Saxon England*, Oxford University Press, 2017.
15. Charles-Edwards, 'Law in the western kingdoms', 265–66.
16. Lambert, *Law and order*, ch. 5.
17. Wormald, 'Lex scripta', 14–15.
18. George Molyneaux, *The formation of the English kingdom in the tenth century*, Oxford University Press, 2015.
19. ウルフスタンの法については以下を参照。Lambert, *Law and order*, ch. 5.

Introduction.

5. 背景となることがらはおもに以下から引いた。Joseph Schacht, *An introduction to Islamic law*, Oxford: Clarendon Press, 1964, and Marshall G.S. Hodgson, *The venture of Islam: conscience and history in a world civilization*, vol. 1, Chicago: University of Chicago Press, 1961; Adam J. Silverstein's excellent *Islamic history: a very short introduction*, Oxford University Press, 2010.
6. Hodgson, *Venture of Islam*, 161ff., ch. 2.
7. Schacht, *Introduction*, ch. 3.
8. この節は以下を参考にしている。Hodgson, *Venture of Islam*, bk. 1, ch. 3, and Schacht, *Introduction*, chs. 4–6.
9. これは学者のあいだで論争になっている重要な論点だ。わたしはおおむね Hallaq よりも Schacht の見解に賛同し、クルアーンの伝統とムハンマドの時代の慣行は後世の法慣行の土台となったが、この時代のカーディーらは非イスラムの情報源およびみずからの判断に大きく依拠していたと考えている。Schacht, *Introduction*; Wael B. Hallaq, *The origins and evolution of Islamic law*, Cambridge University Press, 2005; Wael B. Hallaq, *Sharī'a: theory, practice, transformations*, Cambridge University Press, 2009.
10. 以下の本文でわたしはスンナ派とその法について焦点をあてた。並行して発展したシーア派の伝統は、みずからを預言者の後継者と見なすイマームの働きによるものだった。このことについては Robert Gleave の著作を参照。
11. Hodgson, *Venture of Islam*, bk. 2.
12. Marina Rustow, *The lost archive: traces of a caliphate in a Cairo synagogue*, Princeton, NJ: Princeton University Press, 2020. Earlier sources claimed they had learned the techniques from Chinese captives.
13. これはスンナ派とシーア派の伝統が異なる領域であり、それぞれが異なるハディースを認めているが、結果は大差ない。Hodgson, *Venture of Islam*, 326–32.
14. Hodgson, *Venture of Islam*, 337.
15. 法については以下を参照。Schacht, *Introduction*, ch. 7.
16. クルアーンの規則を回避する手段については以下を参照。Schacht, *Introduction*, ch. 11.
17. 本パラグラフの細部はおもに以下から引用した。Hodgson, *Venture of Islam*, bk. 2, ch. 3, and Schacht, *Introduction*, 80–82 and chs. 6 and 7.
18. Schacht, *Introduction*, 80.
19. シャフィイーについては以下を参照。Schacht, *Introduction*, chs. 7 and 10.
20. Hodgson, *Venture of Islam*, 326–36.
21. Schacht, *Introduction*, ch. 9.
22. 12 世紀の時点で学者の一部は、あらゆる本質的な法的問題は解決し、イジュティハードの門は閉ざされたと論じていた。以下を参照。Wael B. Hallaq, 'Was the gate of *ijtihad* closed?', *International Journal of Middle East Studies* 16: 3–41, 1984; Wael B. Hallaq, 'On the origins of the controversy about the existence of mujtahids and the gate of ijtihad', *Studia Islamica* 63: 129–41, 1986. In these works Hallaq contradicts Schacht, in *Introduction*, ch. 10, who proposes an earlier date. For a good review of the issues, see David S. Powers, 'Wael B. Hallaq on the origins of Islamic law: a review essay', *Islamic Law and Society* 17: 126–57, 2010.
23. Schacht, *Introduction*, ch. 11.
24. Schacht, *Introduction*, 84.
25. Hodgson, *Venture of Islam*, 347.
26. Hodgson, *Venture of Islam*, 349.
27. この段落の歴史の流れについては以下を参照。Silverstein, *Islamic history*, ch. 1.
28. Schacht, *Introduction*, 84.
29. 法学者については以下を参照。Norman Calder, *Islamic jurisprudence in the classical era*, Colin Imber (ed.) Cambridge University Press, 2010, 161.
30. ナワウィーについては以下を参照。Calder, *Islamic jurisprudence*, ch. 2.
31. Calder, *Islamic jurisprudence*, 101–2.

52. 仮想の事案については以下を参照。Yan Thomas, 'Fictio Legis: L'empire de la fiction Romaine et ses limites Médiévales', *Droits* 21 : 17-63, 1995.

53. Clifford Ando, *Law, language, and empire in the Roman tradition*, Philadelphia: University of Pennsylvania Press, 2011, 6-18.

54. Ari Z. Bryen, 'Responsa', in S. Stern, M. del Mar, and B. Meyler (eds), *The Oxford handbook of law and humanities*, Oxford University Press, 2019, 675-77.

55. Watson, *Law making*, ch. 15.

56. Frier, *Rise of the Roman jurists*, 120-23.

57. ラテン語は 'Dolus mal(us) abesto et iuris consult(i)'。以下を参照。Bryen, 'Responsa', 675.

58. 人口と市民についてはかなりの議論が存在する。Walter Scheidel, 'Italian manpower', *Journal of Roman Archaeology* 26 : 678-87, 2013 ; Myles Lavan, 'The spread of Roman citizenship, 14-212 ce : quantification in the face of high uncertainty', *Past and Present* 230: 3-46, 2016, at p. 30.

59. Bryen, 'Responsa', 679.

60. しかし実際に彼が解答権で何を宣言し意図したのか、完全に明らかになっているわけではない。Bryen, 'Responsa'.

61. 皇帝崇拝の発展については以下を参照。Clifford Ando, *Imperial ideology and provincial loyalty in the Roman empire*, Berkeley: University of California Press, 2000, esp. ch. 9.

62. キケロ「国家について」1.39.1 ; Ando, *Imperial ideology*, 9-11, 47-48.

63. 以下を参照。*Imperial ideology*, 383; Clifford Ando, 'Pluralism and empire: from Rome to Robert Cover', *Critical Analysis of Law* 1 : 1-22, 2014, at pp. 9-11.

64. この勅法とその影響についてはかなりの文献が存在する。一例として以下を参照。Ando, *Imperial ideology*, 395, and the introduction to his *Citizenship and empire in Europe, 200-1900: the Antonine constitution after 1800 years*, Stuttgart: Franz Steiner Verlag, 2016, 9.

65. Ando, *Citizenship*; Tony Honoré, 'Roman law ad 200-400: from cosmopolis to Rechtstaat?,' in S. Swain and M. Edwards (eds), *Approaching late antiquity: the transformation from early to late empire*, Oxford University Press, 2006.

66. Bruce W. Frier, 'Finding a place for law in the high empire', in F. de Angelis (ed.) *Spaces of justice in the Roman world*, Leiden: Brill, 2010.

67. この時代の司法改革については以下を参照。Honoré, 'Roman law ad 200-400', and his *Emperors and lawyers*, 2nd ed. Oxford: Clarendon Press, 1994.

68. Ando, *Imperial ideology*, 362-83.

69. Myles Lavan, 'Slavishness in Britain and Rome in Tacitus' Agricola', Classical Quarterly 61 : 294-305, 2011, at p. 296.

70. Ando, *Imperial ideology*, 339-43.

71. この時代の法については以下を参照。Tony Honoré, *Law in the crisis of empire, 379-455 AD: the Theodosian dynasty and its quaestors, Oxford*: Clarendon Press, 1998.

72. Peter Stein, *Roman law in European history*, Cambridge University Press, 1999, 46, 60. [ピーター・スタイン、2003年『ローマ法とヨーロッパ』屋敷二郎監訳、関良徳、藤本幸二訳、ミネルヴァ書房]

第5章　ユダヤ教とイスラムの学者——世界に対する神の道

1. 一般的な背景については以下を参照。David N. Myers, *Jewish history: a very short introduction*, Oxford University Press, 2017. ユダヤ法の歴史的な発展については以下を参照。N. S. Hecht, B. S. Jackson, S. M. Passamaneck, D. Piattelli, and A. M. Rabello (eds), *An introduction to the history and sources of Jewish law*, Oxford: Clarendon Press, 1996.

2. Peretz Segal, 'Jewish law during the Tannaitic period', in Hecht et al., *Introduction*, 101.

3. Gaon（ガオン）の複数形は Geonim（ゲオニーム）。

4. ガオンについては以下を参照。Gideon Libson, 'Halakhah and law in the period of the Geonim', in Hecht et al.,

21. Williamson, *Laws of the Roman people*, xii–xiii.

22. Cornell が *The beginnings of Rome*, 342 で述べたように、ローマは排他的貴族政治から競争的寡頭政治に発展した。

23. ポリュビオスはローマの政体にギリシアの政治論を適用し、その説明は図式的だったが、彼が明らかに確信していたのは、腐敗した政権を打倒しより民主的な政体の台頭をもたらすのに「人民」がきわめて重要な役割を果たしているということだ。以下を参照。F. W. Walbank, 'A Greek looks at Rome: Polybius VI revisited', in his *Polybius, Rome and the Hellenistic world: essays and reflections*, Cambridge University Press, 2002; Lintott, *Constitution*, chs. 3 and 12.

24. ポリュビオスの記述によれば、毎年 35 立方トンが産出された。Kay, *Rome's economic revolution*, ch. 3.

25. Beard, *SPQR*, 199. [ビアード『SPQR ローマ帝国史』]

26. 法律は以下に記載されている。Williamson, *Laws of the Roman people*, Appendix C.

27. この事件は以下に詳述されている。Watson, *Law making*, 7–8.

28. プラエトルとその活動については以下を参照。Lomas, *Rise of Rome*, 296–97; Bruce W. Frier, *The rise of the Roman jurists: studies in Cicero's* 'pro Caecina', Princeton, NJ: Princeton University Press, 1985, ch. 2; T. Corey Brennan, *The praetorship in the Roman Republic*, Oxford University Press, 2000; Watson, *Law making*, chs. 3–5.

29. 最初期の告示は紀元前 231 年にさかのぼる。Watson, *Law making*, 1.

30. これはアエブティア法で確認された。Anna Tarwacka, 'Lex Aebutia', in the *Oxford classical dictionary*, 5th ed. Oxford University Press, 2019.

31. 訴訟手続きについては以下を参照。Frier, *Rise of the Roman jurists*, 64–65, ch. 5; A. H. J. Greenridge, *The legal procedure of Cicero's time*, Oxford: Clarendon Press, 1901.

32. Frier, *Rise of the Roman jurists*, 59–62.

33. Lintott, *Constitution of the Roman Republic*, ch. 9; A. N. Sherwin-White, 'The *Lex Repetundarum* and the political ideas of Gaius Gracchus', *Journal of Roman Studies* 72: 18–31, 1982.

34. Derek Roebuck and Bruno de Loynes de Fumichon, *Roman arbitration*, Oxford: Holo Books, 2004, ch. 5.

35. Frier, *Rise of the Roman jurists*, 157.

36. Cicero, *Topica* 65; Watson, *Law making*, 103.

37. Watson, *Law making*, 103.

38. Frier, *Rise of the Roman jurists*, 158–60, ch. 4.

39. Watson, *Law making*, 117–22.

40. キケロによるウェッレスの告発とその背景については、以下を参照。Frier, *Rise of the Roman jurists*, 48–50, ch. 2; Brennan, *Praetorship*, 446–50.

41. Williamson, *Laws of the Roman people*, ch. 2.

42. Brennan, *Praetorship*, 450–51.

43. Frier, *Rise of the Roman jurists*, 149. イギリスでキケロに相当するのは、法廷でおもに事実関係に左右される事件の弁護を専門とする刑事事件弁護人であり、大法官府の同僚らは法廷ではそれほど優秀ではなく、法学者に近い。

44. 事件は以下に詳述されている。Frier, *Rise of the Roman jurists*, ch. 1.

45. Alan Watson, *Rome of the XII Tables: persons and property*, Princeton, NJ: Princeton University Press, 1975, 175.

46. Jill Harries, *Cicero and the jurists: from citizens' law to the lawful state*, London: Duckworth, 2006.

47. Brennan, *Praetorship*, 608.

48. 法学者については以下を参照。Frier, *Rise of the Roman jurists*, esp. ch. 4; Watson, *Law making*, 108–9.

49. 実際にはキケロは法学者にはならなかったし、同級生のほとんどはその他の公職に就くことになっていたが、彼らの訓練も同様のパターンを踏襲したはずだ。

50. スカエウォラの邸宅についてはわかっていないが、ここで述べたのは裕福なローマ人の住宅の典型だ。Fox, *Classical world*, ch. 34; Beard, *SPQR*, 318–28. [ビアード『SPQR ローマ帝国史』]

51. Watson, *Law making*, 104–6.

Stanford, CA: Stanford University Press, 1996.

29. 胡錦濤の下ではとくにそうだったが、習近平は法の一層の活用を促した。以下を参照。Taisu Zhang and Tom Ginsburg, 'China's turn toward law', *Virginia Journal of International Law* 59: 277-361, 2019.

30. Bourgon, Jérôme. 'Chinese law, history of, Qing dynasty', *The Oxford international encyclopedia of legal history*, Oxford University Press, 2009, 176.

第4章　弁護士と法学者——古代ローマにおける知的追求

1. 初期のローマについては以下を参照。Tim Cornell, *The beginnings of Rome: Italy and Rome from the Bronze Age to the Punic Wars (c. 1000-264 BC)*, London: Routledge, 1995; Kathryn Lomas, *The rise of Rome: from the Iron Age to the Punic Wars (1000-264 BC)*, London: Profile Books, 2017. 読みやすい大まかな歴史は以下を参照。Mary Beard, *SPQR: a history of ancient Rome*, London: Profile Books, 2015［メアリー・ビアード、2018年『SPQR ローマ帝国史』宮﨑真紀訳、亜紀書房］; Robin Lane Fox, *The classical world: an epic history of Greece and Rome*, London: Folio Society, 2013.

2. 初期のローマ神殿については以下を参照。Charlotte R. Potts, 'The development and architectural significance of early Etrusco-Italic podia', *BABESCH* 86: 41-52, 2011.

3. パトリキとプレブスという二つの階級の具体化は徐々に生じたが、その起源はこの時代の裕福な政治的エリートと新たに形成されたプレブスの集団との対立だった。

4. R. Westbrook, 'The nature and origins of the twelve tables', *Zeitschrift der Savigny-Stiftung für Rechtsgeschichte* 105: 74-121, 1988, フェニキア人がイタリアに派遣した通商や外交の交渉団をとおして、ギリシアの法典よりもむしろメソポタミアの法典の影響が大きかったと同書は論じている。決疑法形式はたしかに似ている。

5. テキストは以下を参照。M. H. Crawford, *Roman statutes*, vol. 2, London: Institute of Classical Studies, School of Advanced Study, University of London, 1996.

6. 十二表法については、以下も参照。Elizabeth A. Meyer, *Legitimacy and law in the Roman world*, Cambridge University Press, 2004, 26.

7. 数ある中でも以下を参照。Richard E. Mitchell, *Patricians and plebeians: the origin of the Roman state*, Ithaca, NY: Cornell University Press, 1990.

8. 初期の立法については、以下を参照。David Ibbetson, 'Sources of law from the Republic to the Dominate', in D. Johnston (ed.) *The Cambridge companion to Roman law*, New York: Cambridge University Press, 2015.

9. Seth Bernard, 'Debt, land, and labor in the early Republican economy', *Phoenix* 70: 317-38, 2016.

10. Lomas, *Rise of Rome*, ch. 9.

11. Bernard, 'Debt, land, and labor'.

12. この事実は単一の情報源に基づき、かなり議論の的になっているが、数人の学者は実際に起きた可能性が高いと考えている。以下を参照。Cornell, *Beginnings of Rome*, 247-28; Seth Bernard, *Building mid-republican Rome: labor, architecture, and the urban economy*, Oxford University Press, 2014, 123-24.

13. Alan Watson, *Law making in the later Roman Republic*, Oxford: Clarendon Press, 1974, ch. 2.

14. Philip Kay, *Rome's economic revolution*, Oxford University Press, 2014, 10, 327.

15. これはホルテンシウス法だった。以下を参照。Lomas, *Rise of Rome*, ch. 14.

16. ローマの法慣行については以下を参照。Richard A. Bauman, *Crime and punishment in ancient Rome*, London: Routledge, 1996; Alan Watson, *The spirit of Roman law*, Athens: University of Georgia Press, 1995, 3. もっともこれらの結論の一部は、ローマ初期の多くのことと同様に、議論の対象となっている。

17. 神官長については以下を参照。Alan Watson, *The evolution of Western private law*, Baltimore: Johns Hopkins University Press, 1985, 22.

18. Watson, *Evolution*, 5-6, ch. 1.

19. 概要は以下を参照。Andrew Lintott, *The constitution of the Roman Republic*, Oxford University Press, 1999.

20. Callie Williamson, *The laws of the Roman people: public law in the expansion and decline of the Roman Republic*, Ann Arbor: University of Michigan Press, 2005, ch. 3.

考えを反映していると学者らは考えている。Liu, *Origins of Chinese law*, 43, 122–24; Geoffrey MacCormack, 'Law and punishment in the earliest Chinese thought', *Irish Jurist* 20: 335–51, 1985. テキストは以下を参照。James Legge, *The Chinese classics*, vol. 3, Hong Kong: Hong Kong University Press, 1960, 48.

4. 青銅の器に刻まれた文字については、以下を参照。Laura Skosey, 'The legal system and legal traditions of the Western Zhou (ca. 1045–71 B.C.E.)', PhD diss., University of Chicago, 1996.
5. Liu, *Origins of Chinese law*, 50–52.
6. 周の時代とその法については、以下を参照。Ernest Caldwell, 'Social change and written law in early Chinese legal thought', *Law and History Review* 32: 1–30, 2014; Ernest Caldwell, *Writing Chinese laws: the form and function of legal statutes found in the Qin Shuihudi corpus*, London: Routledge, 2018; Liu, *Origins of Chinese law*, ch. 5.
7. この時代について明らかになっていることの多くは、偉大な学者である孔子の手によるとされるかなり簡潔な年代記（「春秋」）の注釈書の中に書かれている。注釈書「左氏伝」は、おそらく戦国時代（紀元前 403–221 年）半ばに孔子の弟子のひとりによって書かれたので後世の意識や考えを反映したものになっているが、同書から周王朝の考えについて多くの詳細を拾い集めることが可能だ。以下を参照。Caldwell, 'Social change', 5–6; Liu, *Origins of Chinese law*, 128–38. テキストは以下を参照。Legge, *Chinese classics*, vol. 5, 710.
8. 孔子については、以下を参照。Caldwell, *Writing Chinese laws*, ch. 2.
9. Caldwell, 'Social change', 20.
10. Caldwell, 'Social change', 14–18.
11. 秦と商鞅の著したとされる「商君書」については、以下を参照。Caldwell, *Writing Chinese laws*, ch. 3; Liu, *Origins of Chinese law*, ch. 6, esp. 175–77.
12. Ulrich Lau and Thies Staack, *Legal practice in the formative stages of the Chinese Empire: an annotated translation of the exemplary Qin criminal cases from the Yuelu Academy collection*, Leiden: Brill, 2016.
13. 事件と注釈の概要は以下を参照。Lau and Staack, *Legal practice*, 27–45.
14. なぜ役人と共に文書が埋められたのかについての論争は続いている。以下を参照。Anthony J. Barbieri-Low and Robin D.S. Yates, *Law, state, and society in early imperial China: a study with critical edition and translation of the legal texts from Zhangjiashan tomb numbers 247*, Leiden: Brill, 2015, 107–9.
15. Lau and Staack, *Legal practice*, 174–87.
16. 罰金は盾や甲の数で表されたが、里耶で出土した文書が示すように、実際にはその他の物品や金銭で代用された。この事実を教示してくれた Ernest Caldwell に感謝する。
17. Lau and Staack, *Legal practice*, 188–210.
18. この時代とその法については以下を参照。Barbieri-Low and Yates, *Law, state, and society*.
19. 以下を参照。Barbieri-Low and Yates, *Law, state, and society*.
20. Barbieri-Low and Yates, *Law, state, and society*, 99–100.
21. Barbieri-Low and Yates, *Law, state, and society*, 100–101.
22. 漢と隋の法については以下を参照。Geoffrey MacCormack, 'The transmission of penal law from the Han to the Tang', *Revue des droits de l'antiquité* 51: 47–83, 2004.
23. MacCormack, 'Transmission', 54–55.
24. MacCormack, 'Transmission', 73–74.
25. 刑法の翻訳および注釈については以下を参照。Wallace Johnson, *The T'ang Code*, 2 vols., Princeton, NJ: Princeton University Press, 1979–1997.
26. 学者の推定ではおよそ 30 ～ 40 パーセント。Derk Bodde and Clarence Morris, *Law in Imperial China: exemplified by 190 Ch'ing Dynasty cases (translated from the Hsing-an hui-lan)*, Cambridge, MA: Harvard University Press, 1967.
27. Philip Huang, 'The past and present of the Chinese civil and criminal justice systems : the Sinitic legal tradition from a global perspective', *Modern China* 42: 227–72, 2016.
28. 法慣行については以下を参照。Philip Huang, *Civil justice in China: representation and practice in the Qing*,

20. 中世インドの法慣行については以下を参照。Donald R. Davis Jr., 'Centres of law: duties, rights, and jurisdictional pluralism in medieval India', in P. Dresch and H. Skoda (eds), *Legalism: anthropology and history*, Oxford University Press, 2012; and his 'Intermediate realms of law: corporate groups and rulers in medieval India', *Journal of the Economic and Social History of the Orient* 48: 92–117, 2005; Bajadulal Chattopadhyaya, '"Autonomous spaces" and the authority of the state: the contradiction and its resolution in theory and practice in early India', in B. Kölver (ed.) *Recht, Staat und Verwaltung im klassischen Indien*, Munich: R. Oldenbourg Verlag, 1997.
21. Olivelle, 'Dharmaśāstra', 44–45.
22. Lubin, 'Punishment and expiation', 107–8.
23. Davis, *Spirit of Hindu law*, 117.
24. Olivelle, *Manu's code*, 41
25. Sheldon Pollock, *The language of the gods in the world of men: Sanskrit, culture, and power in premodern India*, Berkeley: University of California Press, 2006, 67–68.
26. Pollock, *Language of the gods*, 255–56.
27. Gombrich, *Theravada Buddhism*, 37.［ゴンブリッチ『インド・スリランカ上座仏教史：テーラワーダの社会』］
28. Olivelle, *Manu's code*, 169–74.
29. Donald R. Davis, 'Recovering the indigenous legal traditions of India: classical Hindu law in practice in late medieval Kerala', *Journal of Indian Philosophy* 27: 184–91, 1999.
30. Lubin, 'Punishment and expiation', 111–14; Ananya Vajpey, 'Excavating identity through tradition: Who was Shivaji?', in S. Saberwal and S. Varma (eds), *Traditions in Motion*, Oxford University Press, 2005.
31. Richard W. Lariviere, 'A Sanskrit jayapattra from 18th century Mithilā', in R. W. Lariviere (ed.) *Studies in dharmaśāstra*, Calcutta: Firma KLM, 1984, 49–65.
32. Bajadulal Chattopadhyaya, 'Autonomous spaces'.
33. ヴァンジェリについては以下を参照。Davis, 'Recovering the indigenous legal traditions'.
34. Davis, 'Recovering the indigenous legal traditions', 167.
35. 禁欲主義者については以下を参照。Whitney M. Cox, 'Law, literature, and the problem of politics in medieval India', in Lubin et al., *Hinduism and law*.
36. シバージーについては以下で論じられている。Vajpey, 'Excavating identity'.
37. Olivelle, *Manu's code* (10.74–80, 11.55–124).
38. 本段落および以降の段落はおもに以下に基づいている。Davis, 'Recovering the indigenous legal traditions'.
39. Lubin et al., *Hinduism and law*, 3.
40. Doniger, *The Hindus*, 325.
41. Ananya Vajpey, '*Śudradharma* and legal treatments of caste', in Lubin et al., *Hinduism and law*.
42. J. D. M. Derrett, 'Two inscriptions concerning the status of Kammalas and the application of Dharmasastra', in J. Duncan Derrett (ed.) *Essays in classical and modern Hindu law*, vol. 1, Leiden: Brill, 1976.
43. Davis, 'Recovering the indigenous legal traditions', 197–98.
44. この節は以下に基づいている。Lingat, *The classical law of India*, 267–70.
45. Clifford Geertz, 'Local knowledge: fact and law in comparative perspective', in *Local knowledge*, New York: Basic Books, 1983, 200, 引用は少し変更されている。

第3章　中国の皇帝——法典、刑罰、官僚

1. 全般的な歴史的詳細は以下に基づいている。Morris Rossabi, *A history of China*, Chichester, UK: Wiley Blackwell, 2014.
2. 殷の社会的・政治的構造については、以下を参照。Yongping Liu, *Origins of Chinese law: penal and administrative law in its early development*, Hong Kong: Oxford University Press, 1998, 22–29.
3. 康誥は当時の文献に基づくといわれる諸文書の中に残っている。康誥が実際に当時の中国の貴族たちの

35. レビ記 25 章 39–46 節。

36. ハンムラビ法典　第 196–200 条。

37. David P. Wright, *Inventing God's law: how the covenant code of the Bible used and revised the laws of Hammurabi*, New York: Oxford University Press, 2009.

38. この議論でわたしはおもに以下に倣い、それを基に論じた。Jackson, *Wisdom laws*.

39. 一部の学者は、申命記のなかの忠誠の誓約に関するいくつかの節はアッシリアの協定に基づいていると考えている。以下を参照。Jeremy M. Hutton and C. L. Crouch, 'Deuteronomy as a translation of Assyrian treaties', *Hebrew Bible and Ancient Israel* 7: 201–52, 2018.

第2章　インドのバラモン――宇宙の秩序

1. 本章を通して述べられる歴史的な詳細は以下から得た。Romila Thapar, *From lineage to state: social formations of the mid-first millennium BC in the Ganga Valley*, Bombay: Oxford University Press, 1984; Hermann Kulke and Dietmar Rothermund, *A history of India*, London: Routledge, 1986; Richard Gombrich, *Theravada Buddhism: a social history from ancient Benares to modern Colombo*, London: Routledge and Kegan Paul, 1988.［リチャード・F・ゴンブリッチ、2005 年『インド・スリランカ上座仏教史：テーラワーダの社会』森祖道、山川一成訳 , 春秋社］; Wendy Doniger, *The Hindus: an alternative history*, Oxford University Press, 2009.

2. Thapar, *From lineage to state*, 24.

3. Thapar, *From lineage to state*, 104.

4. Kulke and Rothermund, *History of India*, 44.

5. Kulke and Rothermund, *History of India*, 40.

6. Patrick Olivelle, 'Dharmaśāstra: a textual history', in Timothy Lubin, Donald R. Davis, and Jayanth K. Krishnan (eds), *Hinduism and law: an introduction*, Cambridge University Press, 2010.

7. この節の詳細はおもに以下に基づいている。Kulke and Rothermund, *History of India*, 53, and Thapar, *From lineage to state*, ch. 5.

8. Olivelle, 'Dharmaśāstra'; Albrecht Wezler, 'Dharma in the Veda and the Dharmaśāstras', *Journal of Indian Philosophy* 32: 629–54, 2004.

9. アルタ・シャーストラについては以下を参照。Timothy Lubin, 'Punishment and expiation: overlapping domains in Brahmanical law', *Indologica Taurinensia* 33: 93–122, 2007, at pp. 99–102; Kulke and Rothermund, *History of India*, 63–64.

10. Patrick Olivelle, 'Manu and the Arthaśāstra: a study in Śāstric intertextuality', *Journal of Indian Philosophy* 32: 281–91, 2004.

11. Olivelle, 'Dharmaśāstra'.

12. D. R. Davis, 'A historical overview of Hindu law', in Lubin et al., *Hinduism and law*.

13. Doniger, *The Hindus*, ch. 12.

14. ダルマ・スートラやダルマ・シャーストラについては以下を参照。Patrick Olivelle, with the editorial assistance of Suman Olivelle, *Manu's code of law: a critical edition and translation of the* Mānava-Dharmásāstra, South Asia Research, Oxford University Press, 2004; Olivelle, 'Dharmaśāstra'; Robert Lingat, *The classical law of India*, trans. D. Derrett, Berkeley: University of California Press, 1973.

15. バラモンのイデオロギーについては以下を参照。Gombrich, *Theravada Buddhism*, ch. 2.［ゴンブリッチ『インド・スリランカ上座仏教史：テーラワーダの社会』第 2 章］

16. 法典は Olivelle によって以下に提示・解説されている。*Manu's code*. 異なる翻訳は以下で読める。Oxford University Press's World Classics series, *The law code of Manu*, 2004.

17. ダルマ・シャーストラについてのわたしの分析は以下に基づいている。Olivelle, *Manu's code* and 'Dharmaśāstra' および Donald R. Davis, *The spirit of Hindu law*, Cambridge University Press, 2010.

18. Olivelle, *Manu's code* (8.47–343).

19. Olivelle, *Manu's code* (8:143–44).

1992.［ジャン・ボテロ、2009年『メソポタミア：文字・理性・神々』松島英子訳、法政大学出版局］別の翻訳は以下で読める。M. E. J. Richardson, *Hammurabi's laws: text, translation, glossary*, Sheffield, UK: Sheffield Academic Press, 2000. 翻訳はロスに基づき、条文には標準的な番号を使用した。

7. 以下を参照。David Graeber, *Debt: the first 5,000 years*, New York: Melville House, 2011, 214–17.
8. Roth, *Law collections*, 133–42.
9. ハンムラビ法典　第59条および第60条。
10. ハンムラビ法典　第48条。
11. ハンムラビ法典　第135条。
12. ハンムラビ法典　第170条。
13. Sophie Démare-Lafont, 'Law I', in *Encyclopedia of the Bible and its reception*, vol. 15, Berlin: de Gruyter, 2017; Bernard S. Jackson, *Wisdom laws: a study of the Mishpatim of Exodus 21:1–22:16*, Oxford University Press, 2006, 12n50.
14. ハンムラビ法典　第1条、第6条、第14条、第129条。たとえば、「ある人がほかの人の子供を盗んだ場合、その者は殺されなければならない」（第14条）；「遺失物の所有者がその事実を証明する証人を出せない場合には、その者は虚偽を主張した誣告者として殺されなければならない」（第11条）
15. ハンムラビ法典　第195–201条。
16. ハンムラビ法典　第215–17条。
17. ハンムラビ法典　第218–20条。
18. ハンムラビ法典　第278条。
19. ハンムラビ法典　第206条。
20. ハンムラビ法典　第266–67条。
21. Sophie Démare-Lafont, 'Judicial decision-making: judges and arbitrators', in K. Radner and E. Robson (eds), *The Oxford handbook of cuneiform culture*, Oxford University Press, 2011, 335–57.
22. Roth, *Law collections*, 213ff.
23. Roth, *Law collections*, 153ff.
24. Hannah Harrington, 'Persian law', in B. A. Strawn (ed.) *The Oxford encyclopedia of the Bible and law*, Oxford University Press, 2015.
25. 初期のアテナイ人とその法については以下を参照。A. Andrews, 'The growth of the Athenian state', in J. Boardman and N. G. L. Hammond (eds), *The Cambridge ancient history*, 2nd ed. vol. 3, Pt. 3, Cambridge University Press, 1982.
26. Raymond Westbrook, 'Barbarians at the gates: Near Eastern law in ancient Greece', in Westbrook, *Ex Oriente Lex: Near Eastern influences on Ancient Greek and Roman law*, ed. D. Lyons and K. Raaflaub, Baltimore: Johns Hopkins University Press, 2015.
27. 大まかな背景については以下を参照。John Barton, *A history of the Bible: the book and its faiths*, London: Allen Lane, 2019; Michael Coogan, *The Old Testament: a very short introduction*, Oxford University Press, 2008.
28. 学者らはトーラーの起源や異なる版間の関係について広範な議論をおこなってきた。以下を参照。Barton, *History of the Bible*, ch. 1.
29. 出エジプト記19–23章。申命記12–26章に含まれる同様な法一式は更新された版らしく、紀元前2世紀にヨシヤの下で書かれた可能性がある。
30. 出エジプト記21章3–4節。翻訳は改訂標準訳聖書に基づく。
31. 出エジプト記21章1節–22章16節。文章は個別の法を区別していない。より散漫な申命記の法一式でさえ、ハンムラビ法典よりははるかに短い。
32. Barton, *History of the Bible*, 84.
33. わたしの解釈はおもに以下を参考にしている。Jackson, *Wisdom laws*. ジャクソンが述べているとおり、ほかの学者らは法の起源、用法、重要性に異なる見解をもつ。
34. 出エジプト記21章23–25節。

原注

序章　法の約束

1. 読みやすい現代英語訳の航海日誌は以下を参照。Glen Ames, *Emnome de deus: the journal of the first voyage of Vasco da Gama to India, 1497–1499*, Leiden: Brill, 2009. カリカットの現在名はコジコーデ。
2. トーラー（モーセ五書）の文章については多くの議論があるが、書き手が以前の情報源から引いていることはほぼ間違いない。John Barton, *A history of the Bible: the book and its faiths*, London: Allen Lane, 2019, ch. 1.
3. 規定はレビ 9 章と申命記 14 章に見られる。
4. この問いは以下の論文中で Mary Douglas によって提起された。'The abominations of Leviticus', in *Purity and danger: an analysis of the concepts of pollution and taboo*, London: Routledge and Kegan Paul, 1966.［メアリ・ダグラス、2009 年『汚穢と禁忌』、「レビ記における『汚らわしいもの』」塚本利明訳、筑摩書房］
5. オーレル・スタインは自身の探検と発見について語った。*Ruins of desert Cathay: personal narrative of explorations in Central Asia and westernmost China*, London: Macmillan, 1912. 石窟が封鎖された理由はいまだ不明である。
6. これらの文書については以下の論文中で論じられている。Brandon Dotson, 'Divination and law in the Tibetan Empire', in M. Kapstein and B. Dotson (eds), *Contributions to the cultural history of early Tibet*, Leiden: Brill, 2007; Fernanda Pirie, 'Oaths and ordeals in Tibetan law', in D. Schuh (ed.) *Secular law and order in the Tibetan Highland*, Andiast, Switzerland: International Institute for Tibetan and Buddhist Studies, 2015.
7. これは文化人類学者クリフォード・ギアツの言葉を借りた。ギアツは宗教を、社会「の」規範ではなく社会「のための」規範を提供する「文化システム」として論じた。以下を参照。Clifford Geertz, *The interpretation of cultures*, New York: Basic Books, 1973.
8. Pauline Maier, *American scripture: making the Declaration of Independence*, New York: Knopf, 1997.
9. たとえば以下を参照。Kay Goodall, 'Incitement to racial hatred: all talk and no substance?', *Modern Law Review* 70: 89–113, 2007; Secret Barrister, *Fake law: the truth about justice in an age of lies*, London: Pan Macmillan, 2020.
10. 以下を参照。Sandra Lippert, 'Law (definitions and codification)', in E. Frood and W. Wendrich (eds), *UCLA Encyclopedia of Egyptology*, Los Angeles, 2012, https://escholarship.org/uc/item/0mr4h4fv; Christopher Eyre, *The use of documents in Pharaonic Egypt*, Oxford University Press, 2013.
11. Eyre, *The use of documents*, 9, 15.

第一部　秩序の展望

第1章　メソポタミアと聖書の土地

1. Martha T. Roth, *Law collections from Mesopotamia and Asia Minor*, Atlanta: Scholars Press, 1995, 16–17.
2. 背景は以下を参照。Amanda H. Podamy, *The ancient Near East: a very short introduction*, Oxford University Press, 2014.
3. Podamy, *Ancient Near East*, 33.
4. Jerrold S. Cooper, *Sumerian and Akkadian royal inscriptions*, vol. 1, New Haven, CT: American Oriental Society, 1986.
5. 後世のジムリ・リム王に対して神々に仕える預言者が勧告した記録は以下に示されている。Roth, *Law collections*, 5.
6. ハンムラビ法典は以下に掲載・解釈されている。Roth, *Law collections*, 71–142; Jean Bottéro, *Mesopotamia: writing, reasoning, and the gods*, trans. Z. Bahrani and M. Van De Mieroop, Chicago: University of Chicago Press,

and I. N. Wood (eds), *Early medieval kingship*, Leeds: University of Leeds, School of History, 1977.
———. *The making of English law: King Alfred to the twelfth century*, Oxford: Blackwell, 1999.
Zaring, David. 'Finding legal principle in global financial regulation', *Virginia Journal of International Law* 52: 683–722, 2012.
Zhang, Taisu, and Tom Ginsburg, 'China's turn toward law', *Virginia Journal of International Law* 59: 277–361, 2019.
Zimmerman, Michael. 'Only a fool becomes a king: Buddhist stances on punishment', in *Buddhism and violence*, Lumbini, Nepal: Lumbini International Research Institute, 2006.

Thomson, E. P. *Whigs and hunters: the origin of the Black Act*, London: Allen Lane, 1975.

Thomson, Robert. *The Lawcode (Datastanagirk') of Mxit'ar Goš*, Amsterdam: Rodopi, 2000.

Tubbs, J. W. *The common law mind: medieval and early modern conceptions*, Baltimore: Johns Hopkins University Press, 2000.

Usher, Roland G. 'James I and Sir Edward Coke', *English Historical Review* 18: 664–75, 1903.

Vajpey, Ananya. 'Excavating identity through tradition: Who was Shivaji?', in S. Saberwal and S. Varma (eds), *Traditions in Motion*, Oxford University Press, 2005.

———. '*Śudradharma* and legal treatments of caste', in Timothy Lubin, Donald R. Davis, and Jayanth K. Krishnan (eds), *Hinduism and law: an introduction*, Cambridge University Press, 2010.

Van Gulik, R. H. *T'ang-yin-pi-shih: 'parallel cases from under the pear tree'*, Leiden: Brill, 1956.

Vogel, Frank E. *Islamic law and legal system: studies of Saudi Arabia*, Leiden: Brill, 2000.

Wählisch, Martin. 'Normative limits of peace negotiations: questions, guidance and prospects', *Global Policy* 7: 261– 66, 2016.

Walbank, F. W. 'A Greek looks at Rome: Polybius VI revisited', in *Polybius, Rome and the Hellenistic world: essays and reflections*, Cambridge University Press, 2002.

Wansharisi, Ahmad al-. *Al-mi'yar al-mu'rib wa-l-jami' al-mughrib 'an fatawi 'ulama' Ifriqiya wa-l-Andalus wa-lMaghrib*, M. Hajji (ed.) Rabat, Morocco: Wizarat al-Awqaf wa-l-Shu'un al-Islamiyah lil-Mamlakah al-Maghribiyah, 1981–1983.

Washbrook, D. A. 'Law, state and agrarian society in colonial India', *Modern Asian Studies* 15: 649–721, 1981.

Watson, Alan. *Law making in the later Roman Republic*, Oxford: Clarendon Press, 1974.

———. *Legal transplants: an approach to comparative law*, Charlottesville: University Press of Virginia, 1974.

———. *The evolution of Western private law*, Baltimore: Johns Hopkins University Press, 1985.

———. *Sources of law, legal change, and ambiguity*, Edinburgh: T&T Clark, 1985.

———. *The spirit of Roman law*, Athens: University of Georgia Press, 1995.

Wells, Elizabeth. 'Civil litigation in the High Court of Admiralty, 1585–1595', in Christopher Brooks and Michael Lobban (eds), *Communities and courts in Britain, 1150–1900*, London: Hambledon Press, 1997.

Westbrook, Raymond. *Rome of the XII Tables: persons and property*, Princeton, NJ: Princeton University Press, 1975.

———. *Sources of law, legal change, and ambiguity*, Edinburgh: T&T Clark, 1985.

———. 'The nature and origins of the Twelve Tables', *Zeitschrift der Savigny-Stiftung für Rechtsgeschichte* 105: 74–121, 1988.

———. 'Barbarians at the gates: Near Eastern law in ancient Greece', in Westbrook, *Ex Oriente lex: Near Eastern influences on ancient Greek and Roman law*, ed. D. Lyons and K. Raaflaub, Baltimore: Johns Hopkins University Press, 2015.

Wezler, Albrecht. 'Dharma in the Veda and the Dharmaśāstras', *Journal of Indian Philosophy* 32: 629–54, 2004.

Whitman, James Q. *The origins of reasonable doubt: theological roots of the criminal trial*, New Haven, CT: Yale University Press, 2008.

———. 'The world historical significance of European legal history: an interim report', in H. Pihlajamäki, M. D. Dubber, and M. Godfrey (eds), *The Oxford handbook of European legal history*, Oxford University Press, 2018.

Wickham, Chris. 'Land disputes and their social framework in Lombard-Carolingian Italy, 700–900', in W. Davies and P. Fouracre (eds), *The settlement of disputes in early medieval Europe*, Cambridge University Press, 1986.

Williamson, Callie. *The laws of the Roman people: public law in the expansion and decline of the Roman Republic*, Ann Arbor: University of Michigan Press, 2005.

Wilson, Richard A. *Human rights, culture and context: anthropological perspectives*, London: Pluto Press, 1997.

———. 'Judging history: the historical record of the International Criminal Tribunal for the Former Yugoslavia', *Human Rights Quarterly* 27: 908–42, 2005.

Wormald, Patrick. 'Lex scripta and *verbum regis*: legislation and Germanic kingship from Euric to Cnut', in P. H. Sawyer

community and justice, Oxford University Press, 2014.

Scheidel, Walter. 'Italian manpower', *Journal of Roman Archaeology* 26 : 678–87, 2013.

Schuhmacher, Jacques. 'The war criminals investigate', DPhil. diss., University of Oxford, 2017.

Scott, James C. *The art of not being governed : an anarchist history of upland Southeast Asia*, New Haven, CT : Yale University Press, 2009. ［ジェームズ・C・スコット、2013 年『ゾミア：脱国家の世界史』佐藤 仁監修・訳、池田一人、今村真央、久保忠行、田崎郁子、内藤大輔、中井 仙丈訳、みすず書房］

Secret Barrister. *Fake law : the truth about justice in an age of lies*, London : Pan Macmillan, 2020.

Segal, Peretz. 'Jewish law during the Tannaitic period', in N. S. Hecht, B. S. Jackson, S. M. Passamaneck, D. Piattelli, and A. M. Rabello (eds), *An introduction to the history and sources of Jewish law*, Oxford : Clarendon Press, 1996.

Seidel, Anna. 'Traces of Han religion in funerary texts found in tombs', in Akizuki Kanei (ed.) *Dōkyō to shūkyō bunka*, Tokyo : Hirakawa, 1987. ［秋月観暎編、1987 年『道教と宗教文化』平河出版社］

Sen, Amartya. 'Human rights and Asian values : what Kee Kuan Yew and Le Peng don't understand about Asia', *New Republic* 217, nos. 2–3 : 33–40, 1997.

Sharpe, Richard. 'Dispute settlement in medieval Ireland', in Wendy Davies and Paul Fouracre (eds), *Settlement of disputes in early medieval Europe*, Cambridge University Press, 1986.

Shaw, Rosalind. 'Linking justice with reintegration? Ex-combatants and the Sierra Leone experiment', in R. Shaw and L. Waldorf (eds), *Localizing transitional justice : interventions and priority after mass violence*, Stanford, CA : Stanford University Press, 2010.

Sherman, Charles. 'A brief history of medieval Roman canon law in England', *University of Pennsylvania Law Review* 68 : 223–58, 1920.

Sherwin-White, A. N. 'The *Lex Repetundarum* and the political ideas of Gaius Gracchus', *Journal of Roman Studies* 72 : 18–31, 1982.

Silverstein, Adam J. *Islamic history : a very short introduction*, Oxford University Press, 2010. Singha, Radhika. *A despotism of law : crime and justice in early colonial India*, Delhi : Oxford University Press, 1998. Skosey, Laura. 'The legal system and legal traditions of the Western Zhou (ca. 1045–71 B.C.E.)', PhD diss., University of Chicago, 1996.

Skovgaard-Petersen, Jakob. *Defining Islam for the Egyptian state : muftis and fatwas of the Dār al-Iftā*, Leiden : Brill, 1997.

Smith, David Chan. *Sir Edward Coke and the reformation of the laws : religion, politics and jurisprudence, 1578–1616*, Cambridge University Press, 2014.

Sommer, Matthew H. *Polyandry and wife-selling in Qing dynasty China : survival strategies and judicial interventions*, Berkeley : University of California Press, 2015.

Stacey, Robin Chapman. *The road to judgment : from custom to court in medieval Ireland and Wales*, Philadelphia : University of Pennsylvania Press, 1994. Stein, Aurel. *Ruins of desert Cathay : personal narrative of explorations in Central Asia and westernmost China*, London : Macmillan, 1912.

Stein, Peter. *Roman law in European history*, Cambridge University Press, 1999. ［ピーター・スタイン、2003 年『ローマ法とヨーロッパ』屋敷二郎監訳、関良徳、藤本幸二訳、ミネルヴァ書房］

Stevenson, Jane. 'The beginnings of literacy in Ireland', *Proceedings of the Royal Irish Academy of Archaeology, Culture, History, and Literature* 89C : 127–65, 1989.

Stiles, Erin E. *An Islamic court in context : an ethnographic study of judicial reasoning*, London : Palgrave Macmillan, 2009.

Strakosch, Henry E. *State absolutism and the rule of law : the struggle for the codification of civil law in Austria, 1753– 1811*, Sydney : Sydney University Press, 1967. Summerson, H. R. T. 'The structure of law enforcement in thirteenth century England', *American Journal of Legal History* 23 : 313–27, 1979.

Tarwacka, Anna J.W. 'Lex Aebutia', in the *Oxford classical dictionary*, 5th ed. Oxford University Press, 2019.

Thapar, Romila. *From lineage to state : social formations of the mid-first millennium bc in the Ganga Valley*, Bombay : Oxford University Press, 1984.

Thayer, James. *A preliminary treatise on evidence at the common law*, Boston : Little, Brown, 1898.

Thomas, Yan. 'Fictio Legis : L'empire de la fiction Romaine et ses limites Médiévales', *Droits* 21 : 17–63, 1995.

———. 'Wael B. Hallaq on the origins of Islamic law: a review essay', *Islamic Law and Society* 17: 126–57, 2010.

Prichard, M. J., and D. E. C. Yale, *Hale and Fleetwood on admiralty jurisdiction*, London: Selden Society, 1993.

Rabb, Intisar A. '"Reasonable doubt" in Islamic law', *Yale Journal of International Law* 40: 41–94, 2015.

Radding, Charles M. *The origins of medieval jurisprudence: Pavia and Bologna, 850–1150*, New Haven, CT: Yale University Press, 1988.

Radu, Roxana. *Negotiating Internet governance*, Oxford University Press, 2019.

Ray, Rajat Kanta. 'Indian society and the establishment of British supremacy, 1765–1818', in P. J. Marshall and A. Low (eds), *The Oxford history of the British Empire*, vol. 2, Oxford University Press, 1998.

Razi, Zvi, and Richard M. Smith. 'The origins of the English manorial court rolls as a written record: a puzzle', in Z. Razi and R. M. Smith, *Medieval society and the manor court*, Oxford: Clarendon Press, 1996.

Renard, Étienne. '*Le pactus legis Salicae*, règlement militaire Romain ou code de lois compilé sous Clovis?', *Bibliotèque de l'École des chartes* 167: 321–52, 2009.

Revkin, Mara. 'Does the Islamic state have a "social contract"? Evidence from Iraq and Syria', Working paper no. 9, Program on Governance and Local Development, University of Gothenburg, 2016.

Reyerson, Kathryn L. 'Commercial law and merchant disputes: Jacques Coeur and the law of marque', *Medieval Encounters* 9: 244–55, 2003.

Richardson, M. E. J. *Hammurabi's laws: text, translation, glossary*, Sheffield, UK: Sheffield Academic Press, 2000.

Rio, Alice. *Legal practice and the written word in the early Middle Ages: Frankish formulae, c. 500–1000*, Cambridge University Press, 2009.

Roberts, John M. 'Oaths, autonomic ordeals, and power', *American Anthropologist* 67, no. 6, pt. 2: 186–212, 1965.

Roebuck, Derek, and Bruno de Loynes de Fumichon. *Roman arbitration*, Oxford: Holo Books, 2004.

Roper, Albert. 'The organization and program of the international commission for air navigation (C.I.N.A.)', *Journal of Air Law and Commerce* 3: 167–78, 1932.

Ross, Richard J. 'The commoning of the common law: the Renaissance debate over printing English law, 1520–1640', *University of Pennsylvania Law Review* 146: 323–461, 1998.

Rossabi, Morris. *A history of China*, Chichester, UK: Wiley Blackwell, 2014.

Roth, Martha (ed.) *Law collections from Mesopotamia and Asia Minor*, Atlanta, GA: Scholars Press, 1995.

Ruotolo, Gianpaolo Maria. 'Fragments of fragments: The domain name system regulation. Global law or informalisation of the international legal order?', *Computer Law and Security Review* 33: 159–70, 2017.

Ruotuola, Markku. 'Of the working man: labour liberals and the creation of the ILO', *Labour History Review* 67: 29–47, 2002.

Rustow, Marina. *Heresy and the politics of community: the Jews of the Fatimid caliphate*, Ithaca, NY: Cornell University Press, 2008.

———. *The lost archive: traces of a caliphate in a Cairo synagogue*, Princeton, NJ: Princeton University Press, 2020.

Sabapathy, John. 'Regulating community and society at the Sorbonne in the late thirteenth century', in F. Pirie and J. Scheele (eds), *Legalism: community and justice*, Oxford University Press, 2014.

Sachs, Jeffrey Adam. 'Seeing like an Islamic state: shari'a and political power in Sudan', *Law and Society Review* 52: 630–51, 2018.

Saleh, Nabil. 'Civil codes of Arab countries: the Sanhuri codes', *Arab Law Quarterly* 8: 161–67, 1993.

Schacht, Joseph. *An introduction to Islamic law*, Oxford: Clarendon Press, 1964.

———. 'Problems of modern Islamic legislation', *Studia Islamica* 12: 99–129, 1960.

Scheele, Judith. 'A taste for law: rule-making in Kabylia (Algeria)', *Comparative Studies in Society and History* 50: 895–919, 2008.

———. 'Rightful measures: irrigation, land, and the shari'ah in the Algerian Touat', in P. Dresch and H. Skoda (eds), *Legalism: anthropology and history*, Oxford University Press, 2012.

———. 'Community as an achievement: Kabyle customary law and beyond', in F. Pirie and J. Scheele (eds), *Legalism:*

Mānava-Dharmásāstra, South Asia Research,, Oxford University Press, 2004.

Osanloo, Arzoo. *The politics of women's rights in Iran*, Princeton, NJ: Princeton University Press, 2009.

Pagden, Anthony. 'Human rights, natural rights, and Europe's imperial legacy', *Political Theory* 31: 171–99, 2003.

———. *Lords of all the world: ideologies of empire in Spain, Britain, and France, 1500–1800*, New Haven, CT: Yale University Press, 2005.

———. 'Law, colonization, legitimation, and the European background', in M. Grossberg and C. Tomlins (eds), *The Cambridge history of law in America*, vol. 1, Cambridge University Press, 2008.

Paoli, Letizia. *Mafia brotherhoods: organized crime, Italian style*, New York: Oxford University Press, 2003.

Pauwelyn, Joost, Ramses A. Wessel, and Jan Wouters. 'An introduction to informal international lawmaking', in *Informal international lawmaking*, Oxford University Press, 2012.

Pennington, Robert R. *Stannary law: a history of the mining law of Cornwall and Devon*, Newton Abbot, UK: David and Charles, 1973.

Peters, Lena. 'UNIDROIT', in the *Max Planck Encyclopedia of International Law*, 2017, https://opil.ouplaw.com/view/10.1093 /law:epil/9780199231690/law-9780199231690-e536.

Peters, Rudolph. 'Murder in Khaybar: some thoughts on the origins of the *qasāma* procedure in Islamic law', *Islamic Law and Society* 9: 132–67, 2002.

Pictet, Jean S. 'The new Geneva Conventions for the Protection of War Victims', *American Journal of International Law* 45: 462–75, 1951. Pirie, Fernanda. *Peace and conflict in Ladakh: the construction of a fragile web of order*, Leiden: Brill, 2007.

———. 'Legal dramas on the Amdo grasslands: abolition, transformation or survival?', in K. Buffetrille (ed.) *Revisiting rituals in a Changing Tibetan World*, Leiden: Brill, 2012.

———. 'The limits of the state: coercion and consent in Chinese Tibet', *Journal of Asian Studies* 72: 69–89, 2013.

———. 'Community, justice, and legalism: elusive concepts in Tibet', in F. Pirie and J. Scheele (eds), *Legalism: community and justice*, Oxford University Press, 2014.

———. 'Oaths and ordeals in Tibetan law', in D. Schuh (ed.) *Secular law and order in the Tibetan Highland*, Andiast, Switzerland: International Institute for Tibetan and Buddhist Studies, 2015.

———. 'Rules, proverbs, and persuasion: legalism and rhetoric in Tibet', in P. Dresch and J. Scheele (eds), *Legalism: rules and categories*, Oxford University Press, 2015.

———. 'The making of Tibetan law: the *Khrims gnyis lta ba'i me long*', in J. Bischoff, P. Maurer, and C. Ramble (eds), *On a day of a month of the fire bird year*, Lumbini, Nepal: Lumbini International Research Institute, 2020.

Pocock, J. G. A. *The ancient constitution and the feudal law: a study of English historical thought in the seventeenth century*, Cambridge University Press, 1987.

Podamy, Amanda H. *The ancient Near East: a very short introduction*, Oxford University Press, 2014.

Pollock, Frederick, and Frederic Maitland. *The history of English law before the time of Edward I*, 2nd ed. Cambridge University Press, 1898.

Pollock, Sheldon. *The language of the gods in the world of men: Sanskrit, culture, and power in premodern India*, Berkeley: University of California Press, 2006.

Polo, Marco. *The description of the world*, vol. 1, trans. A. C. Moule, compiler Paul Pelliot, London: Routledge, 1938. ［マルコ・ポーロ、ルスティケッロ・ダ・ピーサ、2013年『世界の記：「東方見聞録」対校訳』高田英樹訳、名古屋大学出版会］

Poos, L. R. 'Sex, lies and the church courts of pre-Reformation England', *Journal of Interdisciplinary History* 25: 585–607, 1995.

Postan, M. M. *Medieval trade and finance*, Cambridge University Press, 1973.

Potts, Charlotte R. 'The development and architectural significance of early Etrusco-Italic podia', *BABESCH* 86: 41–52, 2011.

Powers, David S. *Law, society, and culture in the Maghrib, 1300–1500*, Cambridge University Press, 2002.

Massoud, Mark Fathi. 'How an Islamic state rejected Islamic law', *American Journal of Comparative Law* 68 : 579–602, 2018.

McKitterick, Rosamond. *The Carolingians and the written word*, Cambridge University Press, 1989.

McKnight, Brian E. *The quality of mercy : amnesties and traditional Chinese justice*, Honolulu : University of Hawaii Press, 1981.

———. 'From statute to precedent', in *Law and the state in traditional East Asia : six studies on the sources of East Asian law*, Honolulu : University of Hawaii Press, 1987.

———. *Law and order in Sung China*, Cambridge University Press, 1992.

McKnight, Brian E., and James T.C. Liu, *The enlightened judgments : Ch'ing-ming Chi. The Sung dynasty collection*, Albany : State University of New York Press, 1999.

Merry, Sally Engle. 'Legal pluralism and transnational culture : the Ka Ho'okolokolonui Manaka Maoli tribunal, Hawai'i, 1993', in R. A. Wilson (ed.) *Human rights, culture and context : anthropological perspectives*, London : Pluto Press, 1997.

Messick, Brinkley. 'The mufti, the text and the world : legal interpretation in Yemen', *Man* 21 : 102–19, 1986.

———. *The calligraphic state : textual domination and history in a Muslim society*, Berkeley : University of California Press, 1993.

———. 'Media muftis : radio fatwas in Yemen', in M. K. Masud, B. Messick, and D. S. Powers (eds), *Islamic legal interpretation : muftis and their fatwas*, Cambridge, MA : Harvard University Press, 1996.

Meyer, Elizabeth A. *Legitimacy and law in the Roman world*, Cambridge University Press, 2004.

Miller, William Ian. 'Ordeal in Iceland', *Scandinavian Studies* 60 : 189–218, 1988.

———. *Bloodtaking and peacemaking : feud, law, and society in saga Iceland*, Chicago : Chicago University Press, 1990.

Millon, David. 'Ecclesiastical jurisdiction in medieval England', *University of Illinois Law Review* 1984 : 621–38.

Milsom, S. F. C. 'The Nature of Blackstone's Achievement', *Oxford Journal of Legal Studies* 1 : 1–12, 1981.

Mitchell, Richard E. *Patricians and plebeians : the origin of the Roman state*, Ithaca, NY : Cornell University Press, 1990.

Miyazaki, Ichisada. 'The administration of justice during the Sung dynasty', in J. R. Cohen, R. R. Edwards, and F-M. C. Chen (eds), *Essays on China's legal tradition*, Princeton, NJ : Princeton University Press, 1980.

Molyneaux, George. *The formation of the English kingdom in the tenth century*, Oxford University Press, 2015.

Moore, Sally Falk. 'Law and social change : the semi-autonomous social field as an appropriate subject of study', *Law and Society Review* 7 : 719–46, 1973.

Morriss, Andrew P. 'Codification and right answers', *Chicago-Kent Law Review* 74 : 355–92, 1999.

Moyn, Samuel. *The last utopia : human rights in history*, Cambridge, MA : Harvard University Press, 2001.

Murphy, Craig N. *International organization and industrial change : global governance since 1850*, Cambridge : Polity, 1994.

Murrin, John M. 'The legal transformation : the bench and bar of eighteenth-century Massachusetts', in S. N. Katz (ed.) *Colonial America : essays in politics and social development*, New York : Knopf, 1983.

Musson, Anthony. *Medieval law in context : the growth of legal consciousness from Magna Carta to the peasants' revolt*, Manchester University Press, 2001.

Musson, Anthony, and Edward Powell, *Crime, law, and society in the later Middle Ages*, Manchester University Press, 2013.

Myers, David N. *Jewish history : a very short introduction*, Oxford University Press, 2017.

Nelson, William E. *The common law in colonial America*, 4 vols., New York : Oxford University Press, 2008–2018.

Nichols, Lionel. *The international criminal court and the end of impunity in Kenya*, New York : Springer, 2015.

Offutt, William M. 'The Atlantic rules : the legalistic turn in colonial British America', in E. Mancke and C. Shammas (eds), *The creation of the British Atlantic world*, Baltimore : Johns Hopkins University Press, 2005.

Olivelle, Patrick. 'Manu and the Arthaśāstra : a study in Śāstric intertextuality', *Journal of Indian Philosophy* 32 : 281–91, 2004.

———. 'Dharmaśāstra : a textual history', in Timothy Lubin, Donald R. Davis, and Jayanth K. (eds), *Hinduism and law : an introduction*, Cambridge University Press, 2010.

Olivelle, Patrick, with the editorial assistance of Suman Olivelle. *Manu's code of law : a critical edition and translation of the*

Lavan, Myles. 'Slavishness in Britain and Rome in Tacitus' *Agricola*', *Classical Quarterly* 61 : 294–305, 2011.

———. 'The spread of Roman citizenship, 14–212 ce : quantification in the face of high uncertainty', *Past and Present* 230 : 3–46, 2016.

Legge, James. *The Chinese classics*, vol. 3, Hong Kong : Hong Kong University Press, 1960.

Lemmings, David (ed.) *The British and their laws in the eighteenth century*, Woodbridge, UK : Boydell Press, 2005.

———. *Law and government in England during the long eighteenth century : from consent to command*, Basingstoke, UK : Palgrave Macmillan, 2011.

Lemons, Katherine. *Divorcing traditions : Islamic marriage law and the making of Indian secularism*, Ithaca, NY : Cornell University Press, 2019.

Lev, Daniel S. 'Colonial law and the genesis of the Indonesian state', *Indonesia* 40 : 57–74, 1985.

Leve, Lauren. '"Secularism is a human right" : double binds of Buddhism, democracy and identity in Nepal', in M. Goodale and S. E. Merry (eds), *The practice of human rights : tracking law between the global and the local*, Cambridge University Press, 2007.

Libson, Gideon. 'Halakhah and law in the period of the Geonim', in N. S. Hecht, B. S. Jackson, S. M. Passamaneck, D. Piattelli, and A. M. Rabello (eds), *An introduction to the history and sources of Jewish law*, Oxford : Clarendon Press, 1996.

Lindsay, David. *ICANN and international domain law*, Oxford : Hart, 2007.

Lingat, Robert. *The classical law of India*, trans. D. Derrett, Berkeley : University of California Press, 1973.

Lintott, Andrew. *The constitution of the Roman Republic*, Oxford : Clarendon Press, 1999.

Lippert, Sandra. 'Law (definitions and codification)', in E. Frood and W. Wendrich (eds), *UCLA Encyclopedia of Egyptology*, Los Angeles, 2012, https://escholarship.org/uc/item /0mr4h4fv.

Lipsett-Rivera, Sonya. 'Law', in D. Carrasco (ed.) *The Oxford encyclopedia of Mesoamerican cultures*, Oxford University Press, 2001.

Liu, Yongping. *Origins of Chinese law : penal and administrative law in its early development*, Hong Kong : Oxford University Press, 1998.

Lobban, Michael. 'Custom, nature, and judges : high law and low law in England and the empire', in D. Lemmings (ed.) *The British and their laws in the eighteenth century*, Woodbridge, UK : Boydell Press, 2005.

Lomas, Kathryn. *The rise of Rome : from the Iron Age to the Punic Wars (1000–264 bc)*, London : Profile Books, 2017.

Lopez, Robert S., and Irving W. Raymond. *Medieval trade in the Mediterranean world : illustrative documents*, London : Geoffrey Cumberlege, 1955.

Lubin, Timothy. 'Punishment and expiation : overlapping domains in Brahmanical law', *Indologica Taurinensia* 33 : 93–122, 2007.

Lubin, Timothy, Donald R. Davis, and Jayanth K. Krishnan (eds), *Hinduism and law : an introduction*, Cambridge University Press, 2010.

MacCormack, Geoffrey. 'Law and punishment in the earliest Chinese thought', *Irish Jurist* 20 : 335–51, 1985.

———. 'The transmission of penal law from the Han to the Tang', *Revue des droits de l'antiquité* 51 : 47–83, 2004.

Macnair, Mike. 'Institutional taxonomy, Roman forms and English lawyers in the 17th and 18th centuries', in Pierre Bonin, Nader Hakim, Fara Nasti, and Aldo Schiavone (eds), *Pensiero giuridico occidentale e giuristi Romani : eredita e genealogie*, Turin, Italy : Giappichelli, 2019.

Mahmood, Saba. *Politics of piety : the Islamic revival and the feminist subject*, Princeton, NJ : Princeton University Press, 2005.

Mahsoudian, Krikor. 'Armenian communities in eastern Europe', in R. Hovannisian (ed.) *The Armenian people from ancient to modern times*, vol. 1, Los Angeles : University of California Press, 1997.

Maier, Pauline. *American scripture : making the Declaration of Independence*, New York : Knopf, 1997.

Maitland, F. W. *Select pleas in manorial and other seignorial courts*, vol. 1, *Reigns of Henry III and Edward I*, Selden Society, London : B. Quaritch, 1889.

and their judgements, Leiden : Brill, 2006.

Johnson, Wallace. *The T'ang code*, 2 vols., Princeton, NJ : Princeton University Press, 1979–1997.

Kaiser, Daniel H. *The laws of Rus': tenth to fifteenth centuries*, Salt Lake City : C. Schlacks, 1992.

Katz, Paul R. *Divine justice : religion and the development of Chinese legal culture*, London : Routledge, 2009.

Kay, Philip. *Rome's economic revolution*, Oxford University Press, 2014.

Kaye, J. M. 'The early history of murder and manslaughter, part 1', *Law Quarterly Review* 83 : 365–95, 1967.

Kelley, Donald R. 'What pleases the prince : Justinian, Napoleon, and the lawyers', *History of Political Thought* 23 : 288–302, 2002. Kelly, Fergus. *A guide to early Irish law*, Dublin : Institute for Advanced Studies, 1988.

———. *Early Irish farming : a study based mainly on the lawtexts of the 7th and 8th centuries ad*, Dublin : Institute for Advanced Studies, 1997.

———. *Marriage disputes : a fragmentary Old Irish law-text*, Dublin : Institute for Advanced Studies, 2014.

Kelly, Tobias. 'Prosecuting human rights violations : universal jurisdiction and the crime of torture', in M. Goodale (ed.) *Human rights at the crossroads*, Oxford University Press, 2013.

Kemper, Michael. 'Communal agreements (*ittifāqāt*) and *'ādāt*books from Daghestani villages and confederacies (18th–19th centuries)', *Der Islam : Zeitschrift für Geschichte und Kultur des islamischen Orients* 81 : 115–49, 2004.

———. '*Adat* against *shari'a* : Russian approaches toward Daghestani "customary law" in the 19th century', *Ab Imperio*3 : 147–72, 2005.

King, Steven. *Writing the lives of the English poor, 1750s–1830s*, Montreal : McGill-Queen's University Press, 2019.

Kolsky, Elizabeth. 'The colonial rule of law and the legal regime of exception : frontier "fanaticism" and state violence in British India', *American Historical Review* 120 : 1218–46, 2015.

Konig, David. *Law and society in Puritan Massachusetts : Essex County, 1629–1692*, Chapel Hill : University of North Carolina Press, 1979.

———. '"Dale's Laws" and the non-common law origins of criminal justice in Virginia', *American Journal of Legal History* 26 : 354–75, 1982.

Koskenniemi, Martii. *The gentle civilizer of nations : the rise and fall of international law, 1870–1960*, Cambridge University Press, 2001.

———. 'What is international law for ?', in Malcom Evans (ed.) *International law*, Oxford University Press, 2003.

———. 'Fragmentation of international law : difficulties arising from the diversification and expansion of international law, a report of the study group of the UN's International law commission', 2006.

———. 'Expanding histories of international law', *American Journal of Legal History* 56 : 104–12, 2016.

Kozloff, P. K. Through eastern Tibet and Kam, *Geographical Journal* 31 : 522–34, 1908.

Krakowski, Eve, and Marina Rustow, 'Formula as content : medieval Jewish institutions, the Cairo geniza, and the new diplomatics', *Jewish Social Studies : History, Culture, Society* 20 : 111–46, 2014.

Kulke, Hermann, and Dietmar Rothermund. *A history of India*, London : Routledge, 1986.

Lambert, Tom. *Law and order in Anglo-Saxon England*, Oxford University Press, 2017.

Lane Fox, Robin. *The classical world : an epic history of Greece and Rome*, London : Folio Society, 2013.

Langbein, John H. *The origins of adversary criminal trial*, Oxford University Press, 2005.

Lantschner, Patrick. 'Justice contested and affirmed : jurisdiction and conflict in late medieval Italian cities', in F. Pirie and J. Scheele (eds), *Legalism : community and justice*, Oxford University Press, 2014.

Lariviere, Richard W. *The Divyatattva of Raghunandana Bhattācārya : ordeals in classical Hindu law*, New Delhi : Manohar, 1981.

———. 'A Sanskrit jayapattra from 18th century Mithilā', in R. W. Lariviere (ed.) *Studies in dharmaśāstra*, Calcutta : Firma KLM, 1984.

Latty, Franck. *La lex sportiva : recherche sur le droit transnational*, Leiden : Brill, 2007.

Lau, Ulrich, and Thies Staack. *Legal practice in the formative stages of the Chinese Empire : an annotated translation of the exemplary Qin criminal cases from the Yuelu Academy collection*, Leiden : Brill, 2016.

Helmholz, R. H. 'Crime, compurgation and the courts of the medieval church', *Law and History Review* 1 : 1–26, 1983.

Henderson, Edith G. *Foundations of English administrative law : certiorari and mandamus in the seventeenth century*, Cambridge, MA : Harvard University Press, 1963.

Henretta, James A. 'Magistrates, common law lawyers, legislators : the three legal systems of British America', in M. Grossberg and C. Tomlins (eds), *The Cambridge history of law in America*, vol. 1, *Early America (1580–1815)*, Cambridge University Press, 2008.

Hill, Nathan. 'The *sku-bla* rite in imperial Tibetan religion', *Cahiers d'Extrême-Asie* 24 : 49–58, 2015.

Hirsch, Susan F. *Pronouncing and persevering: gender and the discourses of disputing in an African Islamic court*, Chicago : University of Chicago Press, 1998.

Hodgson, Marshall G.S. *The venture of Islam : conscience and history in a world civilization*, 3 vols., Chicago : University of Chicago Press, 1974.

Honoré, Tony. *Emperors and lawyers*, 2nd ed. Oxford : Clarendon Press, 1994.

———. *Law in the crisis of empire, 379–455 ad : the Theodosian dynasty and its quaestors*, Oxford : Clarendon Press, 1998.

———. 'Roman law ad 200–400 : from cosmopolis to Rechtstaat?', in S. Swain and M. Edwards (eds), *Approaching late antiquity : the transformation from early to late empire*, Oxford University Press, 2006.

Hooker, M. B. *Adat law in modern Indonesia*, Kuala Lumpur : Oxford University Press, 1978.

Huang, Philip. *Civil justice in China : representation and practice in the Qing*, Stanford, CA : Stanford University Press, 1996.

———. 'The past and present of the Chinese civil and criminal justice systems : the Sinitic legal tradition from a global perspective', *Modern China* 42 : 227–72, 2016.

Hudson, John. *The formation of the English common law : law and society in England from the Norman conquest to Magna Carta*, London : Longman, 1996.

Hulsebosch, Daniel J. 'The ancient constitution and the expanding empire : Sir Edward Coke's British jurisprudence', *Law and History Review* 21 : 439–82, 2003.

Hutton, Jeremy M., and C. L. Crouch. 'Deuteronomy as a translation of Assyrian treaties', *Hebrew Bible and Ancient Israel* 7 : 201–52, 2018.

Hyams, Paul. 'Trial by ordeal : the key to proof in the early common law', in Morris S. Arnold, Thomas A. Green, Sally A. Scully, and Stephen D. White (eds), *On the laws and customs of England : essays in honor of Samuel E. Thorne*, Chapel Hill : University of North Carolina Press, 1981.

———. 'What did Edwardian villagers understand by "law"?', in Z. Razi and R. M. Smith, *Medieval society and the manor court*, Oxford : Clarendon Press, 1996.

———. 'Due process versus the maintenance of order in European law : the contribution of the *ius commune*', in P. Coss (ed.) *The moral world of the law*, Cambridge University Press, 2000.

Ibbetson, David. 'Sources of law from the Republic to the Dominate', in D. Johnston (ed.) *The Cambridge companion to Roman law*, Cambridge University Press, 2015.

Ingram, Martin. '"Popular" and "official" justice : punishing sexual offenders in Tudor London', in F. Pirie and J. Scheele (eds), *Legalism : community and justice*, Oxford University Press, 2014.

Innes, Matthew. 'Charlemagne's government', in J. Storey (ed.) *Charlemagne : empire and society*, Manchester University Press, 2005.

Jackson, Bernard S. *Wisdom laws : a study of the Mishpatim of Exodus 21:1–22:16*, Oxford University Press, 2006.

Jóhannesson, Jón. *A history of the old Icelandic commonwealth : Islendinga saga*, trans. H. Bessason, Winnipeg : University of Manitoba Press, 1974.

Johansen, Baber. 'Vom Wort-zum Indizienbeweis : die Anermerkung der richterlichen Folter in islamischen Rechtsdoktrinen des 13. und 14. Jahrhunderts', *Ius commune* 28 : 1–46, 2001.

———. 'The constitution and the principles of Islamic normativity against the rules of fiqh : a judgment of the Supreme Constitutional Court of Egypt', in M. K. Masud, R. Peters, and D. S. Powers (eds), *Dispensing justice in Islam : qadis*

the Cairo Geniza, 6 vols., Berkeley: University of California Press, 1967–1993.
———. *A Mediterranean society: an abridgment in one volume*, Jacob Lassner (ed.) Berkeley: University of California Press, 1999.
Goldstein, Melvyn. *A History of modern Tibet, 1913–1951: the demise of the lamaist state*, Berkeley: University of California Press, 1989.
Gombrich, Richard. *Theravada Buddhism: a social history from ancient Benares to modern Colombo*, London: Routledge and Kegan Paul, 1988. ［リチャード・F・ゴンブリッチ、2005年『インド・スリランカ上座仏教史：テーラワーダの社会』森祖道、山川一成訳，春秋社］
Goodall, Kay. 'Incitement to racial hatred: all talk and no substance?', *Modern Law Review* 70: 89–113, 2007.
Graeber, David. *Debt: the first 5,000 years*, New York: Melville House, 2011.
Green, Thomas A. 'Societal concepts of criminal liability for homicide in mediaeval England', *Speculum* 4: 669–95, 1972.
Greenridge, A. H. J. *The legal procedure of Cicero's time*, Oxford: Clarendon Press, 1901.
Greif, Avner. 'Reputation and coalitions in medieval trade: evidence on the Maghribi traders', *Journal of Economic History* 49: 857–82, 1989.
Guha, Ranajit. *A rule of property for India*, Paris: Mouton, 1963.
Gurukhal, Rajan. 'From clan to lineage to hereditary occupations and caste in early south India', *Indian Historical Review* 20: 22–33, 1993–1994.
Hallaq, Wael B. 'Was the gate of *ijtihad* closed?', *International Journal of Middle East Studies* 16: 3–41, 1984.
———. 'On the origins of the controversy about the existence of mujtahids and the gate of ijtihad', *Studia Islamica* 63: 129–41, 1986.
———. *The origins and evolution of Islamic law*, Cambridge University Press, 2005.
———. *An introduction to Islamic law*, Cambridge University Press, 2009.
———. *Sharī'a: theory, practice, transformations*, Cambridge University Press, 2009.
———. *The impossible state: Islam, politics, and modernity's moral predicament*, New York: Columbia University Press, 2013.
Halliday, Terence C., and Gregory Shaffer. *Transnational legal orders*, Cambridge University Press, 2015.
Halpérin, Jean-Louis. *L'impossible Code Civil*, Paris: Presses universitaires de France, 1992.
Hamoudi, Haider Ala. 'The death of Islamic law', *Georgia Journal of International and Comparative Law* 38: 293–338, 2010.
Hansen, Valerie. *Negotiating daily life in traditional China: how ordinary people used contracts, 600–1400*, New Haven, CT: Yale University Press, 1995.
Hardt, Michael, and Antonio Negri. *Empire*, Cambridge, MA: Harvard University Press, 2000. ［アントニオ・ネグリ、マイケル・ハート、2003年『帝国：グローバル化の世界秩序とマルチチュードの可能性』水嶋一憲、酒井隆史、浜邦彦、吉田俊実訳、以文社］
Haring, C. H. *The Spanish Empire in America*, New York: Oxford University Press, 1947.
Harper, Donald. 'Resurrection in Warring States popular religion', *Taoist Resources* 5, no. 2: 13–28, 1994.
Harries, Jill. *Cicero and the jurists: from citizens' law to the lawful state*, London: Duckworth, 2006.
Harrington, Hannah. 'Persian law', in B. A. Strawn (ed.) *The Oxford encyclopedia of the Bible and law*, Oxford University Press, 2015.
Harrison, Christopher. 'Manor courts and the governance of Tudor England', in Christopher Brooks and Michael Lobban (eds), *Communities and courts in Britain, 1150–1900*, London: Hambledon Press, 1997.
Hart, Cyril. *The verderers and the forest laws of Dean*, Newton Abbot, UK: David and Charles, 1971.
Hart, James S. *The rule of law, 1603–1660*, Harlow, UK: Pearson Longman, 2003.
Heather, Peter. *The fall of the Roman Empire: a new history of Rome and the barbarians*, Oxford University Press, 2005.
Hecht, N. S., B. S. Jackson, S. M. Passamaneck, D. Piattelli, and A. M. Rabello (eds), *An introduction to the history and sources of Jewish law*, Oxford: Clarendon Press, 1996.

Sciences Sociales, 2006.
———. 'Outlawry, exile, and banishment: reflections on community and justice', in F. Pirie and J. Scheele (eds), *Legalism: community and justice*, Oxford University Press, 2014.
Drew, Katherine Fischer. *The Lombard laws*, London: Variorum Reprints, 1988.
———. *The laws of the Salian Franks*, Philadelphia: University of Pennsylvania Press, 1991.
Duggan, Anne J. 'Roman, canon, and common law in twelfth century England: the council of Northampton (1164) reexamined', *Institute of Historical Research* 83: 379–408, 2009.
Ebrey, Patricia Buckley. *Cambridge illustrated history of China*, 2nd ed. Cambridge University Press, 2010.
Ekvall, Robert B. 'The nomadic pattern of living among the Tibetans as preparation for war', *American Anthropologist* 63: 1250–63, 1961.
———. 'Peace and war among the Tibetan nomads', *American Anthropologist* 66: 1119–48, 1964.
———. *Fields on the hoof*, Prospect Heights, IL: Waveland, 1968.
Emon, Anver M. 'Islamic law and finance', in A. M. Emon and R. Ahmed (eds), *The Oxford handbook of Islamic law*, Oxford University Press, 2018.
Evans-Pritchard, E. E. *Witchcraft, oracles, and magic among the Azande*, Oxford: Clarendon Press, 1937.
Eyre, Christopher. *The use of documents in Pharaonic Egypt*, Oxford University Press, 2013.
Faulkner, Thomas. *Law and authority in the early Middle Ages*, Cambridge University Press, 2016.
Fernández Castro, Ana Belem. 'A transnational empire built on law: the case of the commercial jurisprudence of the House of Trade of Seville (1583–1598)', in T. Duve (ed.) *Entanglements in legal history: conceptual approaches*, Frankfurt: Max Planck Institute for European Legal History, 2014.
Fitzpatrick, Peter. *The mythology of modern law*, London: Routledge, 1992.
Fraher, Richard M. 'The theoretical justification for the new criminal law of the High Middle Ages: "rei publicae interest, ne crimina remaneant impunita"', *University of Illinois Law Review*, 577–95, 1984.
Franklin, Simon. *Writing, society and culture in early Rus, c. 950–1300*, Cambridge University Press, 2002.
———. 'On meanings, functions and paradigms of law in early Rus', *Russian History* 34: 63–81, 2007.
Franklin, Simon, and Jonathan Shepard. *The emergence of Rus, 750–1200*. London: Longman, 1996.
Frier, Bruce W. *The rise of the Roman jurists: studies in Cicero's* 'pro Caecina', Princeton, NJ: Princeton University Press, 1985.
———. 'Finding a place for law in the high empire', in F. de Angelis (ed.) *Spaces of justice in the Roman world*, Leiden: Brill, 2010.
Galanter, Marc. 'The displacement of traditional law in modern India', in *Law and society in modern India*, Delhi: Oxford University Press, 1989.
Gambetta, Diego. *The Sicilian mafia: the business of private protection*, Cambridge, MA: Harvard University Press, 1993.
———. *Codes of the underworld: how criminals communicate*, Princeton, NJ: Princeton University Press, 2009.
Gammer, Moshe. *Muslim resistance to the tsar: Shamil and the conquest of Chechnia and Daghestan*, London: Cass, 1994.
Geertz, Clifford. *The interpretation of cultures*, New York: Basic Books, 1973.
———. 'Local knowledge: fact and law in comparative perspective', in *Local knowledge*, New York: Basic Books, 1983.
Gernet, Jacques. *Daily life in China on the eve of the Mongol invasion, 1250–1276*, London: Allen and Unwin, 1962. [J・ジェルネ、1990年『中国近世の百万都市：モンゴル襲来前夜の杭州』栗本一男訳、平凡社]
Gerreits, Marilyn. 'Economy and society: clientship in the Irish laws', *Cambridge Medieval Celtic Studies* 6: 43–61, 1983.
———. 'Money in early Christian Ireland', *Comparative Studies in Society and History* 27: 323–39, 1985.
Ghai, Yash. 'Human rights and governance: the Asia debate', *Australian Year Book of International Law* 15: 1–34, 1994.
Goddard, Richard, and Teresa Phipps. *Town courts and urban society in late medieval England*, 1250–1500, Woodbridge, UK: Boydell and Brewer, 2019.
Godfrey, Mark. *Civil justice in renaissance Scotland: the origins of a central court*, Leiden: Brill, 2009.
Goitein, Shelomo Dov. *A Mediterranean society: the Jewish communities of the Arab world as portrayed by the documents of*

Cornell, Tim. *The beginnings of Rome: Italy and Rome from the Bronze Age to the Punic Wars (c. 1000–264 bc)*, London: Routledge, 1995.

Cotran, Eugene. 'African conference on local courts and customary law', *Journal of Local Administration Overseas* 4: 128–33, 1965.

Cowe, Peter. 'Medieval Armenian Literary and Cultural Trends', in R. Hovannisian (ed.) *The Armenian people from ancient to modern times*, vol. 1, Los Angeles: University of California Press, 1997.

Craven, Matthew. 'Colonialism and domination', in B. Fassbender and A. Peters (eds), *The Oxford handbook of the history of international law*, Oxford University Press, 2012.

Crawford, M. H. *Roman statutes*, vol. 2, London: Institute of Classical Studies, School of Advanced Study, University of London, 1996.

Cromartie, Alan. *Sir Matthew Hale, 1609–1676: law, religion and natural philosophy*, Cambridge University Press, 1995.

———. *The constitutionalist revolution: an essay on the history of England, 1450–1642*, Cambridge University Press, 2006.

Dahm, G. 'On the reception of Roman and Italian law in Germany', in G. Strauss (ed.) *Pre-Reformation Germany*, New York: Harper and Row, 1972.

Davis, Donald R. 'Recovering the indigenous legal traditions of India: classical Hindu law in practice in late medieval Kerala', *Journal of Indian Philosophy* 27: 159–213, 1999.

———. 'Intermediate realms of law: corporate groups and rulers in medieval India', *Journal of the Economic and Social History of the Orient* 48: 92–117, 2005.

———. 'A historical overview of Hindu law', in Timothy Lubin, Donald R. Davis, and Jayanth K. Krishnan (eds), *Hinduism and law: an introduction*, Cambridge University Press, 2010.

———. *The spirit of Hindu law*, Cambridge University Press, 2010.

———. 'Centres of law: duties, rights, and jurisdictional pluralism in medieval India', in P. Dresch and H. Skoda (eds), *Legalism: anthropology and history*, Oxford University Press, 2012.

———. 'Responsa in Hindu law: consultation and lawmaking in medieval India', *Oxford Journal of Law and Religion* 3: 57–75, 2014.

Davison, Lee, T. Hitchcock, T. Keim, and R. Shoemaker (eds), *Stilling the grumbling hive: the response to social and economic problems in England, 1689–1750*, London: St. Martin's Press, 1992.

Démare-Lafont, Sophie. 'Judicial decision-making: judges and arbitrators', in K. Radner and E. Robson (eds), *The Oxford handbook of cuneiform culture*, Oxford University Press, 2011.

———. 'Law I', in *Encyclopedia of the Bible and its reception*, vol. 15, Berlin: de Gruyter, 2017.

Derrett, J. Duncan. *Religion, law and the state in India*, London: Faber and Faber, 1968.

———. 'Two inscriptions concerning the status of Kammalas and the application of Dharmasastra', in J. Duncan Derrett (ed.) *Essays in classical and modern Hindu law*, vol. 1, Leiden: E. J. Brill, 1976.

de Vattel, Emer. *Le droit des gens, ou, principe de la loi naturelle, appliqués à la conduite et aux affaires des nations et des souverains*, London [Neuchâtel], 1758.

Doniger, Wendy. *The Hindus: an alternative history*, Oxford University Press, 2009.

Dotson, Brandon. 'Divination and law in the Tibetan Empire', in M. Kapstein and B. Dotson (eds), *Contributions to the cultural history of early Tibet*, Leiden: Brill, 2007.

———. 'The princess and the yak: the hunt as narrative trope and historical reality in early Tibet', in B. Dotson, K. Iwao, and T. Takeuchi (eds), *Scribes, texts, and rituals in early Tibet and Dunhuang*, Wiesbaden: Dr. Ludwig Reichert Verlag, 2013.

Douglas, Mary. 'The abominations of Leviticus', in *Purity and danger: an analysis of the concepts of pollution and taboo*, London: Routledge and Kegan Paul, 1966. [メアリ・ダグラス、2009年『汚穢と禁忌』、「レビ記における『汚らわしいもの』」塚本利明訳、筑摩書房]

Downham, Clare. *Medieval Ireland*, Cambridge University Press, 2018.

Dresch, Paul. *The rules of Barat: tribal documents from Yemen*, Sanaa, Yemen: Centre Français de d'Archéologie et de

1980.

Brooks, Christopher. *Law, politics and society in early modern England*, Cambridge University Press, 2009.

Brooks, Christopher, and Michael Lobban (eds). *Communities and courts in Britain, 1150–1900*, London: Hambledon Press, 1997.

Brown, Nathan J., and Mara Revkin. 'Islamic law and constitutions', in A. M. Emon and R. Ahmed (eds), *The Oxford handbook of Islamic law*, Oxford University Press, 2018.

Brown, Peter. 'Society and the supernatural: a medieval change', *Dedalus* 104: 133–51, 1975.

Bryen, Ari Z. 'Responsa', in S. Stern, M. del Mar, and B. Meyler (eds), *The Oxford handbook of law and humanities*, Oxford University Press, 2019.

Byrne, Francis. *Irish kings and high kings*, London: B. Y. Batsford, 1973.

Caenegem, R. C. van. *Legal history: a European perspective*, London: Hambledon Press, 1991.

Calder, Norman. *Islamic jurisprudence in the classical era*, Colin Imber (ed.) Cambridge University Press, 2010.

Caldwell, Ernest. 'Social change and written law in early Chinese legal thought', *Law and History Review* 32: 1–30, 2014.

———. *Writing Chinese laws: the form and function of legal statutes found in the Qin Shuihudi corpus*, London: Routledge, 2018.

Champion, W. A. 'Recourse to the law and the meaning of the great litigation decline, 1650–1750: some clues from the Shrewsbury local courts', in Christopher Brooks and Michael Lobban (eds), *Communities and courts in Britain, 1150–1900*, London: Hambledon Press, 1997.

Chanock, Martin. *Law, custom and social order: the colonial experience in Malawi and Zambia*, Cambridge University Press, 1985.

Charles-Edwards, T. M. Review of the 'Corpus Iuris Hibernici', *Studia Hibernica* 20: 141–62, 1980.

———. 'A contract between king and people in early medieval Ireland? *Críth Gablach* on kingship', *Peritia* 8: 107–19, 1994.

———. 'Law in the western kingdoms between the fifth and seventh century', in A. Cameron, R. Ward-Perkins, and M. Whitby (eds), *The Cambridge ancient history*, vol. 14, *Late antiquity: empire and successors, A.D. 425–600*, Cambridge University Press, 2001.

Charles-Edwards, T. M., and Fergus Kelly. *Bechbretha*, Dublin: Institute for Advanced Study, 1983.

Chattopadhyaya, Bajadulal. '"Autonomous spaces" and the authority of the state: the contradiction and its resolution in theory and practice in early India', in B. Kölver (ed.) *Recht, Staat und Verwaltung im klassischen Indien*, Munich: R. Oldenbourg Verlag, 1997.

Chesworth, John A., and Franz Kogelmann (eds), *Shari'a in Africa today: reactions and responses*, Leiden: Brill, 2013.

Cheyette, Fredric L. 'Suum cuique tribuere', *French Historical Studies* 6: 287–99, 1970.

Clanchy, Michael. 'Law and love in the Middle Ages', in J. Bossy (ed.) *Disputes and settlements: law and human relations in the West*, Cambridge University Press, 1983.

Clarke, Morgan. 'Neo-calligraphy: religious authority and media technology in contemporary Shiite Islam', *Comparative Studies in Society and History* 52: 351–83, 2010.

———. 'The judge as tragic hero: judicial ethics in Lebanon's shari'a courts', *American Ethnologist* 39: 106–21, 2012.

Cohen, Esther. *The crossroads of justice: law and culture in late medieval France*, Leiden: Brill, 1993.

Cohen, Mark R. *Jewish self-government in medieval Egypt: the origins of the office of Head of the Jews, ca. 1065–1126*, Princeton, NJ: Princeton University Press, 1980.

Cohn, Bernard S. 'Law and the colonial state in India', in J. Starr and J. F. Collier (eds), *History and power in the study of law: new directions in legal anthropology*, Ithaca, NY: Cornell University Press, 1989.

Conklin, Alice. *A mission to civilize: the republican idea of empire in France and West Africa, 1895–1930*, Stanford, CA: Stanford University Press, 1997.

Coogan, Michael. *The Old Testament: a very short introduction*, Oxford University Press, 2008.

Cooper, Jerrold S. *Sumerian and Akkadian royal inscriptions*, vol. 1, New Haven, CT: American Oriental Society, 1986.

ローマ帝国史』宮﨑真紀訳、亜紀書房]
Beckerman, John S. ‘Procedural innovation and institutional change in medieval English manorial courts’, *Law and History Review* 10: 197–253, 1992.
Behar, Ruth. *The presence of the past in a Spanish village: Santa María del Monte*, Princeton, NJ: Princeton University Press, 1986.
Bell, Christine. *On the law of peace: peace agreements and the* lex pacificatoria, Oxford University Press, 2008.
Berman, Harold J. ‘The background of the Western legal tradition in the folklaw of the peoples of Europe’, *University of Chicago Law Review* 45: 553–97, 1978.
Bernard, Seth. *Building mid-republican Rome: labor, architecture, and the urban economy*, Oxford University Press, 2014.
———. ‘Debt, land, and labor in the early Republican economy’, *Phoenix* 70: 317–38, 2016.
Bernstein, Lisa. ‘Opting out of the legal system: extralegal contractual relations in the diamond industry’, *Journal of Legal Studies* 21: 115–57, 1992.
Bilder, Mary Sarah. ‘The lost lawyers: early American legal literates and transatlantic legal culture’, *Yale Journal of Law and the Humanities* 11: 47–177, 1999.
———. *The transatlantic constitution: colonial legal culture and the empire*, Cambridge, MA: Harvard University Press, 2004.
Billings, Warren. ‘The transfer of English law to Virginia, 1606– 50’, in K. R. Andrews, N. P. Canny, and P. E. H. Hair (eds), *The westward enterprise: English activities in Ireland, the Atlantic, and America, 1480–1650*, Liverpool: Liverpool University Press, 1978.
Binchy, D. A. (ed.) *Corpus iuris hibernici: ad fidem codicum manuscriptorum recognovit*, Dublin: Institute for Advanced Studies, 1978.
Bloch, Howard. *Medieval French literature and law*, Berkeley: University of California Press, 1977.
Block-Lieb, Susan, and Terence C. Halliday. *Global lawmakers: international organizations in the crafting of world markets*, Cambridge University Press, 2017.
Bodde, Derk, and Clarence Morris. *Law in Imperial China: exemplified by 190 Ch'ing dynasty cases (translated from the Hsing-an hui-lan)*, Cambridge, MA: Harvard University Press, 1967.
Bonfield, Lloyd. ‘What did English villagers mean by “customary law”’, in Z. Razi and R. M. Smith (eds), *Medieval society and the manor court*, Oxford: Clarendon Press, 1996.
Bottéro, Jean. *Mesopotamia: writing, reasoning, and the gods*, trans. Z. Bahrani and M. Van De Mieroop, Chicago: University of Chicago Press, 1992. [ジャン・ボテロ、2009年『メソポタミア：文字・理性・神々』松島英子訳、法政大学出版局]
Bourgon, Jérôme. ‘Chinese law, history of, Qing dynasty’, *The Oxford international encyclopedia of legal history*, Oxford University Press, 2009.
Bowen, H. V. ‘British India, 1765–1813: the metropolitan context’, in P. J. Marshall and A. Low (eds), *The Oxford history of the British Empire*, vol. 2, Oxford University Press, 1998.
Bowen, John R. ‘Anthropology and Islamic law’, in A. M. Emon and R. Ahmed (eds), *The Oxford handbook of Islamic law*, Oxford University Press, 2018.
———. *On British Islam: religion, law, and everyday practice in shari'a councils*, Princeton, NJ: Princeton University Press, 2018.
Brand, Paul. ‘Legal education in England before the Inns of Court’, in A. Bush and Alain Wijffels (eds), *Learning the law: teaching and the transmission of law in England, 1150–1900*, London: Hambledon Press, 1999.
———. *The origins of the English legal profession*, Oxford: Blackwell, 1992.
Bratishenko, Elena. ‘On the authorship of the 1229 Smolensk– Riga trade treaty’, *Russian Linguistics* 26: 345–61, 2002.
Brennan, T. Corey. *The praetorship in the Roman Republic*, Oxford University Press, 2000.
Brockman, Rosser H. ‘Commercial contract law in late nineteenth-century Taiwan’, in Jeremy Alan Cohen, R. Randle Edwards, and Fu-Mei Chang Chen (eds), *Essays on China's legal tradition*, Princeton, NJ: Princeton University Press,

参考文献

Ackerman-Lieberman, Phillip I. *The business of identity: Jews, Muslims and economic life in medieval Egypt*, Stanford, CA: Stanford University Press, 2014.

Adewoye, O. *The judicial system in Southern Nigeria, 1854– 1954: law and justice in a dependency*, London: Longman, 1977.

Alschuler, Albert W. 'Rediscovering Blackstone', *University of Pennsylvania Law Review* 145: 1–55, 1996.

Ames, Glen. *Em nome de deus: the journal of the first voyage of Vasco da Gama to India, 1497–1499*, Leiden: Brill, 2009.

Ando, Clifford. *Imperial ideology and provincial loyalty in the Roman Empire*, Berkeley: University of California Press, 2000.

———. *Law, language, and empire in the Roman tradition*, Philadelphia: University of Pennsylvania Press, 2011.

———. 'Pluralism and empire: from Rome to Robert Cover', *Critical Analysis of Law* 1: 1–22, 2014.

———. *Citizenship and empire in Europe, 200–1900: the Antonine constitution after 1800 years*, Stuttgart: Franz Steiner Verlag, 2016.

Andrews, A. 'The growth of the Athenian state', in J. Boardman and N. G. L. Hammond (eds), *The Cambridge ancient history*, 2nd ed. vol. 3, Pt. 3, Cambridge University Press, 1982.

An-Na'im, Abdullahi Ahmed. *Islam and the secular state: negotiating the future of Shari'a*, Cambridge, MA: Harvard University Press, 2008.

Attenborough, F. L. *The laws of the earliest English kings*, Cambridge University Press, 1922.

Baker, J. H. 'The common lawyers and the Chancery', *Irish Jurist* 4: 368–92, 1969.

———. *An introduction to English legal history*, London: Butterworths, 1971. [サー・ジョン・ベイカー、2023年『イギリス法史入門』深尾裕造訳、関西学院大学出版会]

———. 'The Inns of Court in 1388', *Law Quarterly Review* 92: 184–87, 1976.

———. 'The law merchant and the common law before 1700', *Cambridge Law Journal* 38: 295–322, 1979.

———. *The legal profession and the common law: historical essays*, London: Hambledon Press, 1986.

Baldwin, John W. 'The crisis of the ordeal: literature, law, and religion around 1200', *Journal of Medieval and Renaissance Studies* 24: 327–53, 1994.

Banner, Stuart. *How the Indians lost their land*, Cambridge, MA: Harvard University Press, 2005.

Bannerman, Gordon, and Anthony Howe (eds). *Battles over free trade*, vol. 2, *The consolidation of free trade, 1847–1878*, London: Routledge, 2017.

Barbieri-Low, Anthony J., and Robin D.S. Yates. *Law, state, and society in early imperial China: a study with critical edition and translation of the legal texts from Zhangjiashan tomb numbers 247*, Leiden: Brill, 2015.

Barthélmy, Dominique. 'Diversité dans des ordalies médiévales', *Revue historique* (T. 280), Fasc. 1 (567): 3–25, 1988.

Bartlett, Robert. *Trial by fire and water: the medieval judicial ordeal*, Oxford: Clarendon Press, 1986. [R・バートレット、1993年『中世の神判：火審・水審・決闘』竜崎喜助訳、尚学社]

Barton, John. *A history of the Bible: the book and its faiths*, London: Allen Lane, 2019.

Bauman, Richard A. *Crime and punishment in ancient Rome*, London: Routledge, 1996.

Bayly, C. A. *Imperial meridian: the British Empire and the world, 1780–1830*, London: Longman, 1989.

———. *The birth of the modern world, 1780–1914: global connections and comparisons*, Oxford: Blackwell, 2004. [C・A・ベイリ、2018年『近代世界の誕生：グローバルな連関と比較 1780-1914』平田雅博、吉田正広、細川道久訳、名古屋大学出版会]

Beard, Mary. *SPQR: a history of ancient Rome*, London: Profile Books, 2015. [メアリー・ビアード、2018年『SPQR

【ら・わ　行】

【ま　行】

【や　行】

【た　行】

【な　行】

【は　行】

【さ　行】

索引

図版クレジット

本書に所蔵品の図版の掲載を許可してくださった美術館、ギャラリー、その他の所有者のみなさまに感謝申しあげます。著作権所有者を探すためにあらゆる努力を払いましたが、意図せぬ脱落がありましたらお詫びいたします。

1. from the 1572 volume of the *Civitates Orbis Terrarum,* edited by Georg Braun and engraved by Franz Hogenberg. ／ 2. Magite Historic / Alamy Stock Photo. ／ 3. British Library Or.8210/S.9498A. ／ 4. now housed in the Louvre. ／ 5. Lanmas / Alamy Stock Photo. ／ 6. public domain. ／ 7. Sarah Welch : CC BY-SA 4.0. ／ 8. Historic Images / Alamy Stock Photo. ／ 9. painting by Yen Liben. ／ 10. courtesy of the East Asian Library and the Gest Collection, Princeton University Library. ／ 11. The Yorck Project (2002) 10.000 Meisterwerke der Malerei. ／ 12. Bertel Thorvaldsen, 1799 copy of a Roman original, Thorvaldsens Museum, Copenhagan. ／ 13. courtesy of The Leon Levy Dead Sea Scrolls Digital Library; Israel Antiquities Authority. Photo by Shai Halevi. ／ 14. Bibliothèque nationale de France ／ 15. David Solomon Sassoon, 'A History of the Jews in Baghdad'. ／ 16. Album / Alamy Stock Photo. ／ 17. World Imaging. ／ 18. © The University of Manchester. Creative Commons Licence CC BY-NC 40. ／ 19. The Ashmolean Museum/ Heritage Image Partnership Ltd / Alamy Stock Photo. ／ 20. courtesy of Nina Thorkelsdottir. ／ 21. The Arni Magnusson Institute for Icelandic Studies. ／ 22. Sputnik/TopFoto. ／ 23. Mirzoyan's Ads and Marketing. ／ 24. © The University of Manchester. Creative Commons Licence CC BY-NC 40. ／ 25. Sergey Strelkov / Alamy Stock Photo. Tindi, Moriz von Déchy. ／ 26. Moriz von Déchy. ／ 27. Taipei, National Palace Museum. ／ 28. Palace Museum, Beijing. ／ 29. © The University of Manchester. Creative Commons Licence CC BY-NC 40. ／ 30. reproduced with permission from Lancashire Archives, Lancashire County Council, ref. DDHCL/7/56. ／ 31. Antiqua Print Gallery / Alamy Stock Photo. ／ 32. Diebold Schilling, from the Lucerne chronicle, Zentralbibliothek Lucerne. ／ 33. INTERFOTO / Alamy Stock Photo. ／ 34. Stiftsbibliothek Lambach Cml LXXIII f64v. ／ 35. FLHC A29 / Alamy Stock Photo. ／ 36. Swem Special Collections Research Center, William and Mary Libraries. ／ 37. Everett Collection Inc / Alamy Stock Photo. ／ 38. by Tenniel. British satirical journal, *Punch,* 22nd October 1881. ／ 39. Album / Alamy Stock Photo. ／ 40. by François Maréchal. Belgian satirical journal, *Le Frondeur,* 20th December 1884. ／ 41. Pitt Rivers Museum : 1998.336.16. ／ 42. by Mahmud 'Abd al-Baqi. Metropolitan Museum of Art. Gift of George D. Pratt, 1925 : 25.83.9. ／ 43. Pitt Rivers Museum : 2013.3.1280 1960. ／ 44. UPI / Alamy Stock Photo. ／ 45. Rivers Museum : 2013.3.16322. ／ 46. courtesy of the author. ／ 47. courtesy of the author.

【著者略歴】
フェルナンダ・ピリー（Fernanda Pirie）
オックスフォード大学法人類学教授。
著書に *The Anthropology of Law* があり、ラダックの山岳地帯やチベット東部の草原でフィールドワークを行ってきた。以前はロンドンの法曹界で10年近く弁護士として活躍。英国オックスフォード在住。

【訳者略歴】
高里ひろ（たかさと・ひろ）
翻訳家。
上智大学卒業。訳書にニール・マクレガー『人類と神々の4万年史』（河出書房新社）、エドガー・カバナス／エヴァ・イルーズ『ハッピークラシー』（みすず書房）、リー・アラン・ダガトキン／リュドミラ・トルート『キツネを飼いならす』（青土社）など。

法《ほう》の人類史《じんるいし》
——文明《ぶんめい》を形《かたち》づくった世界《せかい》の秩序《ちつじょ》4000年《ねん》

2024年11月20日　初版印刷
2024年11月30日　初版発行

著　者　フェルナンダ・ピリー
訳　者　高里ひろ
装幀者　川添英昭
発行者　小野寺優
発行所　株式会社河出書房新社
〒162-8544　東京都新宿区東五軒町2-13
電話　(03)3404-1201［営業］　(03)3404-8611［編集］
https://www.kawade.co.jp/
印　刷　株式会社亨有堂印刷所
製　本　小泉製本株式会社
Printed in Japan
ISBN978-4-309-23165-5